世界経済の新潮流
―グローバリゼーション、地域経済統合、経済格差に注目して―

田中素香・林　光洋　編著

中央大学経済研究所
研究叢書 56

中央大学出版部

序　文

　現在，グローバリゼーションが急速に進展し，世界経済は大きく変化してきている。ドーハラウンドの交渉は停滞しているものの，GATT/WTO（関税と貿易に関する一般協定／世界貿易機関）がこれまで築いてきた世界レベルの貿易自由化の流れを基礎にしつつ，FTA/EPA（自由貿易協定／経済連携協定）に見られる地域経済統合を通じてのグローバル化や自由化が，近年，急速に進んでいる。経済活動が国境を越え，周辺国・地域，世界に統合されるグローバリゼーションの進展は，人々の生活，企業行動，1国の経済，世界経済にどのような影響を与えているのであろうか。

　グローバル化は，より効率的な資源配分や生産を実現し，それによってより多くの富の創出や分配を達成する場合もあろう。他方，グローバリゼーションが，貿易や投資，規制の有無，教育格差等を通じて，賃金格差や雇用喪失をもたらす可能性もある。現在，アテネ，ニューヨーク，マドリード，サンティアゴ，エルサレム等世界各地で社会に対する不満を噴出する動きが見られるが，これらの背景には，グローバリゼーションに関連して発生・拡大している可能性のある経済格差，不平等に対する懸念，不安があるといわれている。

　そのような状況や疑問を反映して，本書は，グローバリゼーション，地域経済統合，経済格差をキー・ワードにしながら，世界経済の新しい動きをとらえ，解明しようと試みたものである。これは，2008－2010年度に中央大学経済研究所に設置された国際経済部会の中で持ちあがった企画であり，同部会のメンバーが3年間の研究活動の成果の一部として発表する作品である。本書に収められた各章の論文の概要を紹介しよう。

　まず，第1章の「「国際経済学」の研究を回顧して―国際収支と国際通貨制度」は，国際経済学の研究に長年身をささげてきた著者が，タイトルの通り，国際収支と国際通貨制度の分野における自らの研究を振り返り，それらがグ

ローバル化の進展する現在までの世界経済の中でどのように変化してきたのか，また将来どのように変化していくのかについて述べたものである．まず，戦後の日本経済の歴史をたどりながら，国際収支の問題について触れ，続いて変動相場制の主要な機能について論じる．つぎに，国際金融取引の規制緩和が進み，またカネ余りが発生するようになると，大規模な国際資金移動があり，それに伴って行われる金利裁定と為替投機について，為替市場の安定性との関係で議論する．ドルはパワーを失いつつあるものの，依然として基軸通貨であり続けていること，ユーロは為替リスクの回避が可能で安定した通貨として期待されたものの，現在の欧州債務危機で懸念が生じていること等を考慮した著者は，国際協調に依存する管理フロート体制が今後も続くと予想し，各国とも内需拡大をベースにした成長戦略が必要であるとまとめている．

「グローバリゼーションと日本経済」と題する第2章は，経済政策の視点から，経済面のグローバル化の意味，戦後日本のグローバル化の進捗度，グローバル化と今後の日本経済の関連性について議論したものでる．まず，現代のグローバル化は，新自由主義的グローバル化を意味し，金本位制下で進展した古典的グローバル化とは異なり，変動相場制下で進展していることを明らかにする．戦後の日本は，不安定で長期的な円高傾向の下，貿易と資本の自由化を制度的に漸次進めてきたが，そのグローバル化度は統計的にみてOECD諸国の中で相対的に低いことを示す．今後急速に進むであろう情報通信分野の技術革新による通信・輸送コストの低下で，世界のグローバル化のさらなる進展が予想されるため，日本のグローバル化推進には，グローバル経済のルール作りにイニシアティブをもって戦略的に参画していくことが重要であると著者は指摘する．

第3章の「産業内貿易に関する日本の産業調整コストの研究」は，日本の産業・貿易構造がどのように変化しているのか，それに伴ってどの程度の産業調整コストが発生しているのかについて，グローバリゼーションの進展によって活発になってきている産業内貿易に焦点を当てて分析を行った研究である．1980年代以降の日本経済を概観し，産業内貿易の拡大やそれに伴う産業調整

コストに関する先行研究を整理した後，貿易フローの変化と大きさに注目する「産業トレード調整空間（TAS：Trade Adjustment Space）」分析を用いて，1998－2008年の日本の産業調整コストを計測する。その分析より，国内生産活動を刺激するポジティブな調整コストがかかる産業として鉄および一部を除く非鉄金属とそれら製品，電気機器，輸送機械，有機化学製品，日本の食文化に関連する食料・食品の一部等を，国内生産活動を縮小するネガティブな調整コストがかかる産業として食料・食品の多く，鉱物，無機化学製品，非鉄金属およびその製品の一部，毛皮・革製品，人造繊維およびその製品，衣類，光学・映像・医療・検査機器，家具，玩具等をあげる。続いて，産業内貿易と産業間貿易の産業調整コストを比較して，産業内貿易に関する産業調整がポジティブに働いた産業ではその力が産業間貿易に関する産業調整を上回りプラスに作用し，それがネガティブに働いた産業ではその力が産業間貿易に関する産業調整を下回り当該産業に対してマイナスに作用する傾向を示す。さらに，1995年と2005年の産業連関表を使用して生産誘発係数の輸出入効果を観察し，おもに商業，不動産，対個人サービス，医療・保健・社会保障・介護等の第3次産業は貿易による生産誘発効果が高く，それらが低成長日本の経済活動を牽引していることを明らかにしている。

　ギリシャ危機に端を発する欧州債務危機は，現在，世界経済に深刻な影響を与えている。第4章の「ユーロ危機と制度改革」では，地域経済統合の進む欧州において，このような大きな問題が発生していることを取りあげている。ギリシャ危機と南欧危機の経緯や背景に触れた後，実質金利と実質為替相場に関連する2種類のダイバージェンス・モデルを提示し，統一通貨圏の不均衡の拡大とその調整を描写する一方，このモデルでは取り入れることのできないユーロに固有の問題，特に危機対策を欠く通貨制度であることを明らかにして，ユーロ危機を包括的にとらえる。このユーロ危機の解決策として，2011年3月にEU首脳会議で議論された制度改革，財政調整と構造改革，ガバナンスの強化，ユーロ・プラス協定，銀行部門の健全性回復，EMS（欧州安定メカニズム）設立・EFSF（欧州金融安定ファシリティー）強化について説明し，評価を加

えている。著者は，危機対応を加盟各国の制度や権限に委ねる，いわゆる国家協力方式に依存するユーロ制度の現状に疑問を呈し，EUに権限を持たせる共同体方式への進展の可能性があることを述べて締めくくっている。

　第5章の「コモンウェルス統合の特性分析—イギリス・コモンウェルスとCISを中心として—」は，一般的な地域統合とは異なるコモンウェルス型共同体に注目した研究である。コモンウェルス型共同体の典型例として，旧英連邦の後身であるイギリス・コモンウェルス（Commonwealth of Nations）と旧ソ連邦圏の国々から構成される独立国家共同体（CIS : Commonwealth of Independent States）を取り上げ，それぞれの形成の背景・歴史，機能，役割，活動内容等を観察する。前者は長期的な発展過程を経て統合体のネットワーク機能を利用して，内部の規律強化，小国の経済改善等に努めてきたし，後者は域内の他の経済・安全保障共同体とともに旧ソ連邦の急激な解体をソフトランディングさせてきた。両者には，構成，形成過程，理念体系，移行過程，現在の政治経済状況等の面で相違点が見られるものの，旧システムの政治，経済，社会，文化空間ネットワークを再活用し，独立後あるいは解体後の混乱を最小化するという共通の特性があることを確認する。このようにコモンウェルス型共同体は，未来志向の一般的な地域統合とは違い，過去の統合システムを利用し，既存のメカニズムを維持・発展させ，政治・経済的機能を発揮させるという特徴を有し，フランコフォニーやイベロアメリカ共同体（首脳会議）などにも適用可能であろうと述べる。

　第6章の「経済のグローバル化と所得分配」は，貿易の拡大と直接投資の増加を経済のグローバル化と便宜的に定義して，グローバリゼーションと国内の経済格差の関係について分析している。OECD諸国における貿易額の対GDP比の変化とジニ係数の変化を調べると，両指標の間に明確な関係を見出すことができず，貿易と所得分配の関係を説明するストルパー＝サミュエルソン定理に必ずしも一致していない。しかし，所得水準の高い米国，英国，ドイツ，イタリア，カナダ，北欧諸国に限れば，貿易の拡大と所得分配の不平等化の間に正の関係が存在する可能性のあることを確認する。輸出依存度が高く資本集約

的な日本の輸送用機械と一般機械の賃金変化率はプラスの年が多く労働報酬が上昇し，輸入依存度が高く労働集約なものの多い繊維と鉱業のそれはマイナスの年が多く労働報酬が低下する傾向を示す。また，解釈に一定の注意を要するけれど，日本の輸送用機械と電気機械は輸出により労働生産性が上昇し，労働生産性の上昇が賃金を増加させたと考えることもできるデータを提示する。さらに，回帰分析からは，日本の所得分配（ジニ係数）に輸出と対外直接投資が有意な影響を与えているという結果を得る。著者は，日本をはじめ先進国においては，グローバリゼーションが国内の経済格差を拡大させている可能性があることを示唆している。

　第7章の「グローバル下の協同組織金融機関」では，グローバル化が進む中，地域経済の活性化や格差是正を実現するために求められる金融システムについて考察している。マイクロファイナンスの事業主体を，インフォーマル金融機関，セミフォーマル金融機関，フォーマル金融機関の3種類に分類し，それぞれを紹介している。フォーマル金融機関に分類され，リレーションシップバンク（地域密着型金融機関）といわれる，米国のクレジット・ユニオン，貯蓄銀行，貯蓄金融機関，日本の信用金庫，信用組合，農業協同組合，漁業協同組合等に代表される協同組織金融機関は，投資・生産活動の場である市場経済と消費・生活経済の場である共同体経済の接点にある共助社会において，コミュニティを基盤に，さまざまなステークホルダーと協業して，収益も期待できるマイクロビジネスやベンチャービジネス向けの貸付けを行い，地域経済の活性化と生活環境の整備に貢献可能であると述べる。また，NPOバンクの融資やミニ地方公債の発行は，環境，医療等の非営利の社会事業を拡大する際，有用であることを示す。共助社会で，これらの金融システムをうまく機能させるためには，協同組織金融機関，NPOs/NGOs，地方政府，市民等の連携を強化することの必要性を示唆する。

　「グローバリゼーションの進展と途上国中小企業の変化―インドネシア自動車部門のミクロレベル調査―」をテーマにした第8章は，産業基盤を形成し，付加価値，雇用を創出し，経済格差を縮小する潜在性を秘めた途上国の中小企

業が，急激に進むグローバル経済への統合からどのような影響を受けているのかについて，AFTA（ASEAN自由貿易地域）加盟国インドネシアの自動車部門（含む自動二輪車）を事例にして議論する。金属加工・機械分野の中小下請け企業に対して行ったインタビュー・質問票調査に基づいて，日系顧客，地場系顧客，輸出市場等との取引割合，それら販路・市場の取引に伴う費用・問題点，それら販路・市場の取引を促進するための努力と改善分野，外部からの協力・支援の有無とその有効性等の面から，グローバリゼーション進展下のインドネシア裾野産業の実態を描く。続いて，日系の自動車アセンブラーから，中小サプライヤーとの下請取引に伴って生じる問題点，下請取引から得られる利益・メリット，中小サプライヤーに対する支援等に関する情報を得て，それらをAFTAが進展する前後で比較し，インドネシアの裾野産業の能力や課題について考察する。ASEAN，アジア，世界との統合が進み，国際的な生産・流通ネットワークが形成され，域内調達，グローバル購買が活発化していく状況において，投資環境やQCD（品質，コスト，納期）面をはじめ，資金能力，マネジメント能力で劣ることの少なくないインドネシアの自動車関連裾野産業部門の中小企業が不利な影響を受けていることを明らかにした上で，同国政府は，税制・法制度の整備，インフラの整備等で投資環境を改善し，一貫性のある中小企業の強化・育成策を策定し，自動車組立て産業およびその裾野産業に国内生産拡大のインセンティブを与え，生産立地を促進するべきであると述べる。

最終の第9章，「パックスアメリカーナの揺るぎと開発戦略の再構築―地域に根ざし世界に開かれた改革開放戦略―」は，世界経済の構造が変化する中，自国の伝統的な社会や文化を尊重しつつ経済発展を促し，南北間の経済格差を是正しうる途上国の開発戦略について考察する。パックスアメリカーナのもとで次々に発展を遂げる新興国と発展から取り残される貧困国が併存するさまを観察し，その構造的な要因を探る。貧しい国々を取り巻く外部環境が変化する過程で，改革開放に新しい可能性が生まれていることを明らかにした後，途上国の開発理念や開発方針を検討する。中枢ゾーンの多角化に伴って，成長エンジンをどのように外から取り入れ，どのように自国の経済活動活性化の触媒に

するのかということを意識しながら，国内改革の戦略と経済開放の戦略について議論している。

　これら9本の論文は，前述の通り，グローバリゼーション，地域経済統合，経済格差のいずれか，あるいは複数に注目して，世界経済の新しい動きを追いかけているが，残念ながら，論文の分量，研究内容，分析アプローチ，使用した資料・データの種類・表記方法，全体のフォーマット等統一のとれていない部分が残されている。そうした点も含めて，多くの読者から本書に対する質問，意見をお寄せ頂ければ幸いである。

　執筆者以外の国際経済部会の研究員からも，箱根対岳荘で開催している合宿研究会において，本書に掲載されている論文のいくつかに対して貴重なコメントを頂いており，それらメンバーにあらためてお礼を申し上げたい。中央大学経済研究所の音無通宏所長からは，本書を刊行するにあたって温かい支援や貴重な助言を頂いた。また，同研究所の三輪多紀氏には，本書の刊行にかかわる作業を最初から最後まで担当頂き，大いに助けて頂いた。この場を借りて，両氏に深く感謝申し上げたい。

2011年10月

田中　素香・林　光洋

目　次

序　文

第1章　「国際経済学」の研究を回顧して
　　　　　──国際収支と外国為替相場制度──　……………土屋六郎…1
　は じ め に ………………………………………………………………1
　1. 高度経済成長と国際収支の理論……………………………………2
　2. 変動相場制と為替相場の機能………………………………………4
　3. 資本移動と為替相場…………………………………………………8
　お わ り に：管理フロート体制の将来………………………………10

第2章　グローバリゼーションと日本経済……………栗林　世…13
　は じ め に………………………………………………………………13
　1. グローバル化とは何か………………………………………………14
　2. 戦後日本経済のグローバル化………………………………………20
　お わ り に：日本の今後のグローバル化政策………………………40
　　付録1　諸文献におけるグローバル化の定義……………………41
　　付録2　ワシントン・コンセンサス………………………………46
　　付録3　社会民主主義の概念と価値観……………………………47

第3章　産業内貿易に関する日本の産業調整コストの研究
　　　　　………………………………………………小柴徹修…51
　は じ め に………………………………………………………………51
　1. 1980年代央以降，一進一退する日本経済の概観…………………54
　2. 産業内貿易拡大命題…………………………………………………59

3. 産業内貿易と産業調整コスト ……………………………………73
　　4. 産業調整コスト：産業内貿易 vs. 産業間貿易 ………………95
　　5. 貿易の生産誘発効果 ……………………………………………108
　おわりに ……………………………………………………………112

第4章　ユーロ危機と制度改革
　　　　──構造問題を中心に── ……………………田 中 素 香…121
　はじめに ………………………………………………………………121
　　1. ギリシャ危機・南欧危機への EU・ユーロ圏の対応 ………122
　　2. ダイバージェンス・モデルと統一通貨圏の調整プロセス …129
　　3. ユーロ危機の特殊な諸問題 ……………………………………136
　　4. ユーロ制度の改革 ………………………………………………141
　おわりに ………………………………………………………………149

第5章　コモンウェルス統合の特性分析
　　　　──イギリス・コモンウェルスと CIS を中心として──
　　　　……………………………………………………金　　俊　昊…151
　はじめに：コモンウェルス統合の意味 ……………………………151
　　1. イギリス・コモンウェルス ……………………………………153
　　2. 独立国家共同体（CIS）…………………………………………164
　　3. コモンウェルス共同体の統合論的特性 ………………………173
　おわりに：コモンウェルス統合の意義 ……………………………178

第6章　経済のグローバル化と所得分配 …………田部井信芳…183
　はじめに ………………………………………………………………183
　　1. 経済のグローバル化とその影響 ………………………………184
　　2. 貿易と所得分配の関係 …………………………………………186
　　3. 貿易の所得分配への効果 ………………………………………188

4．直接投資の所得分配への効果……………………………………192
　　5．日本におけるグローバリゼーションと所得分配………………193
　　お わ り に ………………………………………………………………196

第7章　グローバル下の協同組織金融機関 ……………岸　　真清…199
　　は じ め に ………………………………………………………………199
　　1．マイクロファイナンスと協同組織金融機関……………………200
　　2．リレーションシップバンクとしての協同組織金融機関………206
　　3．市場経済，共同体経済，共助社会………………………………210
　　4．共助社会の担い手…………………………………………………216
　　お わ り に ………………………………………………………………221

第8章　グローバリゼーションの進展と途上国中小企業の変化
　　　　――インドネシア自動車部門のミクロレベル調査――
　　　　………………………………………………………林　　光洋…225
　　は じ め に ………………………………………………………………225
　　1．インドネシア自動車関連裾野産業部門の中小企業：ミクロ
　　　レベル調査…………………………………………………………228
　　2．インドネシア自動車関連裾野産業部門の中小企業：実態……230
　　3．AFTA 進展後の自動車関連アセンブラーと裾野産業部門の
　　　中小企業……………………………………………………………240
　　4．AFTA 進展前の自動車関連裾野産業部門中小企業に対する
　　　評価と支援…………………………………………………………246
　　おわりに：インドネシア自動車関連裾野産業部門における
　　中小企業の強化・育成に向けて ………………………………………252

第9章　パックスアメリカーナの揺るぎと開発戦略の再構築
　　　　――地域に根差し世界に開かれた改革開放戦略――
　　　　………………………………………………………田中拓男…257
　はじめに …………………………………………………………257
　1. パックスアメリカーナの揺るぎ……………………………259
　2. 辺縁ゾーンの停滞と内発的発展論…………………………276
　3. 多極化の進む地球社会――辺縁ゾーンをめぐる外部環境の変化………285
　4. 開発理念と開発戦略の基本方針……………………………296
　5. 辺縁ゾーンにおける経済社会の改革戦略…………………302
　6. 辺縁ゾーンの新たな対外開放戦略…………………………322
　おわりに …………………………………………………………342

第 1 章

「国際経済学」の研究を回顧して
―――国際収支と国際通貨制度―――

はじめに

　「国際経済学」の研究を始めてから60年になろうとしている。この間，世界経済は大きく変化した。EU に代表される地域統合の進展，ソ連の崩壊による東西対立の解消，新興諸国のめざましい発展，貿易・資本の自由化の進捗によるグローバリゼーションの進化，などが特記されよう。

　筆者が当初取り組んだ課題は，第2次世界大戦後の日本経済が直面した「国際収支問題」であった。工業化を梃に高度経済成長を続けた日本経済の前に立ちはだかったのは国際収支の問題であった。輸出が好調である時期は，それにつられて消費や投資も拡大して好況となるが，やがて輸入も増大して国際収支は赤字となる。外貨準備をほとんど保有しなかった日本では，輸入を抑えるため内需を引締める政策がとられて景気は悪化する。このようなパターンが繰返された。

　筆者が取組んだもう1つの大きな課題は，国際通貨体制をめぐる諸問題であった。なかでも力を入れたのは変動相場制の検討であった。戦後の世界経済で史上最強のリーダーと言われた米国も，1970年代を迎える頃からその力に陰りが見えはじめ，ドルを基軸とした固定相場制から変動相場制へ移行を余儀なくされ，G7やG20などの国際協調に支えられて今日に至っている。

本章では，以上の国際収支問題と国際通貨問題に集中し，世界経済が大きく変化した現在の立場に立ち，反省を交えて研究のあとを回顧してみたい。

1. 高度経済成長と国際収支の理論

1–1 歴史的背景

日本経済は1950年代になって戦後の混乱からようやく立ち直り，工業立国の道へ踏みだした。資源小国の日本が工業化を進めるためには，外国貿易は不可欠であった。つまり工業（当時は繊維などの軽工業が主力）に必要な資源は，もっぱら輸入に依存せざるを得ず，そのためには外貨を稼ぐ輸出が必要であった。

ところでこのような外国貿易を諸外国との間で支障なく遂行するには，守らなければならないルールがある。最も重要なルールは，連合国の間で作られたブレトンウッズ協定であった。それは戦前（1930年代）における平価切下げ競争の再現を阻止することを主目的としたもので，固定相場制が基本であった。各国の通貨価値は金またはドルで定め，為替相場はこうして定められた平価（日本の場合1ドル＝360円）の上下各1％の範囲内で運用することが義務づけられた。それには政策当局が市場で行う平衡操作に必要な外貨準備の保有が不可欠であった。

当時の日本の状況は，外貨準備はゼロに近い水準であり，国際収支，特に貿易収支の均衡は経済運営上の絶対条件であった。外貨準備の増減は政権の命運を左右する重大な問題であった。

1–2 国際収支の不均衡分析

国際収支問題をかかえたのは，日本だけではなかった。戦勝国も敗戦国も，米国を除けば，外貨準備の状況は火の車であったから，経済の復興・成長を進めるにあたって，国際収支の均衡といかにして両立させるかが重い課題となっ

---

1) 代表的な文献として，Meade, J. E., (1951), Harrod, R, F., (1957). 藤井茂訳（1958）。

た。そのような事情が背景となって、この分野の研究は世界的な広がりをみせて盛んに行われた[1]。筆者はそれらの研究を参考にして、日本の国際収支を中心に不均衡の要因分析と対策について取り組んだ。その要点は次の通りである。

まず不均衡の要因を需要要因、価格要因、構造的要因に分けた。

(1) 需要要因　自国の輸出は外国の総需要に、自国の輸入は自国の総需要に左右される。したがって内外の景気が同時的に進行すれば、輸出入はバランスする傾向を保てるが、景気がズレると不均衡になりがちである。戦後の日本の貿易では対米依存度が大きかったから、米国経済の動向が貿易収支に大きな影響力を持った。米国経済が好調であれば、日本の輸出は増加するので、日本の貿易収支は黒字化するが、米国の景気が下降に転ずると、日本の輸出も不調となり、収支は赤字に転ずる。そこで発動される対策は、景気循環の同時化であった。すなわち収支が赤字となると総需要が引締められ、黒字化すると総需要の拡大策がとられた。

(2) 価格要因　対外的価格競争力の違いによっても貿易収支の不均衡は発生する。自国の価格水準が外国のそれに比べて高ければ赤字となり、低くなれば黒字となる。一国の価格水準を決める要因の中で、決定的に重要なのは賃金水準と労働生産性の水準である。また価格水準を外国と比較するのに為替相場が介在する。これらの要因による収支不均衡の対策として、賃金と生産性の変化には時間がかかる。即効的なのは為替相場の変更であるが、国際協調の立場から厳しい制約がある。

(3) 構造的要因　上記の需要要因や価格要因に比べて、より根の深い要因である。その中で存在感を増しているのが、非価格競争力である。商品の品質、性能、耐用性、販売サービスなど、商品の特性に基づく技術的要因であり、貿易収支の動向に影響力をもつ。

このような構造的要因にもとづく不均衡に対策を求めるのは、極めて困難である。1つの方策は、国際収支全体でバランスをはかる方法である。たとえば、貿易収支が赤字ならば、資本収支の黒字でカバーする。流入する外国資本が直

接投資であれば，産業構造の転換に役立ち，やがては輸出増大にも寄与しよう。

1-3 高度経済成長と国際収支均衡

日本で国際収支の均衡が最重要課題となったのは，1950年代から1960年代にわたる高度成長期であった。当時の日本では，国民の潜在的な消費意欲は極めて旺盛で，三種の神器といわれた新商品が出現するとたちどころに消費ブームが拡がり，景気は上昇する。やがて過熱すると輸入が激増し，貿易収支は悪化する。外貨準備に余裕がないので，政府は輸入を抑えるために総需要引締め政策を余儀なくされる。このようにして景気変動が3～4年位の周期で繰返された。

平均すると，この時期のGNPの成長率は2桁に近いものであった。だが外貨準備高はあまり増加せず，いわば綱渡りのような経済運営であった。裏を返せば，埋蔵金を増すことをせずに，全力を成長のために投資したともいえる。

この期間の国際収支対策は，もっぱら総需要政策に依存した。これで繰り返された危機を乗り切ることができたが，企業レベルの努力も見逃せない。技術革新による商品の多様化，高度化，生産性上昇などがそれである。たとえば，商品1単位を製造するのに要する原材料の割合は，軽工業よりも重工業のほうが低くなる。工業の高度化により，輸入原材料の効率的使用が可能となった。日本経済の高度成長がまさにそれであり，長期的にみると国際収支の基調を改善するのに貢献したといえよう。

2. 変動相場制と為替相場の機能

2-1 歴史的な背景

日本が変動相場制へ移行したのは，1971年のニクソン・ショックが契機であった。それまではIMF協定にしたがって，1ドル＝360円レートの固定相場制を堅持してきた。ところが1960年代に移る頃から，それまで史上最強を誇ったドルに不安が抱かれるようになった。その背景は米国の国際収支の恒常的な

赤字であり，主因は恒常的な対外援助と対外軍事支出で，いわゆるドルのタレ流しであった。しかしこれを止めると世界はドル不足となり成長が停滞する。こうしてドル不安とドル不足のジレンマに陥るようになった。

さまざまな対策が講じられたが，基本的傾向は改善されず，遂に1971年に米国は金とドルの交換性を停止し，同時にドルの平価を金1オンス＝35ドルから38ドルへ切り下げた。主要各国もそれに呼応して平価を調整した。日本は戦後長年にわたって維持してきた1ドル＝360円レートを1ドル＝308円へ切り上げた。

だが状況はあまり改善されなかった。不均衡は為替相場の変更にもかかわらず調整されず，1973年に米国は金1オンス＝38ドルから41ドルへ再切り下げを行った。主要各国は混乱を避けるため，相次いで変動相場制へ移行した。

こうした措置は一時的避難であるとされていたが，その後石油危機が起り，定着してしまった。IMFも協定を改正して変動相場制を追認し，今日に至っている。

2-2 為替レートの国際収支調整機能

（1）基本的機能——価格効果　変動相場制に期待した最も基本的役割は，国際収支（貿易収支）の不均衡を調整することであった。米国が平価を切り下げ，日欧が平価を切り上げたのも，そのような機能に期待したからであった。

当時の学界は，為替相場の調整作用の分析で湧いた。中心テーマは，為替レートの変化によって惹き起される輸出入価格の変化に，自国と外国の輸入需要がいかに反応するかであった。日本の収支が黒字の場合を例にとると，まず為替レートが円高となる。それは輸出価格を上昇させ，輸入価格を下落させる。このような価格の変化は，輸出数量の減少と，輸入数量の増加をもたらすが，価格と数量の積である輸出入金額は日本と外国の輸入需要の弾力性に左右される。導き出された重要な結論は，「自国並びに外国の輸入需要の弾力性の和が1よりも大きいこと」[2]で，この条件が満たされれば為替レートは収支調整作用を発揮する。

若い時代の筆者も，この理論に血眼になって取り組んだ。ただしこの理論を実用化しようとすると，肝心の弾力性値の計測が容易ではない。何よりも関係する貿易相手国が多い。また数値が得られても事後的である。そのようなことから，弾性値は大きいという楽観論，小さいという悲観論が入り乱れて主張されるという様相を呈した。

振り返ってみると，変動レート制へ移行してから30年以上の年月を経過している。レートの大幅な変動も幾度か経験した。日本に限ってみても，円高の動きは実に激しい。しかし国際収支の黒字基調はほとんど是正されていない。外貨準備は増えるばかりで，最近になって中国と交替したが，長年にわたり世界のトップの座に居坐り続けた。

国際収支の構成も変化した。経済発展に伴って，モノの取引とともにサービスの取引も増加した。またグローバル化の進展によって，資金や資本の国際移動が活発になった。今日の為替市場で相場を左右させるのは，実需よりも資金・資本取引が圧倒的に大きくなっている。

(2) 派生的効果　上記のように，日本の場合，国際収支が黒字になると相場は円高となるが，従来その効果はもっぱら価格効果に注目が集った。ところが現実に黒字基調が改まらないこともあって，さまざまな派生的効果が指摘されるようになった。

まず第1に所得効果があげられよう。円高によって輸出価格が上昇すると輸出が減少する。これは国民所得を抑え，輸入にマイナスの影響を与える。この効果は上述の価格効果による輸入増加を修正する。

次に近年注目されているのは，グローバル化の進展で企業の多国籍化が進んでいることから生まれる効果である。為替レートが輸出にとって不利となると，すなわち日本の場合でいえば円高になると，企業は生産を国内から海外の拠点へ移転することを考える。もちろん生産の移転は雇用の変動を伴うので簡単ではないが，時間をかければ可能である。この生産移転効果は価格効果を補

---

2) この条件は発案者と，それを理論的に精緻化した学者の名前にちなんで，マーシャル＝ラーナー条件と呼ばれている。Marshall, A. (1924), Lerner, A. P., (1946).

強するように働く。

　以上のほかに，企業が為替レートの不利な変化に対して，非価格競争力で抵抗することから生まれる効果がある。たとえば，円高が進行すると，日本の企業の価格競争力は低下する。これに対抗する有力な直接的措置は，技術開発によって商品の品質や性能などの非価格競争力を向上させ，輸出の減少を喰い止める努力である。これは為替レートの収支調整機能にとってはマイナスである。以上のような諸効果を総合すると次式となる（プラスは収支調整機能，マイナスは修正機能）。

総合効果＝価格効果－所得効果＋生産移転効果－非価格競争力効果

2–3　成長のエンジンとしての輸出

　変動相場制へ移行後の実績に照してみると，為替レートの変動はあまり効果を発揮しているようには思えない。日本の円高は大幅に進行したが，収支の黒字基調はほとんど変っていない。またドル安は米国の赤字を改善していない。昨今では中国元の切上げが世界経済の中で注目を浴びている。その背景は，いうまでもなく中国の経常収支の黒字が異常に大きく，しかも持続していることである。しかしこれには裏があるように思われる。今日，為替レートの均衡水準を導き出すのは極めて難しい。そこで利用されるのが，国際収支である。収支不均衡を口実に為替レートを自国に有利に導いて，成長のエンジンである輸出の増大をはかるのが真の狙いではあるまいか。

　近年，先進諸国では個人消費を中心とする内需にかつてのような勢いがないので，輸出にかける期待は大きい。新興諸国も現在の高成長を持続するためには，輸出は重要なエンジンである。外貨準備に裕りが無かった時代には，輸出は外貨の稼ぎ手として重要視された。ところが今日では，成長のエンジンとして存在感を強めている。

　日本ではバブル崩壊後，低成長が長期化し，国民は「失われた20年」をなげいている。内需が低迷する中で，輸出が細々ながら日本経済を支えてきた。為替相場はそのような輸出に，最も影響を与える要因として強い関心を寄せら

れている。つまり為替相場の役割は，国際収支の調整から景気の動向を左右する要因へと大きく変化したのである。

3. 資本移動と為替相場

3-1 世界的なカネ余りと国際資金移動

世界経済が変化したなかで，最も顕著なのは，経済発展に伴ってカネが余ってきたことである。しかも国際間の規制が自由化されて移動が容易となり，その規模は飛躍的に拡大した。かつては為替取引の原因は，貿易などの実需が主力であった。ところが近年では，資本取引が主流を占めるようになり，実需との比較では100倍にも達するといわれている。

日常の為替相場は，このような資本取引によって変動する。資本の中でも短期資金は移動性に富み，流動的である。移動目的には，政治不安や金融・財政不安，自然災害などを避ける消極的な動機，あるいは国際間の金利差に乗じて利鞘を稼ぐ金利裁定や，為替相場の変化に乗じて利益を得ようとする為替投機などがある。この中から金利裁定と為替投機について，研究のあとを振り返ってみよう。両者は為替市場の安定性に強い影響を与えるからである。

3-2 均衡化的移動と不均衡化的移動

短期資本移動については，戦前においても研究がなされた。均衡化的移動と均衡破壊的移動に区分して，その効果を分析する手法がそれであった[3]。金利裁定は金利平価学説が解明しているように前者に属するが，一般に後者と目される為替投機については見解が分かれる。

金利裁定が為替市場において，安定化的な作用をもつといわれるのは，為替リスク対策を行うからである。金融業者が低利国から高利国へ資金を動かして金利差益を稼ごうとする場合には，直物買取引と同時に，回収に備えて先物売取引を行うのが一般である。その結果，直物相場は高くなるが先物相場は安く

---

3) たとえば，Kindleberger, C. P., (1937)(松井栄一訳 1939) がある。

なる。両者の開きが資金運用のコストとなり，資金移動にブレーキがかかる。こうして金利裁定は為替相場を天井知らずに，あるいは底なしに変動させるような作用をもたない。

為替投機については，市場を攪乱させるという見方が一般的であるが，必ずしもそうではなく，均衡化作用ももっているという見解もある。両者を分けるのは，投機が相場の将来を正しく見透しているか否かによる。投機が正しい予想に基づいて行動するならば，為替相場を均衡水準へ早く導く。これに対し均衡水準を見透せない投機は，相場が行き過ぎてもなお投機を続けるので，相場の変動を大きくする（不均衡化作用）。前者は先行型投機に，後者は追随型投機に多い。

現実の市場には両者が併存するが，自由主義経済学者のリーダー，フリードマン教授は楽観的である[4]。すなわち，投機のうち後者はバブルがはじけるような相場の変動に打ちのめされて失敗し，市場から淘汰されるという。

ところで，大量のカネが余り，しかも移動しやすくなっている今日の世界経済において，このような楽観説は容認されるであろうか。投機に走る余剰マネーが多ければ多いほどバブルは膨らみ，やがては崩壊するが，その際の破壊力は動員されるマネーに比例する。そしてこのような経験にこりて投機はしばらくは鎮静化するかもしれないが，為替・金融市場が受けた損失は測りしれない。

こうしたショックを防ぐ万能薬はない。自由な為替市場の機能を保持しつつ，行き過ぎた投機を抑えるには，せいぜい当局の市場介入ぐらいである。それも膨大な投機マネーに対抗するには，一国規模では効果は余り期待できない。関係諸国の協調が必要である。市場介入はもともと心理的効果を狙ったもので実力で投機を抑え込もうとするものではない。また頻繁に実施すると，市場にその力を見抜かれ，かえって混乱を助長する。タイミングの良い出動が条件である。

---

[4] Friedman, M. (1953).

以上では，戦後の国際為替金融の歴史と筆者の研究のあとを振り返ってきた。最後に国際通貨体制の将来について一言ふれてみたい。

おわりに：管理フロート体制の将来

第2次大戦後のドルを基軸とした固定レート制は，1970年前後に事実上崩壊した。このことは前述の通りである。その後はフロート制へ移行したが，完全に自由なフロート制ではなく，混乱が起った際には主要各国の通貨当局が協調して市場へ介入する管理フロート体制であった。ここにおいても米国は依然として影響力を発揮するリーダーの役割を果してきた。

統一された通貨体制には程遠い現代の国際経済社会においては，リーダーの存在は極めて重要である。ではリーダーの資格はいかなるものであろうか。19世紀のイギリスがそうであったように，圧倒的な経済力，政治力を保持することが必要である。当時のイギリスは産業革命を列国に先駆けて成し遂げて工業化に踏み出し，世界経済を引っ張る牽引車となった。各国はイギリスと経済的な結びつきを強めることで経済発展を計ろうとした。それは必然的にイギリスの制度を採り入れることになるが，そのなかで最も重要なことは，貿易やその他の対外取引にポンドを使うことであった。イギリスの強大な軍事力，政治力も後押しして，ポンド圏は形成され，拡大していった。

第2次大戦後はイギリスに代って米国がリーダーとなり，国際通貨体制が構築された。米国の経済成長は，イギリスに比べるとより高度化された重化学工業であった。この産業は，自動車に代表されるように波及効果が極めて大きく経済全体を引っ張ってゆくのにふさわしいパワーを持っていた。しかも米国には，これらの産業に必要な原燃料などの資源も豊富に存在していた。こうした点で，第2次大戦後の米国は，19世紀のイギリスを凌ぐ強力なリーダーであった。その力は1971年にドルが金兌換を停止した後もなお保持された。しかしパワーは逐次衰えつつある。ドル基軸体制がなお続いているのは，G7，G20などの協調によって支えられているからである。

他方，統一された通貨圏という全く新しい体制も誕生した。いうまでもなく

西欧で形成されたユーロ圏である。ユーロは欧州連合（EU）内の共通通貨であるから，これに参加した国々の間では為替リスクを負担することなく諸取引が可能である。今日では，かつて国際間の取引の障害であった関税は引き下げられ，輸入制限の撤廃も進んだ。また交通通信機関の発達によって，ヒトやモノの国際交流は驚くほど容易になった。最後に残っているのは為替リスクである。ユーロにかけられた期待は，この障害を除去することであった。

しかしEUが一層の通貨統合を進めるには，財政統合を並行して進めることが必要である。近年EU内で財政の乱れから金融不安が発生し，ユーロの前途に不安が抱かれている。このような経験からみると，世界経済が共通通貨体制になることは理想ではあるが，まだ遥か遠いのではないだろうか。

現状では当分の間管理フロート体制で甘んずるよりほかはない。この体制の頼みの綱は国際協調であるが，それにはもろさがつきまとう。主要国の中から自国の国益ばかりを重視するような国が現れると，それを模倣する国が多くなりやすい。前にも述べたように今日では先進国も新興国も輸出伸張に躍起となっている。これはまかり間違うと通貨安競争を招きかねない。各国とも内需を核とする成長に努めることが必要であり，それを目指して新しい成長分野を開拓することが緊急を要する課題である。国内均衡優先主義の復活がまたれる。

参 考 文 献

Friedman, M. (1953) "The Case for Flexible Exchange Rate," in *Essays in Positive Economics*, Chicago : University of Chicago Press.

Harrod, R. F. (1957) *International Economics*, Chicago : University of Chicago Press.（藤井茂訳（1958）『ハロッド国際経済学』，実業之日本社）．

Kindleberger, C. P. (1937) *International Short-term Capital Movements*, New York : Columbia University Press.（松井栄一訳（1939）『国際短期資本移動論』，日本評論社）．

Lerner, A. P. (1946) *The Economics of Control*, New York : Macmillan.

Marshall, A. (1924) *Money, Credit and Commerce*, Appendix J, London : Macmillan.

Meade, J. E. (1951) *The balance of Payment : The Theory of International Economic Policy Vol.1*, London : Oxford University Press.

土屋六郎（1961）『経済成長と国際収支』中央経済社．

土屋六郎（1963）『国際金融の構造と理論』日本評論社。
土屋六郎（1973）『国際収支の構造と変動』新評論。
土屋六郎（1982）『国際収支と変動相場制』有斐閣。
土屋六郎編（1980）『変動相場制』中央大学出版部。

第 2 章

グローバリゼーションと日本経済

はじめに

　20世紀では，国民国家あるいは国民経済が世界の構成単位（意思決定単位）となって，社会，経済，政治，文化が考えられてきた。そして，国民国家間の相互依存関係，いわゆる国際関係がネットワークとして広まり，深化するに従い国際連盟や国際連合などの国際機関が設立され，国際的調整やルール作りが行われてきた。近年の情報通信技術の目覚ましい革新は，世界のどの地域における出来事をも瞬時に世界に伝達することにより，各国民国家の意思決定に影響を与え得るようになっている。また，1990年代初めには旧ソビエト連邦が崩壊し，市場経済が世界各国で採用されるに至った。このため1990年代半ば以降，グローバリゼーション（globalization；以下グローバル化と略記）という言葉が世界中で各分野において鍵概念として用いられるようになっている。しかし，グローバル化とは何か，ということに関しては曖昧であり，明確な定義がないままにグローバル化に関して推進の立場，懐疑的立場，またはその中間的な立場等から議論が行われている。また，日本における通常の議論においてもグローバル化は必然的なものとして各種の意思決定に影響しているケースが多いように思われる。21世紀における今後の日本経済を考えるには，グローバル化の本質について理解し，それをどのように受け止めていくのかを整理する

ことが必要である。

　本章の目的は，主として経済面を中心としてグローバル化とは何かを，完全なサーベイではないが，主要な文献をもとに整理し，経済政策の視点からグローバル化と今後の日本経済の関連性について考えることである。

　本章の構成は以下のようになっている。第1節では，グローバル化とは本質的に何を意味するのか，これまでグローバル化はどのように進んできたのかを参考文献にもとづいて整理する。第2節では，戦後日本経済は制度的にどのように国際的に開放され，グローバル化に向けて進んできたのかを整理した後，統計指標的に"グローバル化度"についてみる。現在日本ではアジア太平洋経済協力会議（APEC）における環太平洋経済連携協定（TPP）への参加問題が議論されているが，第3節では，今後の日本経済を考えるときにグローバル化をどのように受け止めるべきかについて整理する。

1．グローバル化とは何か

1-1　グローバル化論争

　現在，各国とも世界との関連で意思決定を行うときに，その大きな要因としてグローバル化という鍵概念が用いられるようになっている。スティーガー（2005, 2003）[1]によれば，グローバル化という言葉が用いられ始めたのは，1970年以降であるという。また，ヘルド・マッグルー（2003, 2002）によれば，グローバル化という概念は19世紀と20世紀初期の多くの知識人の著作に認めることができるが，グローバル化という言葉が学会にとどまらず一般にも使われるようになったのは，1960年代と1970年代初期に至ってのことであるという。それは，西欧諸国間で政治と経済の相互依存関係が急速に進んだことを反映している。しかし，グローバル化が国際機関や国際会議等での正式文書等の中や一般で用いられ始めたのは，1990年代半ば以降といわれている[2]。旧ソビ

---

[1] 翻訳書を参考にしたものに関しては，括弧内の数値の前者は翻訳書，後者は原書の出版年を表す。

[2] アルマン・リュアノ＝ボルバラン（2003, 2002）によれば，グローバル化という英

エト連邦が崩壊し，世界中ほとんどの国が市場経済化し，資本主義が唯一の経済体制となったことが根底にあるといえよう。

参考文献に挙げた諸文献で，グローバル化をどのように定義しているかをみると，付録1のようになっている。これらの定義で用いられている鍵概念としては，「相互依存関係あるいは相互関連性」の「強化および深化」，「世界的規模」，「統合」，「多次元性」，「（社会的）過程」をあげることができる。したがって，グローバル化は，世界的規模で，経済，政治，文化の分野（多次元性）で，相互依存関係の強化や深化が進み，統合されていく社会的過程を意味するものと定義できよう。中でも重要な概念は統合である。この点がこれまで用いられてきた国際化の概念と異なる。国際化は，国家主権を尊重し，国民経済を貿易，投資および信用のフローによって関係づけて，相互に補完しようとするものである。これに対して，グローバル化により統合された世界経済（グローバル経済）は，国境を越えて統合された市場で各主体が競争するものとなる。

グローバル化をこのように理解すると，スティグリッツ（2002, 2002）が指摘しているように，グローバル化は善でも悪でもなく，その進め方が問題となる。したがって，次のようなことがグローバル化に関して重要な論点となる。グローバル化を推進する論理またはイデオロギーは何か。誰がグローバル化を推進しているのか。誰がグローバル化を統括しているのか。世界の統合が進むときに，どのような国際機関が統治機構として設立されるのか。その意思決定への参加はどのようになり，ルール作りはどのように行われるのか。国民国家の役割は減少し，国民国家の分解へと進むのか（世界が一国のようになり，国境が消滅するのか）。

単語は，極めて新しい造語で，アメリカのセオドウ・レヴィットによって初めて使用されたとされ，1990年代以降に一般に広まっていった，とされている。ジェイムズ（2002, 2001）の解説において，斎藤誠一郎は「「グローバリゼーション」という概念が国際政治・経済の場で公式に登場し認知されたのは，1996年夏のリヨン・サミットでのG7首脳による「共同宣言」の中であった。」としている。ちなみに，OECDの統計ではこれまで対外取引としてまとめられていた貿易や直接投資などの項目は，最近グローバリゼーションとしてまとめられている。

本章では，経済のグローバル化を中心にして考える。これまでのグローバル化の議論の多くは，先進国対発展途上国という図式で，開発政策と関連して行われてきた。国際通貨基金（IMF）や世界銀行（WB）を中心とした国際経済機関が奨める開発戦略の是非に関する論争である。これは，いわゆる「ワシントン・コンセンサス」と呼ばれているものに関する論争である。スティーガー（2005, 2003）は，グローバル化を推進するイデオロギー的次元として，グローバリズムをグローバル化の概念に新自由主義的価値と意味とを与えるイデオロギーとしている。本章では，これを新自由主義的グローバル化と呼ぶことにする。ワシントン・コンセンサスは，新自由主義的グローバル化を反映したものであり，アメリカ主導の開発戦略とみなされている。ワシントン・コンセンサスの主たる内容は，付録2に要約されたものとして理解されており，緊縮財政（あるいは小さな政府と低税負担率），民営化と規制緩和，貿易と資本の自由化が主要な柱と考えられている。スティーガー（2005, 2003）は，新自由主義的グローバル化の主要なイデオロギー的主張として次の5つをあげている：①グローバル化は，市場の自由化およびグローバルな統合に貢献する；②グローバル化は不可避で，非可逆的である；③グローバル化を統括しているものはいない，誰のせいでもない；④グローバル化は誰にとっても利益である；⑤グローバル化は世界に民主主義をいっそう広める。

　アジア通貨・金融危機とそれに続くロシアやブラジルの経済危機に対してとったIMFの政策に対して多くの批判が起きた。新自由主義的グローバル化に対する典型的な反グローバリズムのできごととしてあげられるのは，シアトルでの世界貿易機構（WTO）に対する抗議運動である。その後各種の反グローバル化の動向が注目されている。こうした経済のグローバル化に対する論争として，ヘルド（2002, 2000）では3グループに区分されている。第1は，グローバル化は現実の明白な経済現象であるとして推進するグローバル論者（グローバル主義）である。第2は，国民国家には戦略を展開しうる余地が残されていることを強調する，グローバル化に懐疑的な伝統論者（伝統主義）である。第3は，前二者の両極端を拒否し，新しい形態の強力な相互依存と統合が進み「コ

スモポリタン」型社会へと向かっているとする変容論者(変容主義)である。またヘルド・マッグルー(2003, 2002)は、グローバル政治の諸モデルとして、新自由主義派、リベラル国際主義派、グローバル変容主義派、国家中心主義派(保護主義派)、およびラディカル派に区分している[3]。

ワシントン・コンセンサスに対する批判を受けて、IMFは構造調整プログラムに反腐敗、社会的安全網、貧困削減などを組み入れ、修正・拡大(付録2参照)しており、2011年4月には資本規制を条件付きで容認する方針を示している[4]。しかし、米国のサブプライム・ローンに端を発した2008～09年の世界金融危機とそれによる深刻な世界経済危機からの回復は、中国、インド、ブラジルなどの新興工業経済に主導されている。このことは新自由主義的グローバリズムにもとづくグローバル化に修正を迫ることになろう[5]。実際、世界経済政策調整のための議論の場は、G8からG20の財務相・中央銀行総裁会議の場に移行している。

ヘルド他(2007, 2005)は、新自由主義的グローバル化に対して、社会民主主義的グローバル化を提唱している。これは、米国主導のグローバリズムに対して欧州主導のグローバリズムとみなされよう。ヘルドは、ワシントン流の経済コンセンサスとワシントン流の安全保障論の欠陥と限界を認識し、それを乗り越えることが必要であるとし、次のような枠組みが求められるとしている。

・世界市場と現代技術がもたらす生産性と富の大幅な拡大を奨励し、維持する。
・利益の公平な分配を実現し、極端な貧富を解消する。
・テロ犯罪、戦争、国家破綻と、その原因の解消を目指す国際的な安全保障体制を確立する。

以上の任務を果たすことを目的としたアプローチを社会民主主義的グローバ

---

3) 各モデルの要約と比較に関しては、ヘルド・マッグルー(2003, 2002)の表8-1を参照。
4) 詳しくは、IMFの報告書 "Recent Experiences in Managing Capital Inflows-Cross-Cutting Themes and Possible Policy Framework"(February 14, 2011) を参照。
5) Birdsall and Fukuyama(2011)など参照。

ル化と人間の安全保障と名付けている。付録3に示されているような社会民主主義の概念と価値観をグローバル化することであるとしている。

1-2　グローバル化の歴史的進展

歴史的にみたグローバル化の流れは，スティーガー (2005, 2003) では，先史時代（紀元前1万年－紀元前3500年），前近代（紀元前3500年－紀元1500年），初期近代（1500-1750年），近代（1750-1970年），および現代（1970年以降）に区分されており，現代においてグローバル化という言葉は作り出されたとしている。またヘルド他 (2006, 1999) では，貿易のグローバル化の視点からは，産業革命前，古典的金本位制時代（1870-1914年），戦間期，ブレトンウッズ体制期，および現代に，グローバルな生産の視点からは，1600-1800年，1870-1939年，1950-73年，および1973年以降に，グローバルな人口移動の視点からは，近代以前（1500年以前），近世（1500-1760年頃），近代（1760-1945年頃），および現代（1945年頃以降）に区分され，グローバル化が比較されている。

現在の国際経済の不安定性は金融システムおよび自由な資本移動（特に短期資本移動）に起因しているといっても過言ではないので，経済のグローバル化を考える上では，古典的金本位制時代，戦間期，ブレトンウッズ体制期，現代（1973年以降の変動相場期）に区分するのが適切と思われる。現代も旧ソビエト連邦崩壊前と後に分けてみる必要があろう。さらには，2008-09年の世界金融・経済危機後ではグローバル化に本質的な変化が起きることも予想される。

グローバル化は，現代よりも古典的金本位制時代の方がより進展していたと指摘する論者も多い（懐疑派）。特に人口移動に関しては，古典的金本位制時代（戦間期を含む）の方がグローバル化は活発であったともいわれている（以下，古典的グローバル化と略記）。この古典的グローバル化では，戦間期において国際連盟，国際決済銀行（BIS），国際労働機構（ILO）などの国際機関を創設したが，目的通りの成果をあげることができず，米国の株式暴落に端を発した世界恐慌は，グローバル化の終焉（国民国家による保護主義）へと向かわせた。

その主要な原因は，金融システムと金本位制下での自由な資本移動にもとづく不安定性にあった。ジェイムズ（2002, 2001）によれば，グローバル化がもたらす影響への対策として，2つの制度的な仕組み使われてきた。第1は，既存の国民国家の政治制度の中に，補償メカニズムを作る方法であり，第2は，国のレベルの限界を認識し，国のレベルを超えてルールを作る方法である。古典的金本位制時代では，関税，金融政策の規制，移民法などによりグローバル化の障害が作られていった。第1次大戦後は，これらの障害に直面し，第2の方法が試みられたが，失敗し，国ごとによる解決（保護主義）が激化した。

第2次世界大戦後のブレトンウッズ体制は，金本位制時代の自由放任主義の反省にもとづき，金為替本位制による固定相場制と資本移動の規制とによる国際通貨制度がとられ，自由貿易に向けた国際体制が確立された。そのために，国際連合とその諸機関，IMF，WB，関税と貿易に関する一般協定（GATT），経済協力開発機構（OECD）が設立され，国民国家間の政策調整とルール作りが行われた。

欧州諸国や日本の経済が戦後復興を経て回復し，先進国間の貿易の自由化とともに資本の自由化が進展するにしたがい，ブレトンウッズ体制は崩れ，国際通貨制度は1973年から現在の変動相場制へと移行した[6]。しかし，変動相場制への移行は主要先進国の通貨であり，ほとんどの発展途上国はドルにリンクした固定相場制を採用していた。このことが，投機的短期資本移動の不安定性のため，その後の発展途上国や移行経済での通貨危機と経済危機を引き起こす主因となっている。前述したように，現在のグローバル化は1973年以降の変動相場制期に進展したと一般に考えられているといってよい（以下，現代のグローバル化と略記）。

変動相場制への移行後，2度にわたる石油危機を経て，1980年代からグロー

---

[6] 国際通貨体制のトリレンマに直面し，資本規制に代わり自由な資本移動を選好した代償として，為替レートの安定性に代わり不安定性を選択したことになる。グローバル経済にとってこのことがどのように影響してくるかは今後のさらなる課題である。地域的にEUがとった経済統合・単一通貨とは対照的である。

バル化は勢いを増している。たとえば発展途上国の開発戦略においても，輸入代替産業育成から輸出産業育成に転換し，積極的に海外直接投資（FDI）を受け入れる方向に転換している。特に中国の市場経済への移行と旧ソビエト連邦崩壊は，急速な情報通信技術革新と相俟って，1990年代に現代のグローバル化を急速に進展させた。しかし，前述したように，1997-98年のアジア通貨・経済危機，ロシア経済危機，ブラジル経済危機以降，新自由主義的グローバル化に対する批判が高まった。

こうしたグローバル化の流れの中で，米国のサブプライム・ローン問題に端を発した2008-09年の世界金融・経済危機後の世界経済の回復は，中国，インド，ブラジルなど人口規模が大きい新興工業経済が世界経済の成長を牽引するにつれ，これまでのグローバル化に修正を迫るものとなる可能性が高い。

2. 戦後日本経済のグローバル化

2-1 資本の自由化

第2次世界大戦後の貿易および資本の自由化を中心にして，世界経済との関連で主要な制度的変遷を表にまとめたのが表2-1である。終戦直後の混乱期において，単一の為替レートが1ドル360円に設定されたのが1949年4月である。貿易為替・外国貿易管理法が設定され，為替管理の下で管理貿易が行われた。ブレトンウッズ体制下で，1952年にはIMF，1955年にはGATTに加盟し，外国為替管理下で貿易を通じた国際経済との相互依存関係が制度的に整えられていった。1950年代から為替自由化に向けた制度的準備が進められ，1963年2月にはGATT 11条国（国際収支を理由にした輸入制限は認められない国）に移行した。そして1964年4月にはIMF 8条国に移行し，経常収支取引における為替制限を原則として行えないこととなり，外貨予算制度が廃止され，円は交換可能通貨となった[7]。と同時に，OECDにも加盟し，資本の自由化を進めなければならない立場に立った。1967年の貿易為替自由化（第1次自由化）を皮

---

7) 欧州主要通貨は1958年末に交換可能性を回復している。

切りに対内 FDI の自動認可制が部分的に採用され，1969 年の第 2 次資本自由化では本格的な自由化が開始された。前述したように，資本取引の自由化はブレトンウッズ体制の資本規制を取り払う動きであり，1971 年のニクソン・ショックを契機にブレトンウッズ体制は崩壊し，国際通貨体制は変動相場制へと移行した。日本では 1970 年代に第 5 次の資本自由化まで順次進められ，電子計算機の資本自由化，情報処理・ソフトウェア関連事業の 100％ 資本自由化で，1976 年には自由化は実質的に完了したといわれている。1980 年には，改正外国為替管理法が施行され，資本取引・貿易決済は原則自由・有事規制へと移行した。このように，日本の資本の自由化の流れは，世界経済のグローバル化の流れに追随した動きになっているが，日本での資本の自由化は約 10 年かかっており，幼稚産業保護主義的産業政策の下で外国資本の流入に対しては警戒心が強かった。後にみるように，現在でも日本への対内 FDI は極めて少ない状況にある。

表 2-1 戦後の市場自由化の歩み

| | 対外経済環境 | 市場自由化 ||
		財貨・サービス	金融
1944	国際通貨体制確立，IMF，WB 設立（7 月）		
1948	GATT 発効（1 月）		
1949			単一為替レート 1 ドル 360 円（4 月実施）
			「貿易為替・外国貿易管理法」公布（12 月）
1950	朝鮮戦争勃発（6 月：戦争特需）		外資に関する法律（外資導入の基準法規・外資導入委員会設置法各公布）（5 月）
1951	ILO 加盟承認（6 月）		証券投資信託法（6 月）
1952	IMF 加盟，世銀加盟（8 月）		
1955	GATT 加入議定書調印（6 月：9 月発効）(1951		

| | 対外経済環境 | 市場自由化 ||
		財貨・サービス	金融
1955	年オブザーバー、1953年10月仮加入)		
1956			「円ベース株式取得制度」(1956年10月～1963年7月)
1958	欧州通貨協定(EMA)発足(欧州主要国の通貨交換制回復)(12月)		外国為替・外国貿易管理法改正公布(為替自由化の第一歩)(5月)
1959		貿易自由化の開始(11月)	
1960		貿易・為替自由化大綱決定(3年後に自由化率90%達成)(6月)	
1961	第1次国連開発の10年		貿易為替自由化促進計画(9月)
1962		関税審、貿易自由化率を88%、230品目と決定(10月実施)	
1963	GATT 11条国移行(2月)		
1964	IMF 8条国移行(4月)		外貨予算制廃止(IMF 8条国移行のための外資法・外国為替及外国貿易管理法改正)(3月)、円は交換可能通貨へ
	OECD加盟(4月)		
1966	アジア開発銀行設立(8月)		
1967	ECの発足(7月)		資本自由化基本方針決定(6月)
	ケネディ・ラウンド妥結(5月)		貿易為替の自由化(第1次資本自由化:7月)
	ASEAN発足(8月)		対内直接投資の自動認可制が部分的に採用された。
	SDR創設(9月)		第1種自由化業種(テレビ、医薬品、塩化ビニール、合成繊維など33業種) 第2種自由化業種(鉄鋼、セメント、紡績、造船など17業種:国際競争力のある業種)
1968	金の二重価格制採用(3月)	技術輸入自由化実施(例外7業種)(6月)	

第2章 グローバリゼーションと日本経済　23

	対外経済環境	市場自由化	
		財貨・サービス	金融
1968	欧州の通貨危機（11月）		
1969		貿易外取引自由化実施（8月）	第2次資本自由化（対内直接投資自由化）（3月実施）：自由化本格化 第1種135業種，第2種30業種
1970		日米繊維交渉（6月）	第3次資本自由化（9月） 全産業の70~80%（323業種），製造業生産の75%で自由化
1971	第2次国連開発の10年		自動車など6業種資本自由化（4月）
	ニクソンショック（金・ドル交換停止）（8月）		第4次資本自由化：ポジティブリストからネガティブリストへ移行（8月）（原則自由，制限を明示　資本自由化第1ラウンド終了）
	スミソニアン体制発足（12月）		スミソニアンレート（1ドル308円）（12月）
1972		日米繊維協定締結（1月）	外貨集中制の廃止
1973	東京・ラウンドの開始（9月）		
	第4次中東戦争（10月）		円は変動相場制に移行（2月）
	第1次石油危機（10月）		第5次資本自由化決定（例外5業種，期限付17業種を除き原則100%自由化）（4月）
1975	主要7カ国第1次首脳会談（ランブイエサミット）（11月）		電子計算機の資本自由化（12月）
1976			日本の実質的な自由化完了（情報処理・ソフトウエア関連事業の100%資本自由化）（4月） 非自由化業種として残ったもの：農林水産業，石油業，鉱業，皮革または皮革製品製造業
1977			第2次円高（2月9日〜）
1979	イラン革命（2月）		外国為替および外国貿易管理法（資本取引・貿易決済を原則自由・有事規制）（12月）
1979	第2次石油危機（2月）		

	対外経済環境	市場自由化	
		財貨・サービス	金融
1980			改正外国為替管理法施行（外債投資の自由化）－原則規制から原則自由へ（12月）
1982	メキシコ債務危機（8月）		
1984		日米農産物交渉開始（牛肉，オレンジ，かんきつ果汁）（1月）	円ドル委員会最終報告－金融の国際化・自由化が顕著な進展（5月）
1985	プラザ合意（9月）（ドル高是正）		大口預金金利自由化（8月）
1986	G5主要国が公定歩合の協調引き下げ（3月）	（前川レポート（4月）（内需主導型成長への転換を謳う））	
		日米半導体交渉が最終合意（7月）	
	ウルグアイ・ラウンド開始（9月）		
	英国ビッグバン実施（10月）		
1987	ルーブル合意（2月）（相場圏1ドル140-160円）		
	ブラックマンデー（10月）		
1988	国際決済銀行（BIS），銀行の自己資本比率の国際統一基準を決定	牛肉・オレンジの輸入自由化，日米交渉妥結（6月）	1ドル120円45銭（1月）（変動制移行後の最高値）
			日銀，大口定期預金の最低限度額を5,000万円から3,000万円に引き下げ決定（9月；11月実施）
1989	ベルリンの壁消える（11月）	日米構造協議（SII）開始（9月）	
1991	湾岸戦争突入（1月）	牛肉とオレンジの輸入自由化スタート（4月）	
	ソ連崩壊（69年の歴史に幕）（12月）	日米半導体協定改定（6月），対日制裁解除で決着	
1992	欧州通貨危機発生		

第2章　グローバリゼーションと日本経済　25

	対外経済環境	市場自由化	
		財貨・サービス	金融
1993	EU（欧州連合）発足（11月)		定期預金金利の完全自由化を実施（6月)
1994	NAFTA 発効（1月)		普通預金や貯蓄預金などの流動性預金金利の自由化（10月)
	メキシコペソ危機発生（12月)		
1995	WTO（世界貿易機構）発足（1月)		
1996			首相，日本版金融ビッグバン構想を発表（11月)
1997	アジア金融・経済危機（7月〜)		新日銀法成立，金融庁設置法（6月)
			11月：三洋証券，北海道拓殖銀行，山一證券の破綻
1998	ロシア経済危機（8月)		日本版金融ビッグバン，2001年を目標に始動（4月)
			金融監督庁発足（6月，2000年7月金融庁へ改組)
			金融ビッグバンの制度面で改革を整えた金融システム改革法成立（12月施行)
			金融再生委員会（12月，2001年1月金融庁に統合)
1999	EU通貨統合（11カ国）ユーロ導入（1月1日)		日銀ゼロ金利政策（2月12日)
2000			ゼロ金利政策解除（8月11日)
2001	中国WTO加盟		ゼロ金利政策へ復帰（2月28日)
	同時多発テロ（9月11日)		
	ドーハ・ラウンド開始（11月)		量的緩和政策導入（3月19日)
	アルゼンチン経済危機（12月)		
2002		SingaporeとのFTA/EIA（11月30日)	
2003			

| | 対外経済環境 | 市場自由化 ||
		財貨・サービス	金融
2004			
2005		MexicoとのFTA/EIA（4月1日）	
2006		MalaysiaとのFTA/EIA（7月13日）	量的緩和政策解除（3月9日）
			ゼロ金利政策解除（7月14日）
2007		ChileとのFTA/EIA（9月3日）	
		ThailandとのFTAEIA（11月1日）	
2008	リーマン・ブラザーズ破綻（9月）	IndonesiaとのFTA/EIA（7月1日）	
	米国ゼロ金利政策（12月16日）	BruneiとのFTA/EIA（7月31日）	
		ASEANとのFTA（12月1日）	
		PhilippinesとのFTA/EIA（12月11日）	
2009	米国第1次量的緩和政策（QE1）（3月18日）	SwitzerlandとのFTA/EIA（9月1日）	
		Viet NamとのFTA/EIA（10月1日）	
2010	米国第2次量的緩和政策（QE2）（11月13日）		金融政策の強化（8月30日）
			包括的金融緩和政策（10月5日）（ゼロ金利と量的緩和）
2011			金融緩和の強化（一層の量的緩和）（3月14日）

（注）FTA/EIAはEPAに相当する。
（出所）矢部洋三・古賀義弘・渡辺弘明・飯島正義編著（2001年）『日本経済年表』日本経済評論社。
WTOホーム・ページ（http://rtais.wto.org）のlist of all RTAs in force, by type of Agreement（2011年4月9日現在）。
日本銀行ホームページの金融政策。FBRホームページの金融政策。

2-2 貿易の自由化

1949年に単一為替レートが設定され,外貨不足による管理貿易下で朝鮮戦争特需に助けられて外国からの援助から脱出し,貿易再開で国際市場に参加し自立への道を歩み,戦後の日本経済が戦前水準に復帰し,もはや戦後ではないといわれたのが1955年である。その間,国際経済機関であるIMF, WB, GATTへの一応の加盟を果たし,国際経済への復帰の準備を整えた。朝鮮特需ブーム以後は,景気循環を繰り返しながら,自立から高度成長期へと進んだ。この間,景気が過熱すると国際収支が赤字となり,輸入を抑制するために引き締め政策が行われていた。しかし,1968年頃からは経常収支の黒字が定着し始め,日本経済の課題も国際収支の赤字問題から,インフレ問題や公害などの社会問題へと変わっていった。それは,前述したように,IMF8条国やGATT11条国移行およびOECD加盟により国際経済との相互依存関係が強まることにより,貿易と資本の自由化が進められた時期でもあった。

国際的には,GATTにおいて多角的貿易自由化が進められてきた。これまでのGATT(1995年以降はWTO)で推進されてきた多角的自由化交渉(ラウンド)は,表2-2のようになっている。1960年代初期までの交渉参加国は少数であっ

表2-2 GATT/WTO体制下の多角的自由化交渉
(ラウンド)

開催年	ラウンド名	参加国数
1947	第1回交渉	23
1949	第2回交渉	13
1951	第3回交渉	38
1956	第4回交渉	26
1960〜1961	ディロン・ラウンド	26
1964〜1967	ケネディ・ラウンド	62
1973〜1979	東京・ラウンド	102
1986〜1994	ウルグアイ・ラウンド	123
2001〜	ドーハ開発アジェンダ	149

(出所)経済産業省編『通商白書2006』第3-1-37表。

た。日本が貿易自由化に着手したのは，ディロン・ラウンドの時期からである。表2-1に示されているように，1962年には，貿易自由化率を88%，230品目と決定され，実施されている。1960年代末には貿易外取引の自由化も実施され，農産物など特定品目を除き貿易は自由化された。しかし，1980年代に入り日本の経常収支の黒字定着と米国の赤字定着とは，日米の貿易摩擦を引き起こすこととなった[8]。

1970年代初期には3年間にわたり日米繊維交渉が行われた。日本からの対米輸出が問題となり，輸出自主規制による解決が図られた。これがその後の日米貿易摩擦における日本からの半導体などの輸出の交渉解決パターンとなった。1980年代には，日本の輸入障壁が問題となった。代表的なものが日米農産物交渉である。1980年代末までの個別商品ごとの交渉では日本の貿易黒字問題は解決困難であり日本経済の構造そのものに問題があるとの米国の認識の下で，1980年代末から1990年代には日米構造協議が行われた。米国が推進しようとしていた金融の規制緩和を受けて金融サービスなどサービスの自由化も取り上げられた。

日米貿易摩擦のいま1つの側面は，為替レートを通じた調整問題であり，日米間の円ドル委員会で金融の国際化・自由化として議論された。また，日本の経常収支黒字を削減するためには内需拡大が必須であるとする前川レポートが発表され，それに向けた政策も試みられたが，黒字の削減はできず，長期的円高傾向は今日まで続いている。円ドル委員会を契機に，国内の金利自由化が進められ，表2-1に示されているように，1985年の大口預金金利自由化に始まり1994年には流動性預金金利が自由化されるに至っている。

1990年代半ば以降は，日本経済は大停滞期に入り，BRICs特に中国経済の台頭で日米間の貿易摩擦はほぼなくなり，グローバルな自由貿易問題は変質している。

前にも触れたように戦後の世界的貿易自由化は，GATTで多角的自由化交渉

---

8) 栗林（2010）の図1-2 日米経常収支（対GDP比）の比較を参照。

表 2-3　WTO に報告された発効されている地域貿易協定（RTAs）

年	件数	年	件数
－1970	4	2001	11
1971－80	10	2002	11
1981－90	8	2003	10
1991	3	2004	11
1992	3	2005	13
1993	5	2006	15
1994	7	2007	10
1995	9	2008	16
1996	8	2009	15
1997	6	2010	10
1998	7	2011	3
1999	5		
2000	10		

（注）1. 2011 年は 4 月まで。
　　　2. 財，サービス，財・サービスにより分類された RTAs である。
（出所）WTO ホームページより作成。

を中心にして進められてきた。表 2-2 に示されているように，1970 年代の東京・ラウンド以降は参加国が多くなり，多角的自由化交渉はまとまり難くなり，交渉期間も長期化している。1995 年には GATT は WTO に改組され，国際調整機関としての機能が拡大・強化された。現在は 2001 年からドーハ・ラウンドが進められているが，交渉が行き詰っている。1993 年の欧州連合（EU）発足，1994 年の北米自由貿易協定（NAFTA）発効に伴い，皮肉にも WTO が発足した 1990 年代半ばから多角的自由化交渉に代わり 2 国間あるいは数カ国間の地域貿易協定が結ばれるようになっている。特に，21 世紀に入りドミノ効果的に地域貿易協定締結が加速している（表 2-3 参照）。こうした傾向を受けて，日本でも表 2-1 に示されているように 2 国間の経済連携協定（EPA）が結

ばれるようになり，貿易面でのグローバル化が変質しているように思われる。

2-3 統計的に見た日本経済のグローバル化度

これまでは世界経済の潮流の中での日本経済のグローバル化を制度面からみた。ここでは統計的に"グローバル化度"の進展を，貿易比率，関税率，海外生産比率，FDI および外国人人口比率についてみておきたい。

2-3-1 貿易比率と関税率

2008年についてOECD加盟国の貿易比率（財貨サービスの輸出と輸入の対GDP比の和）と人口とを表にしたものが表2-4であり，散布図にプロットしたものが図2-1である[9]。国内市場の大きい国は貿易比率が低いと考えられるので，国内市場規模を表す指標として人口をとっている。ここに観測される負の関係を指数式で近似したのが図中の実線である。貿易比率が一番低いのが米国（30.4%）であり，2番目に低いのが日本（34.9%）である。しかし，人口との関係ではそれほど低いわけではないが，米国は近似線の上にあり，日本は近似線の下にあることより，貿易面でみたグローバル化度は日本の方がやや低いといえよう。人口が少ない諸国の貿易比率は，広い範囲に分布している。ルクセンブルグは，他国に比し貿易比率が突出して高い（313.1%）。また，貿易比率が150%前後と高い国は，ベルギー，オランダ，アイルランド，および東欧の移行経済であるスロバキア，チェコ，ハンガリーである。これら7カ国を除外すると，貿易比率と人口との負の相関関係はさらに高まる[10]。人口が少ない国で貿易比率が比較的低い国は，オーストラリア，ギリシャ，ニュージーランドである。人口が約5,000万人以上の国では，韓国とドイツの貿易比率が比較的高く，フランス，英国，イタリアのそれが比較的低いといえる。

次に1980年以降の日本経済の貿易比率をみると，図2-2のようになる。名目の貿易比率は1980年から1993年まで低下傾向であるが，1994年以降は上

---

9) 2000年についても同様な散布図が得られる。また，市場規模としてGDPを取ることも考えられるが，高所得国の場合には人口が適切であろう。
10) 指数近似式の決定係数は0.39から0.48に高まる。

第2章 グローバリゼーションと日本経済　31

表2-4　OECD加盟国の人口と貿易比率（2008年）

国	人口（千人）	貿易比率（%）
Australia	21,016	45.02
Austria	8,333	112.61
Belgium	10,517	170.53
Canada	33,095	68.95
Czech Republic	10,262	149.63
Denmark	5,461	107.35
Finland	5,307	89.91
France	61,840	55.59
Germany	82,772	88.52
Greece	11,218	56.68
Hungary	10,035	163.32
Iceland	301	91.89
Ireland	4,250	156.69
Italy	58,851	58.33
Japan	127,568	34.89
Korea	48,607	107.2
Luxembourg	471	313.08
Mexico	106,683	58.76
Netherlands	16,390	145.15
New Zealand	4,188	62.92
Norway	4,707	76.99
Poland	37,927	83.94
Portugal	10,620	75.09
Slovak Republic	5,393	168.31
Spain	44,311	58.98
Sweden	9,159	99.66
Switzerland	7,584	101.61
Turkey	74,767	52.25
United Kingdom	61,412	60.97
United States	304,228	30.41

（出所）OECDホームページより作成。

図 2-1 貿易比率 (2008 年)

AL オーストラリア
CN カナダ
CZ チェコ
GR ドイツ
JP 日本
KR 韓国
LX ルクセンブルク
MX メキシコ
TR トルコ
US 米国

$y = 106.1e^{-5E-0x}$
$R^2 = 0.392$

(出所) OECD ホームページより作成。

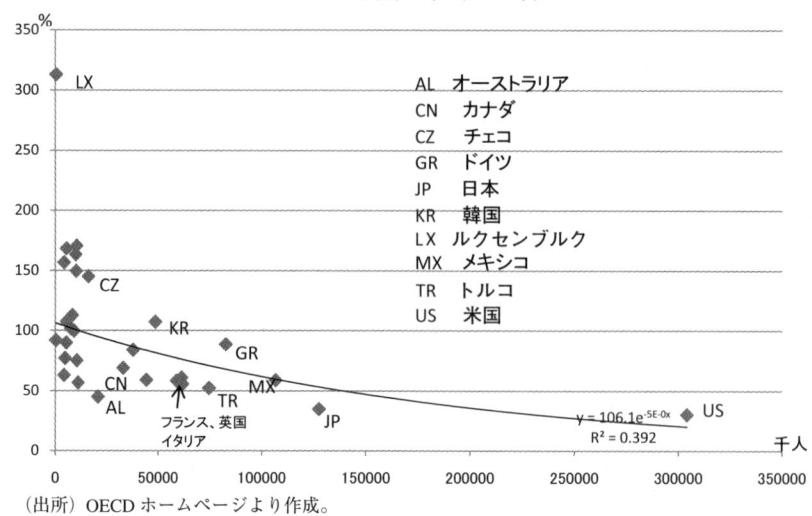

図 2-2 日本の貿易比率

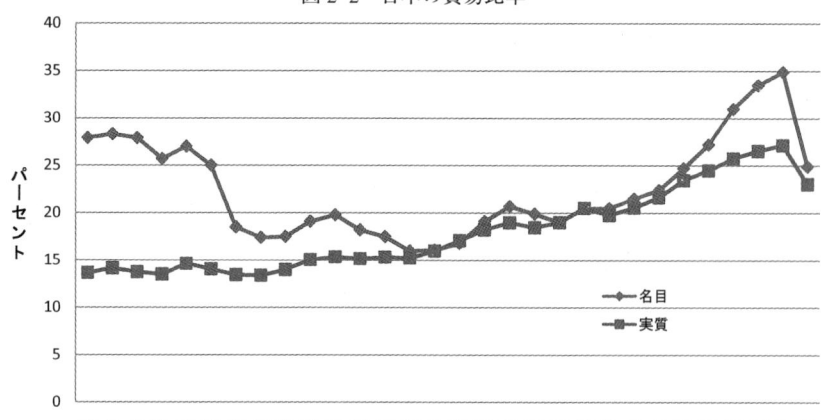

(出所) 内閣府経済社会総合研究所ホームページ『国民経済計算年報』(2009 年度) 暦年計数より作成。

昇トレンドである。一方実質の貿易比率は，一貫した上昇トレンドである。名目の場合には，輸出入物価と国内需要物価との相対価格の変化が貿易比率に反映されるので，時系列的に見るときのグローバル化度の指標としては実質の方がよいといえよう。実質貿易比率は，1980 年には 13.7%，1990 年 15.4%，2000

表 2-5　関税率の国際比較（％）

国名 \ 年度	1984	2007
日本	2.5	1.3
アメリカ	3.6	1.5
EU	2.5	1.4
カナダ	3.9	1.0
オーストラリア	9.7	3.0

（出所）『財政金融月報』461号と499号。

図 2-3　関税負担率

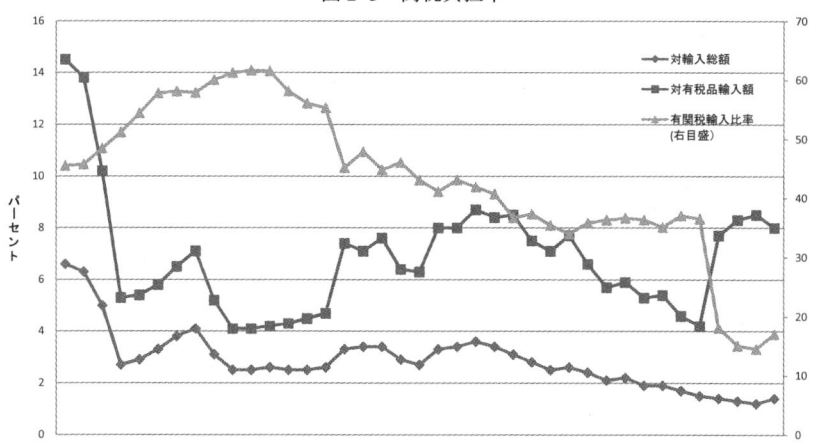

（出所）財務省ホームページ『財政金融統計月報』第699号（2010年7月）等より作成。

年 20.5％，2008年 27.1％であり，10年ごとに上昇ポイントが高まっており，貿易面でのグローバル化がやや加速的に進んでいることがうかがわれる。

　国内市場のグローバル統合度をみる指標の1つとして関税率と有関税輸入比率をみる（図2-3参照）。関税額を財の輸入総額で除した関税率（以下，単に関税率）は，1970年代初めに低下し，1990年代半ばまでは，平均約3％で循環的に推移した後，ウルグアイ・ラウンド終結の1994年以降は低下傾向にあり，2008年には1.2％まで低下している。日本の関税率は，他の先進国と比較して高くはなく，1994年にはEUとともに低く，2007年ではカナダに次いで

低い（表2-5参照）。また対有税品輸入額の関税比率（以下，対有税関税比率）をみると異なった動きを示している。これは，図2-3にみられるように，有関税輸入比率（有関税輸入額の輸入総額に対する比）と逆サイクルを描いている。これは，それまでは輸入許可制など非関税輸入障壁があった品目の輸入が自由になる代わりに関税が掛かるときには対有税関税率は下がり，比較的低い関税が撤廃され有関税輸入比率が下がるときには，高関税品目が残されていることを示している。したがって，関税率は低いが，米・穀物などの農産物や一部の皮製品などの市場開放が遅れていることがここに反映されているといえよう。

2-3-2　対外生産比率と対外FDIストック

　現在のグローバル化を生産面から推進しているのが多国籍企業[11]である。海外での生産拠点を築いているのが対外FDIである。そこで日本企業のグローバル生産活動度の指標として対外生産比率と対外FDIストックの動向をみる。経済産業省の海外事業活動基本調査および国連貿易開発会議（UNCTAD）のFDI統計より対外生産比率と対外FDIストックの推移をみると図2-4のようになる。当然予想されるように，両者は並行した動向を示している。1990年代初めと最近2年間で両者が乖離した動きを示しているのは，対外生産比率が製造業であるのに対して，FDIは全産業ベースであることによると思われる。ちなみに，海外事業活動基本調査（2010年7月調査）によれば2009年度末の現地法人数は18,201社であり，製造業が8,399社（46.1%），非製造業が9,802社（53.9%）となっている。国内全法人ベースの製造業の対外生産比率は，1985年に3.0%であったものが，1995年には8.3%，2007年には19.1%まで上昇している。図2-4にみられるように，国内の景気変動を反映した動きを示しているが，1985年から2009年の間で，年平均で約0.7%ポイント上昇している。

---

11)　多国籍企業（multi-national corporations）と超国籍企業（trans-national corporations）とを区別する場合もあるが，UNCTADの定義でも明確な区別がないので，ここでは多国籍企業を用いる。完全に統合されたグローバル経済では，超国籍企業の方が適切なのであろう。

図 2-4 対外生産比率（製造業）と対外 FDI ストック

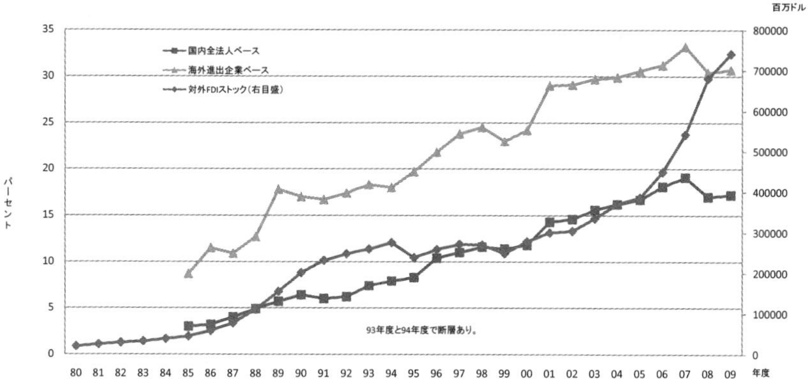

（出所）経済産業省ホームページ『平成 22 年度海外事業活動基本調査』および UNCTAD ホームページの FDI 統計より作成。

海外進出企業ベースでは，年平均約 1.0% ポイントの上昇である。しかし，日本の海外生産比率は米国やドイツに比較すると低い水準である[12]。

次に OECD の統計により，1990 年よりデータが利用可能な OECD 15 カ国の対外 FDI ストックと対内 FDI ストックの構成比をみると，表 2-6 のようになっている。日本の対外 FDI ストックのシェアーは，1990 年と 1995 年は，米国と英国に次いで高いが，その後低下し，EU 諸国と比較しても低い方である。経済規模に応じて FDI ストックも大きくなると考えられるので，貿易の場合と同様に対 GDP 比でみると表 2-7 のようになる。貿易の場合と同様に，国内市場規模が小さい国は FDI ストックの対 GDP 比が高くなっている。そして 2000 年以降各国の比率は急激に高まっている。日本の対外 FDI ストックの GDP 比は，上昇傾向にはあるが，他国と比較して極めて弱い上昇傾向である。1990 年には米国やドイツ，フランスとそれほど大きな差がなかったが，2000 年以降に大きな差が生じている。2000 年以降では OECD 15 カ国中最低であり，2007 年には他国に比して極めて低い水準にある。なお，日本に関して特徴的なことは，対内 FDI ストックの対 GDP 比およびシェアーが極めて低いこ

---

12) 海外事業活動基本調査（1997 年度実績）によれば，1996 年で日本 11.6% に対して米国 28.1%，ドイツ 27.7% となっている。

表 2-6　OECD 15 カ国の FDI ストック構成比（%）

	対外 FDI						対内 FDI					
	1990	1995	2000	2005	2006	2007	1990	1995	2000	2005	2006	2007
Australia	1.8	2.1	1.7	2.1	2.3	2.4	5.8	5.9	3.1	3.6	3.6	3.9
Austria	0.3	0.5	0.5	0.9	1.1	1.3	0.9	1.2	0.9	1.4	1.5	1.9
Canada	4.9	4.6	4.8	4.7	4.6	4.3	8.9	7.0	5.9	5.8	5.2	5.7
Finland	0.7	0.6	1.1	1.0	1.0	1.0	0.4	0.5	0.7	0.9	1.0	1.1
France	6.4	7.9	9.1	10.5	10.6	10.8	6.7	10.9	7.2	10.7	10.6	10.9
Germany	7.6	9.0	9.9	10.0	10.2	10.4	5.8	5.9	12.9	11.0	11.1	11.5
Iceland	0.0	0.0	0.0	0.1	0.1	0.2	0.0	0.0	0.0	0.1	0.1	0.1
Italy	3.5	4.1	3.7	3.5	3.8	4.3	4.7	3.7	3.4	3.8	4.1	4.2
Japan	11.7	9.2	5.7	4.7	4.5	4.5	0.8	1.9	1.4	1.7	1.5	1.5
Netherlands	6.2	6.7	6.2	7.4	7.7	7.3	5.4	6.6	6.8	7.7	7.1	8.3
Norway	0.6	0.9	0.7	1.1	1.2	1.2	1.0	1.1	0.8	1.3	1.3	1.4
Sweden	3.0	2.8	2.5	2.5	2.7	2.7	1.0	1.8	2.6	2.9	3.2	3.3
Switzerland	3.9	5.5	4.7	5.2	5.7	5.5	2.7	3.3	2.4	2.9	3.7	3.9
United Kingdom	13.4	11.8	18.3	14.4	14.7	15.3	16.1	11.4	12.2	14.3	15.9	14.5
United States	36.0	34.3	31.2	31.9	29.8	28.7	39.8	38.7	39.6	31.9	30.0	28.0
15 カ国計	100.0	100.0	100.0	100.0	100.0	100.0	100.0	100.0	100.0	100.0	100.0	100.0
計の年平均増加率		8.5	13.7	11.1	19.0	21.5		6.7	15.4	10.4	22.2	21.7

（出所）OECD ホームページより作成。

表 2-7　OECD 15 カ国の FDI ストックの対 GDP 比（%）

	対外 FDI						対内 FDI					
	1990	1995	2000	2005	2006	2007	1990	1995	2000	2005	2006	2007
Australia	10.0	13.2	15.8	24.4	29.1	34.9	24.1	25.9	20.6	29.6	33.7	41.2
Austria	3.2	6.3	10.8	26.1	35.2	49.6	7.4	11.4	13.5	30.0	37.0	52.0
Canada	15.7	17.7	27.2	34.3	37.5	41.3	20.8	18.5	24.3	30.2	31.3	39.3
Finland	12.8	15.6	39.2	50.9	55.2	60.5	5.8	8.8	18.3	34.0	40.5	48.1
France	11.0	17.0	29.0	46.5	52.2	60.9	8.5	15.9	16.9	33.6	38.1	44.8
Germany	9.0	12.7	22.8	32.1	36.4	42.7	5.1	5.7	21.7	25.1	28.8	34.2
Iceland	1.4	2.9	8.2	97.3	126.2	234.4	2.7	2.4	6.1	45.3	70.4	103.0
Italy	6.0	8.9	12.4	17.8	21.3	27.6	6.0	5.4	8.3	13.6	16.5	19.4
Japan	8.6	8.4	8.6	10.0	11.0	12.7	0.4	1.2	1.5	2.6	2.6	3.1
Netherlands	40.6	51.8	65.2	107.5	121.8	131.4	26.1	34.8	52.1	78.8	82.5	108.5
Norway	14.4	21.9	21.0	42.5	48.5	55.3	16.4	19.3	18.6	34.9	38.5	47.0
Sweden	30.7	37.9	49.7	70.7	81.9	93.1	7.6	16.1	37.9	58.2	70.1	82.5
Switzerland	39.8	75.6	101.8	162.3	189.4	201.8	20.6	30.3	38.1	63.9	89.6	103.5
United Kingdom	24.5	26.6	58.5	60.8	68.7	84.0	21.8	17.5	28.6	42.8	53.8	57.7
United States	10.7	12.0	15.5	21.1	22.1	24.7	8.8	9.2	14.4	14.9	16.2	17.5

（出所）OECD ホームページより作成。

とである。これは，第2節で日本の自由化の制度の変遷でみたように，対内FDIを抑制し国内産業を保護する産業政策がとられてきたことを反映している。対内FDIストックの対GDP比がこのように低いことは，生産面での日本経済のグローバル化度は他国と比較して非常に低いことを示している。特に対内FDIストックが極めて低い水準にあることは，国内での雇用機会の確保という視点からも今後の日本経済の生産面でのグローバル化政策の大きな課題である。

2-3-3 外国人人口比率

人口移動面でのグローバル化は，第2次世界大戦後よりは古典的金本位制時代および戦間期で進んでいたと一般にいわれている。日本の場合，戦後は移民などの人口流出というケースはないので，日本国内への流入という視点から見ておきたい。国勢調査により外国人人口の推移をみると，表2-8のようになる。終戦直後の1950年に約53万人であった外国人人口は，2005年には約156万人に達している。しかし，この外国人人口の増加は，1990年以降の現象であり，1990-95年で25.4万人，1995-2000年で17.0万人，2000-05年で24.5万人の増加である。日本の総人口に対する比率で見ると，1985年までは平均0.6％で，低下気味のほぼ横這いであるが，1990年から外国人人口比率が高まっており，2005年には約1.2％で戦前の1940年の比率に近い値になっている。国籍別には，韓国・朝鮮の比率が低下しているのに対して，中国とその他の比率が高まっている。特にその他の比率が高くなっている。表には示されていないが，ブラジル，フィリピンおよびペルーの比率が高く，これら3カ国で2005年には24.6％であり，中国よりも高い。

2005年について外国人の就業・職業構造をみると，就業者は外国人人口総数の49.7％で約77.2万人であり，製造業36.2％，サービス業15.3％，飲食店・宿泊業11.1％，卸売・小売業10.1％となっている。また職業別には，生産工程・労務作業者49.7％，専門的・技術的職業従事者12.7％，サービス職業従事者11.8％となっている。

2006年以降について法務省の外国人登録者統計によってみると，表2-9の

表 2-8　外国人人口の推移（人，%）

年次	外国人人口 総数	年平均増加率	対総人口比率	韓国・朝鮮	中国	米国	その他
1920	78,061		0.14	52.2	30.9	5.1	11.8
1930	477,980	19.9	0.74	87.7	9.2	0.8	2.4
1940	1,304,286	10.6	1.78	95.2	3.5	0.4	1.0
1950	528,923	-8.6	0.63	87.8	7.6	0.9	3.7
1955	597,438	1.2	0.66	90.3	6.8	1.3	1.6
1960	578,519	-0.3	0.61	89.2	7.0	1.8	1.9
1965	593,030	0.2	0.60	87.8	7.4	2.1	2.5
1970	604,253	0.2	0.58	86.1	7.4	2.9	3.6
1975	641,931	0.6	0.57	87.1	6.2	2.9	3.9
1980	668,675	0.4	0.57	83.4	6.5	2.8	4.4
1985	720,093	0.7	0.59	79.3	8.4	3.5	6.8
1990	886,397	2.1	0.72	64.0	12.3	3.8	19.9
1995	1,140,326	2.6	0.91	49.1	15.4	3.4	31.4
2000	1,310,545	1.4	1.03	40.4	19.3	3.0	37.3
2005	1,555,505	1.7	1.22	30.4	22.7	2.5	44.4

（出所）『国勢調査』（平成 17 年）より作成。

ようになる。地域別には，アジアと南米が多く，在留目的別には永住者・配偶者等を除くと留学・就学・研修と就労目的者が多い。これはアジアからの在留者の動向を反映しており，南米の場合には，ほとんどが永住者・配偶者等となっている。

　人口面でのグローバル化は，OECD 諸国の中では遅れているといわれているが，日本の高齢化に伴い生産年齢人口が減少段階に入り，緩慢ではあるが高まっていることがうかがわれる。

　WB の世界開発報告 2010 の主要世界開発指標によれば，純移住は低所得国では流出，高所得国では流入となっている。2000－05 年の5年間で低・中所

表 2-9 国籍（出身地）別　在留資格（在留目的）別　外国人登録者（2009 年）
(1) 人数（人）

	総数	就労目的者	短期滞在者	留学・就学・研修	家族滞在	特定活動	永住者・配偶者等	その他
総　　　　数	2,186,121	215,676	33,378	257,877	115,081	130,636	1,406,301	27,172
ア ジ ア	1,688,865	164,888	25,669	245,114	98,447	126,442	1,006,390	21,915
ヨ ー ロ ッ パ	61,721	18,582	2,450	6,002	6,604	1,636	26,136	311
ア フ リ カ	12,226	1,234	1,167	1,434	1,681	405	5,928	377
北　　　　米	66,876	24,078	1,192	3,531	6,318	547	30,919	291
南　　　　米	340,857	1,190	2,704	1,034	699	446	331,064	3,720
オ セ ア ニ ア	14,179	5,674	168	719	1,307	1,157	5,083	71
無　国　籍	1,397	30	28	43	25	3	781	487
参考　2006年の総数	2,084,919	181,806	56,449	239,029	91,344	97,476	1,380,209	38,606

(2) 割合（%）

	総数	就労目的者	短期滞在者	留学・就学・研修	家族滞在	特定活動	永住者・配偶者等	その他
総　　　　数	100.0	9.9	1.5	11.8	5.3	6.0	64.3	1.2
ア ジ ア	77.3	7.5	1.2	11.2	4.5	5.8	46.0	1.0
ヨ ー ロ ッ パ	2.8	0.8	0.1	0.3	0.3	0.1	1.2	0.0
ア フ リ カ	0.6	0.1	0.1	0.1	0.1	0.0	0.3	0.0
北　　　　米	3.1	1.1	0.1	0.2	0.3	0.0	1.4	0.0
南　　　　米	15.6	0.1	0.1	0.0	0.0	0.0	15.1	0.2
オ セ ア ニ ア	0.6	0.3	0.0	0.0	0.1	0.1	0.2	0.0
無　国　籍	0.1	0.0	0.0	0.0	0.0	0.0	0.0	0.0
総数の 2006 年比	1.0485	1.1863	0.5913	1.0789	1.2599	1.3402	1.0189	0.7038

(注) 1. 就労目的は、教授、芸術、宗教、報道、投資・経営、法律・会計業務、医療、研究、教育、技術、人文知識・国際業務、企業内転勤、興行、技能、文化活動に分類されている。
2. 永住者・配偶者等は、永住者、日本人の配偶者等、永住者の配偶者等、定住者、特別永住者からなる。

（出所）法務省外国人登録者統計（ホームページ）より作成。

得国が約 1,824 万人の純流出、高所得国が約 1,809 万人の純流入となっている。国別に純流入が約 100 万人超の国は、米国 568 万人、スペイン 250 万人、イタリア 175 万人、カナダ 109 万人、イギリス 95 万人、ドイツ 93 万人であ

り，日本は8万人である。

以上みたように，財サービス，FDIと生産面，人口面のいずれにおいても日本のグローバル化度は進んではいるが，諸先進国に比較して低いことがわかる。今後は，現在進んでいるグローバル化をどのように受け止め，主体的にどのように推進していくのかが大きな課題である。

おわりに：日本の今後のグローバル化政策

これまでにみたように，経済面での現代のグローバル化は，新自由主義的グローバル化であり，古典的グローバル化が金本位制下で進展したのとは対照的に，変動相場制という国際通貨体制下で進展している。特に日本経済は，為替レートの不安定な長期的増価傾向の下で，貿易およびFDIを中心とした経済面でのグローバル化を進めてきた。しかし，貿易，FDI，人口移動のいずれにおいてもグローバル化の進展は相対的に遅れている。今後急速に進むだろう情報通信技術革新による通信コストおよび輸送コストの低下の下で，世界のグローバル化はますます進展していくものと思われる。そうしたグローバル環境下で，日本経済のグローバル化を戦略的に推進していく政策は，日本の安全保障のみならず，社会保障，文化および環境との整合性，およびグローバル化のメリット・デメリットとを充分に考慮したものでなければならない。

これまで国際経済学で論じられてきた貿易のメリットは，比較優位にもとづく補完性の原理であり，貿易当事国両者に共に有益なものであることが強調されてきた[13]。しかし，現代のグローバル化におけるグローバル経済（世界的に統合された市場経済）では競争のみが強調される競争原理の市場経済となり，効率のみが追求される絶対優位にもとづく経済に向かっているようにみえる。極端にいえば，世界が一国のようになり，そこで企業が効率性を追求し競争している世界的資本主義体制である。その意味では，変動相場制という国際通貨体制がどのような意味をもつのかがこれからの大きな課題となってくるのであろ

---

13) リカードの外国貿易論には競争力という概念はない。

う。グローバル経済における主要な生産主体である多国籍企業は，効率を追求し，競争力を確保するために，国境を越えたいくつかの生産拠点による生産システム体制を構築している。その結果，世界貿易も産業内貿易の比重が高まっている。そして，各国においては企業を誘致し，雇用を確保するために多国籍企業の要求に応じた法人税引き下げ競争を誘発している。さらに，労働基準，環境基準などでも規制緩和という名の下で基準引き下げ競争が行われることが危惧されている。多国籍企業の生産活動に対する各種の規制や税に関しては，輸出企業育成，雇用確保などの目的で企業の要求に応じて各国が競争的に緩和する方向にある。あるいはある国の要求に応じて他国で規制緩和が進められている。

　現代のグローバル市場経済においては，諸々のルールを誰が設定するのかが最も重要な問題である。これまでの日本経済の場合には，第2節でみたように，貿易や資本の自由化は，米国や国際経済機関主導で行われてきたといっても過言ではない。現在国内で議論されている一部のAPEC参加国間でのTPPへの参加問題も米国主導で推進されているといってよい。これからのグローバル化は，表2–3にみられるようにWTOの多角的貿易自由化とは異なる二国間あるいは地域内でのRTAsとして先導的に進められていく可能性が高い。したがって，グローバル化のルール作りとしての意思決定に参加し，イニシャティブを発揮することが重要といえる。そのためにはどのような論理にもとづいてグローバル化を推進するのかを政策論的に国民的合意を形成しておく必要がある。第1節でみたような社会正義や社会的連帯にも配慮したヘルドの社会民主主義的グローバル化，あるいは"日本的グローバル化"を推進することも考えられる。

　経済面での新自由主義的グローバル化が進展し，グローバル市場経済が成立していくと国家の役割が変わっていくと考えられるので，安全保障面，社会保障面，環境面，文化面でのグローバル化とどのような問題が生じ，その問題を回避するためにどのような国内的対応策を講じるのかを準備しておくことが不可欠である。さもないと，後の社会的費用が膨大なものとなる可能性が高い。

たとえば，現在議論されているTPPに参加するときに，将来の日本農業のビジョンや食糧安全保障のあり方を踏まえて，農業など関税撤廃で影響を受ける生産者にどのような補償措置を講じるのか，またこれからの高齢化社会を迎えて外国人労働者の受け入れを推進するときに，社会保障面でどのような受け入れ体制を整備するのかなどである。特に外国人労働者およびその家族の受け入れに関しては制度的変革の必要性が指摘され議論されてきたが，対応が遅れている。

今後グローバル化がさらに進展しても，各国の人口移動が自由に進むとは考え難い。国民の雇用機会を確保すること，および社会保障を充実し，国民のディーセントな生活を保障することは国民国家の政府の役割であり続けるであろう。したがって，未熟練労働者の賃金引き下げ圧力が高まる中で賃金格差拡大を防止し，教育や職業訓練を充実させ国民の人的能力水準を高めること，社会保障を充実させ社会の安定を保つことが重要である。

日本はこれから本格的な高齢化社会を迎える。これからは，ますます科学的な技術革新が進み，グローバル化は変質しながらも加速することが予想される。その結果，国家主権の在り方や政府の役割が変化していくものと思われる。世界的なルール作りや政策調整も国際機関がさらに大きな役割を果たす方向に向かうのであろう。その意味では，国民国家や"世界市民"が参加するグローバル民主主義の在り方が問われている。そうした中で，国民国家としての日本はどのようにイニシャティブを発揮し，グローバル民主主義の確立と公正なルール作りに貢献するのかが問われているといえよう。今次の東日本大震災という世紀的大惨事からの復興も，グローバルな視点から，世界の人々に"日本モデル"の範となるようなものであってほしいものである。

付録1　諸文献におけるグローバル化の定義

<u>スティーガー</u>（2005, 2003）：「グローバリゼーションとは，世界規模の社会的な相互依存と交流とを創出し，増殖し，強化すると同時に，ローカルな出来事と遠隔地の出来事との関連が深まっているという人々の認識の高まりを促進

する，一連の多次元的な社会的過程を意味する。」(p.17)「グローバリゼーションは単一の過程ではなく，いくつかのレベルで，またさまざまな次元で同時に，かつ，不平等に機能する一連の過程である（多次元性）(p.46)：経済的次元，政治的次元，文化的次元，イデオロギー的次元」。グローバリゼーションの経済的次元：「地球全体にわたる経済的相互依存性の強化と拡大」(p.47)（巨大な多国籍企業，強力な国際経済機関，広域的な地域貿易システムが，21世紀のグローバル経済秩序の主要な構成単位。）

<u>バグアティ</u>（2005, 2004）：「経済のグローバリゼーションとは，貿易や対外直接投資（企業および多国籍企業によるもの），短期の資本移動，労働者をはじめとする人々の海外移住，テクノロジーの普及などを通じて，国内経済を国際経済に統合することである。」(p. 18)

<u>スティグリッツ</u>（2002, 2002）：「自由貿易の障壁を取り払い，世界各国の経済をより緊密に統合すること。」(p. 8)「グローバリゼーションとは，根本的に，世界中の国と人間をより緊密に統合することである。」(p. 27)「グローバリゼーションは，善でも悪でもないが，その進め方が問題。」(p. 42)

<u>猪木</u>（2009）：「世界的な規模での市場の拡大，いわゆる「グローバリゼーション」の進展。」(p. 6)「グローバリゼーションという言葉が，何を指し示すのかについて共通の認識があるわけではない。しかしこの言葉の内実をどう把握するのか，そしてこの変化が世界経済の将来，世界の統治（ガヴァナンス）の形態，モラルを含めた人々の精神世界にいかなる影響を与えるのかという問題は大きい。」(p. 9)，

<u>ヘルド・マッグルー</u>（2003, 2002）：「グローバル化とは，簡潔にいえば，社会的相互依存作用の超大陸的なフローとパターンの規模と範囲が広がっているだけでなく，そのインパクトも強まっていることを表すものである。」(p. 5)「国家社会主義の崩壊と資本主義の世界的広がりのなかで，1990年代にグローバル化の意識は，広く，急激に高まった。」(p. 6)「情報革命の影響。」(p. 6)「グローバル化とは権力の組織と行使の規模が拡大していることであると受け止められている。」(p.15)

ヘルド他（2006, 1999）「貿易のグローバル化は貿易財の市場が主に地域内で機能するのではなく，グローバルに機能するような地域間の貿易が相当な水準で存在することを意味する。したがって，グローバルな貿易は，地域間のレベルでの財とサービスの秩序立った交換システムをともなう。」(p. 236)（典型例：一次産品市場。）グローバル化で外国経済の影響が貿易を通してのみならず構造的に国内経済に与えるインパクトが大きくなっているので，外国の経済変動に対応することがマクロ経済運営の中心的課題となっている。

ヘルド（2002, 2000）：グローバル化の4つの鍵概念

＊社会的・経済的諸関係の拡張：社会における文化・経済・政治過程が国民国家の境界線を越えて拡張し続けており，ある場所で起こったことや決定が他に重大な影響を及ぼしている。

＊フローの強化（コミュニケーションなどのリンケージの強化）：相互作用と相互関連性のフローおよびネットワークの強化。コミュニケーションと相互作用の密度。社会的空間の共有。

＊相互作用の深化（経済的・社会的慣行の相互浸透）。

＊グローバルなインフラストラクチャーの出現：グローバル市場の成長。国民国家はこうした市場の裁量にゆだねられ，市場が構造的に強力に作用するなかで，国民国家の政策的選択肢を厳しく制限することになる。

トンプソン（ヘルド（2002, 2000）の第3章経済のグローバル化）：「ある国の経済事情がたちまち，また直接的に他の諸国に波及する。各国経済の網状化が進み，内外の出来事はこれまでになく世界的規模で分かちがたく結びついている。」(p. 96)「経済のグローバル化の操作的定義：経済と経済活動との相互依存性と統合の深化。」(p. 102)

EU委員会の定義：「グローバル化とは，財とサービスの貿易や資本移動の，また技術移転のダイナミックな動きによって，違った国々の市場と生産が相互依存性を深める過程であると定義することができる。これは，新しい現象ではなくて，かなりの期間にわたる発展が続く中で起こったことである。」（ヘルド（2002, 2000）のp. 102）

ヘルド他（2007, 2005）：「今日の世界では人々が国境を越えて結びつくのは特異なことではなく，仕事，お金，信条，そして貿易，通信，金融から，地球環境は言うに及ばず，日常生活のものが我々を様々な形で，ますます強く結び付けている。こうした過程は「グローバリゼーション」と呼ばれている。」(p. 2)「人間の活動に新たな枠組みを与え，それを世界のすべての国に適用される普遍的な原則を持った法律，権利，責任の形で確立すること。」(p. 2)

ジェイムズ（2002, 2001）：グローバル経済の自己破壊の2つの経路

＊システムの内包する欠陥：資本移動の額の大きさと変動の激しさによる自壊（資本主義の不安定性）。

＊グローバリゼーションに対する社会的・政治的反動（引き起こす不公正への怒り）。

第3の道：合理性だけでは説明しきれないという観点。グローバリズムが失敗するのは，人間や人間が作り出す制度が，世界の統合が進むことによって生じる心理的・制度的変化に十分適応できないからだと考える。

アダ（2006, 2004）：「グローバル化について語るということは，資本主義という経済システムが世界空間に及ぼす影響について語ることである。」(p. 4)「資本主義の影響力は国家間システムの論理を超え，この論理を超国家的ネットワークの論理に置き換える傾向をもっているのである。資本主義が拡大する空間は今や地球全体になったのであり，この拡大を表現する言葉が「グローバル化」なのである。」(pp. 4-5)

エルウッド（2003, 2001）：「グローバル化とは昔から続くプロセス，すなわち，5世紀前から本格的に始まったヨーロッパによる植民地時代のグローバルな経済統合の過程を意味する新しい表現である。ただ，このプロセスは，この四半世紀の間に，コンピュータ技術の驚異的な発展や貿易障害の撤去，多国籍企業の政治的，経済的パワーの拡大などによって加速度的に進展した。」(p. 15)

浦田・財務総合政策研究所編（2009）：「世界各国の国内経済活動の伸びに比べ，貿易，投資，あるいは人の移動といった国際間の経済活動が急速に伸び，

各国経済がより密接につながるという経済のグローバル化が急速に進展している。」(p.3)「グローバリゼーションは，一般的には，「世界的規模での，社会の統合あるいは一体化が進展すること」(WBの用法) と捉えられる。これを，その経済的側面に限って定義すれば，グローバリゼーションとは，モノ，サービスといった生産物，カネ，ヒトといった生産要素など国境を越える移動の活発化と，それに伴うこれらの生産物や生産要素など需給に係る市場の世界的規模での一体化をさす概念として用いることができると思われる。」(p.18)

　注　翻訳書があるものに関して，ページを示してあるものは翻訳書のページである。

付録2　ワシントン・コンセンサス

構造調整プログラム
1. 財政規模および財政赤字削減の保障（均衡予算）
2. 公共支出，特に軍事支出と行政支出の削減（社会的対象を絞り込んだ厳格な歳出管理）
3. 課税ベースの拡大と実効性のある徴税を目指す税制改革（税制改革）
4. 利子率の決定を市場に任せる金融の自由化（市場が決定する金利水準）
5. 輸出主導の成長を支援できる，競争的な（割安な）為替レート（変動為替相場）
6. 輸入許可制の廃止および関税引き下げを伴う貿易の自由化（自由貿易）
7. 外国直接投資（受け入れの）促進（資本市場の自由化）
8. 国営企業の民営化による経営効率化と業績向上（公的部門から民間部門への資産の移転）
9. 経済の規制緩和（市場の規制撤廃）
10. 財産権の保護（財産権の強化，知的財産権の保護）

　注：スティーガー（2005, 2003）およびヘルド他（2007, 2005）より作成。

ワシントン・コンセンサス（拡大版）

　上記の内容に以下を加える。
＊法制度と政治の改革
＊規制機関
＊反腐敗
＊労働市場の柔軟性
＊WTO 協定
＊金融規制と基準
＊「堅実な」資本取引の開放
＊非介入の為替相場システム
＊社会的安全網
＊貧困削減
　注：ヘルド他（2007, 2005）による。（p. 37）

付録3　社会民主主義の概念と価値観

＊法による支配
＊政治的平等
＊民主的政治
＊社会正義
＊社会的連帯
＊経済的効率性

　国民国家レベルだけでなく，地域と世界レベルでも社会民主主義を守り，発展させるための5つの基本目標
＊国際段階での法による支配を普及する。
＊世界的統治における透明性，説明責任，民主主義を拡大する。
＊社会正義をいっそう強力に推進し，生存の機会の平等な配分を目指す。
＊さまざまなレベルの共同体を守り，改革する。
＊世界経済での規制を確立する。そのために国際的な貿易と資本移動を公的に

管理し,企業統治に主要なステークホルダーを関与させる。

注:ヘルド他(2007, 2005)による。(p. 28 および p. 30)

参考文献

Adda, Jacques (2004), *La mondialisation de l' economie : 1. Genese 2. Problemes, 6ᵉ edition*, Reperes/Edition La Decouverte. (清水耕一・坂口明義訳『経済のグローバル化とは何か』ナカニシヤ出版, 2006 年)

Allemand, Sylvain, et Ruano-Borbalan, Jean-Claude (2002), *La Mondialisation*, Le Cavalier Bleu. (杉村昌昭訳『グローバリゼーションの基礎知識』作品社, 2004 年)

Bhagwati, Jagdish (2004), *In Defense of Globalization*, Oxford University Press. (鈴木主税・桃井緑美子訳『グローバリゼーションを擁護する』日本経済新聞社, 2005 年)

Birdsall, Nancy and Fukuyama, Francis (2011), "The Post-Washington Consensus Development After the Crisis," *Foreign Affairs*, Volume 90, No. 2 (March/April) pp. 45–53.

Ellwood, Wayne (2001), *The No-Nonsense Guide to Globalization*, New Internationalist Publications Ltd., Oxford (渡辺雅男・姉歯暁訳『グローバリゼーションとはなにか』こぶし書房, 2003 年)

Held, David (2000), *A Globalizing World?*, Routledge. (中谷義和監訳『グローバル化とは何か』法律文化社, 2002 年)

Held, David and McGrew, Anthony (2002), *Globalization and Anti-Globalization*, Blackwell Publishing Ltd. Oxford. (中谷義和・柳原克行訳『グローバル化と反グローバル化』日本経済評論社, 2003 年)

Held, David et al. (2005), *Debating Globalization*, Policy Press Cambridge. (猪口孝訳『論争グローバリゼーション 新自由主義対社会民主主義』岩波書店, 2007 年)

Held, David & McGrew, Anthony, Goldblatt, David & Perraton, Jonathan (1999), *Global Transformation Politics, Economics and Culture*, Policy Press Ltd. Oxford. (古城利明他訳『グローバル・トランスフォーメーション 政治・経済・文化』中央大学出版部, 2006 年)

James, Harold (2001), *The End of Globalization*, Harvard University Press. (高遠裕子訳『グローバリゼーションの終焉』日本経済新聞社, 2002 年)

Steger, Monfred B. (2003), *Globalization : A Very Short Introduction*, Oxford University Press. (櫻井公人・櫻井純理・高嶋正晴訳『グローバリゼーション』岩波書店, 2005 年)

Stiglitz, Joseph (2006), *Making Globalization*, Work W.W.Norton & Company, Ltd. (楡井浩一訳『世界の格差をバラ撒いたグローバリズムを正す』徳間書店, 2006 年)

Stiglitz, Joseph (2002), *Globalization and Its Discontents*, W. W. Norton & Company, NewYork. (鈴木主税訳『世界を不幸にしたグローバリズムの正体』徳間書店, 2002 年)

猪木武徳（2009）『戦後世界経済史』中央公論新社。
浦田秀次郎・財務省財務総合政策研究所編（2009）『グローバル化と日本経済』勁草書房。
太田康夫（2010）『グローバル金融攻防三十年―競争・崩壊・再生―』日本経済新聞社。
川崎嘉元・滝田賢治・園田茂人編（2004）『グローバリゼーションと東アジア』中央大学出版部。
金森久雄他編（1981）『日本経済学辞典』日本経済新聞社。
栗林世（2010）「長期不況下期の日本のマクロ経済政策」飯島大邦他編『制度改革と経済政策』中央大学出版部，1章3–44ページ。
専修大学社会科学研究所編（2001）『グローバリゼーションと日本』専修大学出版局。

第 3 章

産業内貿易に関する日本の産業調整コストの研究

はじめに

　第2次世界大戦後，世界経済は貿易と金融の国際的な枠組みであったブレトンウッズ（IMFおよびGATT）体制のもとで大きな発展を遂げてきた。この枠組みが果たした役割は大きく，アメリカを中心にヨーロッパならびに日本の経済は復興と成長をもたらした。日本は第2次世界大戦後から今日に至るまで概ね高い経済成長を達成した。しかしその過程で，日本はインフレ，公害・環境，および過密・過疎問題をはじめとする国内問題とともに，食料・資源・原材料をはじめとする通商問題，技術開発競争，為替調整など国際経済環境の急激な変化に遭遇した。このような多くの困難に直面しつつも，日本は貿易を拡大することによって経済成長を達成し，人々は閉鎖経済状態では予想もつかないほど豊な生活を享受してきた。

　この間，日本の産業構造は大きな変化を遂げたが，その変化はどのようなものか。1990年代央以降，日本経済は国際経済環境の急激な変化のもとで，持続的かつ安定的な経済発展の流れに乗れず，いわゆる平成不況といわれる「失われた10年」が過ぎた。さらにその後の10年も「その後の失われた10年」といわれる。さらに懸念されることに，日本は政府・日銀による大規模な緊急経済対策にもかかわらず，2010年以降においても日本が経済回復軌道と持続的

発展過程に乗る見通しは弱い。日本経済に何が起きているのか。このような閉塞感に包まれた日本経済が持続的に発展可能な産業構造をどのように構築すべきかが，いままさに問われている。この問に関して，以下 2 つの側面から考察する必要がある。第 1 に，第 2 次世界大戦以降 2007 年までの期間を中心に，経済成長をもたらした日本の経済および産業構造の特徴と変化を産業連関表ならびに日系企業の海外事業活動の分析を通して見直し，持続的に発展可能な日本の今後の産業構造に役立てることであり，この課題は別稿で考察を試みた[1]。

　第 2 は日本の経済と貿易の関連についてである。日本の生産構造は以前から貿易とのつながりが強い。とくに，第 2 次世界大戦以降にみられた日本の工業化と高度経済成長は貿易拡大とのつながりが深い。日本の産業・貿易構造は長らく主に食料や原・燃料を輸入し，燃料をエネルギー源として労働力と資本設備を用いて原材料・中間財を加工し，主に完成品（工業品）を輸出するパターンであった。このようなパターンは今日に至るまで基本的には変化していない。つまり，石油危機，通商摩擦，技術開発競争，為替調整など国際経済環境の急激な変化のもとで日本は多くの困難に直面しつつも，貿易を行うことによって経済成長を達成し，閉鎖経済状態では予想もつかないほどの豊な生活を人々は享受している。このような日本の貿易パターンは「加工貿易」と呼ばれ，日本は典型的な「加工貿易立国」である。また，輸出品と輸入品の中身がだいぶ異なるこのような特化パターンと貿易は「垂直的な特化」，「産業間貿易」といわれる。

　ところが，このような日本の貿易と産業の構造は 1970 年代から以下の 2 点で大きく変化してきた。つまり第 1 に，日本は今までと同様に，一方で食料や原・燃料を依然として輸入するが，他方，加工した中間財や完成品の輸入が増大してきた。しかも，輸出品と輸入品がたとえばある種の電機・電子機器類といった同じ産業（業種）または製品に分類されるものの中で生じている。した

---

1) 小柴徹修（2011）61–109 ページ。

がって，最近の日本の貿易構造は一方で輸出が従来と同様に大部分が工業品であるのに対して，他方では輸入は総額に占める原・燃料・食料の割合は徐々に低くなり，対照的に工業品（加工した中間財や完成品）の割合が急速に高まった。さらに1980年代になると，同一の産業に属する製品や部品の双方向貿易が世界で拡大してきた。このような特化パターンと貿易は「水平的な特化」，「産業内貿易」と呼ばれる。第2に，繊維製品や他の工業製品の急激な輸出拡大によって達成してきた日本経済の成長は1960年代央以降，通商摩擦を生じ始め，外需依存体質から内需依存体質への変更が求められたことである。

これらの2点には共通点がある。それはどちらの場合も，日本において産業および貿易の構造変化（転換）を必然的に伴うことである。つまり，生産要素や経営資源の転換が生じる。構造変化が生じる場合，要素移動に伴い産業調整コスト（犠牲）が発生する。持続的に発展可能な日本の今後の産業構造の構築（転換）にかかわる産業調整コスト（犠牲）は産業間貿易と産業内貿易とで異なるのか否か。もし異なるとすれば，その違いはどのようなもので，その程度はどれほどか。換言すれば，この問題は産業構造の転換過程で生じる産業調整の犠牲（コスト）が日本では両貿易パターンで違うのか否かを調べることである。

上記の2つの問題点のうち，本章は第2点について考察する。具体的には，以下の1では政府・日銀の大規模な景気刺激策にもかかわらず一進一退する1980年代央以降の20年余における日本経済を概観し，なぜパフォーマンスが安定的に優れないのか。また，その中にあっても輸出が日本の景気浮揚に果たす役割が小さくないことを調べる。2は産業内貿易拡大命題に関する先行研究を渉猟する。3は産業内貿易と産業調整コストを考察する。4は1998年から2007年までの日本の貿易データに基づき，日本の産業間貿易と産業内貿易について産業調整コスト分析を行う。5は，筆者が別稿で持続的に発展可能な日本の産業構造構築を考察したが，その可能性を産業連関との関連で検討するために，貿易の生産誘発効果を考察する。この考察は本章と別稿のつなぎとなる研究である。最後は結語としての「おわりに」である。

1. 1980年代央以降，一進一退する日本経済の概観

　第2次世界大戦後，世界の貿易と国際金融の枠組みであったブレトンウッズ（IMFおよびGATT）体制が果たした役割は大きく，アメリカを中心にヨーロッパならびに日本に経済復興と経済成長をもたらした。この体制は一方で日本経済に大きな成果をもたらす反面，他方で日本はこの世界的な枠組みの変化によって大きく翻弄されることにもなった。早くも1960年代には米ソの冷戦構造の深まりとアメリカのベトナム戦争への介入により莫大な軍事費の負担から，アメリカ経済は相対的な落ち込みがみられるようになった。1971年，ドルは金との交換を停止し，ブレトンウッズ体制に亀裂が生じた。1973年，世界の主要通貨は変動相場制に移行したが，1985年にも再び大幅な通貨調整が行われた。それにもかかわらず，国際経済の枠組みは不安定であり，新たなWTO（世界貿易機構）が1995年にスタートした。新たな国際的取り決めの締結にもかかわらず，加盟国相互の話し合いで合意に至ることが至難となってきた。特に先進経済と途上経済の間で，さらには資源を有する途上国とそうでない国々との間での相克が拭い去れない。多国間での交渉の行き詰まりを避けるべく，最近は地域経済協定や自由貿易協定の締結が目白押しである。この間にもマクロ経済面では1994年のメキシコをはじめとする中南米経済の混乱と落ち込み，1997年のタイをはじめとしたアジア諸国からの資金の逃避に基づく金融危機，それに続くロシアの経済危機，2008年11月ドバイ・ショックが次々と発生した。つい最近には，2009年10月にギリシャの財政赤字がGDPの10パーセントを超えた（13.6％）と（パパンドレウ）新政権が公表したことで，国債価格が引き下げられ，ソブリン・リスク（公的債務返済危機）が騒がれた。ミクロ経済面でも2008年9月アメリカのリーマン・ブラザーズの破綻に端を発した不良債権の世界への広がり，翌2009年9月アメリカのGM自動車会社の経営破綻，サブプライムローンの焦げ付きで発生した100年に1度という金融危機が世界を瞬時に震撼させた。日本経済はこれらの出来事に常に翻弄され続けている。

このように大きく変化する国際経済環境下にあっても，一部の新興経済，または新・新興経済のなかにはグローバリズムの進展によって経営資源の移転が容易になったことで，外国から新たな技術や資金を導入し，低廉な生産コストを武器として経済発展を遂げつつあるものも出てきた。アメリカやヨーロッパの市場ではかつて日本の電気電子製品が主軸であったが，ここ2-3年に韓国や中国の製品が日本製品を急速に駆逐し始めている。

もちろん日本政府および日銀は平成バブル経済破綻後，断続的に景気対策を講じた。しかし，その対策の効果は今日に至るも有効であるとはいいづらい。つまり，バブル経済の崩壊後の1991年7月に，日銀は公定歩合を0.5パーセント引き下げた。しかし，その後の追加措置が遅れたため，銀行をはじめとする金融機関の不良債権問題が深刻になった。とはいえ，日本は1990-91年のアメリカ発のIT不況を乗り越え，1993年秋には景気が一旦回復へ向かった。政府は住専問題の解決のため1996年度予算に6,850億円を計上した。しかし，国民の理解が得られず国会は紛糾し，結果として，この問題解決のためにその後に数10兆円の資金が投入されるといった極めて非効率なことになった。財政赤字削減のため，当時の橋本内閣は1997年4月から消費税を2パーセント引き上げるとともに，2兆円の特別減税を廃止した。しかし，同年秋にタイ発のアジア通貨危機が発生し，年末には日本で金融機関の破綻が相次ぎ，景気が大きく冷え込んだ。1998年，政府は山一證券や北海道拓殖銀行の破綻を受け，景気浮揚策を採った。これとは別に，政府は緊急経済対策として16兆円を計上した。橋本首相（当時）を引き継いだ小渕元首相も同年11月と翌1999年11月に景気刺激策としてそれぞれ24兆円と18兆円を追加予算として計上した。財政拡張はその後もつづき，2001-02年に小泉元首相は3回にわたり計25兆円を支出した。2008年9月に発生したサブプライムローン問題に直面した麻生元首相は同年10月と11月に緊急経済対策および追加経済対策としてそれぞれ11.7兆円および27兆円を予算計上した。平成バブル経済崩壊後に政府が緊急経済対策あるいは追加経済対策として予算執行した金額は約121兆円にも上った。ともあれ，このような莫大な金額が緊急経済対策として支出された

が，日本経済が 2002 年から 2007 年にかけて立ち直った（いわゆる「いざなみ景気」）のは外需の拡大によると考えられ，政府・日銀による平成バブル経済崩壊後に実施された政策の効果がどれほど有効であったかについては，いままでのところ歴然としない。とはいうのも，日本経済は 2002 年から 2007 年まで好況であったが，実質経済成長率が 2 パーセント台であることや失業率が高止まり，国や地方の公的債務の異常な膨張，さらには所得水準の二極化にみられる国民の不平等感が人々の生活に不安感を与えている。

2002-07 年の 5 年間における日本の GDP が年率で 2 パーセント増えたとすでに記したが，どの部門が貢献したかをみたのが表 3-1 である。まず内需と外需（輸出）に 2 分すると，輸出が年 9.6 パーセント増とこの間の日本の GDP の伸びに大きく寄与しており，輸出が景気回復に果たす役割が最近の低成長期においても大きいことがわかる。従前から日本経済の成長にとって輸出が果たす役割は大きいことが特徴の 1 つであるが，そのことは 1980 年代央以降についても同じである。つまり，1985 年から 2009 年までの 25 年間における日本の GDP（実質）の年平均成長率は 1.7 パーセントであるが，輸出については年 3.49 パーセントと GDP の成長率の約 2 倍の伸びを示している。内需について民間部門と公的部門に分けてみると，2002-07 年の期間には輸出についで成長に寄与したのは民間投資の年 4.5 パーセント増である。民間最終消費支出な

表 3-1　日本の実質 GDP および部門別需要項目の変化：1985-2009 年，単位：10 億円，%

分類	項目	GDP	民間最終消費支出	民間投資	政府最終消費支出	公的資本形成	輸出	輸入
実質値	1985 年：10 億円	350,602	197,044	68,116	52,828	20,417	29,691	19,541
	2001 年：10 億円	504,048	287,391	92,438	87,492	33,540	51,427	48,240
	2002 年：10 億円	505,369	290,544	86,451	89,585	31,957	55,291	48,684
	2007 年：10 億円	560,651	309,857	107,754	96,655	20,515	87,496	61,293
	2009 年：10 億円	525,171	304,687	83,714	98,494	19,913	67,590	51,321
変化率	1985-2009 年	1.498	1.546	1.229	1.864	0.975	2.276	2.626
	1985-2001 年	1.438	1.459	1.357	1.656	1.643	1.732	2.469
	2002-2007 年	1.109	1.066	1.246	1.079	0.642	1.582	1.259
変化率年平均	1985-2009 年：%	1.7	1.83	0.86	2.63	-0.11	3.49	4.1
	1985-2001 年：%	2.3	2.39	1.93	3.2	3.15	3.49	5.81
	2002-2007 年：%	2.09	1.29	4.5	1.53	-8.48	9.61	4.71

（出所）内閣府経済社会総合研究所『国民経済計算年報』に基づき作成した。

らびに政府最終消費支出の伸びはそれぞれ年1.29パーセント増ならびに年1.53パーセント増と，GDPの成長率とほぼ同程度の伸びである。対照的に，公共投資が大幅に縮小された影響が公的資本形成マイナス年8.48パーセントに現れている。なお，1985年から2001年までのバブル経済の16年間を取り出して日本経済のパフォーマンスをみると，表3–1の下から3行目に記載した通りであり，GDPの成長率をはじめその他のデータはどれも1985–2009年の24年間を通してのものよりも高い（輸出は等しい）。しかし，当時人々がバブルに浮かれたといわれるほどの数字とはいえない。物価の上昇が小さくなかったことがわかる。

　2008年秋に生じたサブプライムローン問題であるが，これは日本経済の舵取りをさらに不安定にさせた。当時は，この問題が金融問題であることと，日本（企業）が所有する不良債権は多くはないとみられたことで，当初，日本への影響は限定的であると考えられた。しかし，日本はその後，その影響が徐々に深刻度を増した。アメリカではアップル，グーグル，IBMをはじめとする主要企業が1年後には利益を7割ほど回復するにもかかわらず，日本の一部の主要企業の回復力はほぼ3割に留まるだけでなく，多くの企業が赤字を脱却するのは外需の牽引によって景気が回復してきた2011年3月期まで待たねばならなかった。

　1990年代以降，日本経済の立ち直りが歴然としないなかで，政策が有効とみられない理由として考えられることは主につぎの2点である。第1，バブル経済崩壊後の日本の経済政策の基本は一方で，民間部門全体で設備投資が大きく落ち込み資金需要が低迷しているにもかかわらず，中小企業を中心に一部の企業にみられたタイトな資金繰りを支援するため，大幅な（量的）金融緩和策を採るとともに，第2に景気対策として消費拡大を狙った拡張的な財政政策を採ったことである。第1の金融政策については，サブプライム問題から脱却するため，アメリカと中国の金融当局はそれぞれ膨大なマネーサプライを行ったが，これに比べ日本のマネーサプライはごく内輪なものであった。アメリカは新たな産業として資源・エネルギー開発，環境産業，高速鉄道網整備といった

インフラ関係の新たな産業発展に重点を絞った産業政策を掲げ，それらの開発資金となるようにマネーサプライを増やした。中国は通貨（元）を米ドルと実質的にリンクさせているので，放置すれば元が一方的に増価せざるを得ない。そのためドル・元レートを落ちつかせるためにも中国ではマネーサプライの増加が必要であった。これらの国ぐにに対して日本の状況は著しく異なる。新たな内需拡大産業が具体的に考案されてない。日本ではケインズ経済の貨幣に対する需給状態を反映する LM 曲線が低いゼロ金利水準で極めて弾力的になっている状態にあると考えられる。対照的に，財・サービスに関する需給状態を示す IS 曲線はほぼ非弾力的な状態であると考えられる。じじつ，この時期の日本では日銀による金融の大幅な量的緩和にもかかわらず，民間部門の資金需要は伸びず，民間部門の生産力が期待するほど増えていない。同時に，緊急経済対策や景気刺激策の財政支出も実需を増やす形で拡張されたのではなく，消費水準を高める目的で人々の所得を増やす内容であった。この場合，人々は所得が上昇しても消費を増やすために使わず，大部分は貯蓄に回した。結果として，緊急経済対策や景気刺激策の財政支出の多くの割合は貯蓄の増加となってしまい，消費拡大にはつながらなかった。具体例をあげてみよう。2008 年度に当時の自民・公明両党政府が採用した「生活支援定額給付金」が 1 例である。景気後退期に家計圧迫など住民不安に対するために家計への緊急支援とともに，広く住民に支給し地域の経済対策に資するためとして，政府は各公共団体を通じて全国民に 1 人当り 12,000 円，18 歳未満と 65 歳以上には 20,000 円を給付した。財源は財政投融資特別会計の準備金を取り崩し，国債整理基金特別会計に繰り入れた 9.8 兆円の中から一般会計に移して出費した。結果は，10 兆円弱のうちの大部分が貯蓄となり経済波及効果は極めてかぎられてしまった。このような景気刺激効果の小さい政策が 2010 年度にも再び民主・国民新党政府によって「子ども手当て」として行われている。

　このような国際経済環境の変化に対して適切に対処するには，日本は持続的に発展可能な産業構造をどのように構築すればよいのか。2 つの大きな課題がある。第 1 は，日本の持続的に発展可能な産業構造を考えるうえで，第 2 次世

界大戦以降にみられる日本の高い経済成長をもたらした産業構造とその変化を振り返り，そこに学ぶべきことを掴み，それを今後の日本の持続的に発展可能な産業の構築に役立てることである。第2に，産業構造の変化は貿易パターンの変化を必然的に伴うが，最近，貿易パターンは産業間貿易から産業内貿易へと構成比がシフトしていることから，持続的発展可能な日本の産業構造構築のために不可欠な産業調整コストは両貿易パターンで違いがあるのか否か。もし，あるとすればどのような違いで，それはどの程度か。言い換えれば，産業構造転換過程で生じる日本の産業調整コストを両貿易パターンについて比較分析し，持続的発展可能な日本の産業構造の構築に役立てることである。

2. 産業内貿易拡大命題[2]

2-1 産業内貿易と産業調整のSAH（あるいはNDTG）仮説：先行研究の渉猟

世界の貿易に占める工業品の割合が過半数に及ぶようになったのは第2次世界大戦以降であるが，その傾向はとりわけ1960年代末以降，顕著である。爾来，工業品の割合がさらに高まっている。このこと自体が人々の注目を集めたが，同時にさらに人々の関心を惹くのは，単にその割合の大きさとその拡大にあるばかりではない。Grubel and Lloyd（1975）は，同一の産業に分類された工業品同士の貿易つまり産業内貿易（IIT）が活発に行われるようになり，貿易フロー総額に占める産業内貿易の割合が各国で高まったことを発見した。この発見を緒に，産業内貿易（IIT）がなぜ活発化するのか，産業構造の変化ならびに産業（雇用）調整問題が産業内貿易とどのように関連するのかというテーマに人々の関心が集まるようになった。つまり，産業内貿易は産業間貿易に比べ産業構造の転換（変化）をしやすくする可能性が高いという予見を生じた。産業構造変化は産業調整に伴う犠牲（コスト）や摩擦が異なる産業同士の間（産業間）で生じる場合と比べ，同一産業（産業内）で生じる場合の方が低いと考えられるからである。これは「スムースな調整の仮説［Smooth Adjust-

---

[2] 小柴徹修（2008a，2008b）の中から本章に関する部分の要点を略述する。なお，詳細はこれらの参考文献を参照されたい。

ment Hypothesis : SAH]」といわれるものであり，Dixon and Menon（1997, 234ページ）によれば「混乱のない貿易の成長」あるいは「スムースな貿易成長（non-disruptive trade growth : NDTG）」といわれるものである。

　1960年代以降，世界の多くの国々で急速に進展した自由化は各国の産業構造の変化をもたらしたことから産業／雇用の調整が注目され，産業内貿易の研究に人々の関心が喚起された。貿易構造の変化に伴うこのような産業／雇用の調整コストをどのようにとらえることができるのか。先行研究を渉猟するとともに，いままで議論されてきた内容の主要な論点を整理すると，以下の通りである。

　まず理論的な面では，産業調整は産業間で調整を必要とする場合とそれが産業内で必要とされる場合を比較した場合，一般に後者の方が摩擦コストは小さいと予見される。このような考え方の背景には，要素の移動にかかわる調整が異なる産業間でなされるよりも類似した産業同士で行われる方が摩擦は少なく，同一産業内であれば調整はさらに円滑に進むと期待さるというBalassa（1966）のSAH仮説（smooth adjustment hypothesis）あるいはDixon and Menon（1997）が指摘したNDTG（non-disruptive trade growth）の考え方があるからである。以下，この仮説を検討する。

　Balassa（1966）は産業間貿易によるよりも産業内貿易の方が産業調整コストは低いと予見した。つまり，

　　貿易自由化に対する調整の難しさは概していままで過大にみられてきたように思われる。消費財の貿易拡大はどの国でも生産の変化を伴っているわけではなく，機械，精密機械，および各種の中間財の場合は，生産システムの組み換えは比較的に容易に行われるようである。このような見方は，貿易自由化の進展により特定の産業が荒廃するとの加盟国の懸念がいままでに生じなかったことを説明しているのかもしれない Balassa（1966, 472ページ）。

　Balassaのこの指摘以降，SAHあるいはNDTGについて直接または間接に言及した研究があらわれた。具体的にはKrugman（1981），OECD（1994），Cadot et al.（1995）などである。実証的に SAH 仮説あるいは NDTG の命題を観察する見方に対して，当初 Krugman（1981），Falvey（1981），Brander and Krugman（1983），Neary（1985）等は理論的な分析を試みた。初めはジョーンズ＝サムエルソンの特殊要素の枠組みで 2 国・2 要素・小国モデルに基づくものであった。予見されるように，特殊要素モデルによって導出される内容は，産業調整コスト，要素価格の硬直性，および要素の特殊性という特徴に基づき失業の発生（または雇用吸収力の弱さ）および要素価格の不一致が起きる。

　産業内貿易との関連で産業調整の問題を考えるときには，理論面でも実証面でももう 1 つの課題がある。つまり，産業調整コストは水平的産業内貿易（*HIIT*）と垂直的産業内貿易（*VIIT*）とで違いがあるのか，ないのか。違いがあるとすると，どちらの方が有利なのか。一般論として考えれば，*HIIT* の方が *VIIT* よりも調整コストは小さいと考えられる。要素集約度は前者の方が後者よりも近い産業が集合しているからである。しかし，Amiti（2005）が検討したように，生産プロセスが上流産業と下流産業とで垂直的に連結しているような場合，条件次第では必ずそうなるとはいえない。産業や生産パターンの特徴をそれぞれ具体的に考察する必要がある。また，調整コストは貿易フローの変化に基づき産業構造が変化するたびに新たに発生すると考えられるから，一定の期間における貿易フローの変化，つまり限界的な貿易フローの変化に注目する必要がある。産業内貿易をこのとらえ方によってみたものが限界産業内貿易（*MIIT*）である。

　Lovely and Nelson（2002）は 1990 年代に加速的に発展してきた *MIIT* 指数に関する研究が労働の調整コストを計測するうえでの 1 つの指標となっているが，理論的な観点からすれば，それは正しくないという。Lovely and Nelson は Menon and Dixon（1997）の *MIIT* 指数の理論分析に基づき，産業内貿易の変化が総貿易に及ぼす効果を検討することの方が，グルーベル＝ロイドの産業内貿易指数の変化を検討するよりも適切であるといい，貿易フローの変化と労働市場の調整コストを連結することがその問題を解決へ導くとして，産業間および産業内の簡潔な貿易モデルをつくった。モデルは一般均衡で，小国モデルであ

る。つまり，貿易財の価格は世界価格で，自国にとっては与件となる。Lovely and Nelson は生産関数および需要関数に関する仮定を 8 項目おき小国モデルで分析した結果，以下の結論を得た。

　産業内貿易の変化が総貿易に及ぼす効果は 2 つの要因に依存するという。第 1 は国内生産の変化であり，第 2 は国内における中間投入財に対する総需要の変化である。これらの 2 点によって貿易の変化と雇用の調整コストを関連づけることが可能となる。Lovely and Nelson が提起した最も重要な点は，つぎの 2 つである。第 1，貿易のタイプとその変化に基づく雇用の調整問題は貿易変化と雇用変化がどのようにリンクするかを明かにすること。第 2，雇用調整問題は労働力市場全体で議論するのでは見逃してしまうことがある点を指摘したことである。とりわけ後者に関して，個々の労働者にとって部門別，産業別，あるいは職種別に発生する雇用問題（採用や解雇）が雇用の調整コストをどの程度説明するかといった研究が労働経済学分野の研究成果を取り入れながら刺激されるようになった。

　Koshiba［小柴］(2005) は産業調整問題を産業ごとの需給バランス式でみることで，インバランスの大きさを調整コストとしてとらえた。具体的には，自動車・同部品産業について日本と北米自由貿易地域（NAFTA）の貿易を 1980 – 2000 年の間の 20 年間観察した。需給バランス式にスラック変数を導入し，これを調整コストとみなしている。つまり，調整コストを計算するうえでは当該産業の *IIT* だけを分析するだけでは不十分であり，国内における需要と供給の変化にも深くかかわっているわけだから，当該産業全体で調整コストをみる必要があるためである。

　以上の理論的な考察と同時に，実証的な研究も人々の関心を集めた。まず，スウェーデンについて産業調整を分析した Lundberg and Hansson (1986) は，産業内貿易が各種の問題を生じるものの，伝統的な貿易や特化と比べ概して調整は深刻なものではない（129 ページ）と，SAH（NDTG）仮説を支持する研究が公表された。その後，Greenaway and Hine (1991) は EU を分析したうえで，産業内貿易と産業調整コストとの関連性は実証に基づいて検証されたものでは

ないといい，両者を安易に結びつけるべきではないと注意を促した。さらに，貿易自由化は一方で特化に基づく資源の効率的な再配分（産業構造転換）へ導くことから，労働移動にかかわる問題が注目されるようになり，未熟練労働者に対して雇用条件を絶対的にも相対的にも不利な状況へ追いやるのではないかという懸念が生じた。つまり，労働者の就労環境や処遇の悪化が問題視されるようになった。

　Greenaway and Hine（1991）の鳴らした警鐘に関しては，貿易自由化の進展に伴う雇用調整コストを具体的に推計しようとの試みが生じた。たとえば，Jacabson et al.（1993）は米国労働者が失業によって逸失する利益を生涯で平均的に約8万ドルと推計した。ただし，それは労働者が失業する前の就労条件（賃金ベース，資格の有無，勤続年数など）により大きく異なるばかりでなく，米国以外で事情は大きく異なる。産業レベルの研究では，de Melo and Tarr（1990）は失業者の犠牲が自由化から生じる利益の現在割引価値に対してどれほど大きいのかという問題を調査したが，それによると費用1ドルに対して自由化の利益がおよそ28ドルであると推計した。同様の研究がTakacs and Winters（1991）によって英国の履物産業でも行われたが，結果は数量制限を撤廃することにより費用1ドルに対して80ドル以上のメリットが生じるという。これらの研究は貿易自由化がもたらすメリットがデメリットを凌ぐことを具体的に示しているが，これらの調査はあくまでも自由化のメリットとデメリットの一時的な比較であるとともに，産業内貿易との関連で調査したものでもないので，慎重に解釈する必要があろう。

　工業国間でみられる産業内貿易の拡大は，各国の比較優位に基づき特化部門の絞り込みを相互に進め，互いに市場を提供しあい，調整コストを互いに埋め合わせる形で貿易自由化が加速されてきたと考えられる。こうして，世界経済の発展は貿易自由化に伴う低い産業調整コストによって達成された面もあるとみることができる。この見解は，その後に結成されたEuropean Community（EC）の共通市場やNAFTAをはじめとする地域経済統合（REI）が世界の各地で誕生した理由を支持している。

もっとも，REIはポジティブな面ではViner（1950）が指摘した貿易創出効果が期待できるが，他面ネガティブな面としての貿易転換効果もあり，新たな保護貿易主義との疑念がつねにもたれてきた。Koshiba［小柴］（2000）は域外の非同盟国の経済的厚生を犠牲にしないREI締結について分析した。非同盟国にとってはREI域内に参入することが関税賦課の回避と同様に有効な政策手段（民間企業にとっては有効な国際経営戦略）となり得る。Parker et al.（2000）は日系自動車メーカーのカナダへの進出がもたらした役割と課題について，カナダでの雇用機会，資源活用（リサイクル），および環境問題の視点から分析・評価した。Koshiba［小柴］and Parker（2001），Koshiba［小柴］et al.（2001），Rutherford, Parker and Koshia［小柴］（2001），およびParker, P.（2001）は日本の自動車メーカーのNAFTAでの事業展開を政治経済的視点から分析した。この課題を解決するために，1990年代に入ると，ある観察期間における産業内貿易の変化，つまり限界産業内貿易（*MIIT*）に対して改めて関心が払われるようになった。

2–2 雇用調整と雇用条件

Greenaway and Milner（1986）はIITとの関連で産業調整の問題を労働力について分析した。これとは別に，Cabral and Silva（2006）はSAH仮説の検証を試みたいままでの幾つかの実証研究に関し，調整コスト変数を整理した。それを一覧表にまとめたものが表3–2である。SAH仮説を検証するためには，調整コストを十分にしかも偏らない形でとらえる説明変数を用いて動学的な貿易モデルを構築しなければならない。こうした点からこれらの先行研究をみると，大部分は単純な相関分析であるとともに，調整コストについても比較的にラフなものである。つまり，1990年代にみられた研究は，概して産業レベルで雇用の変化（ΔL）を調整コストのネガティブな代理変数とみて，単純な相関分析を施したものが多いことがわかる。その後は研究が複雑なものになるとともに，膨大なパネルデータを利用し，個々の労働者が遭遇する雇用条件（雇用環境）およびその変化にかかわる雇用調整を考察するものへと発展してきて

表 3-2　SAH 仮説の先行研究によって考察された調整費用の説明変数

変　数	定　　義	著者・発表年
ΔL_j	$\dfrac{L_j^1 - L_j^0}{(L_j^1 + L_j^0) \times 0.5} \times 100$ ただし，L_j^1 および L_j^0 はそれぞれ考察している期間の始期と終期における第 j 部門の労働者の数である。	Hine et al. (1994) a Porto and Costa (1999) a Rossini and Burattoni (1999) a Kol and Kuijpers (1999) a Smeets and Reker (1999) a Brülhart and Elliott (1998) b Sarris et al. (1999) b Tharakan and Calfat (1999) b
$WITHIN_j^n$	$\dfrac{(POS_j + NEG_j) - |POS_j - NEG_j|}{POS_j + NEG_j}$　ここで $POS_j = \sum_i (L_i^1 - L_i^0)$　もし $L_i^1 - L_i^0 > 0$ なら $NEG_j = \sum_i (L_i^1 - L_i^0)$　もし $L_i^1 - L_i^0 < 0$ なら。 ただし，i は企業，j は産業を意味する。	Brülhart et al. (2004) c Brülhart (2000) c
$DURATIONj$	産業 j から削除された失業者の平均失業期間	Brülhart and Elliott (2002) b
$WAGEVARj$	当該産業の実質賃金率の標準偏差	Brülhart and Elliott (2002) b
$CWAGEVARj$	当該部門のフィリップ曲線の推定係数によって計測された当該産業における実質賃金の標準偏差	Brülhart and Elliott (2002) b
$INTRA-$ および $INTRA-$	個人の企業または産業での労働移動の記録	Elliott and Lindley (2006) c
$INDMOVEj$	$\dfrac{\sum_i m_{xj}}{L_j}$ ＝産業の移動割合　ここで，もし， 第 j 産業の第 x 労働者が他産業へ移動のときは $m_{xj}=1$。 第 x 労働者が移動しないときは $m=0$ である。	Brülhart et al. (2006) c
$OCCMOVEj$	$\dfrac{\sum_i z_{xj}}{L_j}$ ＝職種移動の割合　ここで，もし 第 j 産業の第 x 労働者が他職種へ移動のときは $z=1$。 第 x 労働者が移動しないときは $z=0$ である。	Brülhart et al. (2006) c

（注）a：単純な相関係数を用いているもの。
　　　b：方程式がクロスセクションの単純な方程式モデルを用いて推定しているもの。
　　　c：方程式がパネルモデルを用いて推定されているもの。
（出所）Cabral and Silva (2006, 501 ページ)．

いることがわかる。つまり，貿易拡大（縮小）によって生じる各産業の労働市場全体の変化に注目するだけでなく，各産業における仕事（職），部門，職種，失業期間など労働者の就労上の違いの変化に注目し，それらの違いに基づく調整コストを考察する方向へ変わってきた。

　表3-2に掲載された先行研究の中から幾つかの代表的な研究を概観してみよう。Brülhart and Elliott（1998），Sarris et al.（1999），Tharakan and Calfat（1999），およびBrülhart（2000）は調整コストを各種の産業内貿易変数との間で相関分析した。これらの研究の大部分は調整コストを産業レベルの雇用変化（ΔL_j）との相関関係でみるか，あるいは当該産業で生じた全転職数（労働の再配分）に占める産業内貿易によって生じる転職数（労働の再配分）の割合（$WHITHIN_j$）との相関関係でみて両者のうちどちらの方が相関関係が強いかをみる方法を用いた。この変数はDavis and Haltiwanger（1992）に由来しており，SAHとの関連で導入するアプローチ法は各産業内における労働再配分（再就職）を説明する重要な要素であることが明らかとなった。この変数の概念はもともとDavis et al.（1996）が言及したが，仕事（職）の再配分の大きさが部門間における全体的な新規雇用プラス解雇の大きさをはるかに凌ぐという観察事実に基づいている。ここではまず調整が生じる場合のコスト発生の概念を定めておくことが求められる。調整コスト発生概念の解釈には少なくともつぎの2つ（細かくは3つ）がある。つまり，いま2つの産業を考え，ある産業ではたとえば職工が100人解雇されると同時に技師が100人新規雇用されたと仮定しよう。この場合，第1の解釈は調整コストがかからないと考える。その理由は仕事（雇用数）の再配分の観点からは，職工と技師に関して仕事（職）の再配分が生じたが，当該産業全体としてみると雇用数がプラス・マイナス・ゼロとなるからである。いままでの文献の多くのものはこの解釈であった。第2の解釈は調整コストがかかるとみるものである。この解釈はさらに2つに分かれる。一方は職工と技師がそれぞれ異なる産業へ再配分されることが想定されるため，慣れない仕事（職）や環境に適応するさいの調整コストがかかるからである。他方は労働再配分（解雇と再就職）そのものが調整コストを意味すると

とらえる解釈である。両者は一方で調整コスト発生概念の解釈が厳密になるが，他面でその厳密性は個々の就労者の雇用条件，立場，環境（職場環境ばかりでなく家庭環境）などをよくつかまないとかえって誤謬を増幅する結果になることが懸念される。

　身近な例として経理を担当する事務職または秘書で考えてみよう。ある経理担当者（秘書）がA産業からB産業へ転職できたと想定しよう。この場合，調整コストは同一産業内の異なる企業間を移る場合と比較して余計にかかると合理的にいえるだろうか。転職する産業に固有な特徴がそれぞれあるとしても，簿記会計（秘書知識）の専門知識があるのかないのかの方が大きな影響を与えると考える方が合理的であろう。同様に，同一産業内での転職と比べ異なる産業間の転職を比べると，前者は転職する職場がかなり地理的に離れている場合，後者は同一の居住地域内での転職だとすれば調整コストは単純に比較秤量できるものではない。さらに，失業に関しても非自発的な失業か自発的な失業かの違いも，その調整コストの比較に決定的な影響を与える。このようにみると，調整コスト発生の概念とその把握は個々の就労者の条件・環境を具体的に調べることが肝要であるが，厳密性にはかなりの工夫が必要であることがわかる。経理を担当する事務職または秘書の例でも容易にわかるように，調整コスト発生の概念は少なくとも仕事（職種）が固有であればあるほどつぎの点が極めて大きな意味を有する。つまり，調整コストの概念とは個々の就労者が仕事（職種）にかかわる固有な特殊性（ある種の資格や条件など＜qualifications＞）を取得するために要した犠牲やコストを斟酌したうえでの調整コスト概念なのか，それとも資格を有する就労者が単に職場を移動するときにかかるコスト概念を指すのかである。両者は明らかに大きく異なる。あたかも白をクロといい，クロを白というほどの違いである。大部分の先行研究はこの点が曖昧である。

　つまり，産業内貿易のSAH仮説と産業調整コストとの関連性は示唆的ではあるが，決して結論的なものではない。その点では，Brülhart（2000），Haynes et al.（2000, 2002），およびGreenaway et al.（2002）は実証面で大きな貢献がみ

られる。しかし，まだ十分説得的なものとはいいがたい。前述のLovely and Nelson（2002）の小国モデルが導出した第2の結論で明らかなように，雇用調整問題は労働市場全体の議論では見逃すことがある。特に個々の労働者にとっては，部門別，産業別，あるいは職種別に発生する雇用問題（採用や解雇）が雇用（産業）の調整コストをどの程度説明するのかといった点に絡んでいるので，この問題には労働経済学分野の研究成果が期待されるようになった。具体的にみると，Cabral and Silva（2006, 502ページ）が指摘するように，貿易変化に基づきある産業で生産変化が生じたと仮定しよう。生産変更により一方で1万人の職工が解雇され，他方で1万人の技師が採用された場合，産業全体で就業者数をみると当該産業の雇用調整はプラス・マイナスで「ゼロ」である。しかし，解雇される個々の労働者1万人にとっては再雇用のための技術訓練等に時間，努力および資金がかかり，調整コストが発生する。いままでの議論の枠組みでは，このような調整コストは考察の対象外となることが多い。

　調整のコスト分析はさらにこれ以降も雇用条件とのかかわりについてケースを用いて実証的に研究するかたちで積極的に進められた。

　Haynes et al.（2002）は労働者の技術・熟練レベルに注目し，部門間および部門内における調整コストを分析した。技術・熟練レベルが部門固有であればあるほど，同じ技術レベルの労働者同士にとって同一部門内での労働移動コストは低い。このことから産業間貿易にくらべ産業内貿易の方がSAHと調和する。ただし，産業内貿易がSAHと調和するといままで考えられてきた背景は，賃金水準に及ぼす職歴の効果および職歴の長さと遺失賃金の関係に及ぼす効果についてのいままでの研究が労働市場全体と職歴の長さに関したものであった。その場合には，産業や職種を変える労働者は部門内で職務を変える場合よりも遺失賃金が大きくなる。こうした背景がSAHの説明となっている。しかし，Haynes et al. は労働市場を全体としてみるのではなく，労働の技術・熟練レベルに注目し，部門間と部門内，職務および職種に関する職歴が賃金水準に及ぼす影響を調べた。

　賃金水準は同一の職業（職務）内のみならず同一の産業内および同一の職種

内で蓄積する職歴の長さに基づいて決まる。そこで Haynes et al. は職歴の長さがどれほど賃金水準とかかわるかについて研究した。このような分析により，労働者が職業（職務），産業および職種を変えることによる潜在的な調整コストが分析できると考えられる。分析したデータセットは英国の若手の労働者に関するもので，観察期間は 1975-95 年に関してである。

結論は Haynes et al. によると，同じ職種を長く続けることが賃金に及ぼす効果が大きい。つまり，労働者が産業内を移動する場合の遺失賃金とくらべ，同じ職種についているかぎり，産業間の移動にともなう賃金ロスを勝ることはない。もちろん，産業間を移動する労働者は異なる職種につくことが多い。また，部門の分類基準を緩めるほど労働が部門間を移動するコストは大きくなるが，その場合でも，職種を変えることによる移動コストとくらべればだいぶ小さい。

なお，以上の議論は主に欧米諸国の労働環境／慣行に関しており，これを日本に当てはめるには注意が必要である。日本の労働環境や労働慣行は現在においても，労働組合は概ね企業別であり職種別であることはまれである。多少の例外はあるものの，多くの場合，従業者は事務系か技術系に分かれ，当初販売部門に配属された事務系従業者はそのうちに管理部門や会計（経理）部門へ異動し，その後，総務部門や管理部門へ異動することが少なくない。また，当初技術部門や生産／製品管理部門へ配属になった者もいずれ販売・技術・修理に関する仕事を行い，さらに管理／総務部門へ異動することもある。いわゆる「ジェネラリスト」や「セールス・エンジニア」となることが少なからずある。職務や職種間の変更や異動にかかわるコストや犠牲は日本では欧米と異なると考えられる。

Brülhart et al.（2006），Elliott and Lindley（2006）および Cabral and Silva（2006）は産業内貿易と労働調整コストの関係を産業レベルではなく個々の労働者の雇用条件の違いとつなげて分析した。Brülhart et al.（2006），ならびに Elliott and Lindley（2006）はそれぞれ英国の四半期ごとの労働力サーベイから個々の労働者ベースのデータを利用して異なる 2 期に関して観察を試みた。Brülhart et al.

(2006) は産業間移動および職種間移動に関する変数を2つ用い，労働者が産業間または職種間を移動（転職など）する場合に，移動前に就労していた産業または職種と移動後に就労する産業または職種がどれほど異なっているのかをそれぞれ労働移動に関する部門および職種の「距離」とみて，その距離が離れていればいるほど労働調整コストが高いと判断し，その分析を異なるタイプの貿易（産業間貿易と産業内貿易）について比較検討した。対象となる個々の労働者のデータは18万コ以上にのぼる。産業内移動に関する2つの変数は，第1に労働者が職種間を移動する場合の変数（$OCCMOVEDIST_i$）であり，もう1つは産業間を移動する場合の変数（$INDMOVEDIST_i$）である。彼らの分析によると産業間ならびに職種間の双方で産業内貿易がある程度の効果を及ぼすという。この分析は個々の労働者の仕事（職），部門，職種，企業あるいは産業の移動に関する膨大なパネルデータが利用できる点で極めて詳細な分析が可能であり，大きなメリットがある。反面，大きな課題もある。つまり，個々の労働者の職業移動は貿易の変化に基づいて生じたものか，あるいは景気の変動やそれ以外の産業構造変化に基づくものかが鮮明ではない。さらに，重要なのは彼ら自身も指摘するように（2006, 541 ページ），労働者の職業移動が貿易拡大（縮小）に基づく（非自発的な）雇用調整なのか，あるいは労働者自身の意思に基づく自発的なものかの区別がつきづらい。厳密な意味では，貿易の変化に基づく雇用調整コストの計測には後者を除く必要がある。しかし，両者が混在する結果，彼らの結論としては，貿易変化に基づく雇用調整コストの大きさは，たとえば年齢，大企業での就労，臨時雇用，結婚，あるいは自営業の立ち上げといった他の理由に基づく労働移動の要因に比べれば小さいという。

Cabral and Silva（2006）は分析の枠組みは Brülhart et al.（2006）および Elliott and Lindley（2006）と極めて似ているが，さらに産業レベルに集計した形で新たな調整コスト変数を提案している。Cabral and Silva はポルトガルの労働者が働く20万社の企業，200万人以上の個々の労働者が所属する産業および職種に関する情報を3つの観察時点（1995年，1997年，および1999年）について集め，1995-97年および1997-99年の2つの期間につき調整変数として3桁

産業分類に基づき 98 産業に関する職種を 8 つに分類した[3]。新たな変数は（労働の再配分）総合効果（TE_j）または「総再配分効果（total reallocation effect）」といい，各職種グループに分類される労働者の絶対値でとらえた増減数を当該産業全体の平均値によって加重したものである。この総合効果はつぎの 2 つの効果の和である。第 1 は当該産業の労働総需要の変化であるディメンション効果（DE_j）である。第 2 はコンポジション効果（CE_j）である。コンポジション効果は当該産業の労働需要には変化を及ぼさないが，異なる職種間で労働需要に増減がある場合の効果を表す。総合効果は観察している期間中に当該職種や産業で働く労働者の数が変わらなければ「ゼロ」である。また，労働者の移動が起きれば起きるほど総合効果の値は大きくなる。したがって，それは労働調整コストが大きくなることを意味する。

結論はポルトガルのような小さな開放経済では，SAH 仮説がこの総合効果による雇用調整コストの分析によってうまく説明できるという。

以上の考察から，貿易変化に基づく産業調整コストの問題は労働市場を産業全体としてとらえるのではなく，個々の労働者の就業，解雇および転職にかかわる雇用調整の問題としてとらえる方が正確であるとの認識が広がった。その結果，個々の労働者の雇用状況ならびに就業形態に関する分析が関心を惹くようになり，パネルデータによる分析が進められるようになった。こうして雇用調整問題は産業間または産業内の労働市場における労働力の移動よりも，個々の労働者の仕事（職）の特性に着目し産業内における労働者の再分配（転職／再就職）に研究対象が移ってきたわけだが，問題の視点を過度に込み入ったものととらえる方向へ進むことにもなった。このことはすでに Brülhart（2000）が注目を払っており，もともと SAH との関連で Davis and Haltiwanger（1992）および Davis et al.（1996）が言及していることでもある。

これらの先行研究から明らかになる点は，産業調整に関する重要な視点の 1

---

[3] 8 職種は①経営管理者，②専門職業人・科学者・教員（専門家），③中間レベルの技師・専門家，④事務員・秘書，⑤販売員，⑥工場作業員，⑦機械操作員，⑧その他である。

つが雇用調整問題であるということであり，そこで注視される問題は3つある。第1に，雇用縮小に絡む産業と雇用拡大に絡む産業との間で生じる産業間での（再）雇用摩擦である。これは両産業の要素集約性の相違に基づく雇用（生産）条件の違いから生じる調整コストである。産業の規模が縮小する場合，縮小する産業で集約的に使用（雇用）される要素（労働者）が大きな影響を被る。他方，失業し，あるいは未利用となった労働力（要素）を拡大する産業で十分に吸収できる場合は調整がある程度和らぐ。しかし，その場合であっても以下の2つの課題がある。(1)縮小する産業と拡大する産業は一般には要素集約度が異なるから，前者から放出される要素（労働力）の量と後者で求められるそれとの間で不一致が生じる可能性が高い。つまり，レイオフ（一定期間の休業），または解雇や失業（未就業）が発生しよう。(2)失業した労働者は新たな職場を探すことはかなり難しいし，うまくみつける場合でも多くの場合，再訓練にかかわる費用がかかる。また，通例，労働力の需給には地域的なミスマッチも起きる。また，ひとたび投下した資本設備は転用が容易ではない。

　第2は貿易変化がもたらす雇用調整コストを考察する場合，雇用調整が同一産業内でみられるときでも，調整コストは労働市場全体でみるのではなく個々の労働者にとって雇用の条件や環境に基づいて分析する必要がある。労働者はいままで勤めた仕事（職）から他の仕事（職）をすることになれば，かなりのストレスとなり転職や退職の誘因となり得る。また，新しい仕事を探すうえで大きな不確実性や努力，本人はもとより家族にとっても犠牲が伴うことが多い。異なる職種や産業間を移動する場合はなおさらである。かなり類似した業種（職種）同士の間の移動であっても大きなストレスとなる。仕事（職），業種，職種，再訓練の条件や期間，地域，家族など状況，失業の期間などが個々にそれぞれ大きく異なる労働力（労働者）に注目する必要がある。つまり，重要なのは個々の労働者に発生する就職（仕事）・就業問題の分析である。調整問題は多くの場合，個々の労働者にとっては異動により仕事（職）の内容が同じであっても，前の仕事（職）と新たな仕事（職）の間でも発生する[4]。また，職種間でも起きると考えられる。したがって，それらのすべてをカバーする調

整コスト問題はかなり複雑化することが懸念されることから，雇用調整に関しては人々，とりわけ直接利害が関係する人々ばかりか政治家（為政者）および（学識）専門家などの関心を大いに惹きつける。

　第3に，貿易フローの変化が雇用調整を生じる場合，その調整コストは労働者の職業の移動・雇用・解雇・レイオフなどが貿易拡大（縮小）に基づく（非自発的な）雇用調整なのか，あるいは労働者自身の意思に基づく自発的なものかの根本的な区別が必要である。しかし，その区別はつきづらいことである。

3．産業内貿易と産業調整コスト

　産業構造と貿易構造は，通常，相互に密接に関連して変化する。産業構造と貿易構造はどちらが先に変化してその影響が他方に及ぶのかについては，一義的な関係があるとはいえない。産業構造がまず変わり，その結果が貿易の流れに影響を及ぼしたり，貿易構造の変化が産業構造を変えることも観察されている。前者には国民経済の工業化を促進するため，あるいは幼稚産業を育成するための産業政策が導入されたことがある。このような産業政策には育成する国内政策として育成する産業へ向けた資源の優先的配分，課税の軽減・免除，インフラストラクチャー投資による支援などとともに，対外政策として輸出補助金の支給，および輸入関税の賦課や割当制などが用いられることもある。後者の貿易構造に関しては，一般に産業が競争的であるほど比較優位に基づく各国の貿易構造の変化が産業構造の転換に直接的に結びつくことが観察される。産業社会が成熟した後，多くの先進経済では斜陽産業の構造転換が主要な産業政

4）　たとえば「秘書」を考えると，製造企業に勤めていた人が商社に新たに勤める場合を想定してみよう。業種が異なることから業種間での転職（労働の再分配）となる。異業種間における労働の再分配だから，調整コストは高いとみるか低い（あるいは中レベル）とみるか，実証分析する場合は判断が求められる。この秘書にとっては職種が同じだから，コストは低いとみられる。しかし，この秘書にとって仕事（職務）は職場が変わるだけではなく，仕事に関係するビジネス用語やその意味についても再訓練が必要であろう。労働の再分配（転職，再就職）にかかわり職種や仕事（職務）に関して幾つかの異なる特性がある場合，個々の特性についてとともに全体としてコストはどれほどかを比較秤量するのは至難である。

策（ならびに失業対策や失業者の再訓練等の社会政策）の目標となっている。

　一般には産業構造が各国の貿易構造を規定すると考えられるが，そうでもないことが欧州で観察された。Viner（1950）にしたがう伝統的な解釈によると，関税同盟形成の影響は産業間の特化が貿易自由化の後に生じる。実際，このような予想は初期のEEC形成のときに多くの人々に共有された。1950年代にEECが結成されたとき，加盟国の中では一方で工業化が進んだ旧西ドイツが工業製品をますます輸出し，他方フランスやイタリアは農産品に特化するであろうと予想され，域内では旧西ドイツのGDPが大きく拡大するのに対してフランスやイタリアは国内生産がそれほど伸びないのではないかといった懸念が生じた。しかし，その後の経緯はこのような懸念が杞憂であったことが明らかとなった。Drèze（1961），Verdoorn（1960），Balassa（1965）は関税同盟形成の10年間に産業内特化が進行し，加盟国では工業生産が大きく伸び，相互に工業品の貿易が拡大したことを観察した。したがって，産業構造と貿易構造のどちらの変化が他に作用を及ぼすかの因果関係については，EEC結成による経験に基づけば，各国が直面する国際的な政治・経済環境の変化のもとで全体的な経済政策とのかかわりで決まってくると考えられる。

　ひとたび産業調整が求められれば，必然的に生産要素の組み直し（組み換え）が求められるであろう。貿易構造の変化によって産業調整が必要となる場合，生産要素は新たに（または追加的に）求められる場合もあるだろうし，過剰となり不要（または削減）となることもあろうし，あるいは他の利用に供される（労働力の場合は異動／移動の）場合もあるだろう。労働力に関しては多くの場合，構造転換過程で失業や再教育・再訓練が求められることが多い。つまり，産業調整には調整にまつわる犠牲または産業調整への圧力やコストが大なり小なり発生する可能性が極めて高い。グルーベル（Grubel）＝ロイド（Lloyd）（1975）は多くの人々の関心を産業内貿易に集める契機となったが，産業内貿易指標によって明らかなように，いま貿易のパターンを「産業間貿易」と「産業内貿易（IIT）」に大きく2分してみよう。ここで検討しようとする研究テーマは，基本的にはまず，ある国が産業調整を必要とするのは産業間貿易に変化

が生じる場合なのか，あるいは産業内貿易に変化が生じる場合なのかを見定めることである。つぎにもし変化が生じる場合，これらの2つの場合のどちらが調整コストは大きいのかを比較・秤量することである。産業調整にかかわる犠牲やコストは，いままで産業内貿易における方が産業間貿易に比べ小さいと考えられ，人々の関心を集めてきた経緯がある。

一般に産業内貿易（IIT）のわかりやすい説明は，「ある国が貿易相手国と同一産業として分類されるある産業（第 i 産業）の中で一定の期間内（通常は1年間）に行う双方向の貿易（輸出と輸入）である」。以下の議論を進めるうえで，産業内貿易をはじめそれ以外の各種の貿易の概念をまず以下のように定義しておこう。

産業内貿易はある産業の輸出（X）と輸入（M）の合計（総貿易，TT：Total Trade）から輸出と輸入の差分の絶対値（純貿易，NT：Net Trade）を差し引いたものと定義する。この定義から1年間に当該産業の輸出と輸入が均衡するほど（不均衡になるほど），純貿易（$|X-M|$）はゼロに近づく（ゼロから離れる）から，総貿易（TT）との差分である産業内貿易（IIT）は大きくなる（小さくなる）。つまり，産業内貿易が拡大（縮小）する。当該産業の産業内貿易（IIT），総貿易（TT）および純貿易（NT）の3者の関係はつぎの通りである。

$$IIT = TT - NT \tag{1}$$

i.e. $TT = IIT + NT$ あるいは

$$IIT = (X+M) - |X-M| = 2\min(X, M).$$

$X>M$ の場合は，$IIT = (X+M) - |X-M| = 2M$ である。対照的に $M>X$ の場合は，$IIT = (X+M) - |M-X| = 2X$ である。

産業内貿易はもともと「双方向貿易（two-way trade）」として Ohlin（1935）がかなり以前からすでに言及しているが，現象として産業内貿易が観察され，注目され文献として出てくるようになったのは1960年代からである。とりわけ，1975年に Grubel and Lloyd が著した『産業内貿易：差別化された製品の国際貿易の理論と計測』は産業内貿易の理論的・実証的な解明に向けて多くの人々の関心を喚起した。Grubel and Lloyd（1975）はある産業（i）の産業内貿

易をつぎの指標（Grubel and Lloyd の *IIT* 指数）でとらえた。

$$IIT_{GL,i} = \frac{TT_i - NT_i}{TT_i} = 1 - \frac{NT_i}{TT_i} \tag{2}$$

$$i.e. \frac{(X_i + M_i) - |X_i - M_i|}{(X_i + M_i)} = 1 - \frac{|X_i - M_i|}{(X_i + M_i)}.$$

産業内貿易は図を用いて表現すると可視的となり，他の貿易指標との関係が一瞥してわかりやすい。この幾何学的な表現方法はShelburne（1993）によって導入され，Azhar el al.（1998）によって彫琢された。その概要を図3-1を用いて明らかにしよう。

まず，ある産業を想定し，その産業の1年間の貿易量（額）を表示するためmax（*X*, *M*）によって決定される正方形のボックスダイヤグラム（トレードボッ

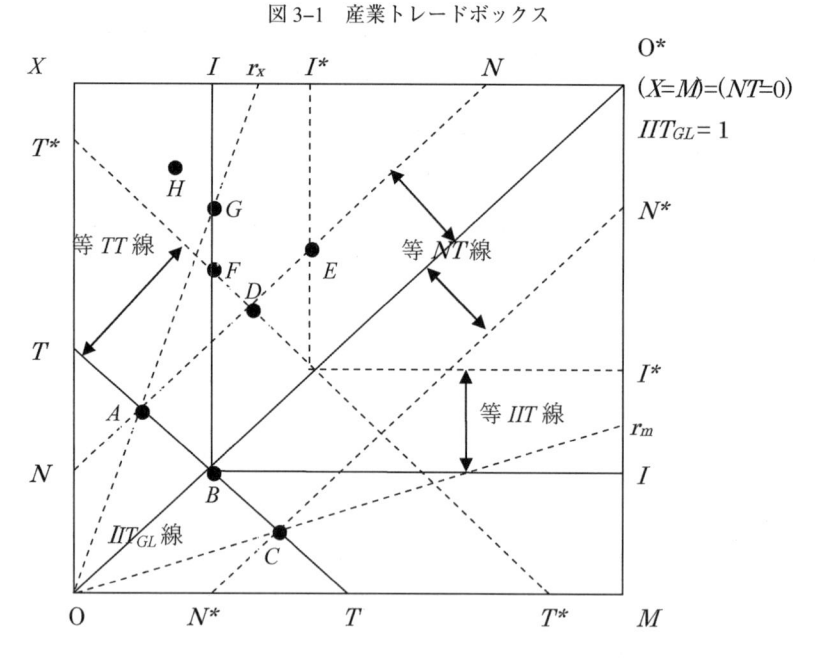

図3-1 産業トレードボックス

輸出(*X*)、輸入(*M*)、総貿易(*TT*=*X*+*M*)、純貿易(*NT*=|*X*-*M*|)、産業内貿易(*IIT*=*TT*-*NT*)、GL産業内貿易指数([*TT*-*NT*]/*TT*)

（出所）Shelburne（1993）を元にして小柴が作図した。

クス）を考える。ある観察時点の輸出量（額）をボックスの縦軸上に，輸入量（額）を横軸上にとる。後に言及する異なる観察時点での貿易の変化（限界貿易）が観察したければ，各観察点での輸出入量をそれぞれ置点（プロット）し，その変化によって観察できる。ボックスの原点 O から描く対角線（45°線）の線上の任意の点はどこも輸出入が等しい（$X=M$，つまり純貿易（NT）はゼロであるとともに，Grubel and Lloyd の IIT 指数である IIT_{GL} は「1」である）。正方形のボックスがこの主対角線で区切られたことでできる左上（北西）にある二等辺三角形の領域に観察点があれば，貿易収支が黒字（$X>M$）を表し，右下（南東）の二等辺三角形の領域にそれがあれば赤字（$M>X$）を表す。

図3-1の中で，総貿易は TT である。TT 線の横軸からの傾きは「-1」であり，縦軸上の切片は $+TT$ である（$X=-M+TT$）。純貿易（NT）は主対角線と平行な線である。つまり，$X>M$ であれば，$X=M+[X-M]$ であり，$M>X$ であれば，$X=M+[M-X]$ である。貿易が不均衡になり輸出超（輸入超）となればなるほど NT 線は主対角線から左上（右下）へ離れる。産業内貿易（IIT）線は主対角線上の任意の点を1直角とする L 字線である（$2\min[X,M]$）。IIT の増加は原点から右上（北東）へ離れていく。最後に Grubel and Lloyd の IIT 指数である IIT_{GL} は原点から一定の勾配をもつ放射線によってあらわせる。主対角線はその1つであり，その IIT_{GL} 値はつねに「1」であり，最も大きな値をとる。以下，総貿易（TT），純貿易（NT），産業内貿易（IIT）の関連性と変化の様子を順番にみていこう。

総貿易（TT）の増加は図3-1で $T*T*>TT$ として描いてある。TT 線上にある A, B, C の3点の総貿易量はどれも等しい。したがって TT 線は等貿易（iso-total trade または，equi-total trade）線とよばれる。異なる3時点で総貿易がたとえば点 $A \to B \to C$ のように，同一 TT 線上で変化したとすれば，輸出と輸入の絶対額の変化の比率は常に「1」で等しい。しかし，図3-1の点 $A \to B$ にみるように純貿易（NT）は各点でそれぞれ異なり，主対角線から離れる点ほど NT の値は大である。つまり，貿易収支が不均衡となり，そのことは IIT が異なることを意味し，点 $A \to B$ の変化は IIT の値を増大させる。主対角線上に位置す

る総貿易量と産業内貿易量との差は産業間貿易量を表す。したがって，総貿易に占める産業内貿易（産業間貿易）が大きくなればなるほど，産業間貿易（産業内貿易）は小さくなる。

　いま，ある産業の輸出入の変化を観察期0期と1期で比較した場合，産業内貿易の変化を限界産業内貿易（$MIIT$）と定義する。限界産業内貿易の発生によってこの産業では貿易（産業）構造に変化が生じ，増産（減産／廃止）する産業において要素投入にそれぞれ変化が生まれる。産業の調整過程では再び産業構造と貿易構造の変化の因果関係が課題となるが，いずれの場合であれ，産業構造が変われば貿易構造にも変化が生じ，あるいは貿易構造の変化が結果として産業構造の変化を伴えば，その調整のための摩擦や圧力は，一方で貿易フローの変化分（限界貿易）が産業内（限界産業内貿易（$MIIT$））でどれほど生じるのか，他方で貿易フローの変化は当該産業と産業連関を有する関連産業においても要素投入を変化させることから，産業間での調整も生じる。貿易フローの変化によって必然的にもたらされる産業調整にかかわる調整コストの発生とその大きさは，一方で前述した雇用との関連でかなり込み入った課題に直面してきた経緯があり，これとは別に貿易フロー（輸出量と輸入量）の変化と大きさを観察することによって計測する方法が試みられてきた。

　Azhar and Elliott（2003）はShelburne（1993）によって導入された産業トレードボックスを工夫し，「産業トレード調整空間：TAS（trade adjustment space）」という概念によって貿易変化がもたらす調整コストの分析を幾何学的に明快に説明した。以下，Azhar and Elliottにしたがってその要点をまとめる。

　貿易フローの変化によって生じる産業調整問題はその説明と計測のためのコンシステントな基準がまず求められるが，その1つの基準はAzha and Elliott（2003, 421ページ）が提案した4つの基準を参考にして以下の6点にまとめることができる[5]。(1)貿易当事国全体でみて，輸出入に変化が起きる前も変化後においても，当該産業の生産物の総供給は総需要に等しい（総需要と総供給の均衡

---

5)　これらの項目のうち(3)から(6)までの基準はAzha and Elliott（2003, 421ページ）を参照。

＜the equilibrium conditions of total supply and total demand＞)。(2)輸出と輸入の変化が産業調整に与える影響はそれぞれ対称的である。つまり，産業調整に与える影響とその大きさは輸出の増加とその大きさが輸入の減少とその大きさと等しいと想定する。同様に，輸出の減少分が産業調整に与える影響は輸入の増加分の効果と等しいと考える（輸出入の変化に基づく産業調整効果の対称性＜symmetry；mirror twins＞)。(3)各産業における貿易不均衡の程度が大きいほど要素市場の混乱が大きく，調整コストは大きい。このことは調整のレベルを表す指数が貿易変化の増加関数であると考えられることを意味する（貿易変化量と調整コストの大きさに関する単調関連性＜monotonous relations between trade flows and adjustment costs)。(4)貿易フローの不均衡を回復するために生じる要素再配分の努力やその大きさは貿易当事国にとって相互に等しく，しかも対称的となる。このことはある国の産業拡大は相手国の産業縮小を意味し，その変化の方向は対称的（symmetrical）であり，大きさは等しい（産業調整とそのコストの対称的両立性＜consistency of industrial adjustments between trade partners＞)。(5)ある国の調整コストが実質的に産業の拡大または縮小にかかわるか否かを知ろうとするなら，特化が生産を拡大するのか，または縮小するのかをとらえることが重要である。このことは特に，為政者が産業政策や競争政策を検討するうえで，さらにはロビー活動グループの嘆願に対処するさいにも関係しよう（調整コストに基づく特化の変化と産業政策＜country specificity of industrial and competition polity＞)。(6)もし企業の必要とする生産要素がそれぞれ等しいなら，貿易フローの変化が均衡すれば資源再配分に関わるコストはかからない。その理由は，輸出と輸入に増加や減少が生じてもそれが均衡していれば，他の事情が変わらないかぎり，産業の総需要と総供給には何の影響もないからである。したがって資源の再配分は必要がない（貿易の均衡と調整不要性＜conditions of total *IIT*＞)。

　以上の想定の要点はつぎのことである。貿易の拡大（縮小）に伴う要素移動に関して，*IIT* が産業間貿易と異なり調整にまつわる犠牲が小さいと考えられてきた大きな理由の1つは，貿易自由化がもたらす貿易規模の拡大（縮小）は要素の移動を生じるが，同一産業内で生じる要素の移動や再配分は貿易当事国

同士にとっては同程度の調整摩擦をもたらすとともに，その働きの方向は対称的だと考えられるからである。また，相対的に要素集約度が類似した産業同士では調整コストが低いと考えられることでもある。ここで注意しておかなければならない重要な点は，貿易フローの変化によって生じる産業調整は調整の必要性が大きいほど調整にかかる犠牲としての圧力やコストは大きいことである。産業調整はこの国で輸出の拡大，あるいは輸入の減少によって当該産業の貿易収支が黒字化すれば，当該産業の生産活動の活発化が国内において生産の誘発プロセスを通して生産拡大へつながる。生産を拡大する産業では新たな生産要素が準備されるなり，他産業から要素が振り向けられる必要がある。要素の新たな調達や他産業からの要素移動の程度が大きいほど，調整にかかる犠牲としての圧力やコストは大きい。対照的に，産業調整は輸出の減少，あるいは輸入の拡大によって当該産業の貿易収支が赤字になれば，当該産業の生産活動の沈滞化につながる。要素の一部は不要になるかもしれず，あるいは他産業に移転せざるを得ないかもしれない。要素の利用度の減少や利用廃止，あるいは他産業への移動の程度が大きいほど調整にかかる犠牲としての圧力やコストは大きい。これらの両者の場合のうち，産業の拡大については国内の生産活動を刺激することから GDP の拡大に（輸入の増加にも）つながるので，ポジティブな調整圧力とみることができる。しかし，後者は国内の生産活動を縮減することを通して GDP に対する減少圧力になることから，多くの場合，ネガティブな調整圧力とみられる。

　まず，日本の貿易データを用い，産業分類基準に変化のない 1995 年から 2008 年まで（13 年間）の HS 産業分類番号の 1 から 97 までの生産物（多くは工業品である。ただし，77 は欠番）における産業内貿易の変化が産業構造変化にどのような影響を与えたかを分析する。すでに Azhar and Elliott (2003) はこのアプローチによって英国の実証分析を行った。これは Shelburne (1993) によって導入された産業トレードボックスを工夫したものであり，「産業トレード調整空間：TAS (trade adjustment space)」という概念によって貿易変化がもたらす調整コストの分析を幾何学的に明らかにするものである。以下，Azhar and El-

第3章 産業内貿易に関する日本の産業調整コストの研究 81

図 3–2 産業トレード調整空間

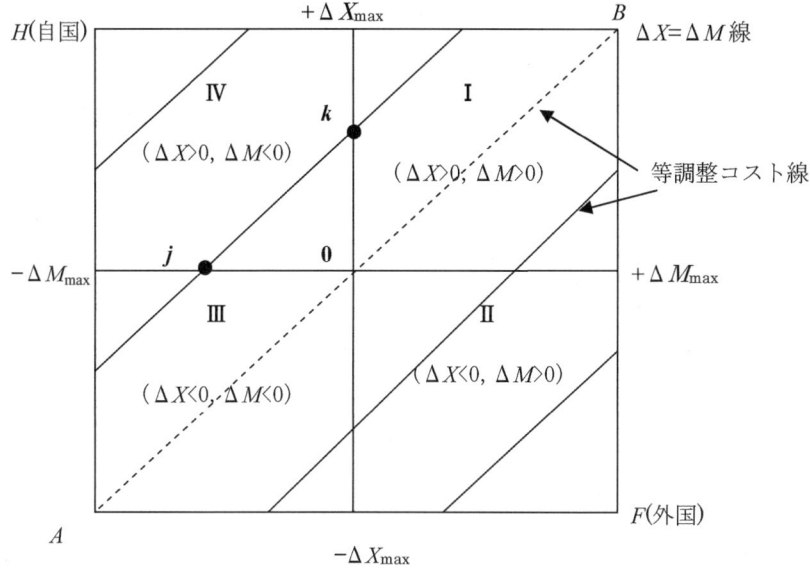

[図: 産業トレード調整空間の概念図。縦軸 H(自国) に $+\Delta X_{max}$ と $-\Delta X_{max}$、横軸に $-\Delta M_{max}$ と $+\Delta M_{max}$、F(外国)。4象限にI ($\Delta X>0, \Delta M>0$)、II ($\Delta X<0, \Delta M>0$)、III ($\Delta X<0, \Delta M<0$)、IV ($\Delta X>0, \Delta M<0$)。点A、B、j、k、0を表示。$\Delta X=\Delta M$ 線、等調整コスト線を示す。]

（出所）Azhar and Elliott（2003, 423 ページ）。ただし，筆者が一部修正した。

liott を参考に図 3–2 を用いてその要点をまとめる。

　Shelburne によって導入された産業トレードボックスはある産業の輸出と輸入の最大値をそれぞれトレードボックス図の縦軸と横軸に描く。いま，ある観察期間におけるある産業の輸出を X，輸入を M でそれぞれ表し，観察第 0 期と第 i 期との間で生じた変化分を Δ で表せば，貿易フローが均衡した状態を基点として，貿易フローの変化を産業トレード調整空間の 4 つのセル（象限）中に表すことができる。つまり，第 I 象限は $\Delta X>0, \Delta M>0$，第 II 象限は $\Delta X<0$, $\Delta M>0$，第 III 象限は $\Delta X<0, \Delta M<0$，第 IV 象限は $\Delta X>0, \Delta M<0$ をそれぞれ表す。産業トレード調整空間（TAS）の大きさは，最大の絶対値が輸出である場合は $2\times \max |\Delta X_t|^2$ であり，対照的に最大の絶対値が輸入である場合は $2\times \max |\Delta M_t|^2$ である。輸出は縦軸にとり（$+/-\Delta X$），輸入は横軸にとる（$+/-\Delta M$）。産業トレード調整空間（TAS）は自国（H）と外国（F）の関係を表す。図の中央に描いた原点「0」は $(\Delta X, \Delta M)=0$ で，基準となる状態である。同

様に，観察点が主対角線45度線上にあれば，輸出の変化分が輸入のそれと等しいわけだから，上記した原点「0」と同様に貿易収支の均衡状態（つまり，純貿易の変化分がゼロ：$|\Delta X - \Delta M| = 0$と）考えることができる。つまり，産業調整コストがかからない「等調整コスト線」であると，とりあえず考えることができる。主対角線と平行な線はどれも「等調整コスト線」である。たとえば図中のj点とk点は同じ「等調整コスト線」上に位置している。前述の産業調整基準の第1からj点は輸出に変化がみられないが輸入が大きく減少した。対照的にk点は輸出が大きく伸びたが輸入には変化が生じなかった。この基準の基礎的な前提から明らかな通り，貿易当事国全体では当該製品に関する総供給と総需要は貿易変化前後においてそれぞれ変化しないと考えるので，前者の場合，輸入が減少した国ではそのことによりこの産業は国内生産が増える。後者の場合，輸出の伸びは国内生産の増加を意味する。したがって産業トレード調整空間による分析によると，両者ともに産業調整の圧力を等しい程度受けていると考えるのである。

すでにAzhar and Elliottが提案した産業トレード調整空間に基づく調整コストの尺度（S-index）はつぎのように表すことができる。

$$S = \frac{1}{2L}(\Delta X - \Delta M) = \frac{\Delta X - \Delta M}{2(\max\{|\Delta X|_t, |\Delta M|_t\})} \tag{3}$$

ただし，$t \in N, N = \{1, 2, 3, \cdots, n\}$，

なお，Lは産業トレード調整空間の1辺の長さである。S尺度がとる値は$-1 \leq S \leq 1$である。自国と外国とは対称的である。すなわち，自国の産業調整コスト尺度（S），つまり自国にとっての（$+/-$）S_Hは反対符号がついた外国のそれ，つまり（$-/+$）S_Fである。この調整コスト尺度（S）はBrülhart (1994)の限界産業内貿易尺度のA, B, Cと比べて，さらにはMenon and Dixon (1997)のUMCITと比べてみると，尺度としては産業内で生じる貿易変化がもたらす調整コストをバランスよく表している。

ただし，この尺度には課題もある。2点について検討する。第1は動学（態）的な観察視点からものである。前述した図中のj点とk点の比較でいえば，産

業トレード調整空間の分析にしたがえば j 点は輸入がかなり減少し，その分を国内生産の増加と直結させて（トレートに）考えるが，輸入（外国製品に対する自国の需要）の減少は国内での生産増加に直接つながるのか。そのような可能性は確かにある。産業内貿易の動学モデルである製品ライフサイクル論が明らかにするように，導入期・輸入代替期において輸入が徐々に減少し，輸入に替わって国内生産の拡大する様子が観察できよう[6]。同時に，逆輸入期以降にはある程度の期間，当該製品の輸入は拡大すると思われるが，その増加がさらに続くものではない。いずれ輸入が減少する。しかし，そのことはこの国で再び国内生産が拡大することを意味するものではない。当該産業が衰退したのである。多くの場合，新たな産業／製品が生まれたのであり，この国でもその製品へ需要が生まれその生産が始まったのである。つまり，いままでの産業／製品から別の産業／製品へ産業転換が進んでいる。産業構造の転換は調整コストを否が応でも発生させる。このように考えれば，産業トレード調整空間分析による予見は否定できないものの，多くの場合は国内の需要が異なる製品へ移っていっていることの方が一般的であろう。もし，そうであれば，産業トレード調整空間分析による内容はことの一面を描写しただけとなる。第 2 は静学（態）的な視点からのものである。輸入減少は，その時点において当該産業／製品の国内生産増加を意味することもあれば，他産業／製品へ需要がシフトすることもある。実際，どちらが生じているかは当該産業／製品の国内における需給バランスをみる必要がある。これは産業ごとのセミマクロ分析の重要性を意味している。産業トレード調整空間分析はこの点で十分であるとはいいがたい。

　以上から IIT と産業調整コストとの関連性に関しては留意すべき点が幾つかあるが，ここでは日本の IIT と産業調整コストとの関連に焦点をあてて，以下，日本について日本の貿易データを用いて産業トレード調整空間分析を試みる。

　表 3-3 は 1998（平成 10）年から 2008（平成 20）年までの 10 年間における日

---

6) 小柴（2008 a）255 ページ，および小柴（2008 b）40-41 ページを参照。

表 3-3(1/2)　日本の産業調整コスト：S-index HS 産業分類 2 桁

HS番号	産業	1999-98年	2000-99年	2001-00年	2002-01年	2003-02年	2004-03年	2005-04年	2006-05年	2007-06年	2008-07年	2008-1998年
1	動物（生きているものにかぎる）	0.644	−0.558	0.390	0.520	0.236	−0.598	−0.455	−0.458	−0.312	0.519	−0.241
2	肉及び食用のくず肉	−0.493	−0.504	−0.500	0.495	−0.498	0.500	−0.499	0.501	−0.477	−0.483	−0.486
3	魚, 甲殻類, 軟体動物, 他の水棲無脊椎動物	−0.641	0.711	0.998	−0.443	0.532	−0.378	−0.322	0.492	0.700	−0.829	0.758
4	酪農品, 鳥卵, 天然蜂蜜	0.505	0.532	−0.499	−0.502	0.509	−0.496	−0.487	−0.431	−0.484	−0.507	−0.485
5	動物性生産品	0.480	−0.440	0.507	0.509	0.431	−0.520	−0.411	−0.236	0.372	−0.015	0.677
6	生きている樹木, りん茎, 根	0.559	0.479	−0.500	−0.428	−0.483	−0.449	−0.412	−0.411	−0.173	0.530	−0.326
7	食用の野菜, 根, 塊茎	0.494	0.497	−0.491	0.520	0.414	−0.501	−0.454	−0.469	0.511	0.503	0.520
8	食用の果実, ナット, かんきつ類の果皮	−0.570	0.452	−0.503	−0.433	0.674	−0.559	−0.159	0.501	−0.493	0.446	−0.411
9	コーヒー, 茶, マテ及び香辛料	0.499	0.497	0.511	0.562	0.508	−0.487	−0.491	−0.455	−0.494	−0.497	−0.395
10	穀物	0.443	0.380	0.272	−0.663	−0.500	−0.495	0.491	−0.493	−0.500	−0.499	−0.512
11	穀粉, 加工穀物, 麦芽, でん粉	0.501	0.320	0.478	−0.502	−0.253	−0.943	0.429	−0.483	−0.501	−0.462	−0.491
12	採油用の種, 果実	0.500	0.504	−0.500	−0.481	−0.494	−0.493	0.499	−0.455	−0.492	−0.504	−0.493
13	ラック, ガム, 樹脂, 植物性液汁	0.734	0.461	−0.452	−0.248	−0.631	−0.353	−0.496	0.583	0.530	0.484	−0.265
14	植物性の組物材料, 植物性生産品	0.486	0.649	−0.518	0.478	0.490	−0.495	−0.466	−0.505	0.453	−0.487	−0.494
15	動物又は植物性の油脂, 調整食用油, ろう	0.501	0.493	−0.464	−0.476	−0.475	−0.487	−0.509	−0.281	−0.489	−0.483	−0.474
16	肉, 魚, 甲殻類, 軟体動物等の調製品	0.182	−0.496	−0.500	−0.466	0.528	−0.483	−0.411	−0.443	0.377	0.436	−0.437
17	糖類, 砂糖菓子	0.503	−0.771	−0.505	0.533	−0.277	0.595	−0.432	−0.501	−0.447	0.475	−0.396
18	ココア, その調整品	0.519	0.474	−0.485	−0.453	−0.477	0.535	−0.392	−0.466	−0.477	0.484	−0.446
19	穀物, 穀粉, でん粉, ミルクの調整品, ベイカリー品	0.541	0.384	−0.479	−0.448	−0.511	−0.382	−0.341	−0.328	−0.035	0.484	−0.328
20	野菜, 果実, ナット, それらの調製品	−0.446	0.439	−0.501	0.477	0.507	−0.486	−0.490	−0.495	−0.496	0.499	−0.491
21	各種の調整食料品	0.635	0.707	−0.381	−0.208	−0.597	−0.224	−0.449	0.828	0.313	0.844	−0.129
22	飲料, アルコール, 食酢	0.478	0.482	−0.513	−0.144	−0.769	−0.475	−0.279	−0.468	−0.388	0.576	0.416
23	食品工業で生じる残留物, くず, 調整飼料	0.505	0.491	−0.489	−0.474	0.396	−0.522	−0.551	−0.468	−0.488	−0.498	−0.496
24	たばこ, 製造たばこ代用品	0.791	−0.950	0.491	−0.508	0.426	−0.422	−0.494	−0.505	0.695	0.436	−0.467
25	塩, 硫黄, 土石類, 石灰, セメント	0.333	−0.561	−0.400	0.620	0.766	−0.297	−0.316	−0.307	−0.328	−0.210	−0.178
26	鉱石, スラグ, 灰	0.498	−0.487	−0.502	−0.497	−0.493	−0.494	−0.498	−0.499	−0.493	0.413	−0.497
27	鉱物性燃料, 鉱物油, これらの蒸留物, 瀝青物質	−0.599	−0.495	−0.465	0.488	−0.497	−0.476	−0.470	−0.477	−0.373	−0.443	−0.460
28	無機化学品, 貴金属, 希土類金属, 放射性元素	0.524	−0.293	0.380	0.181	−0.143	−0.295	−0.199	−0.182	−0.269	−0.124	−0.175
29	有機化学品	−0.569	0.116	−0.301	0.356	0.203	0.314	0.215	0.086	0.302	−0.650	0.019
30	医療用品	0.090	0.290	−0.314	−0.421	−0.053	−0.368	−0.548	−0.437	−0.482	−0.339	−0.365
31	肥料	0.473	−0.563	−0.524	−0.446	0.440	−0.425	−0.444	−0.483	−0.317	−0.446	−0.439
32	なめしエキス, 染料等着色剤	0.619	0.307	−0.583	0.474	0.297	0.464	0.336	0.333	0.290	−0.930	0.332
33	調整香料および化粧品類	−0.186	0.486	−0.352	−0.260	−0.438	−0.254	0.048	0.473	−0.231	0.970	−0.144
34	石鹸, 洗剤, 調整潤滑剤等	0.462	0.459	−0.467	0.317	0.211	0.359	−0.133	0.292	0.292	−0.800	0.280
35	蛋白系物質, 変性でん粉等	0.700	0.836	−0.379	0.392	0.507	−0.174	−0.039	0.339	−0.271	−0.557	−0.069
36	火薬類, マッチ等	0.522	−0.564	−0.568	0.527	−0.675	0.839	−0.286	−0.397	−0.392	0.441	−0.373
37	写真用または映画用の材料	−0.509	0.045	0.908	0.673	0.458	0.696	0.491	0.394	0.085	−0.440	0.659
38	各種の化学工業生産品	0.833	0.086	−0.960	0.520	0.158	0.438	0.315	0.318	−0.282	−0.417	0.303
39	プラスチック, その製品	0.053	0.178	−0.972	0.408	0.233	0.334	0.250	0.285	0.331	−0.833	0.239
40	ゴム, その製品	−0.197	−0.881	−0.089	0.397	0.207	0.122	0.252	0.045	0.413	−0.527	0.171
41	原皮（除, 毛皮）, 革	−0.083	−0.148	−0.284	0.492	−0.578	0.748	0.970	−0.241	−0.275	0.523	0.674
42	革製品（ハンドバッグや旅行用具等）	−0.467	−0.494	−0.501	0.513	−0.492	−0.500	−0.502	−0.492	−0.493	0.487	−0.495
43	毛皮, 人造毛皮, その製品	−0.493	−0.501	−0.500	0.458	0.482	−0.502	−0.503	−0.503	0.511	0.489	−0.519
44	木材, その製品, 木炭	−0.495	−0.573	0.358	0.521	−0.443	−0.499	0.512	−0.502	−0.462	0.501	−0.479
45	コルク, その製品	0.502	−0491	−0.645	−0.502	0.860	−0.236	−0.502	−0.415	−0.219	0.388	0.641
46	わら, 繊維素繊維原料のパルプ, 古紙	−0.504	−0.512	−0.500	−0.517	0.505	0.505	−0.503	−0.508	−0.485	0.497	−0.503
47	パルプ, 繊維素繊維原料のパルプ, 古紙	0.505	−0.419	0.536	0.727	0.265	0.231	0.643	−0.325	0.436	0.559	0.664
48	紙, 板紙, 製紙用パルプ, その製品	0.887	−0.316	−0.775	0.495	−0.606	−0.064	0.108	0.217	0.587	0.529	−0.036
49	印刷や手書きの書籍, 新聞, 絵画, 図面	0.520	−0.187	−0.570	0.656	0.278	0.389	0.186	0.585	0.229	0.737	0.447
50	絹, 絹織物	0.624	0.286	0.596	0.455	0.833	0.462	−0.536	−0.615	0.444	−0.113	0.628
51	羊毛, 繊獣毛, その製品	0.561	0.787	−0.077	0.284	−0.050	0.521	0.242	−0.537	−0.516	0.357	0.447
52	綿, 綿織物	0.592	0.658	0.263	0.923	−0.901	0.528	0.189	−0.343	−0.306	−0.317	0.535

表 3-3(2/2)　日本の産業調整コスト：S-index HS 産業分類 2 桁（つづき）

HS番号	産業	1999-98年	2000-99年	2001-00年	2002-01年	2003-02年	2004-03年	2005-04年	2006-05年	2007-06年	2008-07年	2008-1998年
53	その他の植物性紡織用繊維，その製品	0.551	0.370	0.292	−0.252	0.869	−0.401	−0.167	0.705	−0.312	−0.956	−0.149
54	人造繊維の長繊維，その織物	−0.297	−0.957	−0.273	−0.755	−0.859	−0.723	−0.878	0.283	0.054	−0.574	−0.902
55	人造繊維の短繊維，その織物	−0.366	0.226	0.489	0.570	−0.842	−0.301	0.557	0.296	0.331	−0.507	−0.529
56	ウォッディング，フェルト，不織布等	−0.886	−0.642	−0.787	0.618	0.213	0.292	0.006	0.176	0.219	−0.819	−0.162
57	じゅうたん，床用敷物	0.455	−0.524	−0.473	−0.396	0.037	−0.404	−0.446	−0.519	0.148	0.572	−0.415
58	特殊織物，レース，つづれ織物等	0.471	0.302	−0.868	0.282	0.469	0.626	−0.162	−0.408	0.182	−0.136	0.452
59	染込み・塗布・積層の紡織用繊維と織物	−0.428	0.618	−0.772	0.183	0.389	0.351	0.294	0.211	0.358	−0.386	0.320
60	メリヤスおよびクロセの織物	0.455	0.413	0.256	0.539	0.447	0.505	0.462	0.432	0.464	−0.409	0.571
61	衣類，衣類附属品（メリヤス／クロセ編）	0.497	−0.491	−0.489	0.571	−0.485	−0.473	−0.552	−0.503	−0.492	0.522	−0.493
62	衣類，附属品（除，メリヤス，クロセ編）	−0.533	−0.490	−0.498	0.474	−0.528	−0.452	−0.515	−0.497	0.856	0.493	−0.498
63	紡織用繊維，セット，中古衣服等	−0.055	−0.483	−0.506	−0.471	−0.363	−0.413	0.501	−0.480	−0.340	−0.142	−0.463
64	履物，ゲートル類	−0.570	−0.501	−0.502	−0.562	0.490	0.237	−0.491	−0.494	0.285	0.519	−0.494
65	帽子，部分品	−0.458	−0.203	−0.750	−0.812	−0.166	−0.361	−0.394	−0.219	0.453	−0.485	−0.384
66	傘，つえ，むち，部分品	0.491	0.498	−0.481	0.477	−0.618	0.486	−0.497	−0.499	0.486	−0.496	−0.816
67	調整羽毛，その製品，造花，人髪	0.484	−0.206	−0.550	−0.355	−0.523	−0.457	−0.510	−0.481	−0.497	−0.518	−0.495
68	石，プラスター，セメント等	0.047	0.160	−0.500	−0.065	0.510	0.646	0.150	0.301	0.364	0.411	0.336
69	陶磁製品	−0.421	0.266	−0.963	−0.581	−0.509	0.199	0.128	0.192	0.423	−0.482	−0.479
70	ガラス，その製品	0.657	0.181	−0.214	0.401	0.310	0.193	0.297	−0.069	0.484	−0.085	0.236
71	天然／養殖の真珠，貴石，貴金属，貨幣	−0.787	−0.371	0.499	−0.156	0.919	−0.435	−0.195	0.020	0.009	0.284	−0.005
72	鉄鋼	−0.365	0.248	0.326	0.538	0.278	0.282	0.277	0.543	0.254	0.315	0.345
73	鉄鋼製品	−0.420	−0.747	0.287	0.230	−0.410	0.268	0.285	0.266	0.199	0.923	0.197
74	銅，その製品	0.045	0.375	0.470	0.862	0.127	0.164	0.463	0.305	0.332	−0.462	0.339
75	ニッケル，その製品	−0.569	−0.331	0.430	−0.279	−0.357	−0.291	0.475	−0.607	−0.454	0.469	−0.405
76	アルミニウム，その製品	0.435	−0.518	−0.535	0.912	−0.343	−0.415	−0.425	−0.423	−0.270	0.425	−0.390
77	欠番	−	−	−	−	−	−	−	−	−	−	−
78	鉛，その製品	0.361	−0.461	−0.602	0.862	−0.184	0.032	−0.576	−0.437	0.295	0.433	0.206
79	亜鉛，その製品	0.575	−0.811	0.682	0.739	−0.892	0.027	−0.272	0.322	−0.271	0.065	0.587
80	すず，その製品	0.886	0.213	0.524	0.318	−0.504	−0.399	0.624	−0.297	−0.599	−0.488	−0.412
81	他の貴金属，サーメット等	0.432	−0.149	0.339	0.264	−0.307	−0.388	0.298	0.173	−0.458	−0.471	−0.217
82	貴金属の工具，道具，刃物，部分品	−0.219	0.064	0.279	0.178	0.283	0.339	−0.331	0.343	−0.187	0.424	0.279
83	各種の貴金属製品	−0.872	0.188	−0.540	0.431	−0.210	0.039	−0.031	−0.004	−0.036	−0.314	−0.112
84	原子炉，ボイラー，機械類，部分品	−0.476	0.125	−0.623	0.444	0.328	0.340	0.195	0.296	0.439	−0.162	0.263
85	電気機器，録音・再生機，テレビ，部品	−0.577	0.195	−0.520	0.546	0.330	0.230	−0.216	0.121	0.106	−0.301	0.002
86	鉄道・軌道用の機関車・車両，部分品	0.589	−0.133	0.472	−0.441	−0.497	0.480	0.478	−0.567	−0.537	0.398	0.393
87	鉄道・軌道以外の車両，部分品	−0.481	0.307	0.398	0.471	0.405	0.426	0.466	0.476	0.469	−0.429	0.459
88	航空機，宇宙飛行体，部分品	0.153	0.434	0.821	−0.598	−0.397	0.106	−0.328	0.130	−0.164	0.314	0.574
89	船舶，浮き構造物	−0.503	−0.361	−0.542	0.476	0.504	0.482	−0.121	0.491	0.477	0.447	0.479
90	光学・映像／医療・検査機器，部分品	0.635	0.349	−0.959	−0.512	0.347	0.362	−0.367	−0.306	−0.146	−0.058	−0.063
91	時計，部分品	−0.335	−0.324	−0.884	−0.510	−0.746	−0.618	−0.698	−0.396	−0.413	0.126	−0.887
92	楽器，部分品・附属品	−0.450	−0.537	−0.749	0.215	−0.264	−0.297	−0.590	−0.355	0.302	0.903	−0.775
93	武器，銃砲弾，部分品・附属品	0.960	0.274	−0.954	0.761	−0.235	0.126	−0.492	0.524	0.771	−0.505	−0.485
94	家具，寝具，照明器具，プレハブ，部品	−0.457	−0.426	−0.500	−0.267	−0.351	−0.170	−0.374	−0.379	−0.195	0.691	−0.337
95	玩具，遊戯用具，運動具，部分品	0.573	−0.599	−0.486	0.287	−0.469	−0.348	0.062	−0.678	−0.110	0.250	−0.464
96	雑品	0.835	0.283	−0.677	−0.641	−0.898	0.139	−0.644	−0.138	0.179	−0.525	−0.556
97	書画，骨董，収集品・標本，切手等	−0.585	−0.180	0.630	−0.500	0.260	−0.360	−0.737	−0.044	0.504	−0.333	0.355
1−97	産業計	−0.322	−0.129	−0.959	0.448	0.043	0.118	−0.204	−0.057	0.144	−0.642	−0.132

（注）1：HS 77 および HS 98 は欠番である。
（出所）『日本貿易統計月表』各年版に基づいて作成。

本の貿易データに基づき産業調整コストを HS 2 桁産業分類で計測したものである。表は既述の調整コスト計算式（3）に基づいて計算した。HS 2 桁産業分類表は HS 1（生きている動物）から HS 97（書画，骨董，収集品，標本，切手等）まで（ただし，HS 77 は欠番）の 96 産業をカバーしており，日本産業の貿易の内容に関する輪郭と変化を描写している。この観察期間はアジアの金融危機が生じた 1997 年から 1 年を経過し，やっと危機の収束がみられ，つづいて IT バブルが生じたが，それも 1 年後に弾け，その後の緩やかな成長期（「いざなみ景気」）のほぼ 10 年間である。より具体的には，この期間は景気の谷（1999 年 - 2000 年第 1 四半期），その後の回復期（2002 年第 2 四半期 - 2007 年），景気後退期（2008 年第 1 四半期 - 2009 年第 1 四半期）と 1 つのサイクルをなしており，アジア経済の活発化とのかかわりでみても，景気の動向が日本経済に及ぼした影響をみるうえで意味のある時期と考えられる。利用した貿易データは財務省「日本の貿易統計月表」である。日本の産業分類については産業の組み換えが幾度となく行われており，統計分析の統一性が保てないことがある。分析した期間については，大きな産業組み換えがない期間に限定したため，観察期間が 10 年と多少短くなった。しかし，この観察期間中に平成バブル経済の崩壊時期が含まれており，今日の日本の産業構造の変化，あるいはバブル経済崩壊後の産業構造変化の様子をみるうえでは都合のよい時期と考えられる。ただし，産業分類には分類基準を巡るカテゴリカルな議論と課題があり，どこの国でもまたいつの時期でも正確性と組み替えの煩雑性に課題を抱えている。しかし，分析課題を実証的に把握しようとするうえでは，ある程度の曖昧さがつきまとっても，そのデータ把握の枠組みで検証することの意味は大きいと考えられる。当然，時系列分析につきものとしてデータは GNP デフレーター／インフレーターで物価調整を施した。また，正確度は落ちるものの，産業分類のカテゴリカルな問題を緩和するために同じ日本の貿易データを主要な産業に焦点を絞り HS 3 桁分類で分析した内容を表 3-4 に掲げる。表 3-3 と表 3-4 がカバーした産業は等しい。なお，表 3-4（HS 3 桁分類）は表 3-3（HS 2 桁分類）を可能なかぎりブレークダウンした詳しい産業の分析結果を掲げてあるが，ブレークダウ

第 3 章　産業内貿易に関する日本の産業調整コストの研究　87

表 3-4(1/3)　日本の産業内貿易にかかわる産業調整コスト，HS 産業分類 3 桁：1998 年-2008 年

HS番号	産　業	1999-98年	2000-99年	2001-00年	2002-01年	2003-02年	2004-03年	2005-04年	2006-05年	2007-06年	2008-07年	2008-1998年
150	牛・豚・やぎ，魚，オリーブ・落花生の脂	0.511	0.538	-0.481	-0.546	-0.473	-0.438	-0.488	-0.470	0.450	-0.486	-0.474
151	オリーブ・パーム等，動植物性の分別物	0.501	0.482	0.538	-0.465	-0.477	-0.505	-0.539	0.540	-0.490	-0.482	-0.475
152	グリセリン・植物性ろう	-0.050	0.531	-0.276	0.480	0.486	-0.366	-0.539	-0.367	-0.382	-0.488	-0.429
160	魚，甲殻類，軟体動物等水棲脊椎動物調製品	0.182	-0.496	-0.500	-0.466	0.528	-0.483	-0.411	-0.443	0.377	0.436	-0.437
170	糖類，砂糖菓子	0.503	-0.771	-0.505	0.533	-0.277	0.595	-0.432	-0.501	-0.447	0.477	-0.385
180	ココア，その調製品	0.519	0.474	-0.485	-0.453	-0.477	0.535	-0.351	-0.480	-0.477	0.484	-0.446
190	穀物，穀粉，ミルクの調製品，ベーカリー製品	0.541	0.384	-0.479	-0.448	0.511	-0.382	-0.341	-0.328	-0.035	0.484	-0.328
200	野菜，果実，ナット，他の植物の調製品	-0.446	0.439	-0.501	0.477	0.507	-0.487	-0.490	-0.495	-0.496	0.499	-0.491
210	各種の調整食料品	0.635	0.707	-0.381	-0.208	-0.597	-0.224	-0.449	0.828	0.313	0.844	-0.129
220	飲料，アルコール，食酢	0.478	0.482	-0.513	-0.144	-0.769	-0.475	-0.279	-0.468	-0.388	0.576	0.416
230	食品工業で生じる残留物，くず，調整飼料	0.505	0.491	-0.489	-0.474	0.396	-0.522	-0.551	-0.468	-0.488	-0.498	-0.496
240	たばこ，製造たばこ代用品	0.791	-0.950	0.491	-0.508	0.426	-0.422	-0.494	-0.505	0.695	0.436	-0.467
250	塩，塩化ナトリウム，硫化鉄鉱，硫黄，粘土等	0.374	-0.513	-0.474	0.537	0.800	-0.409	-0.429	-0.468	-0.258	0.368	-0.124
251	天然りん酸カルシウム・アルミ，炭酸バリウム	0.478	0.657	0.172	0.734	0.621	-0.408	-0.386	-0.313	-0.356	-0.503	-0.396
252	石膏，セメント，石綿，雲母，天然ホウ酸塩等	-0.242	0.051	-0.371	0.633	0.285	0.409	0.165	0.204	-0.390	-0.266	0.069
253	蛭石，真珠岩，緑礼岩，ギーゼル石	0.367	0.242	-0.362	0.430	0.378	-0.395	-0.459	-0.159	-0.333	-0.581	-0.390
260	鉄，マンガン，銅，アルミ，鉛等の鉱石	0.500	-0.500	-0.500	-0.499	-0.492	-0.499	-0.500	-0.500	-0.499	-0.496	-0.500
261	クロム，タングステン，ウラン等の鉱石	0.487	0.529	-0.493	-0.463	-0.452	-0.483	-0.493	0.525	-0.485	0.465	-0.483
262	スラグ，灰等の残留物	-0.498	0.685	-0.509	-0.555	-0.504	0.543	-0.499	-0.433	-0.438	0.471	-0.454
270	石灰，固形燃料，亜炭，コークス，石炭ガス等	-0.258	-0.499	-0.484	0.654	-0.492	-0.495	-0.498	-0.495	-0.488	-0.498	-0.497
271	石油，歴青油，その調整品	-0.542	-0.488	-0.451	0.476	-0.505	-0.362	-0.352	0.525	-0.466	-0.313	-0.373
280	ふっ素，塩素，水素，希ガス等の非金属元素	0.467	-0.346	-0.866	0.259	-0.368	-0.391	-0.372	-0.298	-0.307	0.159	-0.203
281	ホウ素酸化物，非金属のハロゲン化物等	0.685	0.257	0.380	0.084	-0.124	-0.253	0.293	-0.078	-0.336	-0.400	-0.029
282	マンガン，鉛等の酸化／ふっ化／塩化物	0.131	-0.407	-0.950	0.899	0.663	-0.123	-0.483	-0.186	-0.329	0.092	-0.172
283	硫化物，亜硫酸塩，シアン化物等	0.651	-0.561	-0.679	0.225	0.614	-0.415	-0.433	-0.346	-0.260	-0.563	-0.387
284	ほう酸塩，他の無機塩類，放射性の元素	0.604	-0.355	0.412	-0.828	0.334	-0.407	0.350	-0.200	-0.390	-0.390	-0.123
285	水素化合物，窒化／アジ化物等無機化合物	-0.242	-0.014	-0.361	-0.454	-0.680	-0.662	-0.239	0.586	-0.500	-0.441	-0.061
290	炭化水素・アルコール，そのハロゲン化誘導体等	0.976	0.238	-0.352	-0.510	0.463	0.383	0.360	0.299	0.467	-0.595	0.322
291	エポキシド等のハロゲン化／ニトロ化の誘導体等	-0.493	0.110	0.179	0.516	0.352	0.343	-0.406	-0.783	-0.285	-0.671	-0.535
292	窒素官能化合物	-0.066	-0.164	-0.707	0.486	0.164	-0.053	0.198	-0.072	0.248	-0.597	-0.057
293	オルガノ・オルガニック化合物，複素混式化合物	-0.941	-0.515	-0.240	-0.071	-0.455	-0.406	-0.114	-0.125	-0.054	-0.808	-0.335
294	他の有機化合物（糖類，抗生物質）	-0.921	0.506	-0.586	-0.350	-0.913	0.538	-0.269	-0.115	0.485	-0.811	-0.586
300	臓器療法用の腺，他の器官，人血，医薬品	0.090	0.290	-0.314	-0.421	-0.053	-0.368	-0.548	-0.437	-0.482	-0.339	-0.365
310	動物性／植物性の肥料	0.473	-0.563	-0.524	-0.446	0.497	-0.490	-0.444	-0.483	-0.317	-0.446	-0.439
320	なめし／染色のエキス，タンニン・その誘導体等	0.294	0.459	-0.566	0.465	0.287	0.441	0.211	0.304	0.295	-0.837	0.283
321	ワニス，顔料，絵の具，パテ，インキ	0.652	-0.597	-0.655	0.507	0.333	0.484	0.581	0.404	0.275	0.513	0.439
330	精油，レジノイド，調整香料，化粧品	-0.186	0.486	-0.352	-0.260	-0.438	-0.254	0.048	0.473	-0.231	0.970	-0.144
340	石鹸，有機界面活性剤，洗剤，調滑剤等	0.462	0.459	-0.467	0.317	0.211	0.359	-0.133	0.292	0.292	-0.800	0.280
350	蛋白質系物質，変性でん粉，謬着剤，酵素	0.700	0.836	-0.379	0.392	0.507	-0.174	-0.039	0.339	-0.271	-0.557	-0.069
360	火薬類，マッチ，発火性合金，調整燃料	0.522	-0.564	-0.568	0.527	-0.675	0.839	-0.286	-0.397	-0.392	0.441	-0.373
370	写真用／映画用の材料	-0.509	0.045	0.908	0.673	0.458	0.696	0.491	0.394	0.085	-0.440	0.659
380	黒鉛／コロイド状の調整品，活性炭，殺虫剤等	0.385	0.231	-0.364	0.489	0.347	0.226	-0.408	-0.317	0.068	-0.636	-0.201
381	金属表面処理用の調整浸せき剤，添加剤等	0.731	-0.025	-0.339	0.690	-0.085	0.479	0.331	0.343	0.316	-0.304	0.333
382	調整培養剤，脂肪性のモノカルボン酸等	0.766	0.314	-0.771	0.414	0.377	0.396	0.364	0.341	0.164	-0.273	0.313
390	エチレン，プロピレン，塩化や酸化のビニル等	-0.503	0.270	-0.558	0.478	0.019	0.313	0.231	0.318	0.325	-0.795	0.210
391	シリコン，石油樹脂，セルロース等の一次製品	0.478	0.324	-0.915	0.320	0.308	0.361	0.414	0.351	0.292	-0.613	0.351
392	プラスチック製品，シート，フィルム等	0.101	0.033	-0.618	0.304	0.264	0.338	0.171	0.227	0.291	-0.601	0.205
400	天然や合成のゴム，その製品	0.340	-0.223	0.194	0.229	-0.407	-0.163	-0.175	-0.303	0.404	-0.471	-0.189
401	コンベヤ，タイヤ，衛生用品，衣服等ゴム製品	-0.341	-0.557	-0.169	0.452	0.429	0.283	0.363	0.333	0.416	-0.788	0.351
410	原皮（除，毛皮），革：牛・馬・羊等の原皮	-0.089	-0.137	-0.284	0.455	-0.541	0.792	0.944	-0.248	-0.283	0.536	0.607
411	羊，その他の動物の革，シャモア革	-0.500	0.500	-0.318	-0.335	-0.285	0.615	0.450	0.408	-0.065	0.399	-0.258
420	革製品，旅行用具，ハンドバッグ等	-0.467	-0.494	-0.501	0.513	-0.492	-0.500	-0.502	-0.492	-0.493	0.487	-0.496

表 3-4(2/3)　日本の産業内貿易にかかわる産業調整コスト，HS 産業分類 3 桁：1998 年-2008 年（つづき）

HS番号	産　業	1999-98年	2000-99年	2001-00年	2002-01年	2003-02年	2004-03年	2005-04年	2006-05年	2007-06年	2008-07年	2008-1998年
430	毛皮，人造毛皮，その製品	-0.493	-0.501	-0.500	0.458	0.482	-0.502	-0.503	-0.503	0.511	0.489	-0.519
440	木材，その製品，木炭：のこくず，木くず等	0.512	-0.530	0.491	0.508	-0.478	-0.499	0.511	-0.502	-0.490	0.504	0.525
441	パーティクルボード，繊維版，合板，木製工具等	-0.495	-0.413	-0.511	-0.494	-0.336	-0.501	0.490	-0.500	0.539	0.498	-0.495
442	寄せ木／象眼した木材，木製の箱	0.358	-0.515	-0.496	-0.481	-0.469	-0.495	0.664	-0.551	-0.462	0.497	-0.493
450	コルク，その製品	0.502	-0.491	-0.645	-0.435	0.860	-0.236	0.559	-0.415	-0.219	0.388	0.641
460	わらその他の粗物材料の製品，かご細工等	0.544	-0.512	-0.500	-0.517	0.505	0.505	-0.503	-0.508	-0.485	0.497	-0.503
470	木材パルプ，繊維素繊維原料の製品，古紙	0.505	-0.419	0.536	0.727	0.265	0.231	0.643	-0.325	0.436	0.559	0.664
480	紙，板紙，製紙用パルプ：新聞用紙等	0.552	0.047	-0.120	-0.023	-0.812	-0.093	0.553	0.623	0.589	-0.861	0.369
481	紙，板紙，たばこ用紙，壁紙，封筒等	0.814	-0.497	-0.822	0.470	-0.581	-0.012	-0.269	0.074	0.756	0.616	-0.084
482	帳簿等文房具，事務用品	0.517	-0.033	-0.888	0.311	0.297	-0.375	-0.721	-0.456	-0.133	-0.529	-0.627
490	印刷した書物：新聞，絵画，他の印刷物	0.431	0.121	-0.550	0.573	0.376	0.463	0.171	0.719	0.030	0.672	0.341
491	印刷した書物：490番以外のもの	0.549	-0.156	-0.668	-0.478	-0.231	0.152	0.222	0.263	0.434	0.376	0.812
500	絹，絹織物	0.624	0.286	0.596	0.455	0.833	0.462	-0.536	-0.615	0.444	-0.113	0.628
510	羊毛，繊獣毛，粗獣毛，馬毛の糸	0.478	0.450	-0.545	-0.521	0.519	0.475	0.501	-0.477	-0.463	0.464	0.471
511	粗獣毛，馬毛製の糸・織物	0.671	0.199	0.183	0.312	-0.598	-0.385	-0.592	-0.824	-0.268	0.006	0.261
520	綿，その織物	0.556	0.601	0.271	0.919	-0.785	0.532	0.240	-0.444	-0.309	-0.312	0.485
521	綿織物	0.628	0.401	0.224	-0.470	0.427	0.520	-0.418	-0.089	-0.270	-0.345	0.480
530	大麻・亜麻の糸，その織物，ジュート	0.514	0.155	-0.389	-0.209	0.859	-0.379	-0.024	0.531	-0.304	-0.829	-0.247
531	ジュート，その他の紡織用靭皮繊維等	0.385	0.887	0.652	-0.720	0.916	0.311	-0.428	0.585	-0.438	-0.150	0.827
540	人造繊維の長繊維，その織物	-0.297	-0.957	-0.273	-0.755	-0.859	-0.723	-0.878	0.283	0.054	-0.574	-0.902
550	人造繊維の短繊維，その織物	-0.444	0.290	0.517	0.700	-0.962	-0.016	0.570	0.363	0.424	-0.577	-0.209
551	再生繊維，半合成繊維／人造繊維の紡織糸	0.077	-0.617	-0.597	-0.171	-0.591	-0.596	-0.660	-0.126	-0.098	0.183	-0.945
560	ウォッディング，不織布特殊糸・ひも，網等	-0.886	-0.642	-0.787	0.618	0.213	0.292	0.006	0.176	0.209	-0.819	-0.162
570	じゅうたん，他の紡織繊維の床用敷物	0.455	-0.524	-0.473	-0.396	0.037	-0.404	-0.446	-0.519	0.148	0.572	-0.415
580	特殊織物，タフテッド織物，レース等	0.366	0.340	-0.978	0.703	0.412	0.380	-0.175	-0.413	0.142	-0.218	0.474
581	ししゅう布	0.915	0.507	-0.534	-0.192	0.294	-0.106	0.285	-0.397	0.633	0.165	-0.807
590	染み込まし／被覆した紡織用繊維織物	-0.792	0.477	-0.536	0.370	0.362	0.276	0.264	0.387	-0.398	0.298	
591	伝道用／コンベヤ用のベルト，ベルチング等	0.378	0.951	-0.724	0.168	0.654	0.318	0.319	0.138	0.286	-0.302	0.359
600	メリヤス織物，クロセ織物	0.455	0.413	0.256	0.539	0.447	0.505	0.462	0.432	0.464	-0.409	0.716
610	衣類，附属品（メリヤス編／クロス編のみ）	0.485	-0.494	-0.504	0.613	-0.431	-0.483	-0.537	-0.504	-0.496	0.544	-0.491
611	ジャージ，オーバー，タイツ，手袋等	0.501	-0.490	-0.474	0.491	-0.498	-0.464	-0.588	-0.500	-0.476	0.511	-0.495
620	衣類，附属品（除，メリヤス編／クロス編）	-0.497	-0.494	-0.499	0.499	-0.519	-0.473	-0.492	-0.496	0.611	0.492	-0.494
621	トラックスーフ，水着，ブラジャー，ネクタイ等	-0.506	-0.473	-0.492	0.415	-0.550	-0.389	-0.563	-0.503	0.534	0.522	-0.512
630	毛布，ひざ掛け，カーテン，他の室内用品	-0.089	-0.483	-0.509	-0.465	-0.371	-0.412	-0.503	0.503	-0.496	-0.137	-0.464
631	ぼろ，くず	0.417	0.520	0.620	-0.794	0.349	-0.514	0.443	-0.039	-0.302	-0.329	0.269
640	履物，ゲートル，これに類するもの，部品	-0.570	-0.507	-0.502	-0.562	0.490	0.237	-0.491	-0.490	-0.486	0.519	-0.494
650	帽子，部分品	-0.458	-0.203	-0.750	-0.812	-0.166	-0.361	-0.415	-0.073	0.453	-0.485	-0.384
660	傘，つえ，むち，部分品	0.491	0.498	-0.481	0.477	-0.618	0.468	-0.497	-0.499	0.486	-0.496	-0.816
670	調整羽毛，羽毛製品，造花，人髪製品	0.484	-0.296	-0.550	-0.355	-0.523	-0.457	-0.510	-0.481	-0.497	-0.518	-0.495
680	石，セメント，石綿，雲母，その製品	0.761	0.295	-0.668	-0.320	0.859	0.722	-0.227	0.269	0.349	0.391	0.292
681	セメント，コンクリート，人造石，その製品	-0.403	-0.555	0.386	0.428	0.255	0.530	0.399	0.325	0.371	0.502	0.370
690	陶磁器製品	-0.460	0.385	-0.942	-0.551	-0.386	0.267	0.171	0.259	0.409	-0.581	-0.408
691	陶磁器製の食卓用品，台所用品，装飾品	-0.163	-0.666	-0.982	0.431	-0.553	-0.866	0.454	-0.559	0.667	0.424	-0.913
700	ガラス，その製品	-0.445	-0.438	0.535	0.033	0.457	0.283	0.352	-0.920	0.523	0.436	0.349
701	ガラス瓶，フラスコ，ジャー，つぼ，アンプル等	-0.474	-0.220	0.487	0.361	-0.747	-0.372	-0.673	-0.985	0.658	-0.339	-0.874
702	700番・701番以外のガラス製品	0.501	0.472	-0.503	0.370	0.492	0.457	0.493	0.457	-0.658	-0.481	0.195
710	天然／養殖の真珠，貴金属，それを張った調金属	-0.835	0.551	0.431	-0.410	0.951	-0.456	0.157	0.492	0.472	0.506	0.433
711	身辺用細貨類，細工品，貨幣	-0.690	-0.432	0.662	0.417	0.518	-0.419	-0.338	-0.342	-0.293	0.105	-0.282
720	鉄鉱：鉄・非合金鋼の一次材料	-0.112	0.164	0.850	0.533	0.050	0.225	0.235	0.587	0.088	0.123	0.265
721	鉄／非合金鋼のフラットロール製品・捧・線	-0.493	-0.054	-0.433	0.543	0.412	0.278	0.317	0.534	0.322	0.626	0.422
722	ステンレス鋼のフラットロール製品・捧・線	-0.508	0.466	-0.527	0.539	0.439	0.458	0.406	0.495	0.467	0.446	0.461
730	鉄鋼製品：鋼矢板・レール・管，製鉄製構造物	-0.460	-0.668	0.430	0.309	-0.730	0.327	0.347	0.325	0.293	0.863	0.301

第3章 産業内貿易に関する日本の産業調整コストの研究 89

表 3-4(3/3) 日本の産業内貿易にかかわる産業調整コスト, HS 産業分類 3 桁:1998 年-2008 年(つづき)

HS番号	産業	1999-98年	2000-99年	2001-00年	2002-01年	2003-02年	2004-03年	2005-04年	2006-05年	2007-06年	2008-07年	2008-1998年
731	鉄鋼製のタンク・ドラム・ロープ・ボルト	-0.362	0.304	-0.700	0.443	-0.107	0.278	0.149	0.245	0.197	-0.588	0.191
732	セントラルヒーティング用ラジエター, 食卓用品	0.148	-0.101	-0.738	-0.283	-0.295	0.018	0.042	-0.272	-0.329	0.408	-0.241
740	銅, その製品	0.188	0.414	0.788	0.831	-0.250	-0.025	0.486	0.322	0.310	-0.468	0.348
741	銅のはく・管・線・釘等, 家庭用品	-0.386	0.311	-0.312	0.387	0.358	0.360	0.104	0.198	0.472	-0.437	0.295
750	ニッケル, その製品	-0.569	-0.331	0.430	-0.279	-0.357	-0.291	0.475	-0.607	-0.454	0.469	-0.405
760	アルミニウム, その製品・管・線	0.459	-0.503	-0.162	0.976	-0.413	-0.416	-0.404	-0.421	-0.231	0.442	-0.376
761	アルミ製品の構造物, たる, ドラム, 缶等	-0.131	-0.912	-0.723	-0.060	0.083	-0.403	-0.505	-0.448	-0.654	0.138	-0.475
780	鉛, その製品	0.361	-0.461	-0.602	0.862	-0.184	0.032	-0.576	-0.437	0.295	0.433	0.206
790	亜鉛, その製品	0.575	-0.811	0.682	0.739	-0.892	0.027	-0.272	0.322	-0.271	0.065	0.587
800	すず, その製品	0.886	0.213	0.524	0.318	-0.504	-0.399	0.624	-0.297	-0.569	-0.488	-0.412
810	その他の卑金属, サーメット, その製品	0.437	-0.105	0.650	-0.087	-0.282	-0.381	0.695	0.116	-0.315	-0.438	-0.147
811	アンチモン, マンガン, クロム, ゲルマニウム	0.527	-0.283	-0.386	0.508	-0.352	-0.405	-0.239	0.443	-0.689	0.329	-0.374
820	卑金属製の工具・道具等	0.011	0.111	0.315	0.420	0.258	0.360	-0.329	0.338	-0.165	0.322	0.283
821	刃物, スプーン, フォーク等	-0.287	-0.175	-0.673	-0.556	0.288	-0.408	-0.390	0.467	-0.239	0.507	-0.601
830	各種の卑金属製品	-0.643	0.187	-0.513	0.242	-0.363	-0.069	-0.228	-0.168	-0.249	0.043	-0.213
831	卑金属製/金属炭化物製の線・板, その製品	-0.362	0.278	-0.669	0.896	0.376	0.374	0.451	0.414	0.436	-0.500	-0.499
840	原子炉, ボイラー, 機械類, 部品	-0.561	0.475	-0.172	0.357	0.608	0.469	0.399	0.108	0.289	-0.404	0.334
841	タービン, 液体/気体ポンプ, 冷蔵庫	-0.431	0.331	-0.362	-0.733	0.529	0.276	-0.098	0.030	0.195	0.783	0.056
842	カレンダー, 遠心分離機, 重量計測器等	-0.369	0.426	0.062	0.462	0.451	0.467	0.472	0.453	0.450	0.499	0.462
843	ブルトーザー, 脱穀機, 搾乳機, 部品	0.553	0.270	-0.599	0.589	0.309	0.329	0.110	0.075	-0.118	0.154	0.279
844	製本機械, 印刷機, 織機, 編機	-0.327	0.412	-0.788	0.728	0.343	0.495	0.110	0.397	0.368	0.864	0.385
845	洗濯機, 洗浄器, 転炉, 圧延機等	-0.478	0.373	-0.446	-0.365	0.428	0.300	0.397	0.332	0.202	-0.213	0.377
846	研削機, ラップ機, 鍛造機等	0.169	0.405	-0.453	0.608	0.391	0.367	0.350	0.335	-0.400	-0.365	0.384
847	計算機, 自動データ処理機, 自動販売機等	-0.635	0.110	-0.441	0.541	-0.702	0.279	-0.626	0.385	-0.307	-0.144	-0.540
848	金属鋳造用鋳型枠, 軸, ころ軸受機等	-0.215	0.446	-0.619	0.323	0.191	0.313	0.430	-0.806	0.377	0.169	0.364
850	電動機, 発電機, コンバータ, 電磁石等	0.449	0.128	-0.619	-0.502	-0.564	0.299	0.227	0.081	0.305	0.652	0.073
851	かみそり, 点火プラグ, 照明器, 電話機等	-0.478	-0.032	-0.550	-0.320	0.293	0.554	-0.303	0.027	-0.121	-0.323	-0.338
852	ビデオ記録用/再生用機器, ラジオ・テレビ機器	-0.613	0.223	-0.705	0.502	0.411	0.178	-0.545	0.374	0.539	-0.495	0.115
853	鉄道/道路/駐車場/港湾用/空港用の信号機等	-0.786	0.397	-0.531	0.325	0.193	0.385	0.270	0.344	0.338	-0.426	0.252
854	熱電子管, 冷陰極管, 光電管, 集積回路等	-0.104	0.151	-0.385	0.440	0.222	0.123	-0.097	-0.102	0.468	-0.178	-0.026
860	鉄道用/軌道用の機関車・車両, 信号機, 部分品	0.589	-0.133	0.472	-0.441	-0.497	0.480	0.478	-0.567	-0.537	0.398	0.393
870	トラクター, 乗用車, 貨物用自動車, 部品	-0.470	0.276	0.418	0.474	0.422	0.421	0.469	0.479	0.475	-0.409	0.467
871	戦車, 装甲車, モーターサイクル, 乳母車等	-0.595	0.426	0.113	-0.302	-0.705	0.467	0.432	0.340	-0.407	-0.557	0.074
880	航空機, 宇宙飛行体, 部分品	0.153	0.434	0.821	-0.598	-0.367	0.106	-0.328	0.130	-0.164	0.314	0.574
890	船舶, 浮き構造物, 部品	-0.503	-0.361	-0.542	0.476	0.504	0.482	-0.121	0.491	0.477	0.447	0.479
900	光学機器, 写真・映画用機器, 検査/計測機器	0.852	0.264	-0.849	-0.471	0.046	0.399	0.025	-0.050	0.009	-0.488	-0.871
901	顕微鏡, 液晶デバイス, 羅針盤, 製図機等	0.238	0.378	-0.837	-0.754	0.389	0.391	-0.608	-0.483	-0.197	0.366	-0.204
902	整形外科用機器, エックス線使用の医療機器	-0.100	0.170	-0.225	-0.224	0.181	0.112	0.270	-0.135	0.141	-0.157	0.063
903	オシロスコープ, 自動調整機器等	0.604	0.386	-0.654	0.223	0.410	0.350	-0.067	-0.131	0.749	-0.189	0.312
910	時計, 部品	-0.348	-0.459	-0.993	-0.565	-0.591	-0.663	-0.665	-0.492	-0.344	0.694	-0.815
911	携帯用時計のケース, 部品	-0.295	0.584	-0.436	0.551	0.529	-0.408	-0.887	0.105	0.322	-0.681	-0.214
920	楽器, 部分品	-0.450	-0.537	-0.749	0.215	-0.264	-0.297	-0.590	-0.355	0.302	0.903	-0.775
930	武器, 鉄砲弾, 部分品	0.960	0.274	-0.954	0.761	-0.243	0.224	-0.492	0.526	0.771	-0.505	-0.485
940	家具, 寝具, ランプその他の照明機器, 部品	-0.457	-0.426	-0.500	-0.278	-0.351	-0.170	-0.374	-0.379	-0.195	0.691	-0.337
950	玩具, 遊戯用具, 運動具, 部品	0.573	-0.599	-0.476	0.387	-0.518	-0.261	0.062	-0.678	-0.110	0.250	-0.464
960	雑品・象牙, 亀の甲, 角, ブラシ, ボタン等	0.642	0.346	-0.512	-0.530	-0.707	0.451	-0.792	0.055	0.343	-0.173	-0.102
961	黒板, 日付印, スタンプ, マネキン人形等	0.427	-0.556	-0.688	-0.163	-0.828	-0.875	-0.499	-0.334	-0.680	-0.731	-0.891

(注) 1:HS 77 および HS 97 は欠番である。
(出所)『日本貿易統計月表』各年版に基づいて作成。

ンされずに産業分類が表3-3と変わらない産業もある。たとえば，HS 100（表3-3のHS 1に相当する）からHS 140（表3-3のHS 14に相当する）までの14産業の分類内容は両表ですべて一致している。同様に，HS 160（表3-3のHS 16に相当する）からHS 240（表3-3のHS 24に相当する）までの9産業をはじめHSの300番台7，400番台5，500番台4，600番台5，700番台3，800番台4，および900番台5のすべてあわせて56産業の分類内容も両表ですべて一致している。他方，HS 150（表3-3のHS 15に相当する）は表3-4ではHSの150，151，152の3産業に細かく分類されている。なお，表3-4はHS 100からHS 140までとHS 970の15産業は割愛し，HS 150からHS 961までを掲載した（ただし，HS 770番台は欠番）。

まず表3-3に関し，産業2桁分類により観察期間全体に関する日本の限界産業内貿易の調整コストを産業ごとにみた値が表3-3の最終列（「2008-1998年」）に示してある。観察全期間を通して全産業の調整コストはマイナス0.132である。つまり，この期間，日本の産業調整は既述した図3-1の主対角線の下側に位置する三角形の領域にあることを意味しており，これらの日本の産業は全体として産業内貿易によって生じる産業構造転換にかかわる調整圧力が負（マイナス）のコストであったことを示している。貿易データによってその内容を検討する前に，産業の内容をまず全般的に概観しよう。HS番号の1桁から20番台までは魚・甲殻類といった日本固有の食料・食文化にかかわるもの，動物性生産品等の加工食料，および飲料・アルコール・食酢といった醗酵技術を用いるもの等に関係している点が特徴としてあげられる。HS番号が30番台は化学工業生産品，40番台の革，木材，紙・パルプ，および印刷物が含まれ，50-60番台は絹織物，羊毛，綿織物，メリヤスや化繊の織物，衣類，履物，帽子など各種素材による繊維，織物，および衣服などであり，70番台は鉄鋼製品や銅・鉛・亜鉛等の非鉄金属とその製品，80番台は貴金属のほか，産業機械・電気機械，および輸送用機械などがある。90番台は光学・映像機器，医療機器，時計・楽器・家具・玩具，運道具，および武器を含む。

この間，観察する産業を全般的に確認すると，1998年から2008年までの間

に輸出額は150.2パーセント拡大し，輸入は152.4パーセント拡大しており，輸入の増加が輸出の伸びを若干上回ったことで，そのこと自体が調整コストに関してわずかではあるが負のインパクトを与えたことがわかる。

　観察全期間は10期間に分かれるが，産業全体の調整圧力（コスト）がプラス（正）となった期間は4期間，マイナス（負）となった期間は6期間であり，後者の方が前者を2期間上回った。産業の調整圧力（コスト）がプラスとなった時期は2002－01年（0.448，〈観察期間中の輸出入の変化は輸出（X）増7.6%，輸入（M）増0.1%，以下も表記方法は同様とする〉），2003－02年（0.043，〈輸出（X）増6.4%，輸入（M）増7.1%〉），2004－03年（0.118，〈輸出（X）増13.2%，輸入（M）増12.1%〉），および2007－06年（0.144，〈輸出（X）増11.9%，輸入（M）増9.5%〉）であり，これらの時期は円安と「いざなみ景気」が重なった時期である。これらの期間はいずれも輸出と輸入ともに拡大し，対前期比がそれぞれプラスとなるとともに，2003－02年を除き輸出の増加率が輸入の増加率をそれぞれ上回った。これらのうち2002－01年は比較的大きくプラスとなっており，バブル経済崩壊直後であることから，日本経済の拡張期の余韻があったものと考えられる。対照的にマイナス値となった時期は1999－98年（－0.322，〈輸出（X）減5.0%，輸入（M）減2.4%〉），2000－1999年（－0.129，〈輸出（X）増10.2%，輸入（M）増18.2%〉），2001－00年（－0.959，〈輸出（X）減4.2%，輸入（M）増4.8%〉），2005－04年（－0.204，〈輸出（X）増8.4%，輸入（M）増17.1%〉），2006－05年（－0.057，〈輸出（X）増15.3%，輸入（M）増19.0%〉），および2008－07年（－0.642，〈輸出（X）減2.3%，輸入（M）増9.0%〉）である。これらの6期間は輸出と輸入ともに対前期比が減少するか（1999－98年），輸出が対前期比で減少するが輸入が増加するか（2001－00年，および2008－07年），輸出と輸入ともに前期比で増加するが輸入の増加率の方が輸出の増加率を上回るか（2000－1999年，2005－04年，および2006－05年）のいずれかである。これらの6期のうち特に大きなマイナスを示したのが2001－00年および2008－07年である。前者は日本のバブル経済の末期であるとともにIT産業の大きな落ち込みが重なり，原材料や加工品の輸入が増大した時期である。後者の時期は「いざなみ景気」の終わりと景気

後退期に差しかかったときであり,一方で輸入が増加したが,他方で日本の輸出が大きく落ち込んだ時期である。

産業別でみると,産業数は全部で96産業である(HS 77を除く)。観察期間全体を通して調整コストがプラスとなった産業数は36産業であり,マイナスとなった産業数は60産業である。産業調整コストがマイナスとなった産業の数がプラスとなった産業数より24産業も多いことから,産業調整にかかわる負の圧力が多くの産業に及んだことがわかる。

産業調整コストがプラスの産業とマイナスの産業の特徴をHS 2桁分類でみると,例外が多少あるものの,つぎの通りである。プラスとなった産業にはHS番号の1桁から20番台まででは魚・甲殻類といった日本固有の食料・食文化にかかわるもの(具体的にはHS 3,以下も同様),動物性生産品等の加工食料(HS 5),食用の野菜,根,塊茎(HS 7),および飲料・アルコール・食酢といった醗酵技術を用いるもの(HS 22)等に関係している点が特徴としてあげられる。HS番号が30番台では,有機化学(HS 29),なめしエキス,着色料(HS 32),石鹸・洗剤・潤滑剤(HS 34),写真用・映画用の材料(HS 37),化学工業生産品・プラスチック・ゴム(HS 38-40),40番台の革・原皮(HS 41),コルク(HS 45),パルプ(HS 47),および印刷物・新聞・図面(HS 49),50-60番台の絹織物,羊毛,および綿織物(HS 50-52),特殊織物・メリヤス(HS 58-60),70番台の石・セメント,およびガラス(HS 68, HS 70),鉄鋼製品や銅・鉛・亜鉛等の非鉄金属とその製品(HS 72-74, HS 78-79),80番台の貴金属の工具(HS 82),原子炉(HS 84),電気機械・機器(HS 85),および鉄道・航空機・船舶などの輸送用機械(HS 86-89)があげられる。

これらの産業の領域は多岐にわたっており,一方で魚・甲殻類の水産品から食用の野菜や根という農産品,および飲料・アルコール・食酢といった一部の加工食品,さらにはパルプ,一部の織物,石・セメント,ガラスといった原材料とその加工品があるが,他方では各種の化学製品(特に有機化学),鉄鋼・非鉄金属とその製品,原子炉・電気機械・輸送機械という加工品が多くあるのが特徴としてあげられる。対照的に産業調整コストがマイナスの産業は,上述し

た産業を除くものであるが，それらの特徴として HS 番号が比較的若い産業が多くみられるとともに，化学産業では無機化学製品が含まれ，毛皮や革製品，人造繊維とその製品，衣服類，ニッケル・アルミ・すずとそれらの製品，ならびに 90 番台の光学・映像・医療機器，時計，楽器，武器，家具，玩具等があげられる。これらの製品の特徴としては素材，毛皮，繊維およびその製品，ならびに 90 番台の製品（大部分は精密機械，およびその他の製造業品に分類される）が大部分である。

産業内貿易に関する産業調整コスト（TRA）の大きさを観察全期間（2008-1998 年）についてさらに詳しくみると，プラスとなった産業をプラス値の大きい順であげれば，以下の通りである。

HS 3（魚，甲殻類，軟体動物，他の水生無脊椎動物：0.758,〈輸出（X）増 90.1%，輸入（M）減 3.7%〉），HS 60（メリヤスおよびクロセの織物：0.716,〈X 増 43.9%，M 減 51.2%〉），HS 5（動物性生産品：0.677,〈X 増 66.3%，M 減 7.0%〉），HS 41（原皮（除，毛皮），革：0.674,〈X 増 5.1%，M 減 27.7%〉），HS 47（パルプ，繊維素繊維原料のパルプ，古紙：0.664,〈X 増 13.18 倍，M 減 14.3%〉），HS 37（写真用または映画用の材料：0.659,〈X 増 6.2%，M 減 40.2%〉），HS 45（コルク，その製品：0.641,〈X 増 94.0%，M 減 14.0%〉），HS 50（絹，絹織物：0.628,〈X 増 15.6%，M 減 38.0%〉），HS 79（亜鉛，その製品：0.587,〈X 増 24.8%，M 減 16.8%〉），HS 88（航空機，宇宙飛行体，部分品：0.574,〈X 増 21.1%，M 減 1.8%〉），HS 52（綿，綿織物：0.535,〈X 減 5.8%，M 減 48.7%〉），および HS 7（食用の野菜，根，塊茎：0.520,〈X 増 89.8%，M 減 23.7%〉）である。以上の結果から産業調整コストが大きくプラスとなった産業に関して，この観察期間中における輸出入統計データの変化に注目すると，つぎの共通した特徴が指摘できる。第 1，輸出が増加した（ただし，これらの 12 産業のうち HS 52 は輸出が減少した唯一の例外である）。第 2,輸入が減少した。これら 2 点に基づきこれらの産業は産業内貿易のプラスの調整コストが産業間の調整コストを大きく上回ることによって大きなプラスのインパクトが生じたことがわかる。

産業内貿易の調整コスト（TRA）がプラスとなったこれらの産業のうち，HS

産業分類が3桁までブレークダウンできるものについて表3-4に基づき詳しくみると，HS 41 は HS 410（原皮［毛皮を除く］，皮：牛・馬・羊の原皮）と HS 411（羊，その他の動物の革，シャモア革）に分けることができる。HS 410 の調整コストはプラス 0.607 であるのに対して，HS 411 のそれはマイナス 0.258 である。このことは両産業とも動物の革にかかわるが，牛や馬を中心とする原皮産業と牛・馬以外の動物や羊を中心とする原皮産業は調整コストがまるで異なることがわかる。対照的に，HS 52 は HS 520（綿・その織物）と HS 521（綿織物）にブレークダウンできるが，前者の調整コストはプラス 0.485〈X 減 3.1%，M 減 50.1%〉であり，後者のそれは 0.48〈X 増 88.5%，M 増 8.3%〉であり，値の大きさには両者には大差はない。しかし，輸出入の変化の内容が大きく異なることが注目に値する。なお，食用の野菜，根，塊茎（HS 7）の調整コストはプラス 0.52 と比較的大きな値であるが，なぜそうであるのかの根本原因はさらに詳しく調べる必要がある。

　対照的に，産業内貿易の産業調整コスト（TRA）がマイナス（－）となった産業を値の大きい順であげると，以下の通りである。HS 54（人造繊維の長繊維，その織物：−0.902,〈X 減 22.7%，M 増 134.4%〉），HS 91（時計，部分品：−0.887,〈X 減 52.5%，M 増 35.0%〉），HS 66（傘，つえ，むち，部分品：−0.816,〈X 減 68.8%，M 増 1.1%〉），HS 92（楽器，部分品，附属品：−0.775,〈X 減 30.5%，M 増 31.9%〉），HS 55（人造繊維の短繊維，その織物：−0.529,〈X 減 12.0%，M 増 33.8%〉），HS 43（毛皮，人造毛皮，その製品：−0.519,〈X 減 69.0%，M 増 61.6%〉），HS 10（穀物：−0.512,〈X 減 89.0%，M 増 124.4%〉），HS 46（わら，その製品，かご細工物：−0.503,〈X 減 25.3%，M 増 21.0%〉），および HS 96（雑品：−0.556,〈X 減 3.0%，M 増 82.4%〉）である。以上の結果から産業調整コストが大きくマイナスとなったこれらの9産業は，この観察期間中に輸出入統計データの変化に関して，2つの共通した特徴がある。つまり，第1に輸出が減少し，第2に輸入が増加したことである。これら2点が大きく作用したことがこれらの産業の調整コストが大きくマイナスとなった理由である。調整コストが大きなマイナス値のこれらの産業について，表3-4に基づき HS 産業分類3桁にブレークダウンしてさ

らに詳しくみると，HS 55 は HS 550（人造繊維の短繊維，その織物）の調整コストが－0.209〈X 増 4.7%，M 増 38.9%〉であるのに対して，HS 551（再生繊維，半合成繊維／人造繊維の紡織糸）のそれは－0.945〈X 減 11.4%，M 増 27.7%〉とだいぶ大きいマイナス値であることから，加工度の低いこの製品に関する調整コストの大きさが HS 55 全体の調整コスト値を大きく引き上げたことが背景であることがわかる。HS 55 以外の産業については HS 2 桁産業分類と HS 3 桁産業分類の内容が同一であるので，詳しい分析にとっては産業をさらに細かくブレークダウンして根本原因を精査することが求められる。

4. 産業調整コスト：産業内貿易 vs. 産業間貿易

産業調整にかかわるコスト（圧力あるいは摩擦）は産業内貿易と産業間貿易とを比較すると，どちらの方が大きいのか。この問題について本章が用いた日本の貿易データに基づいて検討しよう。

まず，1998 年から 2008 年までの期間における日本の産業内貿易に関する産業調整コスト（TRA）を HS 2 桁産業分類に基づいてみたのが前掲の表 3-3 であるが，表の最後に掲げた「産業計」のデータはカバーした産業全体に関する産業調整コストを示しているわけだから，それはこれらの産業全体に関する「産業間貿易」に関する調整コスト（TER）を示している。つまり，表 3-3 は HS 1 産業から HS 97 産業まで（HS 77 を除く 96 産業）の産業内貿易の調整コスト（TRA）を各産業ごとに HS 2 桁産業分類に基づいて示すとともに，「産業計」欄に掲載した計測値はこれらの産業全体の輸出入に関する調整コスト，別言すれば産業間貿易に関する調整コスト（TER）を示している。具体的には，1999－98 年の－0.322 から 2008－07 年の－0.642 までの 10 コと最終列の「2008－1998 年」の計算値である。1998 年から 2008 年までの観察全期間（「2008－1998 年」の計算値）に関してみると，日本のこの間における産業間調整コストは既にみた通り－0.132 である。つまり，この間における日本の産業間貿易に関する調整コストは国民経済に対して 0.132 のマイナスの調整インパクトを与えたわけである。

そこで，この間における日本のHS1からHS97までの96産業について，産業内貿易にかかわる調整コスト（TRA）と産業間貿易にかかわる調整コスト（TER）を比べて，どちらの調整コストのインパクトが勝る（大きい）かを，TRAとTERの大きさを比較すること（較差）によってとらえてみよう。つまり，ある産業の産業内貿易にかかわる調整コストの値から産業間貿易にかかわる調整コストの値を差し引いた較差の符号条件とレベルの大きさによって産業調整コスト（の大きさ）を当該産業ごとに調べる。較差がプラスであれば，産業内貿易の調整コスト（TRA）および産業間貿易のそれ（TER）がともに正値であるかぎり，産業内貿易の調整コストの大きさの方が産業間貿易の調整コストの大きさを上回るわけだから，産業内貿易の調整コスト（TRA）が産業間貿易の調整コスト（TER）に比べ当該産業により大きなプラスのインパクトを与えたことを意味する。対照的に産業内貿易の調整コスト（TRA）が負値であれば，産業間貿易の調整コストの値の方が産業内貿易の調整コストを上回るから，産業間貿易の調整コストが相対的に産業内貿易の調整コストのマイナスのインパクトを緩和し，当該産業に与えるTERの調整のインパクトがTRAの調整コストの大きさを凌駕したことを意味する。逆に較差がマイナスの場合，当該産業に対して与える調整コストのインパクトはつぎの2タイプが考えられる。(1)産業内貿易の調整コスト（TRA）および産業間貿易のそれ（TER）がともに正値であるかぎり，産業内貿易の調整コスト（TRA）よりも産業間貿易の調整コスト（TER）の方が大きなインパクトを及ぼしたことを意味する。(2)産業内貿易の調整コスト（TRA）が負値である場合は，産業間貿易の調整コストが正値であるかぎり当該産業にマイナスのインパクトが生じ，またもし産業間貿易の調整コストが負値であれば，産業内貿易の調整コストの絶対値が産業間貿易調整コストのそれを上回るかぎり，当該産業に対してマイナスのインパクトを及ぼす。

産業調整コストについて代表的な1例をあげてみよう。ある産業の1998-2008年までの期間における産業内調整コスト（TRA）が－0.132であるとすると，産業間貿易に関わる調整コストはすでにみた通り－0.132だから，両者の

調整コストの大きさは等しく,ともに同程度のマイナスの調整インパクトを生じたと考えられ,両者の調整コストのレベル(効果)に差違がないことを意味する(両貿易の調整コストの較差はゼロであり,両者のコストは相殺する:すなわち,

　　[(産業内貿易に関する調整コスト(TRA):－0.132)

　　　－(産業間貿易に関する調整コスト(TER):－0.132)＝ゼロ)]。

　産業調整コストをこのようにとらえると,産業調整コストの符号はプラスもマイナスもそれぞれあり得る[7]。産業内貿易ならびに産業間貿易ともに調整コストは輸出の変化から輸入の変化を差し引いたものであるから,産業内貿易の調整コストと産業間貿易の調整コストの較差である産業調整コストにはつぎの4パターンが考えられる。

　　パターン1(P1):輸出および輸入の変化がともにプラスの場合,

　　　　　　つまり $\Delta X>0$, $\Delta M>0$

　　パターン2(P2):輸出変化がプラス,輸入変化がマイナスの場合,

　　　　　　$\Delta X>0$, $\Delta M<0$

　　パターン3(P3):輸出変化がマイナス,輸入変化がプラスの場合,

　　　　　　$X<0$, $\Delta M>0$

　　パターン1(P4):輸出および輸入の変化がともにマイナスである場合,

　　　　　　$\Delta X<0$, $\Delta M<0$

調整コストの符号条件とレベルに関してはすでにみたように,産業内貿易の調整コスト(TRA),または産業間貿易の調整コスト(TER)は輸出と輸入の変化が共にプラスであれば,輸出のプラス変化が輸入のそれを凌ぐ(下回る)かぎり,または産業内貿易に関する調整コスト(TRA)が産業間貿易に関する調整コスト(TER)より大であるかぎりプラスの較差が生じ,小であればマイナスの較差が生じる。結果として,当該産業にポジティブ(ネガティブ)なイン

---

[7] 理論的には産業調整コストがゼロの場合もあり得る。しかし,以下の表3-3および表3-4から明らかなように,統計分析の結果からはそのようなことは極めて稀であるので,ここでは言及しない。

パクトを与える。調整コストのレベルに関しては，産業内貿易も産業間貿易も輸出変化の大きさが輸入変化のレベルよりも大きいほど，また産業内貿易の変化レベルの大きさが産業間貿易のそれを上回るレベルに応じて較差は大きく，当該産業に与えるインパクトは大きい。産業内貿易および産業間貿易の輸出変化がプラスで輸入変化がマイナスの場合はプラス較差がそれぞれ生じる。明らかに，この場合に生じるプラス較差のレベルの大きさは前記した場合の大きさよりも大きい。輸出と輸入の変化が共にマイナスで，しかも輸入変化のマイナス値が輸出のそれを凌げ（下回れ）ば，産業内貿易の調整コスト（TRA）が産業間貿易の調整コスト（TER）を下回るかぎり産業調整コストはプラス（マイナス）の較差が生じ，当該産業にポジティブ（ネガティブ）なインパクトを与え，インパクトの大きさは輸入変化のレベルが輸出変化のレベルを凌ぐほど大きくなる。最後に，輸出変化がマスナスで輸入変化がプラスの場合は，マイナス較差が生じ，当該産業にネガティブなインパクトを与え，インパクトの大きさは輸出変化または輸入変化がそれぞれ大きいほど大きくなる。

　以上の考察から貿易によって生じる産業調整コストの較差はプラスまたはマイナスが生じるケースを以下のようにまとめることができる。

　産業内貿易または産業間貿易に関する輸出と輸入の変化には各種のケースがあり得るが，産業内貿易または産業間貿易の調整コストがそれぞれ上記した4パターンのどれであっても，産業調整コストの較差がプラスとなるのは，産業内貿易に関する調整コスト（TRA）が産業間貿易に関する調整コスト（TER）を上回る場合である。対照的に，調整コストがマイナスとなるのは，両貿易の調整コストがそれぞれ上記した4パターンのどれであっても，産業内貿易に関する調整コスト（TRA）が産業間貿易に関する調整コスト（TER）を下回る場合である。また，較差の大小はTERに比べたときのTRAのインパクトの大きさを表す。なお，輸出または輸入の変化が生じなかった場合も理論的には考えられるが，今回観察するデータにはそのようなことがみられないので，本章では言及しない。

　表3-5の最終列は以上の方法で計算した1998年から2008年までの期間に

第 3 章 産業内貿易に関する日本の産業調整コストの研究 99

表 3-5(1/2) 日本産業調整コスト：産業内コスト vs.産業間コストの比較, HS 産業分類 2 桁

HS番号	産 業	1999-98年	2000-99年	2001-00年	2002-01年	2003-02年	2004-03年	2005-04年	2006-05年	2007-06年	2008-07年	コスト較差
1	動物（生きているものにかぎる）	0.966	−0.429	1.349	0.072	0.193	−0.716	−0.251	−0.401	−0.456	1.161	−0.109
2	肉及び食用のくず肉	−0.171	−0.375	0.459	0.047	−0.541	0.382	−0.295	0.558	−0.621	0.159	−0.354
3	魚, 甲殻類, 軟体動物, 他の水棲無脊椎動物	−0.319	0.840	1.957	−0.891	0.489	−0.496	−0.118	0.549	0.556	−0.187	0.890
4	酪農品, 鳥卵, 天然蜂蜜	0.827	0.661	0.460	−0.950	0.466	−0.614	−0.283	−0.374	−0.628	0.135	−0.353
5	動物性生産品	0.802	−0.311	1.466	0.061	0.388	−0.638	−0.207	−0.179	0.228	0.627	0.809
6	生きている樹木, りん茎, 根	0.881	0.608	0.460	−0.876	−0.526	−0.567	−0.208	−0.354	−0.317	1.172	−0.194
7	食用の野菜, 根, 塊茎	0.816	0.626	0.468	0.072	0.371	−0.619	−0.250	−0.412	0.367	1.145	0.652
8	食用の果実, ナット, かんきつ類の果皮	−0.248	0.581	0.456	0.870	0.631	−0.677	0.045	0.558	−0.637	1.088	−0.279
9	コーヒー, 茶, マテ及び香辛料	0.821	0.626	1.470	0.114	0.465	−0.605	−0.287	−0.398	−0.638	0.145	−0.263
10	穀物	0.765	0.509	1.231	−1.111	−0.543	−0.613	0.695	−0.436	−0.644	0.144	−0.380
11	穀粉, 加工穀物, 麦芽, でん粉	0.823	0.449	1.437	−0.950	−0.296	−1.061	0.633	−0.426	−0.645	0.180	−0.359
12	採油用の種, 果実	0.822	0.633	0.459	−0.929	−0.537	−0.611	0.703	−0.398	−0.636	0.138	−0.361
13	ラック, ガム, 樹脂, 植物性液汁	1.056	0.590	0.507	−0.696	−0.674	−0.471	−0.292	0.640	0.386	1.126	−0.133
14	植物性の組物材料, 植物性生産品	0.808	0.778	0.441	0.030	0.447	−0.613	−0.262	−0.448	0.309	0.155	−0.362
15	動物性又は植物性の油脂, 調整食用油, ろう	0.823	0.622	0.495	−0.924	−0.518	−0.605	−0.305	−0.224	−0.633	0.159	−0.342
16	肉, 魚, 甲殻類, 軟体動物等の調製品	0.504	−0.367	0.456	−0.914	0.485	−0.601	−0.207	−0.386	0.233	1.078	−0.305
17	糖類, 砂糖菓子	0.825	−0.642	0.454	0.085	−0.320	0.477	−0.228	−0.444	−0.591	1.117	−0.264
18	ココア, その調製品	0.841	0.603	0.471	−0.901	−0.520	0.417	−0.188	−0.409	−0.621	1.126	−0.314
19	穀物, 穀粉, でん粉, ミルクの調製品, ベイカリー品	0.863	0.513	0.480	−0.896	−0.554	−0.500	−0.137	−0.271	−0.179	1.126	−0.196
20	野菜, 果実, ナット, それらの調製品	−0.124	0.568	0.459	0.029	0.464	−0.604	−0.286	−0.438	−0.640	1.141	−0.359
21	各種の調整食料品	0.957	0.836	0.578	−0.656	−0.640	−0.342	−0.245	0.885	0.169	1.486	0.003
22	飲料, アルコール, 食酢	0.800	0.611	0.446	−0.592	−0.812	−0.593	−0.075	−0.411	−0.532	1.218	0.548
23	食品工業で生じる残留物, くず, 調整飼料	0.827	0.620	0.470	−0.922	0.353	−0.640	−0.347	−0.411	−0.632	0.140	−0.364
24	たばこ, 製造たばこ代用品	1.113	−0.821	1.450	−0.956	0.383	−0.540	−0.290	−0.448	0.551	1.078	−0.335
25	塩, 硫黄, 土石類, 石灰, セメント	0.655	−0.432	0.559	0.172	0.723	−0.415	−0.112	−0.325	−0.472	0.432	−0.046
26	鉱石, スラグ, 灰	0.820	−0.358	0.457	−0.945	−0.536	−0.612	−0.294	−0.442	−0.637	1.055	−0.365
27	鉱物性燃料, 鉱物油, これらの蒸留物, 瀝青物質	−0.277	−0.366	0.494	0.040	−0.540	−0.594	−0.206	−0.517	0.199	−0.328
28	無機化学品, 貴金属, 希土類金属, 放射性元素	0.846	−0.164	1.339	−0.267	−0.186	−0.413	0.005	−0.125	−0.413	0.158	−0.043
29	有機化学品	−0.247	0.245	0.658	−0.092	0.160	0.196	0.419	0.143	0.158	−0.008	0.151
30	医療用品	0.412	0.419	0.645	−0.869	−0.096	−0.486	−0.344	−0.380	−0.626	0.303	−0.233
31	肥料	0.795	−0.434	0.436	−0.894	0.397	−0.543	−0.207	−0.426	−0.461	0.196	−0.307
32	なめしエキス, 染料等着色剤	0.941	0.436	0.376	0.026	0.254	0.346	0.540	0.390	0.146	−0.288	0.464
33	調整香料及び化粧品類	0.136	0.615	0.607	−0.708	−0.481	−0.372	0.252	0.530	−0.375	1.612	−0.012
34	石鹸, 洗剤, 調整潤滑剤等	0.784	0.588	0.492	−0.131	0.168	0.241	0.071	0.349	0.148	−0.158	0.412
35	蛋白系物質, 変性でん粉等	1.022	0.965	0.580	−0.056	0.464	−0.292	0.165	0.329	−0.415	0.085	0.063
36	火薬類, マッチ等	0.844	−0.435	0.391	0.079	−0.718	0.721	−0.082	−0.340	−0.536	1.083	−0.241
37	写真用または映画用の材料	−0.187	0.174	1.867	0.225	0.415	0.578	0.695	0.451	−0.059	0.202	0.791
38	各種の化学工業生産品	1.155	0.215	−0.001	0.072	0.115	0.320	0.519	0.375	0.138	0.225	0.435
39	プラスチック, その製品	0.375	0.307	−0.013	−0.040	0.190	0.216	0.454	0.342	0.137	−0.191	0.371
40	ゴム, その製品	0.125	−0.752	0.870	−0.051	0.164	0.004	0.456	0.102	0.269	0.115	0.303
41	原皮（除, 毛皮）, 革	0.239	−0.019	0.675	0.044	−0.621	0.630	1.174	−0.184	−0.419	1.165	0.806
42	革製品（ハンドバッグや旅行用具等）	−0.145	−0.365	0.458	0.065	−0.535	−0.618	−0.298	−0.435	−0.637	1.129	−0.363
43	毛皮, 人造毛皮, その製品	−0.171	0.460	0.010	0.439	−0.620	−0.299	−0.446	0.367	1.131	−0.387
44	木材, その製品, 木炭	−0.173	−0.444	1.317	0.073	−0.486	−0.706	0.716	−0.445	−0.606	1.143	−0.347
45	コルク, その製品	0.824	−0.362	0.314	−0.883	0.817	−0.354	−0.703	−0.358	−0.453	1.030	0.773
46	わら, その製品, かご細工物	0.825	−0.065	0.469	0.462	0.387	−0.299	−0.451	−0.629	1.139	−0.217
47	パルプ, 繊維素繊維原料のパルプ, 古紙	0.827	−0.290	1.495	0.279	0.222	0.113	0.847	−0.268	0.292	1.201	0.796
48	紙, 板紙, 製紙用パルプ, その製品	1.209	−0.187	0.185	0.047	−0.649	−0.182	0.312	0.274	0.443	0.971	0.096
49	印刷や手書きの書籍, 新聞, 絵画, 図画	0.842	−0.058	0.389	0.208	0.235	0.271	0.390	0.642	0.085	1.379	0.579
50	絹, 絹織物	0.946	0.415	1.555	0.007	0.790	0.344	−0.332	−0.558	0.300	0.529	0.760
51	羊毛, 繊獣毛, その製品	0.883	0.916	0.882	−0.164	−0.093	0.403	0.446	−0.480	−0.660	0.999	0.579
52	綿, 綿織物	0.914	0.787	1.222	0.175	−0.944	0.410	0.393	−0.286	−0.450	0.325	0.667

表 3-5(2/2) 日本産業調整コスト：産業内コスト vs.産業間コストの比較，HS 産業分類 2 桁(つづき)

HS番号	産業	1999-98年	2000-99年	2001-00年	2002-01年	2003-02年	2004-03年	2005-04年	2006-05年	2007-06年	2008-07年	コスト較差
53	その他の植物性紡織用繊維，その製品	0.873	0.499	1.251	−0.700	0.826	−0.519	0.037	0.762	−0.456	−0.314	−0.017
54	人造繊維の長繊維，その織物	0.025	−0.828	0.686	−1.203	−0.902	−0.841	−0.674	0.340	−0.090	0.068	−0.770
55	人造繊維の短繊維，その織物	−0.044	0.355	1.448	0.122	−0.885	−0.419	0.761	0.353	0.187	0.135	−0.397
56	ウォッディング，フェルト，不織布等	−0.564	−0.513	0.172	0.170	0.170	0.174	0.210	0.233	0.075	−0.177	−0.030
57	じゅうたん，床用敷物	0.777	−0.395	0.486	−0.844	−0.006	−0.522	−0.242	−0.462	0.004	1.214	−0.283
58	特殊織物，レース，つづれ織物等	0.793	0.431	0.090	−0.166	0.426	0.508	0.042	−0.351	0.038	0.506	0.584
59	染込み・塗布・積層の紡織用繊維と織物	−0.106	0.747	0.187	−0.265	0.346	0.233	0.498	0.268	0.214	0.256	0.452
60	メリヤスおよびクロセの織物	0.777	0.542	1.215	0.091	0.404	0.387	0.666	0.489	0.320	0.233	0.848
61	衣類，衣類附属品（メリヤス／クロセ編）	0.819	−0.362	0.470	0.123	−0.528	−0.591	−0.348	−0.446	−0.636	1.164	−0.361
62	衣類，附属品（除，メリヤス，クロセ編）	−0.211	−0.361	0.461	0.026	−0.571	−0.570	−0.311	−0.440	0.712	1.135	−0.366
63	紡織用繊維，セット，中古衣服等	0.267	−0.354	0.453	−0.919	−0.406	−0.531	0.705	−0.423	−0.484	0.500	−0.331
64	履物，ゲートル類	−0.248	−0.372	0.457	−1.010	0.447	0.119	−0.287	−0.437	0.141	1.161	−0.362
65	帽子，部分品	−0.136	−0.074	0.209	−1.260	−0.209	−0.479	−0.190	−0.162	0.309	0.157	−0.252
66	傘，つえ，むち，部分品	0.813	0.627	0.478	0.029	−0.661	0.368	−0.293	−0.442	0.342	0.146	−0.684
67	調整羽毛，その製品，造花，人髪	0.806	−0.077	0.409	−0.803	−0.566	−0.575	−0.306	−0.424	−0.641	0.124	−0.363
68	石，プラスター，セメント等	0.369	0.289	0.459	−0.513	0.467	0.528	0.354	0.358	0.220	1.053	0.468
69	陶磁製品	−0.099	0.395	−0.004	−1.029	−0.552	0.081	0.332	0.249	0.279	0.160	−0.347
70	ガラス，その製品	0.979	0.310	0.745	−0.047	0.267	0.075	0.501	−0.012	0.340	0.557	0.368
71	天然／養殖の真珠，貴石，貴金属，貨幣	−0.465	−0.242	1.458	−0.604	0.876	−0.553	0.009	0.077	−0.135	0.926	0.127
72	鉄鋼	−0.043	0.377	1.285	0.090	0.235	0.164	0.481	0.600	0.110	0.957	0.477
73	鉄鋼製品	−0.098	−0.618	1.246	−0.218	−0.453	0.150	0.489	0.323	0.055	1.565	0.329
74	銅，その製品	0.367	0.504	1.429	0.414	0.084	0.046	0.667	0.362	0.188	0.180	0.471
75	ニッケル，その製品	−0.247	−0.202	1.389	−0.727	−0.400	−0.409	0.679	−0.550	−0.598	−1.111	−0.273
76	アルミニウム，その製品	0.757	−0.389	0.425	0.464	−0.386	−0.533	−0.221	−0.366	−0.414	−1.067	−0.258
77	欠番	−	−	−	−	−	−	−	−	−	−	−
78	鉛，その製品	0.683	−0.332	0.357	0.414	−0.227	−0.086	−0.372	−0.380	0.151	1.075	0.338
79	亜鉛，その製品	0.897	−0.682	1.641	0.291	−0.935	−0.091	−0.068	0.379	−0.415	0.707	0.719
80	すず，その製品	1.208	0.342	1.483	−0.130	−0.547	−0.517	0.828	−0.240	−0.743	0.154	−0.280
81	他の貴金属，サーメット等	0.754	−0.020	1.298	−0.184	−0.350	−0.506	0.502	0.230	−0.602	0.171	−0.085
82	貴金属の工具，道具，刃物，部分品	0.103	0.193	1.238	−0.270	0.240	0.221	−0.127	0.400	−0.331	1.066	0.411
83	各種の貴金属製品	−0.550	0.317	0.419	−0.017	−0.253	−0.079	0.173	0.053	−0.180	0.328	0.020
84	原子炉，ボイラー，機械類，部分品	−0.154	0.254	0.336	−0.004	0.285	0.222	0.399	0.353	0.295	0.480	0.395
85	電気機器，録音・再生機，テレビ，部品	−0.255	0.324	0.440	0.098	0.287	0.112	−0.012	0.178	−0.038	0.341	0.134
86	鉄道・軌道用の機関車・車両，部分品	0.911	−0.004	1.431	−0.889	−0.540	0.362	0.682	−0.510	−0.681	1.040	0.525
87	鉄道・軌道用以外の車両，部分品	−0.159	0.436	1.357	0.023	0.362	0.308	0.670	0.533	0.325	0.213	0.591
88	航空機，宇宙飛行体，部分品	0.475	0.563	1.780	−1.046	−0.440	−0.012	−0.124	0.187	−0.308	0.956	0.706
89	船舶，浮き構造物	−0.181	−0.232	0.417	0.028	0.461	0.364	0.083	0.548	0.333	1.089	0.611
90	光学・映像／医療・検査機器，部分品	0.957	0.478	0.000	−0.960	0.304	0.244	−0.163	−0.209	−0.290	0.584	0.069
91	時計，部分品	−0.013	−0.195	0.075	−0.993	−0.789	−0.736	−0.494	−0.339	−0.557	0.768	−0.755
92	楽器，部分品・附属品	−0.128	−0.408	0.210	−0.233	−0.307	−0.415	−0.386	−0.298	0.158	1.545	−0.643
93	武器，鉄砲弾，部分品・附属品	1.282	0.403	0.005	0.313	−0.278	0.008	−0.288	0.581	0.627	0.137	−0.353
94	家具，寝具，照明器具，プレハブ，部品	−0.135	−0.297	0.459	−0.726	−0.394	−0.288	−0.170	−0.322	−0.399	1.333	−0.205
95	玩具，遊戯用具，運道具，部分品	0.895	−0.470	0.473	−0.161	−0.512	−0.466	0.266	−0.621	−0.254	0.892	−0.332
96	雑品	1.157	0.412	0.283	−1.089	−0.941	0.021	−0.440	−0.081	0.035	0.117	−0.424
97	美術品，収集品および骨董	−0.263	1.038	1.589	−0.948	0.217	−0.478	−0.533	0.014	0.360	0.309	0.487
1-97	産業計	0.000	0.000	0.000	0.000	0.000	0.000	0.000	0.000	0.000	0.000	0.000

（注）HS 77 および HS 98 は欠番である．
（出所）『日本貿易統計月表』各年版に基づいて作成．

第 3 章 産業内貿易に関する日本の産業調整コストの研究　101

表 3-6(1/3)　日本製造業の産業内貿易にかかわる産業調整コスト，HS 3 桁：1998 年－2008 年

HS 番号	産　業	1999-98 年	2000-99 年	2001-00 年	2002-01 年	2003-02 年	2004-03 年	2005-04 年	2006-05 年	2007-06 年	2008-07 年	コスト(差)
150	牛・豚・やぎ，魚，オリーブ・落花生の脂	0.511	0.538	−0.481	−0.546	−0.473	−0.438	−0.488	−0.470	0.450	−0.486	−0.342
151	オリーブ・パーム等，動植物性の分別物	0.501	0.482	0.538	−0.465	−0.477	−0.505	−0.539	0.540	−0.490	−0.482	−0.343
152	グリセリン・植物性ろう	−0.050	0.531	−0.276	0.480	0.486	−0.366	−0.539	−0.367	−0.382	−0.488	−0.297
160	魚，甲殻類，軟体動物等水棲脊椎動物調製品	0.182	−0.496	−0.500	−0.466	0.528	−0.483	−0.411	−0.443	0.377	0.436	−0.305
170	糖類，砂糖菓子	0.503	−0.771	−0.505	0.533	−0.277	0.595	−0.432	−0.501	−0.447	0.477	−0.253
180	ココア，その調製品	0.519	0.474	−0.485	−0.453	−0.477	0.535	−0.351	−0.480	−0.477	0.484	−0.314
190	穀物，穀粉，ミルクの調製物，ベーカリー製品	0.541	0.384	−0.479	−0.448	0.511	−0.382	−0.341	−0.328	−0.035	0.484	−0.196
200	野菜，果実，ナット，他の植物性の調製品	−0.446	0.439	−0.501	0.477	0.507	−0.487	−0.490	−0.495	−0.496	−0.499	−0.359
210	各種の調整食料品	0.635	−0.707	−0.381	−0.208	−0.597	−0.224	−0.449	0.828	0.313	0.844	0.003
220	飲料，アルコール，食酢	0.478	0.482	−0.513	−0.144	−0.769	−0.475	−0.279	−0.468	−0.388	0.576	0.548
230	食品工業で生じる残留物，くず，調整飼料	0.505	0.491	−0.489	−0.474	0.396	−0.522	−0.551	−0.468	−0.488	−0.498	−0.364
240	たばこ，製造たばこ代用品	0.791	−0.950	0.491	−0.508	0.426	−0.422	−0.494	−0.505	0.695	0.436	−0.335
250	塩，塩化ナトリウム，硫化鉄鉱，硫黄，粘土類	0.374	−0.513	−0.474	0.537	0.800	−0.409	−0.429	−0.468	−0.258	0.368	0.008
251	天然りん酸カルシウム・アルミ，炭酸バリウム	0.478	0.657	0.172	0.734	0.621	−0.408	−0.386	−0.313	−0.356	−0.503	−0.264
252	石膏，セメント，石綿，雲母，天然ホウ酸塩等	−0.242	0.051	−0.371	0.633	0.285	0.409	0.165	0.204	−0.390	−0.266	0.201
253	蛭石，真珠岩，緑泥岩，ギーゼル石	0.367	0.242	−0.362	0.633	0.378	−0.395	−0.459	−0.159	−0.333	−0.581	−0.258
260	鉄，マンガン，銅，アルミ，鉛等の鉱石	0.500	−0.500	−0.500	−0.499	−0.492	−0.499	−0.500	−0.500	−0.499	−0.496	−0.500
261	クロム，タングステン，ウラン等の鉱石	0.487	0.529	−0.493	−0.463	−0.452	−0.483	−0.493	0.525	−0.485	0.465	−0.351
262	スラグ，灰等の残留物	−0.498	0.685	−0.509	−0.555	−0.504	0.543	−0.499	−0.433	−0.438	0.471	−0.322
270	石炭，固形燃料，亜炭，コークス，石炭ガス等	−0.258	−0.499	−0.484	0.654	−0.492	−0.495	−0.498	−0.495	−0.488	−0.498	−0.365
271	石油，歴青油，その調製品	−0.542	−0.488	−0.451	0.476	−0.505	−0.362	−0.352	0.525	−0.466	−0.313	−0.241
280	ふっ素，塩素，水素，希ガス等の非金属元素	0.467	−0.346	−0.866	0.259	−0.368	−0.391	−0.372	−0.298	−0.307	0.159	−0.071
281	ホウ素酸化物，非金属のハロゲン化物等	0.685	0.257	0.380	0.084	−0.124	−0.253	0.293	−0.078	−0.336	−0.400	0.103
282	マンガン，鉛等の酸化／ふっ化／塩化物	0.131	−0.407	−0.950	0.899	0.663	−0.123	−0.483	−0.186	−0.329	0.092	−0.040
283	硫化物，亜硫酸塩，シアン化物等	0.651	−0.561	−0.679	0.225	0.614	−0.415	−0.433	−0.346	−0.260	−0.563	−0.255
284	ほう酸塩，他の無機酸塩，放射性の元素	0.604	−0.355	0.412	−0.828	0.334	−0.407	0.350	0.002	−0.390	−0.390	0.009
285	水素化合物，窒化／アジ化物等無機化合物	−0.242	−0.014	−0.361	−0.474	−0.680	−0.662	−0.239	0.586	0.336	−0.441	0.077
290	炭水素・アルコール，そのハロゲン化誘導体等	0.976	0.238	−0.352	−0.510	0.463	0.383	0.360	0.299	0.467	−0.595	0.454
291	エポキシド等のハロゲン化／ニトロ化の誘導体	−0.493	0.110	0.179	0.516	0.352	0.343	−0.406	−0.783	−0.285	−0.671	−0.403
292	窒素官能化合物	−0.066	−0.164	−0.707	0.486	0.164	−0.053	0.198	−0.072	0.248	−0.597	0.075
293	オルガノ・オルガニック化合物，複素濃式化合物	−0.941	−0.515	−0.240	−0.071	−0.455	−0.068	−0.114	−0.125	−0.054	−0.808	−0.203
294	他の有機化合物（糖類，抗生物質）	−0.921	0.506	−0.586	−0.350	−0.913	0.538	−0.269	−0.115	0.485	−0.811	−0.454
300	臓器療法用の腺，他の器官，人血，医薬品	0.090	0.290	−0.314	−0.421	−0.053	−0.368	−0.548	−0.437	−0.482	−0.339	−0.233
310	動物性／植物性の肥料	0.473	−0.563	−0.524	−0.446	0.497	−0.490	−0.444	−0.483	−0.317	−0.446	−0.307
320	なめし／染色のエキス，タンニン・その誘導体等	0.294	0.459	−0.566	0.465	0.287	0.441	0.211	0.304	0.295	−0.837	0.415
321	ワニス，顔料，絵の具，パテ，インキ	0.652	−0.597	−0.655	0.507	0.333	0.484	0.581	0.404	0.275	0.513	0.571
330	精油，レジノイド，調整香料，化粧品	−0.186	0.486	−0.352	−0.260	−0.438	−0.254	0.048	0.473	−0.231	0.970	−0.012
340	石鹸，有機界面活性剤，洗剤，潤滑剤等	0.462	0.459	−0.467	0.317	0.211	0.379	−0.133	0.292	0.292	−0.800	0.412
350	蛋白質系物質，変性でん粉，膠着剤，酵素	0.700	0.836	−0.379	0.392	0.507	−0.174	−0.039	0.339	−0.271	−0.557	0.063
360	火薬類，マッチ，発火性合金，調整燃料	0.522	−0.564	−0.568	0.527	−0.675	0.839	−0.286	−0.397	−0.392	0.441	−0.241
370	写真用／映画用の材料	−0.509	0.045	0.908	0.673	0.458	0.696	0.491	0.394	0.085	−0.440	0.791
380	黒鉛／コロイド状の調製品，活性炭，殺虫剤等	0.385	0.231	−0.364	0.489	0.347	0.226	−0.408	−0.317	0.068	−0.636	−0.069
381	金属表面処理用の調整浸せき剤，添加剤等	0.731	−0.025	−0.339	0.660	−0.085	0.479	0.331	0.343	0.316	−0.304	0.365
382	調整培養剤，脂肪性のモノカルボン酸等	0.766	0.314	−0.771	0.414	0.377	0.396	0.364	0.331	0.164	−0.273	0.445
390	エチレン，プロピレン，塩化や酸化のビニル等	−0.503	0.027	−0.558	0.478	0.019	0.313	0.025	0.379	0.467	−0.795	0.342
391	シリコン，石油樹脂，セルロース等の一次製品	0.478	0.324	−0.915	0.420	0.308	0.501	0.414	0.351	0.292	−0.613	0.482
392	プラスチック製品，シート，フィルム等	0.101	0.333	−0.618	0.304	0.338	0.171	0.227	0.291	−0.601	−0.601	0.183
400	天然や合成のゴム，その製品	0.340	−0.223	0.194	0.229	−0.407	−0.163	−0.175	−0.303	0.404	−0.471	−0.057
401	コンベヤ，タイヤ，衛生用品，衣服等ゴム製品	−0.341	−0.557	−0.169	0.452	0.429	0.283	0.363	0.333	0.416	−0.788	0.483
410	原皮（除，毛皮），革：牛・馬・羊等の原皮	−0.089	−0.137	−0.284	0.455	−0.541	0.792	0.944	−0.248	−0.283	0.536	0.739
411	羊，その他の動物の革，シャモア革	−0.500	0.500	−0.318	−0.335	−0.285	0.615	0.450	0.408	−0.065	0.399	−0.126
420	革製品，旅行用具，ハンドバッグ等	−0.467	−0.494	−0.501	0.513	−0.492	−0.500	−0.502	−0.492	−0.493	0.487	−0.364

表 3-6(2/3)　日本製造業の産業内貿易にかかわる産業調整コスト，HS 3 桁：1998 年－2008 年（つづき）

HS番号	産業	1999-98年	2000-99年	2001-00年	2002-01年	2003-02年	2004-03年	2005-04年	2006-05年	2007-06年	2008-07年	コスト(差)
430	毛皮，人造毛皮，その製品	-0.493	-0.501	-0.500	0.458	0.482	-0.502	-0.503	0.511	0.489	-0.387
440	木材，その製品，木炭：のこくず，木くず等	0.512	-0.530	0.491	0.508	-0.478	-0.499	0.511	-0.502	-0.490	0.504	0.657
441	パーティクルボード，繊維板，合板，木製工具等	-0.495	-0.413	-0.511	-0.494	-0.336	-0.501	0.490	-0.500	0.539	0.498	-0.363
442	寄木／象眼した木材，木製の箱	0.358	-0.515	-0.496	-0.481	-0.469	-0.495	0.664	-0.551	-0.462	0.497	-0.361
450	コルク，その製品	0.502	-0.491	-0.645	-0.435	0.860	-0.236	0.559	-0.415	-0.219	0.388	0.773
460	わらその他の組物材料の製品，かご細工等	0.544	-0.512	-0.500	-0.517	0.505	0.505	-0.503	-0.508	-0.485	0.497	-0.371
470	木材パルプ，繊維素繊維原料の製品，古紙	0.505	-0.419	0.536	0.727	0.265	0.231	0.643	-0.325	0.436	0.559	0.796
480	紙，板紙，製紙用パルプ：新聞用紙等	0.552	0.047	-0.120	-0.023	-0.812	-0.093	0.553	0.623	0.589	-0.861	0.501
481	紙，板紙，たばこ用巻紙，壁紙，封筒等	0.814	-0.497	-0.822	0.470	-0.581	-0.012	-0.269	0.074	0.756	0.616	0.048
482	帳簿等文房具，事務用品	0.517	-0.033	-0.888	0.311	0.297	-0.375	-0.721	-0.456	-0.133	-0.529	-0.495
490	印刷した書物：新聞，絵画，他の印刷物	0.431	0.121	-0.550	0.573	0.376	0.463	0.171	0.719	0.030	0.672	0.473
491	印刷した書物：490 番以外のもの	0.549	-0.156	-0.668	-0.478	-0.231	0.152	0.222	0.263	0.434	0.376	0.944
500	絹，絹織物	0.624	0.286	0.596	0.455	0.833	0.462	-0.536	-0.615	0.444	-0.113	0.760
510	羊毛，繊獣毛，粗獣毛，馬毛の糸	0.478	0.450	-0.545	-0.521	0.519	0.475	0.501	-0.477	-0.463	0.464	0.603
511	粗獣毛，馬毛製の糸・織物	0.671	0.199	0.183	0.312	-0.598	-0.385	-0.592	-0.824	-0.268	0.006	0.393
520	綿，その製品	0.556	0.601	0.271	0.919	-0.785	0.532	0.240	-0.444	-0.309	-0.312	0.617
521	綿織物	0.628	0.401	0.224	-0.470	0.427	0.520	-0.418	-0.089	-0.270	-0.345	0.612
530	大麻・亜麻の糸，その織物，ジュート	0.514	0.155	-0.389	-0.209	0.859	-0.379	-0.024	0.531	-0.304	-0.829	-0.115
531	ジュート，その他の紡織用靭皮繊維織物等	0.385	0.887	0.652	-0.720	0.916	0.311	-0.428	0.585	-0.438	-0.150	0.959
540	人造繊維の長繊維，その織物	-0.297	-0.957	-0.273	-0.755	-0.859	-0.723	-0.878	0.283	0.054	-0.574	-0.770
550	人造繊維の短繊維，その織物	-0.444	0.290	0.517	0.700	-0.962	-0.016	0.570	0.363	0.424	-0.577	-0.077
551	再生繊維，半合成繊維／人造繊維の紡織糸	0.077	-0.617	-0.597	-0.171	-0.591	-0.596	-0.660	-0.126	-0.098	0.183	-0.813
560	ウォッディング，不織布特殊糸・ひも，網	-0.886	-0.562	-0.787	0.618	0.213	0.292	0.006	0.176	0.209	-0.819	-0.030
570	じゅうたん，他の紡織用繊維の床用敷物	0.455	-0.524	-0.473	-0.396	0.037	-0.404	-0.446	-0.519	0.148	0.572	-0.283
580	特殊織物，タフテッド織物，レース等	0.366	-0.340	-0.978	0.703	0.412	0.380	-0.175	-0.413	0.142	-0.218	0.606
581	ししゅう布	0.915	0.507	-0.534	-0.192	0.294	-0.106	0.285	-0.397	0.633	0.165	-0.675
590	染み込ませ／塗布／被覆した紡織用繊維織物	-0.792	0.477	-0.536	0.190	0.239	0.362	0.276	0.264	0.387	-0.398	0.430
591	伝動用／コンベヤ用のベルト，ベルチング等	0.378	0.951	-0.724	0.168	0.654	0.318	0.319	0.138	0.286	-0.302	0.491
600	メリヤス織物，クロセ織物	0.455	0.413	0.256	0.539	0.447	0.505	0.462	0.432	0.464	-0.409	0.848
610	衣類，附属品（メリヤス編／クロス編のみ）	0.485	-0.494	-0.504	0.613	-0.431	-0.483	-0.537	-0.504	-0.496	0.544	-0.359
611	ジャージー，オーバー，タイツ，手袋等	0.501	-0.490	-0.474	0.491	-0.498	-0.464	-0.588	-0.500	-0.476	0.511	-0.363
620	衣類，附属品（除，メリヤス編／クロス編）	-0.497	-0.494	-0.499	0.499	-0.519	-0.473	-0.492	-0.496	0.611	0.492	-0.362
621	トラックスーツ，水着，ブラジャー，ネクタイ等	-0.506	-0.473	-0.492	0.415	-0.550	-0.389	-0.563	-0.503	0.534	0.522	-0.380
630	毛布，ひざ掛け，カーテン，他の室内用品	-0.089	-0.483	-0.509	-0.465	-0.371	-0.412	-0.503	0.503	-0.496	-0.137	-0.332
631	ぼろ，くず	0.417	0.520	0.620	-0.794	0.349	-0.514	0.443	-0.039	-0.302	-0.329	0.401
640	履物，ゲートル，これに類するもの，部品	-0.570	-0.507	-0.502	-0.562	0.490	0.237	-0.491	-0.490	-0.486	0.519	-0.362
650	帽子，部分品	-0.458	-0.203	-0.750	-0.812	-0.166	-0.361	-0.415	-0.073	0.453	-0.485	-0.252
660	傘，つえ，むち，部分品	0.491	0.498	-0.481	0.477	-0.618	0.468	-0.497	-0.499	0.486	-0.496	-0.684
670	調整羽毛，羽毛製品，造花，人髪製品	0.484	-0.296	-0.550	-0.355	-0.523	-0.457	-0.510	-0.481	-0.497	-0.518	-0.363
680	石，セメント，石綿，雲母，その製品	0.761	0.295	-0.668	-0.320	0.859	0.722	-0.227	0.269	0.349	0.391	0.424
681	セメント，コンクリート，人造石，その製品	-0.403	-0.555	0.386	0.428	0.255	0.530	0.399	0.325	0.371	0.502	0.502
690	陶磁器製品	-0.460	0.385	-0.942	-0.551	-0.386	0.267	0.171	0.259	0.409	-0.581	-0.276
691	陶磁器製の食卓用品，台所用品，装飾品	-0.163	-0.666	-0.982	0.431	-0.553	-0.866	0.454	-0.559	0.667	0.424	-0.781
700	ガラス，その製品	-0.445	-0.438	0.536	0.033	0.457	0.283	0.352	-0.920	0.523	0.436	0.481
701	ガラス瓶，フラスコ，ジャー，つぼ，アンプル等	-0.474	0.240	0.487	0.361	-0.474	-0.982	-0.673	-0.988	0.658	-0.339	-0.742
702	700 番・701 番以外のガラス製品	0.501	0.472	-0.503	0.370	0.492	0.457	0.493	-0.657	-0.658	-0.481	0.327
710	天然／養殖の真珠，貴金属，それを張った調金属	-0.835	0.551	0.431	-0.410	0.767	-0.456	0.157	0.492	0.472	0.506	0.565
711	身辺用細貨類，細工品，貨幣	-0.690	-0.432	0.662	0.417	0.518	-0.419	-0.338	-0.342	-0.293	0.105	-0.150
720	鉄鉱：鉄・非合金鋼の一次材料	-0.112	0.164	0.850	0.533	0.050	0.225	0.235	0.587	0.088	0.123	0.397
721	鉄／非合金鋼のフラットロール製品・棒・線	-0.493	-0.054	-0.433	0.543	0.412	0.278	0.317	0.534	0.322	0.626	0.554
722	ステンレス鋼のフラットロール製品・棒・線	-0.508	0.466	-0.527	0.539	0.439	0.458	0.406	0.495	0.467	0.446	0.593
730	鉄鋼製品：鋼矢板・レール・管，製鉄製構造物	-0.460	-0.668	0.430	0.309	-0.730	0.327	0.347	0.325	0.293	0.863	0.433

第 3 章　産業内貿易に関する日本の産業調整コストの研究　103

表 3-6(3/3)　日本製造業の産業内貿易にかかわる産業調整コスト, HS 3 桁：1998 年－2008 年(つづき)

HS番号	産　業	1999-98年	2000-99年	2001-00年	2002-01年	2003-02年	2004-03年	2005-04年	2006-05年	2007-06年	2008-07年	コスト(差)
731	鉄鋼製のタンク・ドラム・ロープ・ボルト	-0.362	0.304	-0.700	0.443	-0.107	0.278	0.149	0.245	0.197	-0.588	0.323
732	セントラルヒーティング用ラジエター, 食卓用品	0.148	-0.101	-0.738	-0.283	-0.295	0.018	0.042	-0.272	-0.329	0.408	-0.109
740	銅, その製品	0.188	0.414	0.788	0.831	-0.250	-0.025	0.486	0.322	0.310	-0.468	0.480
741	銅のはく・管・線・釘等, 家庭用品	-0.386	0.311	-0.312	0.387	0.358	0.360	0.104	0.198	0.472	-0.437	0.427
750	ニッケル, その製品	-0.569	-0.331	0.430	-0.279	-0.357	-0.291	0.475	-0.607	-0.454	0.469	-0.273
760	アルミニウム, その製品・管・線	0.459	-0.503	-0.162	0.976	-0.413	-0.416	-0.404	-0.421	-0.231	0.442	-0.244
761	アルミ製の構造物, たる, ドラム, 缶等	-0.131	-0.912	-0.723	-0.060	0.083	-0.403	-0.505	-0.448	-0.654	0.138	-0.343
780	鉛, その製品	0.361	-0.461	-0.602	0.862	-0.184	0.032	-0.576	0.437	0.295	0.433	0.338
790	亜鉛, その製品	0.575	-0.811	0.682	0.739	-0.892	0.027	-0.272	0.322	-0.271	0.065	0.719
800	すず, その製品	0.886	0.213	0.524	0.318	-0.504	-0.399	0.624	-0.297	-0.569	-0.488	-0.280
810	その他の卑金属, サーメット, その製品	0.437	-0.105	0.650	-0.087	-0.282	-0.381	0.695	0.116	-0.315	-0.438	-0.015
811	アンチモン, マンガン, クロム, ゲルマニウム	0.527	-0.283	-0.386	0.508	-0.352	-0.405	-0.239	0.443	-0.689	0.329	-0.242
820	卑金属製の工具・道具等	0.011	0.111	0.315	0.420	0.258	0.360	-0.329	0.338	-0.165	0.322	0.415
821	刃物, スプーン, フォーク等	-0.287	-0.175	-0.673	-0.556	0.288	-0.408	-0.390	0.467	-0.239	0.507	-0.469
830	各種の卑金属製品	-0.643	0.187	-0.513	0.242	-0.363	-0.069	-0.228	-0.168	-0.249	0.043	-0.081
831	卑金属製/金属炭化物製の線・板, その製品	-0.362	0.278	-0.669	0.896	0.374	0.451	0.414	0.436	-0.500	0.489
840	原子炉, ボイラー, 機械類, 部品	-0.561	0.475	-0.172	0.357	0.608	0.469	0.399	0.108	0.289	-0.404	0.466
841	タービン, 液体/気体ポンプ, 冷蔵庫・冷凍庫	-0.431	0.331	-0.362	-0.733	0.529	0.276	-0.098	0.030	0.195	0.783	0.188
842	カレンダー, 遠心分離機, 重量計測器等	-0.369	0.426	0.062	0.462	0.451	0.467	0.472	0.453	0.450	0.499	0.594
843	ブルドーザー, 脱穀機, 搾乳機等, 部品	0.553	0.270	-0.599	0.589	0.309	0.329	0.110	0.075	-0.118	0.154	0.411
844	製本機械, 印刷機, 織機, 編機	-0.327	0.412	-0.788	0.728	0.343	0.495	0.110	0.397	0.368	0.864	0.517
845	洗濯機, 洗浄器, 転炉, 圧延機等	-0.478	0.373	-0.446	-0.365	0.428	0.300	0.397	0.332	0.202	-0.213	0.509
846	穿削機, ラップ機, 鍛造機等	0.169	0.405	-0.453	0.608	0.391	0.367	0.350	0.335	-0.400	-0.365	0.516
847	計算機, 自動データ処理機, 自動販売機等	-0.635	-0.110	-0.441	0.541	-0.702	-0.626	0.385	-0.307	-0.144	-0.408
848	金属鋳造用鋳型枠, 珠軸, ころ軸受機等	-0.215	0.446	-0.619	0.323	0.191	0.313	0.430	-0.806	0.377	0.169	0.496
850	電動機, 発電機, コンバータ, 電磁石等	0.449	0.128	-0.619	-0.502	-0.564	0.299	0.227	0.081	0.305	0.652	0.205
851	かみそり, 点火プラグ, 証明器, 電話機等	-0.478	-0.032	-0.550	0.293	0.554	-0.303	0.027	-0.121	-0.323	-0.206
852	ビデオ記録用/再生用機器, ラジオ・テレビ機器	-0.613	0.223	-0.705	0.502	0.411	0.178	-0.545	0.374	0.539	-0.495	0.247
853	鉄道／道路／駐車場／港湾用／空港用の信号機等	-0.786	0.397	-0.531	0.325	0.193	0.385	0.270	0.344	0.338	-0.426	0.384
854	熱電子管, 冷陰極管, 光電管, 集積回路等	-0.104	0.151	-0.385	0.440	0.222	0.123	-0.097	-0.102	0.468	-0.178	0.106
860	鉄道／軌道用の機関車・車両, 信号機, 部分品	0.589	-0.133	0.472	-0.441	-0.497	0.480	0.478	-0.567	-0.537	0.398	0.525
870	トラクター, 乗用車, 貨物用自動車, 部品	-0.470	0.276	0.418	0.474	0.422	0.421	0.469	0.479	0.475	-0.409	0.599
871	戦車, 装甲車, モーターサイクル, 乳母車等	-0.595	0.426	0.113	-0.302	-0.705	0.467	0.432	0.340	-0.407	-0.557	0.206
880	航空機, 宇宙飛行体, 部品	0.153	0.434	0.821	-0.598	-0.367	0.106	-0.328	0.130	-0.164	0.314	0.706
890	船舶, 浮き構造物, 部品	-0.503	-0.361	-0.542	0.476	0.504	0.482	-0.121	0.491	0.477	0.447	0.611
900	光学機器, 写真, 映画用機器, 検査, 計測機器	0.852	0.264	-0.849	-0.471	0.046	0.399	0.025	-0.050	0.009	-0.488	-0.739
901	顕微鏡, 液晶デバイス, 羅針盤, 製図機等	0.238	0.378	-0.837	-0.754	0.389	0.391	-0.608	-0.483	-0.197	0.366	-0.072
902	整形外科用機器, エックス線使用の医療機器	-0.100	0.170	-0.225	-0.224	0.181	0.112	0.270	-0.135	0.141	-0.157	0.195
903	オシロスコープ, 自動調整機器等	0.604	0.386	-0.654	0.210	0.410	0.330	-0.067	-0.131	0.749	-0.189	0.444
910	時計, 部品	-0.348	-0.459	-0.993	-0.565	-0.591	-0.663	-0.665	-0.492	-0.344	0.694	-0.683
911	携帯用時計のケース, 部品	-0.295	0.584	-0.436	0.551	-0.259	-0.408	-0.887	0.105	0.322	-0.681	-0.082
920	楽器, 部分品	-0.450	-0.537	-0.749	0.215	-0.264	-0.297	-0.590	-0.355	0.302	0.903	-0.643
930	武器, 鉄砲弾, 部分品	0.960	0.274	-0.954	0.761	-0.243	0.224	-0.492	0.526	0.771	-0.505	-0.353
940	家具, 寝具, ランプその他の照明機器, 部品	-0.457	-0.426	-0.450	-0.278	-0.351	-0.170	-0.374	-0.379	-0.195	0.691	-0.205
950	玩具, 遊戯用具, 運動具, 部分品	0.573	-0.599	-0.450	-0.387	-0.518	-0.261	0.602	-0.678	-0.175	0.578	0.201
960	雑品：象牙, 亀の甲, 角, ブラシ, ボタン等	0.642	0.346	-0.512	-0.530	-0.707	0.451	-0.792	0.055	0.343	-0.173	0.030
961	黒鉛, 日付印, スタンプ, マネキン人形等	0.427	-0.556	-0.688	-0.163	-0.828	-0.875	-0.499	-0.334	-0.680	-0.731	-0.759

(注) 1. HS 001 番から HS 140 番台ならびに HS 970 番は HS 分類の 2 桁と 3 桁による産業分類が等しいためにこの表では割愛した。
　　 2. HS 770 番台は欠番である。
(出所) 財務省『日本貿易統計月表』に基づいて作成。

関する日本のこれらの96産業についての産業内貿易に関する調整コスト（TRA）と産業間貿易に関する調整コスト（TER）をHS 2桁分類で比較したものである。同様に，表3-6はそれらをHS 3桁分類で詳しくみたものである。

まず，表3-5によって日本のこの間の両タイプの貿易に基づく産業調整コスト較差をみると，1998年から2008年までの観察全期間に関しては96産業中マイナス値である産業数は54コであるのに対してプラス値の産業数は42コである。つまり，産業内貿易の調整コスト（TRA）が産業間貿易の調整コスト（TER）を上回った産業がこの間に42産業あり，産業間貿易にかかわる調整コスト（TER）の方が産業内貿易にかかわる調整コストを上回った産業数が54産業あった。調整コストがプラスである産業数はマイナス産業数を数のうえで12下回っている。プラス値の産業とマイナス値の産業の特徴に歴然とした違いがあるとは認めにくいものの，マイナス値が多くみられる産業として動植物・魚介類，肉・酪農製品および穀物・その加工品の関連産業（HS 10-20番台），無機化学を主とする化学製品（HS 20番台後半およびHS 30番台），革・木材・わらなどの素材類（HS 40番台），人造繊維とその織物（HS 50-60番台），ニッケル・アルミ・すず・他の貴金属（HS 70番台），および楽器，武器，家具，玩具など（HS 90番台）があげられる。マイナス値とプラス値が混在する産業は人造繊維・織物，衣類・帽子など（HS 50-60番台）である。プラス値が多くみられる産業は食用の魚・甲殻類など（HS 3），野菜・根・塊茎（HS 7），飲料・アルコール・食酢（HS 22），有機化学製品（HS 29），なめしエキス・染料用着色料（HS 32）や石鹸・洗剤・調整潤滑剤（HS 34），および写真用・映画用の材料（HS 37）やその他の化学工業生産品（HS 38），原皮・皮（HS 41）やコルク・パルプ・紙など（HS 45, HS 47-48），絹・羊毛・綿およびそれらの製品（HS 50-52），レースやメリヤスの織物（HS 58-60），石・ガラス・セメント類（HS 68, HS 70），鉄・銅・鉛・亜鉛・それらの素材型製品（HS 70番台），原子炉，電気電子機器，輸送用機器，光学・検査機器など（HS 80番台）である。

具体的に観察期間全体を通して調整コスト較差がマイナスで大きな産業（±0.70以上）をHS 2桁分類にしたがって値の大きい順番であげると（表3-5を参

照), HS 54 (人造繊維の長繊維, その織物: -0.770, ⟨X 減 12.6%, M 増 134.4%⟩), HS 91 (時計, 部分品: -0.755, ⟨X 増 46.2%, M 増 35.0%⟩), HS 66 (傘, つえ, むち, 部分品: -0.684, ⟨X 減 64.5%, M 増 1.1%⟩), HS 92 (楽器, 部分品, 付属品: -0.643, ⟨X 減 21.5%, M 増 31.9%⟩) の 4 産業である。対照的にプラス値の大きな産業をあげると, HS 3 (魚, 甲殻類, 軟体動物: 0.890, ⟨X 増 114.8%, M 増 2.7%⟩), HS 60 (メリヤス, クロセの織物: 0.848, ⟨X 増 62.6%, M 減 51.2%⟩), HS 5 (動物性生産品: 0.809, ⟨X 増 87.9%, M 減 6.0%⟩), HS 41 (原皮 (除, 毛皮), 革: 0.806, ⟨X 増 18.8%, M 減 27.7%⟩), HS 47 (パルプ, 繊維素繊維原料のパルプ, 古紙: 0.796, ⟨X 増 1389.6%, M 減 14.3%⟩), HS 37 (写真用または映画用の材料: 0.791, ⟨X 増 20.1%, M 減 39.2%⟩), HS 45 (コルク, その製品: 0.773, ⟨X 増 120.0%, M 減 14.0%⟩), HS 50 (絹, 絹織物: 0.760, ⟨X 増 30.7%, M 減 38.0%⟩), HS 79 (亜鉛, その製品: 0.719, ⟨X 増 180.2%, M 減 16.8%⟩), HS 88 (航空機, 宇宙飛行体, 部分品: 0.706, ⟨X 増 36.9%, M 減 1.8%⟩), HS 52 (綿, 綿織物: 0.667, ⟨X 増 6.5%, M 減 48.7%⟩), HS 7 (食用の野菜, 根, 塊茎: 0.652, ⟨X 増 114.5%, M 減 23.7%⟩), HS 89 (船舶, 浮き構造物: 0.611, ⟨X 増 75.8%, M 増 178.7%⟩) の 13 産業である。産業調整コストのレベルが ∓0.60 以上の産業数はプラス産業がマイナス産業をだいぶ上回っており, しかもプラスのレベルは高いものが多い。なお, これらの産業以外でもプラス値の大きな産業は少なからずある。値がプラス 0.5 台には 5 産業 (HS 22, HS 49, HS 51, HS 58, HS 87) がある。対照的に, 上述した産業のほかにマイナス値が大きな産業は値のマイナス 0.4 台が 1 産業 (HS 96) あるだけで, 値がマイナス 0.3 台には 27 産業がある。これらの 27 産業は HS 1 桁台から HS 90 番台まで満遍なく分布している。しかし, 精密機械やその他の製造業品が含まれる HS 90 番台を除けば, それ以外の組み立て型産業が多い HS 70-80 番台には調整コストがマイナスの産業は存在しない。

産業調整コストについて HS 3 桁分類による表 3-6 に基づきさらに詳しく検討する。表 3-6 には HS 150 から HS 961 までの 151 産業の分析結果が示してあるが, 調整コストが正値の産業数は 75, 負値の産業数は 76 であり, 両者はほぼ拮抗しており, HS 2 桁分類によるものとはだいぶ異なる。表 3-5 と同様

に，産業調整コストをプラスとマイナスにまず分け，値が∓0.70以上の産業を産業番号順に挙げるとつぎの通りである。

プラス0.60以上の産業：HS 370（写真用／映画用の材料：0.791,〈X増20.1%，M減23.9%〉），HS 410（原皮［除，毛皮］，革：牛・馬・羊等：0.739,〈X増13.9%，M減33.3%〉），HS 440（木材，その製品，木炭，のこくず，木屑等：0.657,〈X増100.4%，M減6.4%〉），HS 450（コルク，その製品：0.773,〈X増120.0%，M減14.0%〉），HS 470（木材パルプ，繊維素繊維原料の製品，古紙：0.796,〈X増1389.6%，M減14.3%〉），HS 491（印刷した書物：490番以外のもの：0.944,〈X増88.5%，M減18.1%〉），HS 500（絹，絹織物：0.760,〈X増30.7%，M減38.0%〉），HS 510（羊毛，繊獣毛，粗獣毛，馬毛の糸：0.603,〈X減37.7%，M減40.5%〉），HS 520（綿，その織物：0.617,〈X減3.1%，M減50.1%〉），HS 521（綿織物：0.612,〈X増88.5%，M増8.3%〉），HS 531（ジュート，その他の紡織用靭皮繊維織物等：0.959,〈X増239.1%，M減10.3%〉），HS 580（特殊織物，タフテッド織物，レース等：0.606,〈X増3.3%，M増0.3%〉），HS 600（メリヤス織物，クロス織物：0.848,〈X増62.6%，M減51.2%〉），HS 790（亜鉛，その製品：0.719,〈X増180.2%，M減16.8%〉），HS 880（航空機，宇宙飛行体，部分品：0.706,〈X増36.9%，M減1.8%〉），HS 890（船舶，浮き構造物，部品：0.611,〈X増75.8%，M増178.7%〉）の16産業である。

マイナス0.60以上の産業は，HS 540（人造繊維の長繊維，その織物：-0.770,〈X減12.6%，M増134.4%〉），HS 551（再生繊維，半合成繊維／人造繊維の紡織糸：-0.813,〈X減11.4%，M増27.7%〉），HS 581（ししゅう布：-0.675,〈X減0.3%，M増1.0%〉），HS 660（傘，つえ，部分品：-0.684,〈X減64.5%，M増1.1%〉），HS 691（陶磁器製の食卓用品，台所用品，装飾品：-0.781,〈X減27.7%，M増24.0%〉），HS 701（ガラス瓶，フラスコ，ジャー，つぼ，アンプル等：-0.742,〈X減36.7%，M増70.2%〉），HS 900（光学機器，写真／映画用機器，検査／計測機器：-0.739,〈X減15.5%，M増50.1%〉），HS 910（時計，部品：-0.643,〈X減58.9%，M増33.8%〉），HS 961（黒板，日付印，スタンプ，マネキン人形等：-0.759,〈X減35.1%，M増104.4%〉）の9産業である。

以上の分析結果から，この期間における日本の産業調整コストについては産

業内貿易と産業間貿易のインパクトは産業調整コストがプラスとマイナスが混在する産業が少なくからずあり，産業別に明瞭に区別ができないものの，産業内貿易の調整コストの方が勝る業種は概ねつぎの 5 タイプの製品グループにみられる産業特性に大別できる。第 1 グループ：アルコールや食酢といった日本の古来の食品加工技術である発酵技術を用いて生産する一部の加工食品。第 2 グループ：染料・着色剤，洗剤・調整潤滑剤など一部の化学品（主に有機化学によるもの），プラスチックや，ゴム，およびそれらの加工品など。第 3 グループ：レースやクロセ等の織物。第 4 グループ：鉄・銅・鉛・亜鉛・およびそれらの加工品などにみられるような一部の金属素材とそれらの加工品。第 5 グループ：電気・電子機械類，陸送・空路・海上などの輸送機械，ならびに光学・医療・検査用機械など加工度の高い組み立て型産業製品。これらの産業製品は産業調整コスト面でより大きなプラス（より小さいマイナス）のインパクトを与えていることが観察される。ただし，これらの 5 グループの製品を HS 産業分類の 3 桁までみると，HS 産業分類の 2 桁で観察したことが多少食い違う場合もみられる。たとえば，化学品（特に有機化学製品類）は HS 2 桁分類では HS 29 のコスト格差が ＋0.151 である。これを HS 3 桁分類でみると，HS 290 と HS 292 がプラス値であり，他の HS 291，HS 293 および HS 294 がそれぞれマイナスであり，2 分される。この理由の背景である 1998 年から 2008 年までの全観察期間を通しての S-index をみると，HS 29（表 3-3）ではプラス 0.019 であるのに対して HS 290 番台（表 3-4）では HS 290（炭化水素・アルコール，そのハロゲン化誘導体等，〈X 増 229.6％，M 増 167.8％〉）だけがプラス 0.322 であり，それ以外はすべてマイナスの値である。つまり，HS 291（エポキシド等のハロゲン化／ニトロ化の誘導体等：－0.535，〈X 減 2.3％，M 増 118.6％〉），HS 292（窒素官能化合物：－0.057，〈X 増 42.3％，M 増 62.5％〉），HS 293（オルガノ・オルガニック化合物，複素還式化合物：－0.335，〈X 増 39.7％，M 増 140.4％〉），および HS 294（他の有機化合物：－0.586，〈X 減 3.0％，M 増 19.0％〉）である。

　これらの結果からわかることは，生産技術特性が類似している製品群に関しては産業間における参入障壁が高くなければ，生産特化が比較的容易に生じる

傾向があるということである。参入障壁の高さは，産業組織論でいうように，つぎの3つの場合に参入禁止的に高くなる。(1)技術レベルが高いほど，(2)装置産業などでみられるように初期投資が莫大であるほど，(3)退出時にかかるサンクコスト（埋没費用）が大きいほど。参入障壁が高い具体例には，HS 72（鉄鋼）やHS 73（鉄鋼製品）があげられる。つまり，S-index を詳しくみると，HS 720（鉄鋼：鉄・非合金鋼の一次材料：+0.265,〈X増286.8%, M増244.1%〉），HS 721（鉄／非合金鋼のフラットロール製品・棒・線：+0.422,〈X増122.2%, M増248.4%〉），HS 722（ステンレス鋼のフラットロール製品・棒・線：+0.461,〈X増174.3%, M増251.9%〉）。鉄鋼産業（HS 72）はこの間に産業内で産業調整が進んだ具体例とみなせる。対照的に参入障壁が低い場合に生産特化が生じる場合，特化は大別すると2つのパターンが考えられる。第1は水平的な特化であり，第2は垂直的な特化である。一般的には製品の加工度が高いほど特化や分業が進む傾向がある。

5. 貿易の生産誘発効果

小柴（2011）は持続的発展可能な日本の産業構造構築を検討したが，その際の分析手法の1つに産業連関表を用いた。その分析内容は本章の以上の考察とどのように関連するかを最後に検討してみよう。ただし，本章の課題は貿易による産業調整コストに関して産業間貿易による場合と産業内貿易による場合を比較することにより，調整に関するコスト（犠牲）を考察することであり，それとのかかわりで本章は貿易の生産誘発効果を産業連関分析に基づき検討する。したがって，本章のここでの考察と小柴（2011）が行った考察に利用した分析手法は産業連関分析であるという点で等しいが，その点を除けば，他の分析手法も利用するデータも異なるので，厳密な意味での比較検討とはいえない。ただし，考察期間は両者とも1989－2008年の観察期間の中にあるので，経済環境は等しい。

まず，日本では貿易が生産活動をどのように，またどの程度誘発しているのであろうか。表3-7は1995（平成7）年（基準年）と2005（平成17）年（比較

表 3-7　輸出入の生産誘発係数：2005 年と 1995 年の比較　2005 年固定価格

産　業	輸出の生産誘発係数 2005 年	1995 年	輸出差	輸入の生産誘発係数 2005 年	1995 年	輸入差	輸出入効果（輸出入差）
01 農 林 水 産 業	0.0043	0.0057	−0.0014	0.0576	0.0317	0.0259	−0.0273
02 鉱　　　　　業	0.0031	0.0044	−0.0013	0.2159	0.0028	0.2132	−0.2145
03 飲 食 料 品	0.0069	0.0075	−0.0006	0.1003	0.0792	0.0211	−0.0217
04 繊 維 製 品	0.0113	0.0220	−0.0107	0.0603	0.0245	0.0359	−0.0466
05 パルプ・紙・木製品	0.0245	0.0316	−0.0071	0.0560	0.0318	0.0242	−0.0313
06 化 学 製 品	0.1218	0.1279	−0.0061	0.1162	0.0501	0.0661	−0.0722
07 石 油・石 炭 製 品	0.0395	0.0478	−0.0083	0.0806	0.0342	0.0464	−0.0547
08 窯 業・土 石 製 品	0.0242	0.0262	−0.0020	0.0168	0.0177	−0.0009	−0.0011
09 鉄　　　　　鋼	0.1579	0.1788	−0.0209	0.0635	0.0465	0.0170	−0.0379
10 非 鉄 金 属	0.0502	0.0613	−0.0110	0.0642	0.0144	0.0498	−0.0608
11 金 属 製 品	0.0303	0.0423	−0.0120	0.0286	0.0303	−0.0017	−0.0103
12 一 般 機 械	0.1509	0.1919	−0.0410	0.0553	0.0534	0.0018	−0.0428
13 電 気 機 械	0.0988	0.1188	−0.0201	0.0462	0.0323	0.0139	−0.0340
14 情 報・通 信 機 器	0.0593	0.0644	−0.0051	0.0614	0.0173	0.0440	−0.0491
15 電 子 部 品	0.1507	0.0999	0.0508	0.0986	0.0154	0.0832	−0.0323
16 輸 送 機 械	0.3760	0.3822	−0.0062	0.0784	0.0820	−0.0035	−0.0026
17 精 密 機 械	0.0203	0.0263	−0.0060	0.0213	0.0075	0.0138	−0.0198
18 その他の製造工業製品	0.0863	0.0945	−0.0083	0.0925	0.0546	0.0379	−0.0462
19 建　　　　　設	0.0130	0.0149	−0.0019	0.0126	0.1663	−0.1536	0.1517
20 電力・ガス・熱供給業	0.0330	0.0325	0.0005	0.0339	0.0290	0.0049	−0.0043
21 水道・廃棄物処理	0.0073	0.0071	0.0001	0.0080	0.0140	−0.0061	0.0062
22 商　　　　　業	0.2091	0.1592	0.0499	0.0965	0.1840	−0.0875	0.1374
23 金 融・保 険	0.0620	0.0616	0.0003	0.0798	0.0632	0.0166	−0.0163
24 不 動 産	0.0146	0.0180	−0.0034	0.0129	0.1198	−0.1069	0.1035
25 運　　　　　輸	0.1274	0.1475	−0.0201	0.1020	0.0724	0.0297	−0.0498
26 情 報 通 信	0.0506	0.0384	0.0123	0.0549	0.0495	0.0053	0.0069
27 公　　　　　務	0.0022	0.0012	0.0010	0.0051	0.0577	−0.0526	0.0536
28 教 育・研 究	0.0678	0.0691	−0.0013	0.0505	0.0648	−0.0144	0.0130
29 医療・保健・社会保障・介護	0.0000	0.0000	0.0000	0.0001	0.0654	−0.0653	0.0653
30 その他の公共サービス	0.0025	0.0037	−0.0012	0.0030	0.0087	−0.0057	0.0045
31 対事業所サービス	0.1172	0.1027	0.0145	0.1402	0.0915	0.0487	−0.0342
32 対個人サービス	0.0146	0.0121	0.0024	0.0404	0.1070	−0.0666	0.0690
33 事 務 用 品	0.0029	0.0041	−0.0012	0.0025	0.0036	−0.0011	−0.0001
34 分 類 不 明	0.0078	0.0156	−0.0078	0.0183	0.0114	0.0069	−0.0147
内 生 部 門 計	2.1481	2.2212	−0.0731	1.9744	1.7341	0.2403	−0.3134

（出所）総務省統計局・政策統括官・統計研究所『平成 7-12-17 年接続産業連関表』に基づいて作成。

年）について，輸出と輸入が生産活動をどの程度誘発したかを（接続）産業連関表に基づいてみたものである。

効果を分析する基準はつぎの通りである。つまり，基準時点と比較時点における輸出に基づく生産誘発係数の差から同様に観察した輸入に基づく生産誘発係数の差を差し引いた値である。式で表せば，輸出に基づく生産誘発係数をPDIXとし，輸入に基づく生産誘発係数をPDIMとし，基準時点を t_0，比較時点を t_1 とすると，生産誘発係数の輸出入効果（TEPDI）は次式の通りである。

$$TEPDI = (PDIX_{t1} - PDIX_{t0}) - (PDIM_{t1} - PDIM_{t0}) \tag{4}$$

あるいは，つぎのように変形可能である。

$$= (PDIX_{t1} - PDIM_{t1}) - (PDIX_{t0} - PIDIM_{t0}) \tag{4'}$$

輸出に基づく生産誘発係数は基本的にはプラスが想定されるが，比較時点と基準時点との間に変化が生じるから，両者の差はプラス（正）であることもマイナス（負）であることもあり得る。プラスであれば，当該産業は比較時点で生産誘発係数値が上昇したことを意味する。対照的に，輸入に基づく生産誘発係数は基本的にはGDPに関してマイナスの生産波及作用を及ぼす。(4)式の右辺第2項は比較時点と基準時点との間でプラス変化が生じれば，当該産業は比較時点で生産誘発係数にマイナス効果が高まったことを意味する。ただし，(4)式の右辺の第1項と第2項がプラスあるいはマイナスになっても，そのことが日本の産業構造や生産活動に及ぼす効果が良いか悪いかは決められない。輸入が増加しても，日本の投入・産出活動ならびに国民の生活にとって必要かつ不可欠な財・サービスが輸入されるかぎり，生産活動や国民生活にとって重要かつ必要不可欠であると考えられるからである。もし，そのことが日本の将来の産業構造や雇用構造にとってデメリットとなると心配されるのであれば，デメリットにならず，できればメリットとなるような産業・雇用構造に導く産業（転換）政策や経済政策が求められる。

表3-7をみると，この観察期間では輸出差は第1次産業がマイナスであり，第2次産業は鉱業と建設業はマイナスであり，製造業は16業種中，電子部品を除きすべてがマイナスである。とりわけ一般機械の負値が大きく（-

0.041），鉄鋼（−0.029），電気機械（−0.0201）がそれにつづく。第3次産業は分類不明を除く14業種中，9業種がプラスである。正値が大きな業種は商業（0.0499），対事業所サービス（0.0145），情報通信（0.0123）があげられる。対照的に負値が大きい業種は運輸業（−0.0201）である。

輸入差に関しては，第1次産業がプラス，第2次産業の鉱業がプラス，製造業は16業種中13業種がプラス，3業種がマイナスである。建設業は大きなマイナス（−0.1536）である。第3次産業は分類不明を除く14業種中，プラスが5業種，マイナスが9業種であり，第3次産業全体としては日本の生産誘発効果にとってポジティブな効果を及ぼした。換言すれば，日本において生産誘発効果に与える輸入のインパクトが減少した。なお，内生部門計でみるとプラス0.2403と生産誘発にネガティブな効果を及ぼした。正値が大きな業種をひろうと，鉱業（0.2132），電子部品（0.0832），対事業所サービス（0.0487）がある。対照的に，負値が大きな業種には建設（−0.1536），不動産（−0.1069），商業（−0.0875），対個人サービス（−0.0666），医療・保健・社会保障・介護（−0.0653），公務（−0.0526）などがあげられる。

生産誘発係数の輸出入効果（TEPDI）をみると，内生部門計はマイナス0.3134と日本の生産誘発効果にネガティブな効果を及ぼしたことがわかる。産業別にみると，第1次産業は負値，第2次産業は鉱業が負値，建設業は大きくプラス，製造業は16業種すべてが負値である。中でも化学製品，非鉄金属，石油・石炭製品，情報・通信機器，繊維製品，その他の製造工業製品がネガティブな効果を及ぼした。これらの業種は重化学製品やエネルギー，または素材関連産業，および繊維製品などの軽工業にくわえ情報・通信機器も含まれている点は注目に値する。第3次産業は分類不明を除く14業種中，正値であるのは9業種で負値は5業種である。正値が大きな業種は商業（0.1374），不動産（0.1035）であり，これらに対個人サービス（0.069），医療・保健・社会保障・介護（0.0653）などがつづく。負値の業種は運輸（−0.0498），対事業所サービス（−0.0342），金融・保険（−0.0163）である。輸出入効果（TEPDI）のこの間における変化から読み取れることとして，第1にこの間，日本において商業活動が一

方で国内需要および輸出を通して，他方で輸入の減少を通して国内の生産誘発に大きく寄与した。同時に，政府が内需を拡大することで景気の立ち直りを狙った経済政策を進めたことにより，とりわけ対個人サービスおよび社会福祉関係の活動が刺激されたことである。第 2 に，日本がますますグローバルな国際経済環境に直面しており，国内はもとより外国の市場において日本企業（日系企業）が比較劣位な立場に立たされてきたことである。これらの点は，2000年以降における日本経済の成長率の著しい鈍化傾向やデフレ圧力のビルトインが国内外における日本の製造企業の設備投資意欲を冷却させたことの結果，日本企業（日系企業）の生産性の伸び悩みにつながっていると考えられる。

産業構造の変化は国内における産業活動の相対的な変化によって生じるとともに，必然的に貿易をはじめ日本企業（日系企業）の海外事業活動に影響を及ぼすと同時に，それが日本企業の国内での事業活動にも影響する。その意味で，産業構造の変化を調べるとともに，持続的に発展可能な産業構造の構築を考えるには貿易や対外（対内）直接投資の推移とその働きをみる必要がある。本章はそのための 1 つの切り口を示した。

おわりに

持続的に発展可能な日本の産業構造を構築するにはどのようにすればよいのか。この課題は 1991 年初にバブル経済が破綻した後の日本経済のもっとも重要にして喫緊の課題である。本章はこの課題に対して 1970 年代以降，国際貿易の中で急速に拡大している産業内貿易に注意を払い，日本の産業構造の変化と産業調整コストを産業内貿易と産業間貿易を比較するかたちで分析した。本章の分析視点は，持続的に発展可能な日本の産業構造の構築のためにはまず国内の産業（企業）によって国民の求める財・サービスを過不足なく賄うことが求められるが，国民が求める燃料・食料・原材料は今日においても日本では不足なく自給することができず，貿易の役割が極めて大きい。貿易するいじょう，日本は比較優位（劣位）に基づき輸出入を行う必要がある。貿易や直接投資の国際環境が変化するのにつれて，日本は自国の比較優位構造を模索しつつ

その変化に適合していかなければならない。つまり，一部の論者が主張する「内需の充実を図る経済政策」だけでは日本が持続的に発展可能な経済を達成しつづけることは叶わない。たしかに，国民の求める財・サービスを国内で過不足なく賄うことができるのであれば，それにこしたことはなかろう。しかし，今日の日本の食料自給率は約60パーセント（カロリーベース），原油をはじめとするエネルギーはほぼすべてが海外からの輸入に依存せざるを得ない。また，工業生産活動に必要な原材料や中間財もかなりの部分が輸入によって賄われている。ついさきごろ尖閣諸島で問題となった稀少土（レアメタル）類もほとんどが輸入に依存している。持続可能な日本の産業構造の構築にとって今後も貿易が果たす役割は高まることはあっても弱まることは考えられない。

本章は主題について貿易とのつながりに注目して議論を展開した。時系列分析に用いた統計データに関しては，新製品が次々と出現するこもあり，産業分類がしばしば変更され体系的な分析にとって統一性と正確度が保てないといった点でいささか支障がある。しかし，可能なかぎり客観的な資料に基づき分析を行った。分析によって得られた主な新たな知見は以下の点である。

（1）1985年から2009年までの24年間（約4分の1世紀）における日本経済をマクロ的に鳥瞰すると，日本の実質GDPの年平均変化率は1.7パーセントと低い伸びにとどまった。低いなりにもその成長を牽引したのは政府最終消費支出（年平均成長率：2.6パーセント）ならびに輸出入（輸出：3.4パーセント；輸入4.1パーセント）であった。このことからこの間，貿易ならびに政府部門が日本の経済活動に果たす役割が重要であることが明らかである。なお，貿易に関しては輸出が日本の経済活動にプラスに作用するが，輸入はマイナスに作用する。しかし，そのことから輸入が日本の産業活動にとってネガティブな要因であるとはいえない。輸入は国内にいる人々や企業が求める財・サービスを提供するという意味で必要な経済活動である。

（2）世界の貿易に占める工業品の割合が過半数に及ぶようになったのは第2次世界大戦以降であるが，その傾向はとりわけ1960年代以降に顕著である。さらに人々の注目を集めたのは，産業内貿易の占める割合が急速に高まったこ

とであり，日本もその例外ではない。産業内貿易が総貿易に占める割合が高まる理由として，産業調整のSAH（スムースな産業調整）仮説あるいはNDTG（スムースな貿易成長）仮説がある。これらの仮説の検証のために今までに多くの研究が行われ，それらの成果が発表されてきた。同時に，産業構造変化の過程で必然的に発生する拡大産業（企業または職種）と縮小産業（企業または職種）との間でみられる労働者の移動（異動）・雇用・解雇・レイオフなどの雇用調整が産業調整に基づくのか個人の自発的な選択なのかが明確に区分しなければならないが，その区別は容易ではないといった難しさがある。

(3) 上記 (2) の問題に関して，貿易量の変化に基づき分析を行う新たなアプローチが出現した。そのアプローチは「産業トレード調製空間（TAS）」である。本章はこの新たなアプローチにより1989年から2008年までの間の日本の貿易データを利用して分析した。利用した日本の貿易データはHS 2桁産業分類（96産業）とHS 3桁産業分類（151産業，なお，HSの1から15までの産業は1桁分類と2桁分類とが内容は同じである）で試みた。産業調製コストの値が正（プラス）か負（マイナス）かによって当該産業に調製コストがポジティブに作用したのかネガティブに作用したかがわかる。実際のデータ分類からはこれらの両者の間には明瞭な区別は容易ではないものの，計測した工業製品全産業に関してみると産業内貿易の産業調整コストはマイナス0.132と経済活動にネガティブに作用した。この観察期間，産業内貿易の調整コストがプラスになった産業とマイナスになった産業の特徴を具体的にあげるとつぎの通りである。プラスとなった産業は，第1に鉄鋼製品，銅・鉛・亜鉛等の非鉄金属とその製品（HS 72-74, HS 78-79），原子炉（HS 84），電気機械・機器（HS 85），および鉄道・航空機・船舶等の輸送機器（HS 86-89）といった加工製品，第2に魚・甲殻類の水産品，野菜・根等の農産品，飲料・アルコール・食酢等，日本の食文化に関するもの，第3に各種の化学製品（とりわけ有機化学）がある。他方，マイナス産業には第1にHS産業分類番号が比較的に若い産業が含まれる。第2に，化学産業（とりわけ無機化学），ニッケル，アルミ，すずおよびそれらの製品，第3に毛皮・革製品，人造繊維とその製品，衣服等であり，第4に光学・

映像・医療機器，時計，楽器，武器，家具，玩具等が含まれており注目に値する。

(4) 産業調整コストに関して産業内貿易と産業間貿易とを比較してどちらの方が調整コストが大きいかを計測すると，具体的には上記 (3) とほぼ同じ傾向がみてとれる。つまり産業内貿易に関する産業調整がポジティブに働いた産業ではその力が産業間貿易に関する産業調整を上回りプラスに作用した。対照的に，それがネガティブに働いた産業ではその力が産業間貿易に関する産業調整を下回り当該産業に対してマイナスに作用した。

(5) 1995 年（基準年）と 2005 年（比較年）との間（10 年間）における日本の輸出入による生産誘発係数の変化をみると，輸出の生産波及係数は全産業でみると減少した。対照的に輸入の生産波及係数はかなり上昇しており，日本の国内経済活動がネガティブな作用を受けたことがわかる。産業別にみると，輸出に関する生産波及係数の変化が負となったのは農林水産業（第 1 次産業），鉱業および建設，ならびに電子部品を除く他のすべての製造業，および一部の第 3 次産業である。輸入に関する生産波及係数の変化が負となったのは建設，および窯業・土石製品，金属製品，輸送機械の 3 つの製造業，ならびに不動産，商業，対個人サービス，医療・保健・社会保障・介護をはじめ計 9 業種（14 業種中，ただし分類不明を除く）であり，他はプラスとなった。最後にこの間の輸出入効果をみると，マイナスとなったのは農林水産業，鉱業，すべての製造業，ならびに運輸，対事業所サービスをはじめ計 5 業種（14 業種中，ただし分類不明を除く）である。このことから，日本が直面する内外における厳しい制約条件のもとで持続可能な経済発展を日本が構築するには，低経済成長にもかかわらず経済活動を牽引してきた産業として商業，不動産，対個人サービス，医療・保健・社会保障・介護等の第 3 次産業ならびにそれらと連携するかたちで以下の生産誘発効果の高い製造業を主柱とした産業構築が有効な戦略的政策手段となると考えられる。つまり，生産誘発効果の高い産業にあげられるのは電子部品や原子炉，電気機械・機器，および鉄道・航空機・船舶等の輸送機器といった加工製品，さらには魚・甲殻類の水産品，野菜・根等の農産品，飲

料・アルコール・食酢等の日本の伝統的な食文化（とりわけ発酵技術を利用する）に関する産業である。

＊本章文は文部科学省「平成20〜22年度科学研究費補助金（基盤研究（C））」に基づく研究（一部）である。研究代表者：小柴徹修（東北学院大学教授），研究課題名：「産業内貿易に基づく持続的発展可能な日本の産業構造構築と産業調整コストの研究」，研究課題番号：20530251。

参 考 文 献

Amiti, M. (2005), "Location of Vertically Linked Industries : Agglomeration versus Comparative Advantage," *European Economic Review*, 49, pp. 809-32.

Azha, A. K. M. and R. J. R. Elliott (2003), "On the Measurement of Trade-induced Adjustment," *Review of World Economics/Weltwirtschaftliches Archiv*, 139 (3), pp. 419-39.

Azha, A. K. M., R. J. R. Elliott, and C. R. Milner (1998), "Static and Dynamic Measurement of Intra-Industry Trade and Adjustment : A Geometric Reappraisal," *Weltwirtschaftliches Archiv/ Review of World Economics*, 134 (3), pp. 404-22.

Balassa, B. (1966), "Tariff Reductions and Trade in Manufactures among Industrial Countries," *American Economic Review*, 56, pp. 466-73.

Balassa, B. (1965), *Economic Development and Integration*, Mexico : Centro de Estudios Monetarios Latinoamericanos.

Brander, J. A. and P. Krugman (1983), "A Reciprocal Dumping Model of International Trade," *Journal of International Economics*, 13, pp. 313-21.

Brülhart, M. et al. (2006), "Intra-industry Trade and Labour-market Adjustment : A Reassessment using Data on Indivisual Workers," *Review of World Economics/Weltwirtschaftliches Archiv*, 142 (3), pp. 521-45.

Brülhart, M. and R. J. R. Elliott (2002), "Labour-market Effects of Intra-industry Trade : Evidence for the United Kingdom," *Weltwirtschaftliches Archiv/Review of World Economics*, 138 (2), pp. 207-228.

Brülhart, M. (2000), "Dynamics of Intra-industry Trade and Labour-market Adjustments," *Review of International Economics*, 8 (3), pp. 420-35.

Brülhart, M. and R. C. Hine (eds) (1999), *Intra-Indsutry Trade and Industrial Adjustment : The European Experience*, Lonon : Macmillan.

Brülhart, M. and R. J. R. Elliott (1998), "Adjustments to the European Single Market : Inferences from Intra-industry Trade Patterns," *Journal of Economic Studies*, 25 (3), pp. 225-47.

Brülhart, M. (1994), "Marginal Intra-industry Trade : Measurement and Relevance for the Pattern of Industry Adjustment," *Weltwirtschaftliches Archiv*, 130 (3), pp. 600-13.

Cabral, M. and J. Silva (2006), "Intra-industry Trade Expansion and Employment Relation

between Sectors and Occupations," *Review of World Economics/Weltwirtschaftliches Archiv*, 142 (3), pp. 496–520.
Cadot, O., R. Faini, and J. de Melo (1995), "Early Trade Patterns under the Europe Agreements : France, Germany and Italy," *European Economic Review*, 39 (3/4), pp. 601–10.
Davis, S., J. Haltiwanger, and S. Schuh (1996), *Job Creation and Destruction*, Cambridge : MIT Press.
Davis, S. and J. Haltiwanger (1992), "Gross Job Creation, Gross Job Destruction and Employment Rellocation," *Quarterly Jornal of Economics*, 107 (3), pp. 819–63.
Dixon, P. and J. Menon (1997), "Measures of Intra-industry Trade as Indicators of Factor Market Disruption," *Economic Record*, 73 (September), pp. 233–37.
Drèze, J. (1961), "Les Exportatios Intra-C.E.E. en 1958 et la Position Belge," *Recherches Economiques de Louvain*, 27, pp. 717–38.
Elliott, R. J. R. and J. Lindley (2006), "Trade Skills and Adjustment Costs : A Study of Intra-sectoral Labour Mobility," *Review of Development Economics*, 10 (1), pp. 20–41.
Falvey, R. E. (1981), "Commercial Policy and Intra-industry Trade," *Journal of International Economis*, 11, pp. 495–511.
Greenaway, D. and R. C. Hine (1991), "Intra-industry Specialization, Trade Expansion and Adjustment in the European Economic Space," *Journal of Common Market Studies*, 29 (6), pp. 603–22.
Greenaway, D., M. Haynes, and C. R. Milner (2002), "Adjustment, Employment Characteristics and Intra-industry Trade," *Weltwirtschaftliches Archiv*, 138 (2), pp. 254–76.
Greenaway, D. and C. R. Milner (1986), *The Economics of Intra-industry Trade*, Oxford : Basil Blackwell.（小柴徹修／栗山規矩／佐竹正夫共訳『産業内貿易の経済学』文眞堂, 2008 年）.
Grubel, H. G. and P. J. Lloyd (1975), *Intra Industry Trade*, London : Macmillan.
Haynes, M., R. Upward, and P. Wright (2002), "Estimating the Wage Costs of Inter-and Intra-sectoral Adjustment," *Weltwirtschaftliches Archiv*, 138 (2), pp. 229–53.
Haynes, M., R. Upward, and P. Wright (2000), "Smooth and Sticky Adjustment : A Comparative Analysis of US and UK," *Review of International Economics*, 8 (3), pp. 517–32.
Hine, R. C., D. Greenaway, C. R. Milner, and R. J. R. Elliott (1994), "Changes in Trade and Changes in Employment : An Examination of the Evidence from UK Manufacturing Industry 1979–87," *SPES Research Paper*, University of Nottingham.
Jacabson, L. S., R. J. LaLonde, and D. G. Sullivan (1993), "Earnings Losses of Displaced Workers," *American Economic Review*, 83 (4), pp. 685–709.
Kohno, H. ［河野］ and J. Poot (eds) (2000), *Regional Cohesion and Competition in the Age of Globalization*, Cheltenham, UK : Edward Elgar.
Kol, J. and B. Kuijpers (1999), "The Netherlands," in Brülhart and Hine (1999).
Koshiba, T. ［小柴］ (2005), "An Industry Trade Box Analysis of Intra-industry Trade in

Motor Vehicles between Japan and NAFTA,"「経済学」東北大学経済学会, 66 (4), pp. 1–32.

Koshiba, T.［小柴］(2000), "A Welfare Analysis of Regional Economic Integration," in Kohno, H.［河野］and J. Poot (eds) (2000).

Koshiba, T.［小柴］and P. Parker (2001), "Trade Policy, Open Regionalism and NAFTA : The Socio-economic Context for Japanese Automobile Investment in North America," *Environments*, 29 (3), pp. 35–54.

Koshiba, T.［小柴］, P. Parker, T. Rutherford, D. Sanford, and R. Olson (2001), "Japanese Automakers and the NAFTA Environment : Global Context," *Environments*, 29 (3), pp. 1–14.

Krugman, P. (1981), "Intra–industry Specialisation and the Gains from Trade," *Journal of Political Economy*, 89, pp. 959–73.

Lovely, M. E. and D. R. Nelson (2002), "Intra-industry Trade as an Indicator of Labor Market Adjustment," *Weltwirtschaftliches Archiv*, 138 (2), pp. 179–206.

Lundberg, L. and P. Hansson (1986), "Intra-industry Trade and Its Consequences for Adjustment," in Greenaway, D. and Tharakan, P. K. M. (eds) (1986) *Imperfect Competition and International Trade : The Policy Aspects of Intra-industry Trade*, Brighton : Edward Elgar.

De Melo, J. and D. Tarr (1990), "Welfare Costs of U.S. Quotas in Textiles, Steel and Autos," *Review of Economics and Statistics*, 72 (3), pp. 489–97.

Menon, J. and P. Dixon (1997), "Intra-industry versus Inter-industry Trade : Relevance for Adjustment Costs," *Weltwirtschaftliches Archiv*, 133 (1), pp. 164–69.

Neary, P. J. (1985), "Theory and Policy of Adjustment in an Open Economy," in Greenaway, D. (ed.) (1985) *Current Issues in International Trade : Theory and Policy*, London : Macmillan.

OECD (1994), *OECD Economic Outlook*, Paris.

Ohlin, B. (1935), *Inter-regional and International Trade*, Cambridge, Mass. : Harvard Unv. Press.

Parker, P. (2001), "Environmental Initiatives among Japanese Automakers : New Technology, EMS, Recycling and Lifecycle Approaches," *Environments*, 29 (3), pp. 91–113.

Parker, P., T. Rutherford, and T. Koshiba［小柴］(2000), "New Direction in Canada's Japanese-owned Automobile Plants," in Bowles, P. and L. Woods (eds) (2000), *Japan After the Economic Miracles : In Serarch of New Directions*, Dordrecht, The Netherlands : Kluwer Academic Publishers.

Porto, M. and F. Costa (1999), "Portugal," in Brülhart, M. and R. Hine (eds) (1999).

Robinson, E. A. G. (ed.) (1960), *Economic Consequences of the Size of Nations*, London : Macmillan.

Rossini, R. J. and M. Burattoni (1999), "Italy," in Brülhart, M. and R. Hine (eds) (1999).

Rutherford, T., P. Parker, and T. Koshiba［小柴］(2001), "Global, Local or Hybrid? : Evidence of Adaption among Japanese Automobile Plants in Japan, the United States and Canada," *Evironments*, 29 (3), pp. 15–34.

Sarris, A. H. et al. (1999), "Greece," in Brülhart, M. and H. Hine (eds) (1999).
Shelburne, R. L. (1993), "Changing Trade Patterns and the Intra-industry Trade Index : A Note," *Weltwirtschaftliches Archiv*, 129 (4), pp. 829–33.
Smeets, H.-D. (1999), "Germany," in Brülhart, M. and R. C. Hine (eds) (1999).
Takacs, W. E. and A. Winters (1991), "Labour Market Adjustment and British Footware Protection," *Oxford Economic Papers*, 43 (3), pp. 479–501.
Tharakan, P. K. M. and M. Calfat (1999), "Belgium," in in Brülhart, M. and H. Hine (eds) (1999).
Verdoorn, P. J. (1960), "The Intra-block Trade of Benelux," in Robinson, E. A. G. (ed.) (1960).
Viner, J. (1950), *Customs Union Issue*, New York : Carnegie Endowment for International Peace.
小柴徹修（2011）「持続的発展可能な日本の産業構造の構築」『東北学院大学経済学論集』第176号，61-109ページ。
小柴徹修（2008a）「補論：産業内貿易の展望」グリーンナウェイ＝ミルナー著／小柴徹修・栗山規矩・佐竹正夫訳『産業内貿易の経済学』に所収（243-337ページ），文眞堂。
小柴徹修（2008b）「産業内貿易論：サーベイと新たな展開」『東北学院大学経済学論集』第168号，31-103ページ。
小柴徹修（2006）「日本と北米自由貿易協定（NAFTA）地域との自動車製品の産業内貿易と産業調整」『経済学論纂』（中央大学）第46巻第1・2合併号，243-337ページ。
小宮隆太郎（1988）『現代日本経済：マクロ的展開と国際経済関係』東京大学出版会。
財務省関税局（1998-2008）『日本貿易統計月表』。
内閣府経済社会総合研究所（1970-2007）『国民経済計算年報』。

第 4 章

ユーロ危機と制度改革
――構造問題を中心に――

はじめに

2010年5月に発火したギリシャ危機はユーロ危機へ発展した。金融市場パニック，ユーロ暴落，欧州を超えて日米などへの金融危機の波及（株価暴落，円高），ユーロ建て資産からドル・円建て資産への資金シフトなどがいちどきに生じて，ギリシャのデフォルト（政府の債務不履行）は「第2のリーマン・ショック」になると恐れられた。ユーロ崩壊論の横行が示したように，ユーロの存亡にかかわる事態となった。

EU・ユーロ圏はIMFと共同で緊急支援策を確立した。1,100億ユーロの対ギリシャ緊急支援策，7,500億ユーロの金融安定化策を構築することによって，ユーロ危機は7月に沈静化した。2010年秋，アイルランドの銀行債務危機から財政危機となり，金融市場の攻勢に対して，11月28日金融安定化策850億ユーロが初めて発動された。この危機ではユーロ相場は対ドルで10%余り下落したが短期に回復し，金融パニックも起きなかった。さらに2011年4月6日ポルトガルがEUに支援を要請し，IMFを含めて支援条件の交渉中だが，800億ユーロのローン供与が予想されている。

これら一連の危機によってユーロ制度の欠陥が明らかとなり，制度改革の動

きも 2010 年半ば以降本格化した。構造問題に関する限りでは，2011 年 3 月 24/25 日の EU 首脳会議において包括的な対応策が示された（制度改革の細部は今後の財務相理事会等に委ねられている）。

欧州危機の深刻さは，低成長や失業率の増加といった景気循環的な要因だけでなく，ユーロのような欧州経済の存立構造そのものが動揺しているところにある。もっともその点は世界金融危機の震源地であった米英両国にも共通している。金融制度の見直し，ソブリン・リスクへの対応は米英両国にも共通する課題である。とはいえ，ユーロ制度は形成時において統一ドイツを制度に包み込むことを至上命題としていた面があり，当初から制度としての問題を抱えていただけに，世界金融危機とユーロ危機は制度改善のチャンスを与えてくれたといえる。

本章ではユーロ圏の危機の経過，危機に対するモデル的な説明，さらに現在の制度改革を含めた危機対応策についてまとめ，構造問題への対策を中心にこのような流れについての評価を示したい。第 1 節ではギリシャ危機・南欧危機の展開プロセスとその特徴を示す。第 2 節ではダイバージェンス・モデルをもとに，統一通貨圏の不均衡の拡大とその調整について考察する。第 3 節では，ユーロ制度改革の前提となるものの，第 2 節のモデルには包摂されないユーロ危機の特殊な問題について説明する。第 4 節で本年 3 月下旬の EU 首脳会議において集約されたユーロ危機対策とユーロ制度改革の概要を説明し，若干の評価を行う。全体を通じて，ユーロ制度は調整を市場に委ねることはできず政策協調の強化を必須とする理由を示すとともに，現行の改革案が何をねらっているのかを明らかにしたい。

1. ギリシャ危機・南欧危機への EU・ユーロ圏の対応

1-1 2010 年代に於けるユーロ圏諸国の経済成長パターン

1980 年代に米英主導で開始された金融・経済自由化の潮流は 1990 年代から生産・経済のグローバル化へと発展した。この潮流に対して立ち遅れた EU（大陸ヨーロッパ）は，①単一市場統合（1985-92 年），②ユーロ導入（1999 年，2002

年より専一流通），③中・東欧への拡大（2004年と2007年），と統合の「3つの飛躍」を成し遂げ，経済のリージョナル化と経済グローバル化への対応を並行して進めてきた。

　イベリア半島から中・東欧に至る地域生産ネットワーク，西欧・北欧の準大手・中堅銀行による東欧諸国の金融支配体制が構築された。ユーロ圏内では為替リスクがなくなり，ホームバイアスは低下，ユーロ加盟国相互の銀行間貸出や投資が大きく発展した。1997年EUの15大銀行の総資産4.5兆ユーロのうち国内資産60％，EU諸国13％，EU外27％，それが2006年には総資産15兆ドル，国内48％，EU諸国24％，EU外26％となった。EU域内の成長が突出していた。ロンドン金融市場は世界金融取引の卸売市場として，米国をはじめ世界各国にドル建て，またユーロ圏諸国に向けてユーロ建てにより大規模な投融資を行った。本章では立ち入らないが，EU経済・金融のリージョナル化と金融グローバル化とは密接に絡み合っていた[1]。

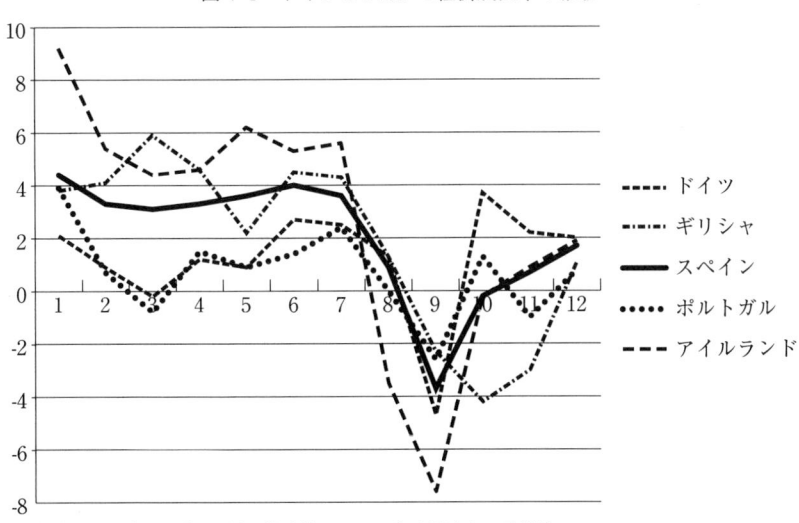

図4-1　ドイツとPIGSの経済成長率の推移

（注）1. 10年は同年10月の推計値、11, 12年は同時点の予想値。
　　　2. 横軸の1は97〜01年の平均値，2は02〜06年の平均値。3は2003年，以下4は2004年，……12は2012年。
（出所）European Commission (2010), Autumn Forecast 2010–2012, Nov. 10.

図4-1にPIGS（ポルトガル，アイルランド，ギリシャ，スペイン）4カ国とドイツの経済成長率の推移（1990年代末から2010年）を示す。重債務国ということでPIGSと一括されるが，成長のパターンには特徴があって，スペイン，アイルランドは住宅ブームからバブル破裂へ，ギリシャは放漫財政による消費ブーム，ポルトガルは経済の長期停滞を特徴としていた。だが，世界経済危機によってGDPは大きく下落し，いずれの国も銀行救済と景気政策への支出増大，歳入減少によって財政状況が悪化，重債務国となった。ドイツはユーロ圏GDPの約27％を占めるユーロ圏最大の国だが，21世紀初頭の世界好況期に不況が長引き，住宅価格低下，単位労働コスト低下などPIGS諸国と反対の極に位置した。2001-05年の低成長の後経済成長率が上昇し，世界危機の中で2009年には大きく落ち込んだものの回復は早く，2010年には3.6％とユーロ圏で最も成長率が高かった。

1-2　2つの緊急支援策の決定（ギリシャ支援とユーロ圏金融安定化策）

2009年10月の新政権発足後，2009年のギリシャの財政赤字がGDP比13％，政府債務残高が同じく100％超となることが明らかとなり，ギリシャ国債への格付は相次いで引き下げられ，ギリシャ政府の支払い能力とEU・ユーロ圏の対応に対する不透明性から金融市場の懸念は高まり，EUとの支援交渉が長引く中で，2010年4月末から金融市場はパニックに陥った。ギリシャのデフォルトは「第2のリーマン・ショック」との風評が広がり，ユーロは前年末の1.5ドルから1.2ドル向かって暴落，株価暴落はヨーロッパを超えて日本や米国にも波及した。ユーロ崩壊論も広がった。5月9日深夜EUはついに2つの緊急支援策を発表した。

第1は合計1,100億ユーロのギリシャ支援で，ユーロ加盟国首脳会合において5月7日に決定した。ユーロ圏800億ユーロ，IMF300億ユーロ，支援期間は3年間，利子5.2％のローン供与の条件として，ギリシャは2010年中に財

---

1) 拙著（2010岩波新書）参照。欧州大銀行のグローバル金融（ドルビジネス）への参入とその帰結については拙稿（2010）を参照。

政赤字を GDP 4% 分カットし，財政緊縮を続行して 2014 年には財政赤字を GDP 比 2.6% に引き下げる[2]。

第 2 は被支援国を特定していないが事実上南欧支援を目的とするユーロ圏金融安定化策であって，アジア市場が開く数時間前まさにぎりぎりのタイミングで 5 月 9 日深夜から 10 日にかけて，EU 財務相緊急理事会が決定した（その前に首脳会議が大筋了承）。①ユーロ加盟国による最大 4,400 億ユーロの欧州金融安定ファシリティ（EFSF），②欧州委員会担当の最大 600 億ユーロの欧州金融安定化メカニズム（EFSM），③IMF の共同支援最大 2,500 億ユーロ，合計 7,500 億ユーロ（約 85 兆円）。

これほど膨大な支援額となったのは，EU の危機感の裏返しであって，大国スペインに危機が飛び火しても大丈夫と市場に安心感を与えようとしたためである。資金の供給は「ユーロ加盟国の制御を超える例外的に困難な状況を前提」（リスボン条約第 122 条）している。EFSF の 4,400 億ユーロはユーロ加盟国の GDP 比で約 5% である。ユーロ圏諸国が共同して市場で債券を発行して資金を調達する（ギリシャ支援の 800 億ユーロについても同様である）。資金の負担は各国の ECB 出資金払い込みのシェアに応じており，ほぼ GDP 比に対応している（ドイツ 27%，フランス 20%，イタリア 18% など。ただしイギリスやポーランドなどもある程度の拠出を行うことがあり，各国のシェアはその分弾力的）。IMF は既存の融資制度を通じて各国ごとに支援を実施する。欧州委員会担当分は欧州委員会が EU 予算を担保に債券を発行して必要資金を調達する。

これらの 2 つの緊急支援策の決定にもかかわらず，ユーロ下落は 6 月になってもおさまらず，7 月に入ってようやく沈静化した。ギリシャには 2010 年 5 月 200 億，9 月 90 億，合計 290 億ユーロのローンが提供され，以後も EU・IMF の審査をパスすれば 4 カ月ごとに資金供給が続く。ギリシャは国債を発行しなくても 3 年間財政資金を手当てできる。

---

2) 2011 年 3 月 11 日のユーロ圏首脳会議の結論において，ギリシャに対するローンの利子率を 100 ベーシスポイント引き下げ，満期を 7 年半に延長することが明記された。実施の詳細は財務相理事会が決定するとされている。

1–3 ECB の非伝統的領域での活動

ECB（欧州中央銀行）はギリシャ危機の中で新領域に踏み込んだ。デフォルトの懸念される国債を買う投資家はいない（S&P などの格付け機関はギリシャ国債を「投資不適格」に格付けした）。独仏英の銀行はギリシャ国債を各々数百億ユーロも保有していたが，買ってくれる投資家がいなければ，PIGS 国債は紙切れ同然で，資金調達に困難をきたす。従前は民間格付け機関が「投資不適格」と格付けした債券は ECB は担保に取らない建前であったが，ギリシャ危機において ECB は「市場機能回復」を理由として 5 月上旬南欧諸国の国債の買い取りを開始し，毎週購入して 7 月初めに合計 600 億ユーロとなった。その有効性は各方面から折り紙付きである。ECB は 2010 年秋にも 100 億ユーロを超えるアイルランド国債を同国の銀行から購入し，ユーロ資金を供給した。

アメリカでは世界金融危機の中で FRB が，市場で購入されない CP（コマーシャルペーパー），社債，証券化商品など，多種類の証券を 1 兆ドル以上も購入した。金融システムの麻痺を回避するため中央銀行が史上初めて「最後の買い手」となった。21 世紀の金融危機は 20 世紀までの中央銀行運営の常識を超えた対応を中央銀行に迫っているのである。

とはいえ，ECB に危機国の国債が累積するのは中央銀行の健全性からいって問題がある（2010 年末に ECB はギリシャ，ポルトガル，アイルランドの国債を合計 930 億ユーロ保有している）。EFSF による買い取りといった中央銀行に対する支援策も議論されているが，未だ決定に至っていない。

1–4 金融安定化策のアイルランドへの発動

ギリシャへの支援資金は，ギリシャの財政赤字の削減（09 年 GDP 比 13.6% を 14 年 2.6% へ，など）を条件に実施される。まず 2010 年 5 月下旬，最初の 200 億ユーロ（うち EU 145 億ユーロ，IMF 55 億ユーロ）を支援，以降ギリシャの条件実施などをチェックしながら四半期ごとに支援を続ける。9 月には 90 億ユーロ，2010 年 1 月に第 3 回が実施された。

だが市場はギリシャがローン供与の条件を守れないと見ているようだ。国債

図 4-2　ソブリン CDS スプレッド

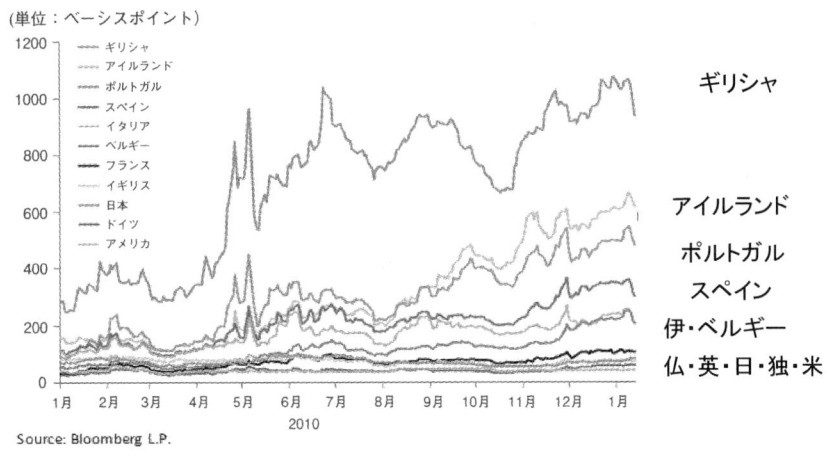

(単位：ベーシスポイント)

Source: Bloomberg L.P.

（出所）IMF. GFSR, Market Update, January 2011.

のリスク度を示す指標の 1 つ CDS スプレッドはギリシャ危機で急騰し，その後も特に高い。南欧の重債務 3 カ国とアイルランドの頭文字を組み合わせて，PIGS（イタリアを加えると PIIGS）と呼ばれるが，これらの国は程度の差はあれ，いずれも高くなった。

2010 年秋アイルランド危機が起きた。アイルランドの銀行は不動産バブルに貸し込んだ（住宅ローンやディヴェロッパーへの融資）ため，資産はピーク時に GDP 比 8 倍にも達した。銀行危機が勃発すると，アイルランド政府は大手 3 行を中心に国有化や取引保証などにより丸抱えする形で危機を沈静化させようとした（大手 2 行は国有化）。2007 年の危機の開始から 2009 年 8 月までに，アイルランド政府による銀行への資本注入は GDP 比 6.6％，銀行債務の保証 GDP 比 167.5％，合計 174.1％ もの支出規模（GDP 比）は EU 最高，第 2 位のベルギー 30.7％ と比較しても圧倒的に高かった[3]。アイルランド政府の措置にもかかわらず，不況の中で銀行の不良債権が膨張し，秋には銀行救済費用（政

---

3) European Commission, Economic Forecast, Autumn 2009, p.61 の統計表より。

府の財政赤字) が際限なく膨らむ懸念が広がり，CDS スプレッドの急上昇 (金融市場の混乱) へと至った。

IMF の調査によれば，アイルランドにおいて 2011 年に満期の来る銀行債務は 07 年と比較して，4 倍以上に増えている (後掲図 4-4 参照)。この銀行危機と政府の支援能力を金融市場は意識してアイルランド危機となり，政府も EU に支援を要請するしか手段が無くなった (2010 年の財政赤字は GDP 比 32% という驚くべき高さになった)。不況の中で不良債権が膨張した銀行と財政赤字累積により救済能力を失った政府との組み合わせが，今日のソブリンリスク問題の特徴の 1 つなのである。

アイルランド政府の支援申請に対して 11 月 28 日，南欧向けに設定されていた金融安定化策が初めて発動された。EU，ユーロ加盟国と IMF は合計 850 億ユーロ (EFSM 225 億，EFSF 177 億，ユーロ圏外諸国 48 億，IMF 225 億ユーロ，またアイルランド政府年金基金から 175 億ユーロ。なおアイルランドへ巨額の貸付をした自国銀行を抱えるイギリスが 38 億ユーロ，スウェーデン 6 億，デンマーク 4 億ユーロを拠出した。) 金利 5.8%，期間 7.5 年のローン供与である。ローンの使途は財政赤字の穴埋め 500 億，銀行支援 350 億ユーロとされている[4]。

アイルランド危機は短期間で沈静化した。ユーロは下落したが，暴落には至らず，金融市場は緊張したが，パニックは生じなかった。金融安定化策がギリシャ危機の際に決定されており，その支援による危機の沈静化を事前に期待できたからである。南欧重債務国の財政危機が即ユーロ危機 (対応困難なユーロ暴落) というわけではない。アイルランドでは政府危機から 2011 年 2 月選挙となり，政権が交代した。

ポルトガルでは 2011 年 3 月 23 日少数与党の社会党政権が提出した財政緊縮計画が議会で拒否され，CDS スプレッドは跳ね上がった。憲法の規定により選挙は 6 月となる。6 月に予定される国債発行のめどが立たず，臨時政府は 4

---

[4] イギリスの 38 億ユーロは EFSF 拠出の 177 億ユーロにおけるユーロ圏各国のほぼ GDP に比例した分担率に対応して，イギリスの GDP に比例した金額のように思われる。他の 2 カ国についても同様であろう。

月上旬 EU に支援を要請した。IMF と合わせて 800 億ユーロ程度の支援が予想され，支援条件の交渉が始まった。ユーロ危機は起きていない。

2. ダイバージェンス・モデルと統一通貨圏の調整プロセス

2–1 2つのダイバージェンス

ユーロ加盟国はユーロのもたらす経済的利益と引き換えに主権国家が持つ裁量権を次の2つの分野で喪失する。

第1は自国の経済状態に適合した「最適金利」の設定である。ユーロ金融政策はユーロ圏の平均をメドに発動されるからである。第2は為替レートの変更権限である。

これら2つの制約に対処するスタンダードな方法はユーロ圏平均の経済パフォーマンスを確保することである。とりわけ物価上昇率において平均の位置を確保できれば，金融政策は「最適」となろう。少なくともそれに接近する。しかし物価上昇率は賃金上昇率と労働生産性上昇率とに密接に関係しており，また失業率や公務員俸給や手当などに関する政府の政策に依存するところも大きい。

ユーロ導入後 2002 年から 2006 年までの 5 年間の消費者物価上昇率（年平均値）を見ると，西欧・北欧先進国と南欧諸国（PIGS）の間にはっきりと乖離がある。フィンランド 0.8%，ドイツ 1.3%，フランス 1.7%，オーストリア 1.8% と低く，オランダとルクセンブルクは 2.1% でユーロ圏 17 カ国の平均値に等しい。ベルギーは 2.2% である。対してポルトガル 2.8%，アイルランドとギリシャ 3.1%，スペイン 3.3%，イタリアは 2.6% であった。

ユーロの政策金利はユーロ圏平均をメドとするので，実質金利はスペインなど物価上昇率の高い国で低く（あるいはマイナス）となり，反対にドイツ（成熟大国）のように物価上昇率の低い国では不況期でも高すぎると感じられるようなプラスの実質金利となる。その中間に，中庸を維持したベルギー，オランダなどの成熟経済小国があった。

この3つのカテゴリーを区別して発展経路を描くと，表 4–1 のように 3 つ

表4-1 実質金利に関するダイバージェンスⅠの展開

国のグループ	物価上昇率（時点0）	実質金利と成長率	物価上昇率（時点1）
1. 南欧諸国	高い	低実質金利・高成長率	高い
2. 成熟小国	中位	中位実質金利・中間成長率	中位
3. 成熟大国	低い	高実質金利・低成長率	低い

（出所）筆者作成。

の経路を辿ることになる。南欧諸国は「上方の経路」を進み，成熟大国は「下方の経路」を，成熟小国は両者の中間の経路を進むことになる。この展開は，物価上昇率中位の成熟経済小国を標準として，物価上昇率の高い国と低い国との間の物価上昇率の乖離から来る実質金利と経済成長率の乖離，ひいては後の時点（表4-1の時点1）の物価上昇率のさらなる乖離を生み出すように見える。この展開を「ダイバージェンスⅠ」と呼ぶことにしよう（表4-1参照）。

他方，名目為替相場は絶対的に固定されているので，物価上昇率の乖離は時間の経過とともに，実質為替相場の乖離を拡大していく。すなわち，①物価上昇率の高い国→実質為替相場上昇→ユーロ域内で競争力喪失，②物価安定国→実質為替相場下落→ユーロ域内で競争力強化，という経路である。為替レート固定の下で物価上昇格差が広がっていくと，物価上昇持続国の実質為替相場は上昇し，物価安定を続けている国の実質為替相場は切り下がる。この乖離を「ダイバージェンスⅡ」とよぶことにしよう。物価上昇持続国は競争力を喪失して，輸出抑制・輸入増大となるから，外需が経済成長にマイナスに作用する。反対に物価安定国は国際競争力が強まって，輸出が伸び輸入は抑制されて，外需（純輸出）が経済成長にプラスに作用するようになる。物価安定国（たとえばドイツ）は時間の経過と共にこのダイバージェンスⅡが経済成長に貢献するようになる（表4-2）。

表4-2 実質為替相場に関するダイバージェンスⅡの展開

国のグループ	物価上昇率	実質為替相場	経済成長への影響
1. 南欧諸国	高い	切上り（競争力低下）	純輸出を通じてマイナス
2. 成熟小国	中位	中　位	中　位
3. 成熟大国	低い	切下り（競争力上昇）	純輸出を通じてプラス

（出所）筆者作成。

2-2 先進国通貨同盟の想定とダイバージェンス

　EC（欧州共同体）は 1980 年代 EMS（欧州通貨制度）によって共同フロート制を採用し，域内固定相場制（為替相場の安定）と金融の安定を守ったが，EMS を維持する原則はコンバージェンス（EMS 参加国の経済パフォーマンスの収斂）であった。実際にも EMS 参加国の物価上昇率（コンバージェンスの基本指標）は，1983 年フランスがドイツ流のマネーサプライ・ターゲット政策に転換したことによって収斂プロセスが始まり，1980 年代末には独仏の物価上昇率はほぼ等しくなるところまでコンバージェンスが発展した。ただしそこでは EMS 参加国の為替管理が資本の攪乱的流出入を防止するために採用されており，域内固定相場制を維持する補助装置となっていた。だが金融グローバル化の中で資本移動自由化がグローバル・スタンダードとなり，EC 諸国も単一市場統合の一環として 1980 年代末から 1990 年代初めに完全自由化を達成した。これにより，状況は一変する[5]。

　資本移動自由化の下の金融安定は EMS では守れなかった。1992 年をもって一応の完成を見た単一市場を基礎に，「単一市場に単一通貨を」が EU のスローガンとなった。1990 年ドイツが再統一へと進み，EC の無条件承認と引き替えにドイツ政府がマルク放棄を決心したことにより，ドイツ連邦銀行制度を模倣した通貨同盟の設計図が完成した。

　ユーロはこのように EMS からの発展であり，西欧先進国の通貨同盟として設計されていた。ユーロの制度は加盟国の経済発展段階をまったく問題にせず，自己責任原則を基礎に形成されている。加盟国の間の財政支援は禁止されている。経済格差問題に関する配慮は一切ない。

　こうでなければならないと大胆な構想をとりまとめ，現実をそれに引き寄せていくのは欧州の得意技である。ユーロ導入ではそれが遺憾なく発揮された。

　だが先進国通貨同盟というユーロの設計図と現実にズレが生じた。ユーロに

---

5) EMS は前期（物価上昇率格差を中心レート変更によって調整し，為替管理を補助装置とする）と後期（資本移動自由化から物価上昇率の収斂をテコに通貨統合を目指す）に分かれる。詳細は拙編著（1996）を参照されたい。

南欧諸国が続々加盟したからである。

　ユーロ加盟には，低インフレ，財政赤字3％以下のような「4条件」をパスしなければならない。その条件が設定された1991年に南欧諸国がこの試験にパスすると考えた人はいなかった（アイルランドは例外）。だがギリシャ以外の南欧諸国は政労使一体となって努力し1999年に加盟，ギリシャは財政赤字の数値をごまかして2002年に加盟した。ここからダイバージェンスをはじめとするEU通貨同盟の困難が生じた。

　国家社会や経済のガバナンスにおいて，西欧先進国と南欧諸国ではかなり大きなギャップがある（南欧諸国間にも格差がある）。それが「ダイバージェンスⅡ」による競争力格差の拡大をさらに増幅した。ユーロ導入と相前後してドイツやオーストリアなど西欧諸国は中・東欧への企業・銀行の展開，現地技術者の雇用などで自国の賃上げを抑制し国際競争力を引き上げたが，南欧諸国はユーロの低金利を放漫財政（ギリシャ）や住宅バブル形成（スペイン，アイルランド）に利用した。世界金融危機の直撃を受けると，これら諸国は相並んで財政危機に陥った。

2-3　2つのダイバージェンスとリージョナル・インバランス（競争力格差の構造化）

　ダイバージェンス・モデルを筆者が提出したのは2007年であり，その時には，2005年までの低物価上昇率・低成長から2006年に成長率を高めたドイツに焦点を合わせていた。2000年代前半に相対的に高い実質金利に苦しんだドイツがやがて輸出の増大によって成長率を回復する道筋をモデル化したのである[6]。だが話はそこで終わらない。ダイバージェンスⅡが顕在化し，たとえばドイツが経常収支黒字を拡大し，好況へと進んだ後，ダイバージェンスはどこへ向かうのだろうか。ダイバージェンスはさらに拡大し発散の方向へ進むのか，それともコンバージェンス・プロセスへと転換するのか。

6）　田中素香著（2007）167ページ。またこのモデルに関連して田中素香稿（2007）も参照。

図4-3 単位労働コストの推移（2000年第1四半期－2009年第4四半期）

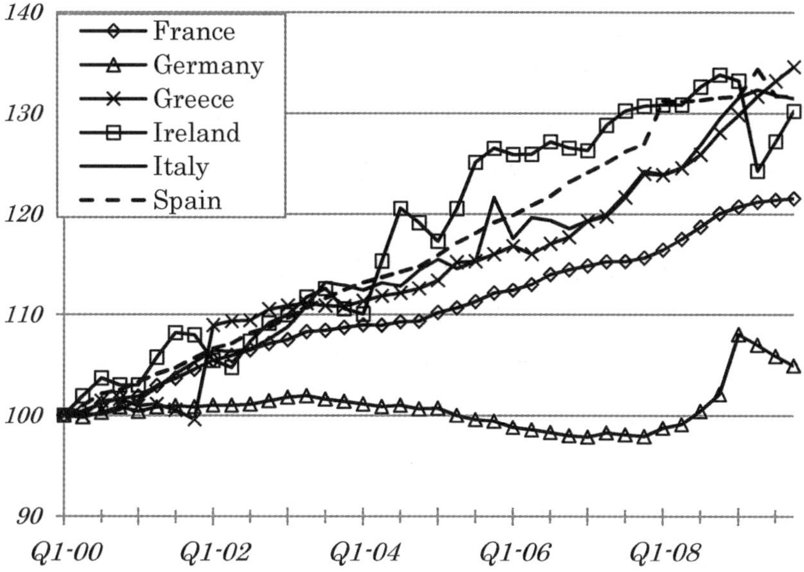

(注) 2000年 Q1 = 100.
(出所) OECD, OECD. Stat Extracts をもとに加工・作成。

　この問題を象徴的に示す指標は単位労働コストの動きである。労働報酬（賃金）が他の国より急速に上昇すると競争力は落ちるが，労働生産性の上昇が賃金上昇と歩調を合わせれば，競争力は損なわれない。一国の賃金上昇率を生産性上昇率で割り算すると，単位労働コストが得られる。図は2000年の第1四半期を100とする指数であるが，100近傍を動くドイツの特異性が際だっている。南欧諸国は揃って上昇し，2009年ドイツとの格差はほぼ30%である。フランスの上昇の度合いはそれより低いが，2008年には15程度の格差が開き，2009年にも継続している。オーストリア，オランダのような他の先進工業国はドイツとフランスの間に来る。フィンランドは2007年までドイツとフランスの中間を動いていたが，2008年に急上昇してフランスと重なった。21世紀初頭の好況期に南欧諸国はユーロの低金利をベースに不動産ブーム，消費ブームを盛り上げ，実質賃金も急速に上昇したが，労働生産性が追いつかなかった。
　こうして競争力格差は構造化した。その1つの現れがユーロ圏のリージョナ

ル・インバランスである。その結果，西欧・北欧諸国の経常収支黒字，南欧諸国の経常収支赤字は構造化し，年々拡大していった（仏伊両国はほぼ均衡）。黒字国と赤字国がはっきりと分かれた。表4-3 に PIGS 諸国の経常収支赤字を 2002-06 年，2007 年から 2012 年まで，ドイツの黒字の推移と比較しつつ掲げている。ドイツ以外の黒字国の 2002-06 年の年平均値（GDP 比）は，オランダ 7.5％，フィンランド 5.9％，ベルギー 4.5％，ドイツ 4.2％，オーストリア 2.4％であり，その後もドイツとよく似た経路を描いた。

　黒字国にとってユーロは実に有り難い通貨である。インフレ国は競争力を年々喪失していくのに，為替相場の切り下げが生じない。ユーロ以前には，イタリア・リラやスペイン・ペセタがマルクに対して大幅に切り下げて競争力を回復し，ドイツなどにとって痛手となった。ユーロは西欧・北欧の工業国には好都合だが，南欧諸国の製造業衰退の仕組みともなっており，南欧諸国も EU も的確な対応を求められている。

　21 世紀初頭のアメリカのグローバル・インバランス（経常収支赤字）は資本市場の競争力や基軸通貨国のゆえにヨーロッパの民間資本とアジアの政府資金の流入によってファイナンスされ，余剰分はアメリカの投資家により海外投資されていた。ユーロ圏の場合，為替リスクがなくなりしかも南欧諸国の金利はリスクプレミアムに見合う分だけ西欧成熟国より高いので，GDP 比で見て巨額の経常収支赤字であっても証券投資（国債の購入）や銀行貸付によってファ

表4-3　PIGS 諸国の経常収支赤字の膨張とドイツの黒字（GDP 比，％）

国／年	2002-06	2006	2007	2008	2009	2010	2011	2012
アイルランド	1.3	3.7	5.5	5.6	3.1	1.1	＋1.5	＋2.7
ギリシャ	11.8	12.8	15.7	16.4	14.0	10.6	8.0	6.5
スペイン	6.0	9.0	10.0	9.6	5.5	4.8	3.8	3.6
ポルトガル	8.9	10.8	10.2	12.5	10.4	10.7	8.0	6.7
ドイツ	＋4.2	＋6.6	＋7.6	＋6.7	＋5.0	＋4.8	＋4.6	＋4.3

　（注）　符号＋は黒字を表す。2010 年以降は 2010 年 10 月時点の予想値。
　（出所）　European Commission (2010f).

イナンスされ，ダイバージェンスIIが顕在化しても，経常収支赤字はダイバージェンスI（つまり高い物価上昇率）を抑制する効果は持たなかった。ダイバージェンスIは不動産バブルや消費景気へと発展し，世界金融危機によって金融・生産両面において急激な縮小が起きるまで続いたのである。そこから調整局面が始まった。

以上によって，ユーロ圏の不均衡の調整を市場に委ねるわけにはいかないことがわかった。ユーロ加盟国の政策協調に調整機能を取り入れる必要がある。2010年から本格化したユーロ制度の改革はそのような課題も担っていたのである。

ドイツ企業は1990年代半ばから東欧諸国に大挙して進出し，1990年代末以来国内の労働組合には「賃上げか工場移転か」と迫って，賃金上昇を抑え，21世紀にはいると中東欧に加えてウクライナやロシアにも企業展開を進め，技術者・熟練労働者を組織的に雇用して本社と連結し，技術者・熟練労働者についても国内の賃金引き上げを抑制，労働生産性の引き上げに成功していた。2008年の単位労働コストの急激な上昇（図4-3を参照）は世界不況の中で失業者を増やさないためにワークシェアリング（仕事の分け合い）を組織的に展開した結果を反映しており，景気回復後単位労働コストは再び低下している。南欧諸国はブームに酔いしれている間にドイツに大きく競争力の格差をつけられてしまったのである。

PIGSとドイツの経常収支は2007年ないし2008年をピークに赤字，黒字共に収縮過程に入っている。世界経済危機と不動産バブル破裂等が調整過程への転換を強制した。しかしギリシャ，ポルトガルの赤字は2012年になってもGDP比6％台と予想されており，かなり大きな規模である。図4-3の単位労働コストの格差から判断する限り，PIGS諸国はドイツに対しては20％以上，西欧・北欧諸国の平均に対しても10％以上の賃金切り下げが不可欠である。たとえばギリシャのトラック運転手は賃金維持のためにクローズドショップ制の組合が人数制限を政府に認めさせているなど，過度に保護されている面もある。コーポラティズム（協調組合主義）の弊害は国を覆っている。労働市場の

自由化・弾力化が避けられないであろう。また企業・産業レベルの競争力引き上げのための産業政策も強力に推進される必要があろう。これらもユーロ制度改革の中に含まれる必要がある。

3. ユーロ危機の特殊な諸問題

第2節ではギリシャ・南欧危機，あるいはそこから発展したユーロ危機について，ダイバージェンス・モデルを使っていわばスタンダードな解説を行った。だがユーロ危機にはスタンダードなモデルでは説ききれない特殊な様相が含まれている。本節ではそうした問題を考察してみたい。

3-1　ギリシャの財政問題がなぜユーロ危機にまで発展したのか

2010年5月に爆発形態へと発展したギリシャ危機は，ユーロ崩壊論が横行した事実が示すように，ユーロ存亡の危機と受け止められた。ギリシャのGDPはユーロ圏全体のわずか2.5%，それがなぜユーロ圏全体，ひいては世界金融を震撼させたのだろうか。ギリシャのソブリン・リスク問題の先が見えなかったからである。

第1にユーロに関する法律（EUの基本条約と欧州中央銀行法など）に危機管理や危機の解決についての規定がなく，この問題に対するユーロ圏の対応が不明なため，金融市場に不安が蔓延した。アメリカのどこかの州が財政危機になってもドル危機にはならない。それは連邦政府がドルについて一切の責任を負うからである。ユーロ圏は連邦ではなく，ユーロ圏としての危機の取り決めもないのだから，ギリシャのデフォルト（債務不履行）が起きてもギリシャの法律での対応となるほかないが，その場合外国の債権者の訴訟や国を超えるCDS契約の執行などについて不明な点が少なくないので，債権者側に不安が高まった[7]。

第2にEU・ユーロ圏とギリシャ政府の支援交渉が長引いた。ギリシャ政府

---

7)　Buiter (2011), p. 31．

の連年の安定・成長協定違反があったので，ユーロ圏諸国，とりわけドイツの世論のギリシャ批判は厳しいものであった。ギリシャはユーロ加盟条件の1つ，財政赤字3％以下を達成していなかったのに，嘘の報告をEUに提出して2001年ユーロ加盟を果たした。その2001年から2009年までただの1年もその財政赤字規定を守らず，金融デリバティブを使って赤字を見えないように操作し，EUには嘘の報告でごまかしていた。ユーロの低金利を産業活性化やインフラ整備などに活用することもなく，国債を外国人投資家に売り（ギリシャ国債保有の70％以上は外国人），失業者を次々公務員に雇い入れた。ギリシャの民主主義政治は大衆迎合のポピュリズムである。選挙に勝つために超寛大な年金制度や公務員給与を次々に約束して政権につくが，ギリシャの経済力では支えきれない。高額所得者のうち約50万人は脱税常習犯といわれ，20％もの付加価値税（日本の消費税にほぼ該当）を「節約」するために取引に領収書が省かれる（たとえば，医者は領収書を出さず，患者も受け取らないことで，一方は税務署への所得申請，他方は消費税を「節約」する）。歳入不足と歳出膨張，財政赤字が膨らむのは当然であった。

　4世紀にわたるオスマントルコ支配，その前にも外国支配を被った歴史を背負う経済社会は勤労を美徳とする西欧とは異質の類型である。ギリシャ・ドラクマの時代には，インフレ，高金利，経済不安定は自業自得であったが，ユーロ加盟によって分不相応の物価安定と低金利を与えられ，ギリシャ風に巧妙に利用して10年を過ごした。そのつけが回ったのである。

　西欧諸国の市民はあきれたが，とりわけ謹厳実直なるドイツ人は怒りを爆発させ，政治家，中央銀行家，大学教授など指導層の人々でさえ，ギリシャ支援は「ギリシャ人の浪費に報奨金を渡すようなものでモラルハザード」と反対した。ユーロ圏財務相会議での支援交渉においてもギリシャ政府はしたたかで，「ギリシャのデフォルトで困るのはあなたたち」と開き直り，他のユーロ圏諸国に寛大な支援条件を求めた[8]。交渉が長引くのは当然の帰結であった。誰も先行きがわからない状況にもかかわらず，2月に始まったギリシャとユーロ圏諸国との支援交渉は4月末になっても決着しなかった。国債の新規発行が

迫って追い込まれたギリシャ政府は4月23日ようやく正式の支援申請を行った。長引いてまとまらない交渉に金融市場は神経質になり、ついに4月末以降はパニック状態となり、その度合いが強まっていった。

第3にデフォルトの波及が懸念された。PIGS諸国の2009年の財政赤字はGDP比2桁であり、とりわけユーロ圏GDPの11.1％を占める大国スペインがデフォルトすれば、ユーロ圏諸国の支援額は天井知らず、南欧諸国に貸付・投資している西欧の銀行の危機、さらに西欧の銀行に貸し付けている米日など他の先進国の銀行の危機となり、真の世界金融危機へ発展する可能性があった。にもかかわらず、金融市場はユーロ圏やEUの確たる対応策を当てにすることはできなかった。

3-2 政府債務残高を減少させることはできるのか

政府債務残高をB、GDPをYとすれば、B/Yを縮小させる条件は、名目経済成長率＞名目国債利子率、である。名目成長率が高いほどB/Yの分母が大きくなり、名目国債利子率が高くなるほど政府が支払うべき国債費は大きくなるからである。

もっともインフレ率の引き上げ、あるいは為替相場切り下げ（対外債務が自国通貨建ての場合）によって、実質債務を切り下げることはできる（「インプリシットな（implicit）デフォルト」）。しかしPIGSの場合、対外債務はユーロ建てなので為替相場切り下げという方法はありえない。また自国中央銀行による国債引受も禁止されているので、インフレによる実質債務切り下げという方法も使えない。残る手段は、経済成長率の引き上げ、名目国債利子率の引き下げということになるが、この点でもPIIGSの状況は非常に厳しい。国債利子率は前掲の図4-2のように高くなり、経済成長率は表4-4のように低い（表は実質成

---

8) ドイツの閣僚は「ギリシャはユーロから離脱せよ」、ドイツ世論が「エーゲ海の島を売って財政赤字に対処せよ」と攻撃すると、ギリシャの閣僚は「ヨーロッパは今やドイツ第4帝国に支配されている」、アテネ市長は「第2次大戦中ドイツ軍は占領中のアテネから800億ユーロ相当の資産を持ち出した」と、売り言葉に買い言葉のやりとりとなった。

長率なので，名目成長率はそれに物価上昇率を加えることになるが，それでも厳しい）。3つの小国（PIG）では年々の財政赤字もまことに厳しい。

ポルトガルは2011年4月6日EUに金融支援を申請し，金融安定化策の2番目の被支援国となる。EU加盟後の経済成長を支えた外資流入が停止し（1990年代後半から中・東欧へ転換），輸出産業の繊維，農水産物は新興国との競争で振るわず，他方労働市場は硬直的で単位労働コストは上昇して競争力を喪失し，20世紀末から長期経済停滞に陥っている。またこの国の支配層には1974年革命以前の貴族制の遺制が今なお影響をとどめており，政府の実務能力にも疑問符が付く。経済が停滞しても経済改革は進まなかった。

今日までにPIG3国はEU（ユーロ圏）とIMFの共同支援策・金融安定化策で抱え込まれた。当面のソブリン危機はこの措置によって回避できる。

問題は大国スペインである。スペインは不動産バブル破裂から銀行危機となり，世界不況の中での銀行救済から財政危機となった。世界金融危機後の深刻かつ長引く不況の中で，銀行の不良債権が増え，政府の税収は減少して，「銀行危機と財政危機」の悪循環が懸念されている。ただし政府主導で財政赤字の削減が進み，政府債務残高も70％台でドイツより低い（表4-4参照）。不動産ブームの時代に不動産金融を主として提供してきたカハ（地方貯蓄銀行）に対しても，政府の指導で45行が17行にまで合併が進み，銀行の資本増強も政府の圧力で進展しているので，市場のデフォルト懸念も相対的に小さいようだ[9]。2011年春まで国債発行も順調に消化されている。ドイツ国債（10年物）との利回りスプレッドも同年3月には2％台にまで低下してきた。スペイン危機への警戒論も依然根強いものの，スペインが銀行危機封じ込めに成功し財政緊縮にもメドが付けば，EUの対応はかなり楽になる。とはいえ，銀行の健全性に問題が残り，財政緊縮には失業率40％といわれる若者の反発が強いなど，楽観はできない。スペインに危機が起きると，政府債務残高120％のイタリアへの波及も懸念される。

---

[9] スペインでは中央銀行が資本増強を銀行に求めている。アイルランドでも2011年3月末中央銀行が240億ユーロの追加資本増強を大手銀行に求めた。

表4-4　PIIGS諸国とドイツの経済指標（単位：GDP比%，%）

	財政赤字			政府債務			経済成長率		
	10	11	12	10	11	12	10	11	12
ギリシャ	9.6	7.4	7.6	140.2	150.2	156.0	-4.2	-3.0	1.1
アイルランド	32.3	10.3	9.1	97.4	107.0	114.3	-0.2	0.9	1.9
ポルトガル	7.3	4.9	5.1	82.8	88.8	92.4	1.3	-1.0	0.8
スペイン	9.3	6.4	5.5	64.4	69.7	73.0	-0.2	0.7	1.7
イタリア	5.0	4.3	3.5	118.9	120.2	119.9	1.1	1.1	1.4
ドイツ	3.7	2.7	1.8	75.7	75.9	75.2	3.7	2.2	2.0

（出所）欧州委員会，2010年10月段階の予測値。

　ギリシャは政府債務残高が2011年にGDP比150%に達しており，支援期限の2013年以降にデフォルトが起きる事態は十分に予想される。財政緊縮の約束を守れなければ，後述するESM（欧州安定メカニズム）が「秩序あるデフォルト」に踏み切る事態もあり得よう。2010年代半ばになってもEUはソブリン・リスクから解放されそうにない。

3-3　銀行危機とソブリン危機の相互強化作用の可能性

　現在ソブリン・リスク問題を多くの国が抱えている。とりわけ不況，低成長の中で銀行危機と財政支出急増が共振し，ソブリン危機へと発展するアイルランド型の危機に注意する必要がある。図4-4は満期を迎える国債と銀行債券の額をGDP比で示したものであるが，南欧諸国だけでなく米英欧のすべての国で（ドイツと国債が圧倒的シェアを示す日本を別にして），銀行債，国債ともにGDPシェアは大きく上昇している（図4-4は銀行の資金調達の必要額を過去と比較するためのものであり，資金調達の総必要額を示すものではなく，また金利支払いを含まない）。

　銀行が債務を縮小しない限り（したがって資産側の貸出・投資を縮小しない限り），債券は借り換えが必要なので，市場での資金調達が必要になる。ギリシャ，アイルランド，ポルトガルは市場での資金調達を消化することができなかった。だがスペイン，イタリア，イギリスも銀行の借り換え需要は非常に大

図 4-4 ソブリン・リスクと銀行リスクの相関−満期を迎える国債，銀行債券の額（GDP比，2007 年と 2011 年）−

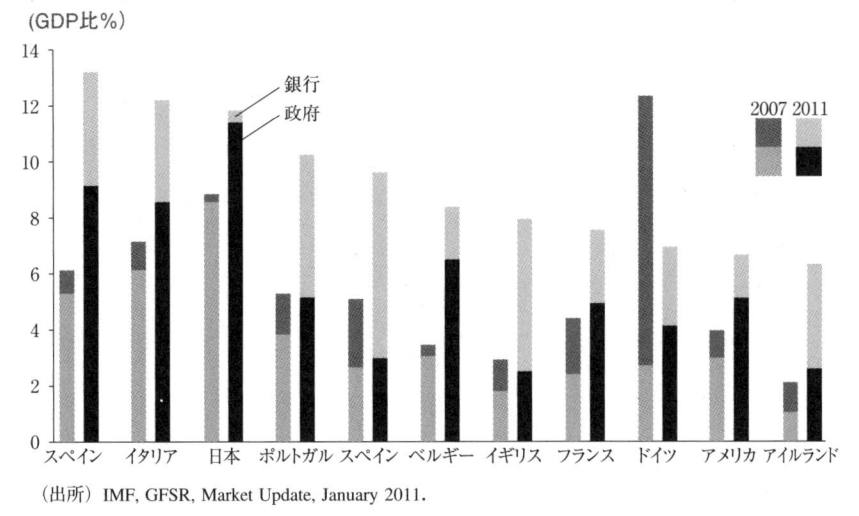

(GDP比%)

（出所）IMF, GFSR, Market Update, January 2011.

きい。潜在的な危機国といえる。アメリカの財政赤字についても IMF から警告が発せられている[10]。ユーロ圏の仏独両国も銀行危機のゆくえいかんによっては，ソブリン危機が起きない保証はない。ドイツは若干の州立銀行の過剰債務が指摘されている。このこともユーロ危機の潜在的可能性として意識されている。

4. ユーロ制度の改革

4-1 ユーロは「平時の通貨」として設計された

通貨制度は万が一生じうる危機を想定し，その対応措置を内包していなければならない。ところがユーロの規定には危機時の想定がなかった（ユーロに関する基本条約の規定や欧州中央銀行法の規定より明らか）。安定・成長協定は危機の予防にかかわるものの，危機の管理や解決をはかるための取極めではなかった。ユーロは「平時の通貨」として設計されていたのである。なぜだろうか。

---

[10] 緊縮政策をとらない限り 2016 年になっても政府債務が増大するとの警告（2011 年 4 月 12 日）である。

第1にユーロの制度設計は1960年代から1980年代までの約30年間の通貨金融財政状況を基礎になされた。比較的安定した時代だったので，危機の制度設計が手薄になった。

第2にユーロはEMS（欧州通貨制度）の発展の先に構想された制度だったので，西欧先進国からなる通貨同盟として設計されており，危機には各国が自己責任で対処できるとの前提があった。EMSにも危機はあったが，EMSの制度・運営を定めたEMS決議（1978年採択）には書かれていない協調行動で対処してきたという歴史も作用していたかもしれない。

第3に戦後最も成功したドイツ連邦銀行への高い評価（ドイツ流に運営すれば，危機を防止できる）も影響していた。

第4にイデオロギー的な要因があった。マーストリヒト条約合意の1991年頃は市場万能を唱える新自由主義の全盛時代であり，ユーロ制度も影響を受けた。

最後に，EUとユーロ加盟国との権限の分割という厄介な問題が作用したと考えられる。たとえばユーロ圏の金融機関の監督は各国当局の担当とされていた。単一市場で金融機関のクロスボーダーの相互進出が発展している中で，各国担当では危機が起きたときにさまざまな齟齬や行き違いなどが起こり，危機に対処できないと懸念されていた。いうまでもなく，各国当局の間には協調の網の目が張り巡らされ，多国籍銀行の監督では関係する国の当局が協議・対応する「カレッジ」制度も作られていた。しかし権限は各国当局がもつのであるから，限界は明らかだった。ところがクロスボーダーの銀行危機を想定すれば，ECB，EU，各国政府の権限分担を詳細に定めなければならず，EUやECBの権限を強めざるを得ない。EUレベルの金融監督制度も必要になる。だがそれをユーロ加盟国は望まなかった。権限は自国に保持しておきたい。また複雑な取り決めがユーロ導入を紛糾させる可能性もあった。こうして加盟国協調方式の監督制度で出発したのである。

万全の危機対策と監督制度を備えていたかに見えた米英両国でも，監督制度が緩められたり法律が改正されたりしたことも助長して，今次の危機に対処で

きず，世界金融危機となった。危機対策を欠落させたユーロ制度が金融恐慌やギリシャ危機へ対応不全を引き起こしたのは当然の帰結ではあった。制度改革が避けられない課題となった。

4-2 改革の概要

世界金融危機と銀行の破綻，南欧危機とユーロ危機を経て，ユーロ制度の改革案が次々に提案された。EU が 09 年初めにとりまとめた金融監督の新制度の構想は早くも 2011 年 1 月に制度化され，実施に移された[11]。その他の分野については，改革は多岐にわたる。2011 年 3 月 24／25 日の EU 首脳会議は，それまでのユーロ改革の総仕上げを行った。首脳会議の「結論」に沿ったユーロ改革の骨子は次の 5 項目である。

1) 財政調整と構造改革,
2) ガバナンスの強化,
3) ユーロ・プラス協定（The Euro Plus Pact），すなわち，ユーロ圏内部の競争力と関連ガバナンスのための経済政策協調の強化（ユーロ未加盟 6 カ国が参加),
4) 銀行部門の健全性回復，そして
5) ユーロ圏の安定メカニズムの強化（ESM（欧州安定メカニズム）の設立および現行の EFSF（欧州金融安定ファシリティー）の能力強化措置），である。

このうち，5) は財政危機国への緊急支援・金融安定化策を拡充して対応力を高め，また 2013 年から常設の機構に転換するための措置である（詳細は後述）。いわば危機時の応急措置の拡充であるが，それ以外は危機再発防止や再生策である。

 1) は EU 各国が中期財政計画と国別改革計画を 4 月から 6 月までに提出す

---

11) 旧制度から新制度への移行プロセスと新制度の問題点については，太田瑞希子 (2010) が詳しく，その説明に委ねる。

る（2012年に少なくともGDP比0.5％の財政赤字改善），さらに雇用創出，年金制度改革，労働市場改革，そして欧州委員会による単一市場議定書（Single Market Act）の提案の中の主要な手段について12年末までの採択（閣僚理事会による），などを掲げている。単一市場議定書は2010年5月刊行の新『モンティ報告』をベースにした単一市場の再活性化計画であり，EUは成長，雇用，競争力強化の中軸的役割を期待している[12]。

　2)のガバナンス強化は，財政規律の回復を指している。EU各国の財政をEU財務相理事会において草案段階でチェックし，過剰な赤字を防止する。EUの財政ルールである安定・成長協定を強化し，協定違反国から罰金を徴収するなど，制裁を強化する，などである。すでに2010年10月に欧州委員会が6つの法案パッケージを閣僚理事会に提出しており，欧州議会との交渉の段階に入っている[13]。内容は，財政赤字是正措置の強化，財政赤字と経済政策協調に関するサーベイランス強化，マクロ経済的インバランスの予防と矯正，加盟国の財政措置への要求などである。EU首脳会議は2011年6月までの採択を呼びかけている。

---

[12]　2009年10月のバローゾ欧州委員会委員長の要請を受けて，2010年5月新『モンティ報告』(Monti (2010)) が提出され，それに基づいて欧州委員会は同年10月単一市場強化の提案を行った（マリオ・モンティはイタリア人。欧州委員会の域内市場担当コミッショナーなどを歴任。1996年単一市場統合の効果を調査した『モンティ報告』（田中素香邦訳 (1998)）が刊行されているので，区別のため新『モンティ報告』と呼んでおこう）。新『報告』の単一市場強化提案は包括的である。要点は，①デジタル単一市場（オンライン電子取引の単一市場（EUレベルでの統一），インターネット統合と高速化などにより5,000億ユーロの利益），②金融サービス統合の高度化（現在加盟国ごとに分裂している国債市場をユーロ建てEU債の発行・流通により統合，リテール市場における消費者保護），③エネルギー分野の単一市場（ガス供給の単一市場，EUガス供給局設立，環境対応商品のEU標準設定・単一市場化），④単一市場のインフラ構築（中・東欧における道路，鉄道網，通信施設の建設），⑤他の加盟国への年金制度の移転を可能にする，⑥税制改革（加盟国の法人税制の接近，賃金課税の軽減）。この『報告』を基礎に欧州委員会は2010年10月に単一市場強化の提案を提出したが，さらに単一市場議定書の提案を行っている。EU首脳会議は単一市場強化をEUの成長と雇用の増進，競争力強化に中核的な役割を果たすと評価している。

[13]　欧州委員会の6つの立法提案パッケージは，European Commission (2010) 〜 (2010 e) を参照。

4）の銀行部門の健全性回復は，世界金融危機における金融部門の行動を受けて，すでに金融関連規制の強化（ヘッジファンドや格付け機関に対する規制強化，銀行家の報酬規制が打ち出された。今回の首脳会議の結論では，①EBA（欧州銀行監督機構）を中核とする新しい金融監督制度の諸機関が実施しているストレステストが質の高いものとなり国債保有を含めて銀行のディスクロジャーがハイレベルで公開されることを求める。②EU各国が銀行の資本増強などに責任を持つ，③2010年6月の首脳会議で合意したグローバル金融取引税（いわゆるTobin tax）導入の促進と欧州委員会の報告書の提出（2011年秋まで），を述べている。

4–3 ESM（欧州安定メカニズム）による金融安定策の強化

常設の金融支援機構ESM（いわゆる「欧州版IMF」）を2013年6月に創設し，7月から稼働する。ESMは現行の金融安定化策（EFSFおよびEFSM）に交替する。EU首脳会議の結論では，付録Ⅱにかなり詳細な規定を置いているが，やがてESM条約において正式の，より詳細な文書に転換されるであろう。

ESMの資金規模は7,000億ユーロ，貸付規模は5,000億ユーロである。ESMは政府協力機構であり，ルクセンブルクに設置される。ユーロ圏諸国からの払込資本が800億ユーロ（160億ユーロずつ5年間にわたって17年まで払い込む）。そのほか，請求後に払い込まれる資本金（callable capital and guarantees）6,200億ユーロ，合計7,000億ユーロの資本金を確保する。ESMは常に最高の格付を維持する必要があるので，そのうち最大5,000億ユーロを融資財源として，危機に陥ったユーロ圏諸国に支援する。「欧州版IMF」と呼ばれているように，財政・金融危機国への常設の支援機構となる[14]。IMFの共同支援も予定され

14）ESMへの資本払い込みのシェアはECBへの払込資本シェア（GDPにほぼ比例）によっており，ドイツ27.146％，フランス20.386％，イタリア17.914％，スペイン11.904％などとなっている（「結論」34ページに一覧表）。ただし，国民1人当たり所得水準がEUの75％以下の国では，（GNIシェアの75％＋GDPシェアの25％）が12年間適用される。それらの国ではGNIはGDPより小さい（国際収支の所得収支は配当・利子支払いなどによりマイナス）ので，その分優遇措置となる。

ている。

　ESMの最高決定機関はユーロ加盟国の財務相により構成される理事会（Board of Governors）である。その下に理事会の業務を代行する取締役会（Board of Directors）が置かれ，ユーロ圏各国から各1名の取締役と代行とを指名する。理事会により専務取締役（Managing director）が指名され，ESMの日々の業務に責任を持ち，取締役会の議長を務める。各国はESMに払い込む資本に比例した投票ウェイトをもち，その80％以上の特定多数決で決定される。

　ESMは加盟国の国債を一時市場において購入することができる。IMFの支援との組み合わせも引き続き実施される（欧州委員会とIMFの交渉にECBも関与）。将来の危機候補国としてスペインやイタリアなどが予想されており，実際にそうなれば，5,000億ユーロでは不安もあり，この問題に関するIMFの専門的な知識・経験とともに資金支援も欲しい状況であろう。ESMのローン供与はIMF方式に沿うとされている。

　ESMで忘れてならないのは集団行動条項（Collective Action Clauses : CACs）である。ESMから支援を受けるユーロ加盟国が資金を返済できなくなった場合，当該国の国債に投資した民間投資家にも元利の返済繰り延べ（「リスケジューリング」）や元金の一部削減などの形で負担を求める交渉を行う旨の条項を2013年7月以降にユーロ加盟国が発行する国債に付ける[15]。

　並行してギリシャ危機後の2010年6月に創設されたEFSFの強化についても一定の合意に達した。EFSFは保証方式をとっており，ユーロ加盟国がほぼGDPシェアに比例して債券を発行し資金を調達する。だが高格付けの国ばか

15）　首脳会議結論では，CACsはニューヨーク州法あるいはイギリス法では通常の措置だとしている。なお1980年代の中南米の累積債務危機の際には1989年に導入されたブレイディ債によって元本の一部切り捨て等が実施され，それを機会に危機の克服へと進んだ。ギリシャ，ポルトガルのように政府債務残高がGDP比100％を超えるような国では財政緊縮政策だけでは債務削減が十分に進まない（緊縮政策が成長率低下を招き税収の落ち込みや失業手当増加などからかえって財政赤字が悪化するというのが中南米の経験であった）。CACsは2013年7月以降の国債に適用されるが，現実的にはそれ以前の国債についてもリスケジューリングや元本削減へと進む可能性は否定できない。

りではないので，全体として AAA 格付けを維持するために調達資金の一部を留保しなければならず，実際には 2,500 億ユーロが支援の上限で，万一のスペイン危機への対応力が懸念されていた。満額の 4,400 億ユーロの貸出が可能になるまで資金枠を拡大する（正式決定は 2011 年 6 月の予定）。

4-4　経済政策協調を強化するユーロ・プラス協定（The Euro Plus Pact）

上述したユーロ圏のリージョナル・インバランスに対する対応策として 2011 年 2 月早々，独仏両国首脳が共同提案を行った。ユーロ圏の過度の経常収支不均衡などに陥った国の競争力や関連する政策行動を監視し，構造改革を進め，改善措置を日常的に赤字国の経済政策に組み込み，さらに毎年設定する数値目標を達成できない国には制裁措置をとるというのが提案の骨子である。

3 月 11 日ユーロ圏首脳会議において「ユーロ協定」にまとまったが，3 月 24/25 日の首脳会議では，ユーロ未加盟のブルガリア，デンマーク，ラトビア，リトアニア，ポーランド，ルーマニアが参加することとなり，「ユーロ・プラス協定」と名称も変更になった。

「通貨同盟の経済の柱 economic pillar of the monetary union を強化し，新しい質の経済政策協調を達成し，競争力を改善し，それらにより高度の収斂を引き起こす」とうたっているが，そもそもはリージョナル・インバランスの是正が目的だったので，共通の目標として競争力促進，雇用促進，財政の持続可能性，金融安定の 4 つを掲げて，そのいずれかで問題を抱える国を特定し，期限を決めて是正を進める。競争力については，賃金と生産性がバランスしているか単位労働コストを，製造業とサービス業，貿易部門と非貿易部門というようにきめ細かくモニターして，他の諸国と比較し，政府首脳レベルが責任をもって調整する。雇用促進については，労働市場の弾力性と社会保障を組み合わせた「フレクシキュリティ flexicurity」のやり方に沿って労働市場を改革し，労働参加率と生涯学習を進め，労働課税を軽減する。年金，ヘルスケア，社会保障給付などの持続可能性を評価し，制度改革に反映させる（年金受領年齢，退職年齢，早期退職制度の制限などを含む）。財政赤字については，政府債務の限度設

定などを掲げている。

　競争力の格差と関連して，税制協調が必要であり，とりわけ法人税制の接近をはかる（アイルランドのように12.5％という低い法人税率をドイツ，フランス並みの30％台に近づける。法人税制を共通化して国を超える企業の進出を促進する意味もある）。とはいえ，アイルランドは低い法人税を経済成長のテコとして重視する方針を堅持するとしている。

　これらの措置の選択は各主権国家の責任において行われ，参加国全体の中で「最良の慣習 best practice」を実証した国にならい，共同の精神的圧力をかけることで進めるとしている。このやり方は政府協力方式であって，すでにEUの雇用促進政策や一般経済指針などで実施されているが，各政府は資料の提出程度の義務は果たすものの，結局のところ無視してしまい強制力に乏しいので，いずれも成功していない。毎年協議の場が設けられ，首脳級会議で問題国が指弾されるというやり方で果たして何処まで成果を期待できるのか，疑問も大きい。

　政府協力方式の罰則措置としてユーロ加盟国の「過度の財政赤字」（GDP比3％を超える赤字）を所定の期間に是正できなかった場合，最高GDP比0.5％の罰金を徴収すると安定・成長協定で決めたにもかかわらず，2003年の財務相理事会で独仏両国に不適用を決めて，協定が事実上無効化した過去の失敗の経験もある。元欧州委員長のジャック・ドロール，プロディ，ベルギー元首相フェルホフスタットなどは，EU（欧州委員会）に権限をもたせて罰則もEUが主体となって適用する方式（「共同体方式」）とするよう提案したが，採用されなかった。欧州委員会が果たして加盟国に罰則を適用する力を獲得できるかどうかも問題だが，ユーロ・プラス協定において国家協力方式が再度失敗するようなことになれば，共同体方式への進展もありうるかもしれない。

　　おわりに

　ユーロ危機の主要な原因を，先進国のみの水平的通貨同盟の設計図に対して，現実には南欧の新興諸国が加盟して垂直的通貨同盟に転化したこと，ユー

ロが水平的通貨同盟を前提して「平時の通貨」として設計されたこと,この2点に見ている。

　垂直的通貨同盟に固有の2種類のダイバージェンスを捉えてモデル化し,ユーロ危機をそのモデルから捉えると共に,モデルでは取り入れることのできないユーロに固有の諸問題をも明らかにしてユーロ危機を包括的に捉え,最後に構造問題に関するユーロ制度改革の総集編ともいうべき2011年3月のEU首脳会議の結論によって改革の方向性を明らかにした。本章はこのようにユーロ危機の金融面よりも構造面に対象を絞った。

　最後に国家協力方式に頼る進め方への疑問を述べておいた。改革の細部は今後閣僚理事会の法令採択,単一市場議定書の批准,ユーロ・プラス協定の受入などによって明らかになるが,たとえ国家協力方式で進むとしても欧州委員会の介入は強化されることになる。それらについては別稿に期したい。

参 考 文 献

Buiter, Willem (2011), The Debt of Nations, Citigroup Global Markets, January.
Conclusions of the Heads of State or Government of the Euro Area of 11 March 2011.
European Commission (2009), Economic Forecast, Autumn.
European Commission (2010), On Speeding Up and Clarifying the Implementation of the Excessive Deficit Procedure, COM (2010) 522 final.
European Commission (2010a), On the Strengthening of the Surveillance of Budgetary Positions and the Surveillance and Coordination of Economic Policies, COM (2010) 526 final.
European Commission (2010b), On the Prevention and Correction of Macroeconomic Imbalances, COM (2010) 527 final.
European Commission (2010c), On Requirements for Budgetary Frameworks of the Member States, COM (2010) 523.
European Commission (2010d), On the Effective Enforcement of Budgetary Surveillance in the Euro Area, COM (2010) 524 final.
European Commission (2010e), On Enforcement Measures to Correct Excessive Macroeconomic Imbalances in the Euro Area, COM (2010) 525 final.
European Commission (2010f), Economic Forecast 2010-2012, Autumn.
European Council (2011), 24/25 March 2011 Conclusions.
Bruegel の改革案
Monti, Mario (1996), The Single Market and Tomorrow's Europe, European Communities. (田中素香訳『EU単一市場とヨーロッパの将来』(モンティ報告) 東洋経済新

報社，1998年）

Monti, Mario (2010), A New strategy for the Single market,Report to the President of the European Commission José Manuel Barroso. 田中素香・太田瑞希子訳（2011, 2012），「単一市場のための新戦略（上）（下）」（（上）は経済学論纂第52巻第2・4号（下）は同第5・6号）。

太田瑞希子（2010）「EU金融監督システムの改革－『ドラロジエール報告』に至る背景とその試み」（田中素香編所収，第11章）。

田中素香（2007）『拡大するユーロ経済圏 ―その強さとひずみを検証する』日本経済新聞出版社。

田中素香編（1996）『EMS：欧州通貨制度』有斐閣。

田中素香編（2010）『世界経済・金融危機とヨーロッパ』勁草書房。

第 5 章

コモンウェルス統合の特性分析
――イギリス・コモンウェルスとCISを中心として――

はじめに:コモンウェルス統合の意味

1990年代初め,ソ連邦の急激な崩壊に伴うルーブル圏の解体は,巨大な単一通貨圏の消滅という稀にみる実例を提供した。さらに,通貨圏の激動の裏には,統合システムの変動というより包括的な政治経済的現象が潜んでいた。

一般的に統合は,既存の国家群が超国家性を求め前進的に動く,順方向統合を意味する。それに対して,過去に形成された超国家的統合メカニズムを求めて,分裂的現状から,既存の統合構造を再創出しようとする,復古的統合現象がある。これを,逆方向統合,後進統合,あるいは復古的な動きを見せるという意味でレトロ統合と名づけることができよう。本章ではこれをコモンウェルス統合,そしてその組織をコモンウェルス共同体と呼ぶことにする。

コモンウェルス型統合は,旧植民地体制あるいはそれに類似した中心-周辺の垂直的ヒエラルキーがもたらした遺産としてのネットワークを水平化し,再活用するという意味をもつ。コモンウェルス統合は歴史の発展過程の一時期に成立する形態である。すなわち植民地期あるいはそれに準ずる支配・従属関係を含めた時代的背景を前提にし,それが崩れてその後の調整段階として成立するという,他の統合形態との共通点をもつ。しかし統合の理念的ベクトルが後

進的,統合過程が解体的特性を含めているという点,そして中心国と被支配地域が1つの統合体を構成するという点において,一般的な統合現象とは異なる特徴をもつ。

コモンウェルス[1]とは英帝国史と関連した概念であり,19世紀末の英帝国の自治領(dominion)を対象としてきた。自治領は,形式的には帝国の一部でありながら,自治権と相当の外交権を有して,帝国と植民地関係より従属性が低いものであった。

この類型の統合は,強制的連合を起源とする統合母体の規制力が弱化し緩やかな連携関係に転換する過程で発生し,旧統合体の形成・維持・発展－解体－再統合という一般的なパターンを呈示する。

本章では特にイギリス・コモンウェルス(CN, Commonwealth of Nations)[2]と独

---

1) 語源としてのコモンウェルス(commonwealth)とは,15世紀イギリスに起源をもつ res publica に相当する概念であり,公共善(public good, common weal)を意味していた。ホッブズはコモンウェルス概念によって,社会成員の集団利益を表した。政治秩序としてのコモンウェルスは,成員が結合し共有する利益を守る政体のことであった。ホッブズにとって公共善に対する最大の脅威は無政府状態であり,コモンウェルスはこの無政府状態から脱するための権力の集中を意味した。

現代のコモンウェルス共同体には,イギリス・コモンウェルス,独立国家共同体(CIS)の他,フランコフォーン諸国(アフリカの西,北,中部サブリージョン,あるいは通貨空間としてのフラン圏),イベロ諸国などが考えられる。

同じ用語が,統合論的規定から多少はなれて,オーストラリア憲法におけるニュージーランドを含むコモンウェルス(Commonwealth of Australia)構想を表現したり,米国のマサチューセッツ,ペンシルバニア,バージニア,ケンタッキーにおいては州(State)の意味で代用され,プエルトリコ,北マリアナ諸島では準州の意味として使われる(Magill (1996), p. 252)。

2) イギリスを中心とするコモンウェルスである Commonwealth of Nations については定訳が見当たらない。過去 British Commonwealth＝英連邦という呼び方が一般的であったが,後述する通り,現在は加盟諸国の平等性を重視し,British で修飾しない。また連邦という用語は具体的に連邦制の政治体制を連想させるが,現在イギリス・コモンウェルスは明らかに連邦制とは関係のない国家間の緩やかな協力体制である。英語名は CIS(Commonwealth of Independent States)と同じ構成で,直訳すれば「諸国共同体」と訳されるべきであろうが,適正なイメージを与えているとは思えない。本章では,イギリスの歴史的影響力を勘案し,同概念に対して「イギリス・コモンウェルス」という訳語をつけ,CIS および一般的なコモンウェルス型共同体概念との区別を図る。

立国家共同体（CIS, Commonwealth of Independent States）の比較を通じてコモンウェルス共同体の統合論的特性を分析する。コモンウェルス型統合現象について，他の統合との対比の上で固有の統合構造および過程を究明する中で，戦後統合理論の主流を成してきた機能主義的統合過程とは逆の，新しい統合パターンを定立することに本章の意義がある。

1. イギリス・コモンウェルス

1-1 英帝国の解体とコモンウェルスの形成

イギリス・コモンウェルス（Commonwealth of Nations，旧 British Commonwealth）は，20世紀にいたる数百年間「太陽が沈まない国」として世界に君臨した英帝国の遺産としてその威容を誇っている。パックスブリタニカ（Pax Britannica）という近代世界秩序の頂点に立っていたイギリスは，世界各地に植民地を建設し，アングロフォーン・ネットワークを構築する。戦後イギリスの覇権は衰え，60年代の脱植民地主義現象にともない帝国は分解するが，ネットワークは存続し，それを活用するための統合システムがイギリス・コモンウェルスである。

イギリス・コモンウェルスには，現在54カ国，全世界国家の25%が加盟した，国連に次ぐ世界2位の国際機関であり[3]，広域統合体である。目的は，加盟国間の持続的親和感の表現，イギリス王室に対して忠誠を誓っていた諸国の間で協力を増進させることにあった。ところが，アジア，アフリカ，西半球の過去植民地領が独立し，コモンウェルスの人種，地理，経済的構成が変わり，この，人種的に非白人，経済的に低開発諸国の加入が，政治的に大きな変化をもたらす。英王室への忠誠を誓約せず，共和主義的政府形態を採択した多くの新規加盟国の要求に応じるために，既存の不文法が修正されることになる。1949年，印度が共和国に移行する際行った「イギリス王室をコモンウェルス連合の象徴として受け入れ，イギリスの主権をコモンウェルスの頂点（head）

---

3) Evans and Newnham (1998), pp. 82–84.

と認める」という公式宣言を，コモンウェルス諸国が受容することで，新しいパターンが確定した[4]。

コモンウェルスは公式条約あるいは憲章をもたない，自発的，非構造的国家群である。コモンウェルスの場合，イギリスが名目的なコモンウェルスの首班になってはいるがこれは憲法的規定ではない。ほとんどの参加国が共和国であり君主主義原理を受け入れていない。君主主義原理が存続している国では，主権は公式的には国家首脳によって代表され，総督によって代理されるが，総督の任命は当該国の専権事項である。総督職は英帝国最後の痕跡である[5]。

コモンウェルスの起源は，1867年カナダに自治領地位が与えられたのが始まりであった。その後，オーストラリアが1900年，ニュージーランドが1907年，この地位を付与された。1926年の帝国会議で英国と自治領が独立政体として規定されることによって，英帝国はさらに緩やかな構造をもつようになる。1931年，ウェストミンスター憲章 (Statute of Westminster) は自治権利をいっそう強化し，英帝国の代わりにコモンウェルス (British Commowealth of Nations) という名称が公式的に使用されることになった[6]。帝国の緩やかな解体がその後継体制としてコモンウェルスに変容していく過程が，20世紀前半，明確に現れるのである。

戦後1948年，イギリス (British) と自治領 (Dominion) という言葉が削除され，自発と平等を重視する上述した現代のコモンウェルスが出現する。

以後アングロフォーン世界は，コモンウェルスとして包括される一方，世界各地域に派生的統合体を生み出した。サブリージョン的区分から見れば，アフリカ東部，南アジア，北米，カリブ海，オセアニア，中東など世界各地域の統合に関連している（表5-1参照）。したがってイギリス・コモンウェルスは，戦間期のブロック化を含めて，地域を超えたグローバルな分布がその特徴といえよう。

---

4) Banks and Muller (1999), p. 1144.
5) Evans and Newnham (1998), pp. 82–84.
6) Commonwealth of Nations Secretariat Home Page.

第5章　コモンウェルス統合の特性分析　155

表5-1　イギリス・コモンウェルス諸国の地域統合体加盟現況

国名コード	国名	ACS	APEC	ASEAN	AU	CARICOM	CBI-1	CBI-2	CE	CEN-SAD	COMESA	CP	EAC	ECOWAS	EU	EURO ZONE	FZ	IGAD	IOC	IOR-ARC	LCBC	MSG	NATO	NBA	OAS	OECS	OIC	OSCE	PC	PECC	PIF	SAARC	SACU	SADC	SCO	SELA	SPC	TPP	加盟統合体数
		M	M	S	F	M	M	F	E	F	F	S	F	F	E	E	F	F	F	F	F	P	M	F	M	M	G	E	P	P	P	S	F	F	E	M	P	M/P/S	
CY	キプロス								1						1	1												1											4
MT	マルタ								1						1	1												1											4
GB	イギリス								1						1								1					1											5
CM	カメルーン				1					1							1				1			1			1												8
MW	マラウイ				1						1																							1					4
ZM	ザンビア				1						1																							1					4
MU	モーリシャス				1						1								1	1														1					6
SC	セイシェル				1						1								1															1					4
KE	ケニア				1					1	1	1	1					1		1														1					7
MZ	モザンビーク				1														1								1							1					5
TZ	タンザニア				1								1														1							1					5
UG	ウガンダ				1					1	1		1					1									1							1					7
LS	レソト				1																												1	1					3
ZA	南アフリカ				1		2													1													1	1					5
SZ	スワジランド				1		1				1																						1	1					5
BW	ボツワナ				1																												1	1					3
NA	ナミビア				1																												1	1					3
GH	ガーナ				1					1				1																									3
NG	ナイジェリア				1					1				1							1			1			1												7
GM	ガンビア				1					1				1													1												4
SL	シエラレオネ				1					1				1													1												5
BZ	ベリーズ	1				1	1																		1														5
CA	カナダ		1																				1		1			1		1									6
AG	アンティグアバーブーダ	1				1	1																		1	1													5
BB	バルバドス	1				1	1																		1													1	5
DM	ドミニカ国	1				1	1																		1	1													5
KN	セントクリストファー・ネビス	1				1	1																		1	1													5
LC	セントルシア	1				1	1																		1	1													5
VC	セントビンセント・グレナディーン	1				1	1																		1	1													5
GD	グレナダ	1				1	1																		1	1												1	6
TT	トリニダード・トバゴ	1				1	1																		1													1	5
BS	バハマ	1				1	1																		1														4
JM	ジャマイカ	1				1	1																		1													1	6
GY	ガイアナ	1				1	1																		1													1	7
KI	キリバス																														1						1	1	3
NR	ナウル																														1						1	1	3
PG	パプアニューギニア		1																			1								1	1						1	1	6
VU	バヌアツ																					1									1						1	1	4
SB	ソロモン諸島																					1									1						1	1	4
TV	ツバル																														1						1	1	3
WS	サモア																														1						1	1	3
TO	トンガ																														1						1	1	3
AU	オーストラリア		1																	1					1					1	1						1	1	7
NZ	ニュージーランド		1																	1					1					1	1						1	1	7
BD	バングラデシュ																			1							1					1						1	4
IN	インド																			1												1						1	3
PK	パキスタン																			1							1					1						1	4
MV	モルディブ																			1							1					1							3
LK	スリランカ																			1												1						1	3
MY	マレーシア		1	1																							1										1	1	6
SG	シンガポール		1	1																										1								1	1	6
BN	ブルネイ		1	1																							1											1	1	6
ZW	ジンバブエ				1					1	1																							1					5
FJ	フィジー																			1											1						1	1	5
	CN 加盟国数	12	7	3	19	12	12	10	3	5	8	2	3	4	3	2	1	2	3	11	2	4	2	13	6	12	4	11	6	1	5	4	12	0	5	11	3	256

(注) 1. 表はEURO ZONEのような通貨圏も含めており、必ずしも地域共同体に限らない。
2. 加盟国数はイギリス・コモンウェルス加盟国として当該共同体に加盟を行った国の数。
3. 加盟回数は下記の1カ国加盟の場合も包含する。
4. 表は、イギリス・コモンウェルス2カ国以上が加盟している地域共同体を表す。1カ国が加盟した共同体は以下の通りである：イギリス (WEU)、カメルーン (BEAC, CEMAC, UDEAC)、ナイジェリア (OPEC)、シエラレオネ (MRU)、ベリーズ (SICA)、カナダ (NAFTA)、ジャマイカ (EAI)、ガイアナ (UNASUR)、パキスタン (ECO)。
5. 共同体名の下、および上記の1カ国加盟共同体におけるローマ字は以下の地域あるいは世界を表す (E：ヨーロッパ, F：アフリカ, G：グローバル, M：アメリカ, P：太平洋, S：アジア)。

(出所) 筆者作成。

表5-2 イギリス・コモンウェルス政府首脳会議の沿革

年	会合	開催地	内容
1944	MCPM	ロンドン	英帝国を代表するオーストラリア, カナダ, ニュージーランド, 南アフリカ, イギリスが帝国会議を継承した第1回首相会議に出席。名称の変更は加盟国の平等を意味する。
1945	CSM	ロンドン	
1946	MCPM	ロンドン	
1948	MCPM	ロンドン	インド, パキスタン, セイロン (現在のスリランカ) が加盟。声明には, 英帝国, 英連邦ではなく, コモンウェルスという表現が使われる。
1949	MCPM	ロンドン	共和国に変わったインドの加盟継続に合意。英王室への忠誠は加盟の条件として要求されない。この原則は, その後独立を獲得した他の諸国にも適用される。
1951	MCPM	ロンドン	
1953	MCPM	ロンドン	
1955	MCPM	ロンドン	
1957	MCPM	ロンドン	
1960	MCPM	ロンドン	
1961	MCPM	ロンドン	コモンウェルスの第1原則として人種間の平等が提起され, アパルトヘイトの南アフリカは共和国になった後, 加盟申請を撤回する。
1962	MCPM	ロンドン	
1964	MCPM	ロンドン	
1965	MCPM	ロンドン	コモンウェルス事務局を設置し, 政府間諮問, 協力を図ると同時に, コモンウェルス財団を創設し専門性を強化することを承認する。
1966	MCPM	ラゴス	イギリス国外で開催された最初の会合。南部ローデシア独立を宣言した少数政権への反対行動, 国連ローデシア制裁を考査する委員会の設立, ローデシア黒人のための訓練プログラムの開始などを議論する。
1966	MCPM	ロンドン	コモンウェルス諸国の感情に配慮し, イギリスは, 多数統治が実施されない場合, ローデシアの独立を認めないと宣言。
1969	MCPM	ロンドン	
1971	CHOGM	シンガポール	多くの加盟国が大統領を首班としていることを考慮し, コモンウェルス首相会議がコモンウェルス首脳会議に名称を変える。首脳会議は, 「コモンウェルス原則宣言」を発表し, また多国的開発援助基金である「コモンウェルス技術協力基金」の設立を歓迎する。
1973	CHOGM	オタワ	首脳会議は核兵器実験に関する声明を発表。コモンウェルス青年プログラムを承認。
1975	CHOGM	キングストン	貧富格差を縮小するためのコモンウェルス専門家グループを組織。キプロス委員会を設立。自国経済に多大な犠牲を払いながらローデシア制裁を行ったモザンビークへの援助を決定。
1977	CHOGM	ロンドン	南アフリカの政策が南部アフリカの諸問題を永続化させる中心的要因であるという認識を示す。「グレニーグル協定」によって南アフリカとのスポーツのリンクを断ち切る。
1979	CHOGM	ルサカ	多数支配に基づくジンバブウェ独立を確認する。「ルサカ宣言」によって人種主義および人種偏見に関するコモンウェルスの関与を再確認する。
1981	CHOGM	メルボルン	「メルボルン宣言」で世界経済関係における正義の原則を闡明。ナミビアの自決および独立の権利を確認し, 近隣諸国を不安定化させる南アフリカの姿勢を非難。
1983	CHOGM	ニューデリー	「国際安保に関するゴア宣言」を発表し, 東西対話, 核競争の中止, 緊張緩和・紛争解決のための国際機関の強化を要請。コモンウェルス内の小国への特別援助を促し, 安保・経済問題に関する専門研究を始める。
1985	CHOGM	ナッソー	「南アフリカに関するコモンウェルス合意」は, アパルトヘイトの解除を要求し, 同国政府への強い圧力に一致する。「世界秩序に関するナッソー宣言」を発表し, 国連安保システムへの支持を再確認し, 新しい集団安保の枠を要請する。

第 5 章　コモンウェルス統合の特性分析　157

年	会合	開催地	内容
1986 (注)1	CHOGM	ロンドン	7 カ国指導者が検討会議を開き，南アフリカ事態の推移，賢人グループの同国訪問を検討。6 カ国指導者は強力な経済制裁を決定するが，イギリスは制限的な措置と EC 制裁への参加に合意する。
1987	CHOGM	バンクーバー	「世界貿易に関するバンクーバー宣言」を発表し，より開放的で実現可能な，持久力のある貿易システムのために努力すると約束。南アフリカに関する外相委員会を設立。遠隔教育のための「学びのコモンウェルス」設立に合意。
1989	CHOGM	クアラルンプール	環境に関する「ランカウィ宣言」を発表。「南アフリカの展望」と題するクアラルンプール宣言を発表し，同国への圧力行使を持続する。
1991	CHOGM	ハラレ	「ハラレ・コモンウェルス宣言」を発表。1971 年コモンウェルス原則宣言に表明された基礎価値を再確認。民主主義の保護と促進，正直で正義感のある政府，法治および基本的人権，女性の平等，教育への普遍的なアクセス，持続可能な発展，貧困の軽減および環境保護，麻薬取引および誤用との戦い，伝染病，小国支援，国連その他の平和活動のための国際機関の支援を内容とする。
1993	CHOGM	キプロス	「ウルグアイ・ラウンドに関するリマソル宣言」を発表し，多国的貿易交渉を成功させる必要性を確認する。
1995	CHOGM	オークランド	南アフリカが復帰。モザンビークが 53 番目の加盟国となる。「ハラレ宣言」に関するコモンウェルス閣僚行動グループを創設し，ハラレ原則の違反に対応する。同原則の違反によってナイジェリアが加盟資格を剥奪される。
1997	CHOGM	エディンバラ	貿易，投資および持続可能な開発を促進するための経済原則および実行に合意する。
1999	CHOGM	ダーバン	ナイジェリアが民主的選挙を実施した結果，再加盟。「グローバル化および人間中心の開発に関するファンコート宣言」が行われる。コモンウェルスの役割に関する高位検討グループが設置される。小国に関するコモンウェルス・世銀合同タスクフォースの中間報告書が提出され，小国が直面する問題点を確認する。
2002	CHOGM	クーロン	「21 世紀のコモンウェルスと題するクーロン宣言」が発表される。ジンバブエに関する CHOGM 宣言。テロリズムに関するコモンウェルス委員会の報告書が提出される。
2003	CHOGM	アブジャ	「開発と民主主義に関するアソロック宣言」。ジンバブエに関する宣言。
2005	CHOGM	バレタ	「開発のためのコモンウェルス・ネットワーキング宣言」。情報・通信技術を活用しグローバルな開発のための連携を強化することを再確認。
2007	CHOGM	カンパラ	「政治，経済，人間開発を達成するための社会改革宣言」を発表。
2008 (注)2	CHOG-MRI	ニューヨーク，ロンドン	国際金融機関の改革のための原則を確認。
2009	CHOGM	ポートオブスペイン	MDG の進展を議論。

　(注)　1.　コモンウェルス首脳検討会議（1986 年 8 月，ロンドン）
　　　　2.　国際機関改革に関するコモンウェルス首脳会議（2008 年 6 月，ロンドン）；MDG に関するコモンウェルス首脳会議（2008 年 9 月，ニューヨーク）
　　　　3.　会合名称
　　　　　　MCPM（Meeting of Commonwealth Prime Ministers）：コモンウェルス首相会議
　　　　　　CSM（Commonwealth Statesmen's Meeting）：コモンウェルス政治家会議
　　　　　　CHOGM（Commonwealth Heads of Government Meeting）：コモンウェルス首脳会議
　　　　　　CHOGMRI（Commonwealth Heads of Government Meeting on the Reform of International Institutions）：国際機関改革に関するコモンウェルス首脳会議
（出所）Commonwealth Secretariat Home Page.

　長いコモンウェルスの歴史の中で加入と脱退が繰り返される。1949 年，アイルランドが脱退，南アフリカが 1961 年から 1994 年まで，パキスタンが 1972 年から 1989 年まで離脱，フィジーは 1987 年[7]，ナイジェリアは 1985 年加盟資格を剥奪された。イギリスの影響下にあった地域の中で唯一コモンウェ

ルスに加盟していない地域は，中東である。しかし中東は戦後イギリスのサポートによってアラブ連盟（Arab League）が成立しイギリスが関与した地域が中心になって統合体を形成される。

コモンウェルス内の諸問題を議論する会議体として現在コモンウェルス首脳会議（CHOGM）が機能している。会議体は，戦前の英連邦会議等が 1971 年から CHOGM に生まれ変わっている（1940 年代以降の会議体の変化と，各会議における重要議題については表 5–2 を参照されたい）。

1–2 統合活動の特性

イギリス・コモンウェルスは，過去の統合構造を利用し，加盟国間ネットワークの機能向上を図ってきた。南アフリカのアパルトヘイト，イギリスの EC 加盟問題など，分裂の危機があったにもかかわらず独自の統合構造を維持してきた。戦前から戦後に，長期的な関係発展による独特なシステムが形成されてきており，その中で特に政治面における民主主義規律，経済面における小国経済の活性化が，20 世紀後半，統合活動の中心的な内容となる。

　i　民主主義と人権の向上

イギリス・コモンウェルスには政治的準強制性をもって，内部の自浄作用を働かせる組織的特徴がある。

1980 年代以来の人種差別問題はその一例である。イギリス・コモンウェルス内では，1966 年以降，NIMBAR 政策によって黒人の投票権が得られるまでには独立を未承認するという原則が存続するなど，人種差別的政治慣行については厳しい対応が行われていた[8]。

1960 年代以降南アフリカの人種政策に対する持続的な非難の一環として，1985 年　COMGEP（コモンウェルス賢人会）が創設され，民主主義のための対

7）　フィジーは 2006 年，クーデターを理由で再び加盟資格が停止される（加盟状況に関しては Commonwealth Secretariat Home Page を参照すること）。

8）　http : //www.mydarc.de/dk5gt/Referate/Referat%20 The%20 Commonwealth%20 of%20 Nations.pdf

話を勧め，アパルトヘイトの終息を要求した。COMGEP は，1986 年 3 月と 4 月に，南アフリカと前線諸国（Front Line States）[9]を訪問し，人種政策を改める唯一の平和的方法として，南アフリカへの共同制裁を呼びかける報告書を発行するなど，幅広い活動を展開した。

1986 年，7 月 24 日から 8 月 2 日まで，スコットランドのエディンバラで開催された第 13 回コモンウェルス・スポーツ大会は，イギリスの南アフリカ支持が原因で波乱が巻き起こった。サッチャー政権の微温的な反アパルトヘイト政策に抗議し，加盟国の中で 31 カ国が大会をボイコットする[10]。

1930 年の第 1 回英帝国ゲームが後にコモンウェルス・ゲームに発展したコモンウェルス・スポーツ大会は，共同体的アイデンティティを確認し相互の親睦向上を図ることによって，対外的に結束を誇示する重要なイベントである。半数以上の国が不参加を表明したことはイギリスに大きなダメージとなった[11]。

1987 年 10 月のカナダ・バンクーバー首脳会議でも，南アフリカ問題をめぐって対立が続き，サッチャー首相は前線諸国への支援を増やすといったものの，制裁への参加を再び拒否した。

1991 年 10 月，ジンバブエ・ハラレ首脳会議は，南アフリカに対する制裁を部分的に中止するという全会一致の決定とコモンウェルス・アジェンダを再規定する宣言の採択を行っている。10 人の高位評価グループの主宰で草案が成立したアジェンダは，政治・経済的条件にもかかわらず，すべてのコモンウェ

---

9) 1974 年南部アフリカ解放をサポートする目的で結成された国家連帯で，南アフリカに隣接した国家群である。
10) 南アフリカとのスポーツ活動に関する方針は 1977 年 6 月すでに，グレニーグルズ合意として定まっていた（The Gleneagles Agreement on Sporting Contacts with South Africa）。同合意の中で，コモンウェルスの首脳たちは，南アフリカとのスポーツ交流が同国のアパルトヘイト政策を容認するという誤解を招くおそれがあると指摘している。
11) コモンウェルス・ゲーム連盟憲章（Constitution of Commonwealth Games Federation）は，連盟のビジョンを，「独自の，友好的な，世界級のコモンウェルス・ゲームを振興し，コモンウェルスの住民，国家，領土の便益のためにスポーツを発展させることによってコモンウェルスを強化すること」と定めている。

ルス加盟国に，民主主義，人権，司法の独立，女性の平等，教育の機会，健全な経済運用の原則を促した。一方，外相委員会の勧告に基づいて，領事業務およびビザの制限，文化および科学面でのボイコット，観光の制限，航空の乗入れの禁止など，南アフリカに対する民間制裁を中止するという合意があった。

コモンウェルスは，1994年4月，多党制システムを活性化させるための持続的努力の一環として，南アフリカの選挙監視に助力する[12]。1994年半ば南アフリカは正式にイギリス・コモンウェルス再加盟を果たす。

政治面では，その他に，カナダ，ガーナ，ジャマイカ，マレーシア，ニュージーランド，南アフリカ，ジンバブエ，イギリスで構成されたコモンウェルス閣僚活動グループ（CMAG）が1995年11月設立され，民主主義への移行を進めている国々のために「良い統治」のガイダンスを提示している[13]。

民主主義は加盟資格の基準として機能し，多くのケースで適用されてきた。たとえば，フィジーのコモンウェルス地位を剥奪した1987年10月16日の宣言は，共和主義・憲政下の加盟国に対する慣行によるものであった。再加盟のためにはコモンウェルス加盟国の全会一致の同意が必要で，フィジーの加盟申請は，同国のインド人に適切な政治的配慮がないという理由で，印度によって1997年半ばまで封鎖された。1990年代のナイジェリア事態，ガンビアとシエラレオネ，カメルーン問題も同じ例に入る。

コモンウェルスは，独自にあるいは国連，ECOWASなどと協同して，民主化を促し，場合によっては，加盟停止などの手段を通じて制裁を加えた。

以上のような内部規律の強化作用は双方向的と見受けられる。人種差別政策の南アフリカを庇護するイギリスに対しては，コモンウェルス内の低開発諸国が反発し，スポーツ大会のボイコットなどによってその是正を要求し，民主化においてはイギリスその他の比較的先進的な国々がたとえばCMAGなどを通

---

[12] 1990年以来，コモンウェルスは，バングラデシュ，カメルーン，ガーナ，ガイアナ，ケニア，レソト，マラウィ，マレーシア，ナミビア，ナイジェリア，パキスタン，パプアニューギニア，ギニア，セイシェル，シエラレオネ，ザンビアなどの選挙監視に参加してきた。Banks and Muller (1999), p. 1145.

[13] *Ibid.*, p. 1144.

じて，非民主的傾向の諸国にその改善を要求する役割を果たしている。こうした水平的な相互規律強化あるいは牽制作用はコモンウェルスがもつ自己統制的要素として肯定的に評価されるべきであろう。

ii 小国経済の開発と成長

イギリス・コモンウェルスは，先進工業国と最貧経済圏が混ざっている広域統合体であり，コモンウェルス内の国家間経済格差が激しく，二分化されている。表5–3で見るように，欧州，オセアニアと北米の一部国家を除いてはGDPの水準およびHDIが著しく低い状態にある。

超地域的なグローバル統合体であるコモンウェルス加盟国の中で，32カ国が小国（small states）として分類される[14]。小国は一般的に，制限された国内市場規模，狭隘な経済ベース，交渉資源の制限，グローバル経済への高い依存度などが特徴であり[15]，60％が小国であるイギリス・コモンウェルスにとって小国への対応は，システムを維持・発展させるための必須的な事案である。特にコモンウェルスの中には，重債務貧困国（HIPC）が多数含まれており，債務救済と貧困軽減が重要課題となる[16]。したがって，富国から貧国への経済的配慮および技術的援助がイギリス・コモンウェルスの経済活動の特徴であり，グローバルな経済危機に脆弱な貧国への制度的支援が主要な役割となっている[17]。

1971年CHOGMの開始とともに，ほぼ毎回開発援助がコモンウェルスの重要議題となった（表5–2参照）。たとえば，1981年10月の南北サミットは，コモンウェルス加盟国の多数が開発途上国という事実を踏えて議論が行われ，その後，『南北対話：活性化のために』と題した1982年報告書は，開発および関

---

14) イギリス・コモンウェルスでは，人口150万以下の国を小国と定義する。但し150万を越えても，ボツワナ，ジャマイカ，ガンビア，レソト，ナミビア，パプアニューギニアは，小国として扱われる（Commonwealth Secretariat (2010)）。
15) Commonwealth Secretariat (2010), pp. 7–8.
16) CSA (2003), p. 60.
17) たとえばイギリス・コモンウェルス事務局による「債務記録管理システム（Debt Recording and Management System）」の提供がその一環として利用されている（Rustomjee (2009), p. 4)。

表 5-3 イギリス・コモンウェルス概況

国名コード	R1	R2	国名	面積	人口 2009	GDP 2007	一人当たり GDP	HDI 2010	独立年度	宗主国	CN加盟
CY	E	S	キプロス	9,250	871	21.5	27,352	0.810	1960	GB	1961
MT	E	W	マルタ	316	409	9.5	23,192	0.815	1964	GB	1964
GB	E	W	イギリス	244,820	61,565	2,165.4	35,512	0.849	·	·	1931
CM	F	C	カメルーン	475,440	19,522	39.5	2,093	0.460	1960	FR,GB	1995
MW	F	E	マラウイ	118,480	15,263	10.2	761	0.385	1964	GB	1964
MZ	F	E	モザンビーク	801,590	22,894	17.2	845	0.284	1975	PT	1995
RW	F	E	ルワンダ	26,338	9,998	8.81	937	0.385	1962	BE	2009
ZM	F	E	ザンビア	752,614	12,935	16.1	1,399	0.395	1964	GB	1964
MU	F	E	モーリシャス	2,040	1,288	14.0	11,128	0.701	1960	FR	1968
SC	F	E	セイシェル	455	84	1.8	20,827	·	1976	GB	1976
TZ	F	E	タンザニア	945,087	43,739	49.0	1,258	0.398	1961	GB	1964
KE	F	E	ケニア	582,650	39,802	58.1	1,677	0.470	1963	GB	1963
UG	F	E	ウガンダ	236,040	32,710	33.0	1,067	0.422	1962	GB	1962
SZ	F	S	スワジランド	17,363	1,185	5.6	5,517	0.498	1968	GB	1968
ZA	F	S	南アフリカ	1,219,912	50,110	468.8	9,797	0.597	1910	GB	1931
LS	F	S	レソト	30,355	2,067	3.0	1,256	0.427	1966	GB	1966
BW	F	S	ボツワナ	600,370	1,950	25.3	14,342	0.633	1966	GB	1966
NA	F	S	ナミビア	825,418	2,171	13.0	6,404	0.606	1990	ZA	1990
NG	F	W	ナイジェリア	923,768	154,729	295.2	2,052	0.423	1960	GB	1960
GH	F	W	ガーナ	239,460	23,837	31.2	1,421	0.467	1957	GB	1957
GM	F	W	ガンビア	11,300	1,705	2.1	1,321	0.390	1965	GB	1965
SL	F	W	シエラレオネ	71,740	5,696	4.0	691	0.318	1961	GB	1961
BZ	M	C	ベリーズ	22,966	307	2.4	7,737	0.694	1981	GB	1981
CA	M	N	カナダ	9,976,140	33,573	1,268.0	38,561	0.888	1867	GB	1931
KN	M	R	セントクリストファーネビス	261	52	0.7	13,491	·	1983	GB	1983
JM	M	R	ジャマイカ	10,991	2,719	23.9	8,906	0.688	1962	GB	1962
BS	M	R	バハマ	13,940	342	9.3	27,983	0.784	1973	GB	1973
AG	M	R	アンティグアバーブーダ	443	88	1.5	18,623	·	1981	GB	1981
GD	M	R	グレナダ	344	104	1.1	10,984	·	1974	GB	1974
TT	M	R	トリニダード・トバゴ	5,128	1,339	25.4	19,516	0.736	1962	GB	1962
DM	M	R	ドミニカ	754	67	0.7	9,613	·	1978	GB	1978
VC	M	R	セントビンセント・グレナディーン	389	109	1.1	9,875	·	1979	GB	1979
LC	M	R	セントルシア	616	172	1.8	10,549	·	1979	GB	1979
BB	M	R	バルバドス	431	256	5.1	18,603	0.788	1966	GB	1966
GY	M	S	ガイアナ	214,970	762	2.9	3,841	0.611	1966	GB	1966
PG	O	L	パプアニューギニア	462,840	6,732	12.0	1,975	0.431	1975	AU	1975
KI	O	L	キリバス	811	98	0.6	5,913		1979	GB	1979
NR	O	L	ナウル	21	10	·	·		1968	UN	1968
FJ	O	L	フィジー	18,270	849	3.6	4,133	0.669	1970	GB	a
VU	O	L	バヌアツ	12,200	240	0.9	4,006		1980	GB,FR	1980
TV	O	P	ツバル	26	10	·	·		1978	GB	1978
SB	O	P	ソロモン諸島	28,450	523	1.4	2,747	0.494	1978	GB	1978
WS	O	P	サモア	2,944	179	·	·		1962	NZ	1970
TO	O	P	トンガ	748	104	0.5	5,220	0.677	1970	GB	1970
NZ	O	X	ニュージーランド	268,680	4,266	113.2	26,716	0.907	1947	GB	1931
AU	O	X	オーストラリア	7,686,850	21,293	764.3	35,990	0.937	1901	GB	1931
IN	S	S	インド	3,287,590	1,198,003	3,007.9	2,573	0.519	1947	GB	1947
PK	S	S	パキスタン	803,940	180,808	405.3	2,562	0.490	1947	GB	1947
BD	S	S	バングラデシュ	144,000	162,221	208.9	1,315	0.469	1971	PK	1972
MV	S	S	モルディブ	300	309	1.6	4,595	0.602	1965	GB	1982
LK	S	S	スリランカ	65,610	20,238	85.2	4,274	0.658	1948	GB	1948
SG	S	SE	シンガポール	693	4,737	231.5	50,448	0.846	1965	MY	1965
MY	S	SE	マレーシア	329,750	27,468	359.7	13,401	0.744	1957	GB	1963
BN	S	SE	ブルネイ	5,770	400	19.6	50,902	0.805	1984	GB	1984

(注) 1. R1 (地域) E：ヨーロッパ，F：アフリカ，M：アメリカ，O：オセアニア，S：アジア
2. R2 (サブリージョン) MR：カリブ海，OL：メラネシア，OP：ポリネシア，OX：アングロサクソン系オセアニア，その他は一般的に E (東)，W (西)，S (南)，N (北)，SE (東南) を意味する。
3. a：加盟資格停止
4. 宗主国名は，FR：フランス，PT：ポルトガル，BE：ベルギー，その他は表 5-1 の国名コードを参考にすること。
5. 面積：単位 (km²)，http://www.worldatlas.com/aatlas/populations/ctyareal.htm
人口：単位 (千名)，*World Population Prospects : The 2008 Revision*, 2009, UN
GDP：単位 (10 億ドル)，購買力平価による計算，*IMF World Economic Outlook*, 2009 OCT
一人当たり GDP：単位 (ドル) 購買力平価による計算，*IMF World Economic Outlook*, 2009 OCT
HDI (Human Development Index, 人間開発指数)：*Human Development Report* 2010, UNDP
(出所) 筆者作成。

連問題について，グローバルな交渉を活性化させるための多数の制度的改革を提案した。1983年の『新しいブレトンウッズに向かって』は，国際貿易と金融システムの効率と平等性を高めるために，短期，中期，長期的な改革を提案した。

1990年代のCHOGMのもう1つの焦点は，グローバル化の中の小国経済の発展であった。たとえば，1997年，首脳たちは「エディンバラ・コモンウェルス経済宣言」を採択し，持続的でグローバルな経済統合を要請し，低開発小国への関心を呼びかけた。小国を支援するために，ロメ協定の後続協定を発展させ，低開発諸国の，特定市場への免税アクセスの許容などに合意した。コモンウェルス指導者たちはまた，貿易障壁を除去し，2年に1度の会合を開き，財界の声を聞く「コモンウェルス企業理事会」を設置するという，域内貿易促進案を承認した。

1998年，CMAGは，開発途上国への援助・借款団に島嶼国のためのロビーを行い，外部の政治，経済，環境の諸問題に極端に露出している島嶼諸国への特別な配慮が必要だと主張した。

他にも，イギリス・コモンウェルスは世銀と協同で小国問題に関する報告書を作成し，低開発地域への強い関心をもっていた[18]。

地域統合は，南々あるいは北々の，経済レベルの近似した国家間で行われるのが恒例なので，イギリス・コモンウェルスのように多数の加盟国が経済的に二分している状況は珍しいといえる。地域空間を超えて展開していた広域帝国がその現代的ネットワークを再構成するとき現れる必然的問題であり，したがって小国への配慮という統合内容はイギリス・コモンウェルス固有の特徴として長期的な課題となるであろう。

---

18) Banks and Muller (1999), p. 1144–1145.

2. 独立国家共同体（CIS）

2-1 FSU 崩壊と CIS の出現

独立国家共同体（CIS, Commonwealth of Independent States）は，旧ソ連に属していた，東欧，トランスコーカサスおよび中央アジアにまたがる 10 カ国の統合体である。ソビエト社会主義共和国連邦（USSR, Union of Soviet Socialist Republics）を創設し 1922 年連邦条約に調印したコモンウェルス協定 3 カ国は，1991 年，USSR がもはや国際法および地政学的実体として存在しないと宣言する[19]。その後 USSR 地域は旧ソ連（FSU, Former Soviet Union）という通称で呼ばれることになる。

1 つの国家だった旧ソ連圏が 15 の独立国に分離され，サブリージョンとして再規定され，地域統合のプロセスを進めるという経験は，他の地域統合ではない例といえる。

ソ連邦解体の原因は，長期的・構造的要因（経済の後退，大衆の幻滅），短期的・偶発的要因（経済・政治システムの改革，冷戦の終焉），決定打（ナショナリズム，エリートの離反，経済崩壊）[20]に分類して考えることができよう。冷戦末期，それまでソ連邦を結束させていた共通の理念は効力が消滅し，各共和国はナショナリズムにもとづいて独自の行動をとる。

1991 年 9 月 6 日，バルト諸国がソ連邦から離脱した後，残存共和国の間で台頭した経済共同体創設案が CIS の萌芽であった。同案は，10 月 1～2 日に，カザフスタンのアルマータ会議で FSU 12 カ国の支持を受ける。ただしアゼルバイジャン，グルジア，モルドバ，ウクライナの 4 カ国は，10 月 18 日モスクワでの条約の公式調印を保留した。

1 カ月も経たない 11 月 14 日，「主権国家同盟」結成の合意に到達したという発表があった。主唱者であったゴルバチョフ・ソ連大統領は，これを「連邦民主諸国」同盟と規定した。しかし次回 11 月 25 日の会議に参加した 7 共和国

---

19) Voitovich (1993), p. 404.
20) Bisley (2004), p. 121.

の代表たちは，条約草案への仮調印を行わず，最高ソビエトに委任した。ウクライナが議論に参加しなかったことで条約の実行可能性はさらに疑わしいものとなった。

　12月1日，ウクライナが圧倒的多数で独立に賛成した1週間後，ベラルーシのブレストで開催された会合で，ロシア連邦，ベラルーシとウクライナは，ソ連邦解体とCIS創設を宣言した。

　12月13日，カザフスタン，キルギスタン，タジキスタン，トルクメニスタン，ウズベキスタンの中央アジア5カ国がCISに加盟，その後アルメニア，アゼルバイジャン，モルドバが加盟し，12月21日，CISはアルマータで正式に出帆する。

　アゼルバイジャンは，議会が，1992年10月，条約批准を否決したが，1993年6月，政権が変わり，9月のCIS首脳会議で，アゼルバイジャンの加盟が正式に決まる。1993年10月，各国首脳によって暫定的に承認されていたグルジア加盟が1994年3月，グルジア最高評議会によって批准された。モルドバ議会は，1994年4月，CIS加盟を批准し，同件に対する前年8月の否決を覆した[21]。

　CIS創設の意義は，社会主義という未曾有の実験を成功に導いた理念国家であったFSUが，旧理念から脱却，市場主義という新しい理念を受容し，体制移行という更なる未曾有の実験を行ったことにある。前進的統合理念を追求しない，その逆ベクトルとしての既存理念の解体と，対立理念あるいは価値観への転換という経験は，統合論の視座から見て，共通理念の転向という異例的な現象を呈する。連邦の形で集合していた一団の国家群の分離が不可避であるとき，崩壊的解体を回避し，移行期間中，安定のために暫定的に旧体制下の地域概念を温存させ，解体スピードをできるだけ緩める，方法論的統合あるいは解体を前提とした統合という珍しい例である。したがって統合それ自体が本質的な目的ではない消極的な連携が主な活動内容となる。同じコモンウェルス型統

21）　Banks and Muller (1999), p. 1146.

合であるイギリス・コモンウェルスとは，解体スピード，そして支配地域の地理的条件に違いがある。英帝国が緩慢なスピードで解体したイギリス・コモンウェルスはグローバルに点在する国家・地域間のネットワーク型である。それに対して，崩壊後のFSUが直面した新政権と地域空間との調整は，3つのレベルに分類される。

1) 心理的・イデオロギー的レベル：政治記号論（記号の役割），
2) 社会経済的レベル：政治社会学（管理市場の役割），
3) 行政・地理的レベル：行政・領土分割の役割[22]。

CISは急激な解体過程の中で，このような側面から，ユーラシア地域空間を多角的に編成しようとした。

旧ロシアもソ連も，特殊な形の権力・空間関係において，地域主義問題に取り組んできたといえる[23]。CISもグローバル広域コモンウェルスであるイギリス・コモンウェルスとは違って，コモンウェルス型のポスト・ソビエト地域主義問題という脈略から理解できるであろう[24]。

2-2 解体と再統合

i FSUの崩壊と安保体制の再構築

CISの統合活動は，経済協力以外に戦略軍，核兵器，宇宙探査，国境配備軍など安保と関連した諸問題が重要な項目となっている。一元化されていた安保システムが多元化する中で求心を喪失し，それをFSUネットワークの再生によって安定化させようとする共通の関心がCIS統合の特性といえる。

創設協定は，旧ソ連圏の，軍事力，共同市場，文化・政治的権利に関する統一した姿勢を規定している。既存の統合的機能・構造が解体され各部門の個別的機能へと分散する過程で多数の関連組織が生まれてくる（表5-4を参照する

---

22) Medvedev (2000), p. 140.
23) *Ibid.*, p. 139.
24) ただし，地理的現実として，統合されたポスト・ソビエト地域は存在しない。旧ソ連圏は，ウクライナがリーダーシップを発揮する西部，ロシア・ベラルーシ，カザフスタンが主導する中央アジアの3つの地域に大別される（Papava (2008), p. 49)。

第 5 章　コモンウェルス統合の特性分析　167

こと）。

　安定の対象は大きく 2 つに分けて考えることができる。1 つは，軍事的・政治的安定性であり，たとえば統制されていた核管理が政体の分離によって混乱に陥らないように担保することである。独立した各国へ，旧ソ連の政府機能および条約義務が，秩序の下で移行するように助力し，軍縮と各国の安保政策の調整を促進する。もう 1 つは経済的安定性であって，COMECON およびルーブル圏の解体による，実物，通貨両面における経済的混乱を最小化することであった。

　CIS 創設後，首脳会議は主に集団安保と軍事問題に焦点をあわせていた。冷戦時アメリカと対立していた軍事主体の分裂はそれ自体世界において大きな危険要因であった。

　旧ソ連の中で，ベラルーシ，カザフスタン，ロシア，ウクライナは領土内に核兵器を保有していた。1991 年 12 月 23 日の協定は，核兵器の不拡散，ベラルーシ，ウクライナからの撤去および永久廃棄を再確認した。1991 年，12 月 31 日協定の下で，CIS 加盟国は，戦略軍合同司令部を創設し，旧ソ連の核お

表 5-4　FSU 諸国の地域統合体加盟現況

国名コード	国名	CIS	BCM	BSF	CACO	CBSS	CDC	CE 1	CEFTA	CEI	CES	CISFTA	CSTO	CU-BKR	ECO	EU	EURASEC	GUAM	NATO	OIC	OSCE	SCO	SECI	SEECP	SP SEE	U-RB	加盟統合体数
		E	E	E	ES	E	E	E	E	E	ES	ES	ES	ES	S	E	ES	E	G	E	E	S	E	E	E	E	
RU	ロシア	○	1	1	1		1				1	1	1		1		1			1	1					1	12
MD	モルドバ	○	1			1	1	1	1	1		1						1			1		1	1	1		11
BY	ベラルーシ	○								1	1	1	1	1			1				1					1	8
UZ	ウズベキスタン	○		1								1		1	1		1			1	1	1					7
TM	トルクメニスタン	○										1			1					1	1						4
TJ	タジキスタン	○		1								1	1		1		1			1	1	1					8
KG	キルギス	○		1							1	1	1				1			1	1	1					8
KZ	カザフスタン	○		1							1	1	1	1	1		1			1	1	1					10
AZ	アゼルバイジャン	○	1									1			1			1		1	1						6
AM	アルメニア	○	1									1	1							1	1						4
UA	ウクライナ		1			1			1	1	1							1			1						7
LT	リトアニア		1			1	1	1								1			1		1						7
LV	ラトビア		1			1	1	1								1			1		1						7
EE	エストニア		1			1	1	1								1			1		1						7
GE	グルジア			1			1			1								1			1						5
	CIS 加盟国数	3	6	5	4	6	5	1	3	4	12	6	3	6	4	3	6	15	5	1	1	1	1	2	111

（注）共同体名の下のにおけるローマ字は以下の地域等を表す（E：ヨーロッパ，G：グローバル，S：アジア）。
（出所）筆者作成。

よびその他の大量破壊兵器の管理を図る。

1992年までに，CIS統合軍の構造と活動の原則，統合軍総司令官，防衛部門を管掌するCIS最高理事会に関する協定が調印された。CIS加盟国は独自の軍を創設する権限を有したが，国境防衛は共同業務となる。CIS内の軍事オブザーバーと集団平和維持軍に関する協定も調印された[25]。

その他，宇宙探査および宇宙の利用は，合同戦略軍と参加国の資金供与による，国家間プログラムに基づき共同で行うことが定まった。

1992年の集団安保条約は，2002年タシケント条約によって，集団安保条約機構（CSTO）に名称を変更して延長され，中央アジアを含めた安保体制が構築される。

創設以来CISは，経済部門だけでなく安保部門でもさまざまな危機が発生した。

ナゴルノ・カラバフ紛争をめぐるアルメニアとアゼルバイジャンの対立，黒海艦隊，クリミアを巡るロシアとウクライナの対立，ウクライナのNATO加盟を巡る対立などが，逆ベクトルが作用している解体的統合の乱脈状態を露呈していた。

逆説的であるが，CIS加盟国たちはCISを弱体化させるために努力してきたといえる。レトロ的統合体としてのCISは積極的な意味はもたなく，既存体制のなかで暫定的な安全を確保することが主目的であった。したがって必要最小限の関係以上の，超国家的統合の強化を図る積極的な理由はなかった。CISへの否定的な態度はウクライナがその代表格であった。ウクライナは結局CIS憲章を批准せずアウトサイダーの立場を貫く。

ただし，CISは，軍事，経済，通貨同盟としては成功したとはいえないが，ロシアの立場から見れば地域基盤を確保していることを証明するには十分[26]であったかもしれない。地理的範囲の違いはあるもののイギリス・コモンウェルスの意義も同じコンテキストで考察することができる。一般化するとこれが

---

25) CSA (2003), p. 62.
26) Evans and Newnham (1998), pp. 84–85.

コモンウェルス型統合において中心国の最大の目的ともいえよう。

ⅱ 通貨圏の解体および経済圏の再統合

CIS 創設後，劇的な解体過程を見せたのがルーブル圏であった。固定制から変動制，単一通貨から複数国民通貨への移行過程は，経済的統合から分裂への典型的な例を呈示した。しかしそれは，FSU 枠の中で，一定期間ルーブル圏の慣性が作用した移行過程であった。CIS が解体のためのプロセスという逆説的な統合方式であることを通貨的に証明するような展開であったといえる。

理論的根拠あるいは経験に基づいて通貨圏から離脱する一般的理由は以下の 3 つに要約できる。

1) ナショナリズム，
2) 通貨圏に参加している他の国から通貨ショックの遮断，
3) 通貨発行益 (seigniorage) に対する自国のコントロール強化。

FSU の中でも非バルト系諸国は主に通貨発行益が目当てであった。バルト諸国は，ナショナリズムと非バルト系諸国の過度な財政拡大による通貨ショックから自国経済を絶縁することが目的であった[27]。

他方 FSU 諸国がルーブル圏を離脱した，実際の理由としては，ロシアからの明示的あるいは暗黙的資金移転の中断，1992 年前半に発生したキャッシュ不足事態，1993 年ロシアの通貨改革プログラムがあげられる[28]。このような理由で FSU 崩壊後，ルーブル圏は 3 年ほどで解体される（表 5–5 参照）。

実物的協力体制としての東欧との COMECON の解体と共に，ルーブル圏という通貨圏の解体によって，FSU の経済的分解は完了し，2 国間関係あるいは FSU の部分集合的経済統合体がその後多発することになる（表 5–4 参照）。FSU 地域の急激な瓦解は，同地域に，通貨体制だけでなく，全般的な経済システムの空白をもたらし，それを補う一連の動きが経済グルーピングの多発という形で展開したといえよう。

特に，1990 年代後半から，2000 年代前半までの，中央アジアおよび東欧の

---

27) Conway (1995), p. 1.
28) Goldberg, Ickes and Ryterman (1994), pp. 311–312.

表 5-5　FSU 概況

A2	R1	R2	国名	面積	人口 2009	GDP 2007	GDP (1人当たり)	HDI 2010	離脱年度	旧体制	CIS 条約調印	新通貨導入	新通貨	FSU 解体時の通貨圏の変化
RU	E	E	ロシア	17,075,200	140,041,247	2,100	14,766	0.719	·	·	1991		Ruble	93/07-08
MD	E	E	モルドバ	33,843	4,320,748	10	2,719	0.623	1991	SU	1991	93/11	Lei	モルドバ・クーポンとルーブルが併用。1993年10月までレイを法貨にする予定。
BY	E	E	ベラルーシ	207,600	9,648,533	106	10,937	0.732	1991	SU	1991	93/11	Taler	ルーブルと移行決済クーポンが併用される。ルーブル圏に入らないが交渉は続けると発表。
UZ	S	C	ウズベキスタン	447,400	27,606,007	64	2,394	0.618	1991		1991	94/01	Sum	1993年末まで独自の通貨導入を計画するが、ルーブル圏に入ることを希望。
TM	S	C	トルクメニスタン	488,100	4,884,887	27	5,182	0.669	1991		1991	93/11	Manta	1993年11月に通貨導入。ルーブルを漸次廃止。
TJ	S	C	タジキスタン	143,100	7,349,145	12	1,846	0.580	1991		1991		Sum	ルーブルを使用。ルーブル圏残留意思表明。
KG	S	C	キルギス	198,500	5,431,747	11	2,010	0.598	1991		1991	93/05	Som	93/05-06
KZ	S	C	カザフスタン	2,717,300	15,399,437	169	10,859	0.714	1991		1991	93/11	Tenge	ルーブル使用。ルーブル圏残留希望。
AZ	S	T	アゼルバイジャン	86,600	8,238,672	66	7,633	0.713	1991		1991	93/06	Manat	マナートを移行通貨として使用する一方、ロシア・ルーブルとFSUルーブルをしよう。1993年9月までには独自の通貨導入。
AM	S	T	アルメニア	29,800	2,967,004	17	5,324	0.695	1991		1991	93/11	Dram	1993年末まで独自の通貨導入を計画するが、ルーブル圏に入ることを希望。
UA	E	E	ウクライナ	603,700	45,700,395	323	7,002	0.710	1991		1991	92/11	Grivina	Karbovanetsを移行期通貨として使用。通貨改革と脱ルーブル圏政策は不完全。1993年11月、Karbovanetsの対外交換性を除去。
GE	S	T	グルジア	69,700	4,615,807	21	4,671	0.698	1991	SU	1991	93/08	Lari	グルジア・クーポンが移行期通貨として使用される。不完全な通貨改革。1993年末までに完全導入を目標。
LT	E	B	リトアニア	65,200	3,555,179	61	17,943	0.783	1991	SU	·	93/06	Lit	92/10-93/07
LV	E	B	ラトビア	64,589	2,231,503	40	17,472	0.769	1991	SU		93/06	Lats	92/05-93/06
EE	E	B	エストニア	45,226	1,299,371	28	20,886	0.812	1991	SU		92/06	Kroon	92/06

(注) 1.（R1）地域　E：ヨーロッパ，S：アジア
　　　（R2）サブリージョン　B：バルト，C：中央，E：東，T：トランスコーカサス
　　2. グルジアは2008年脱退。ウクライナは条約批准拒否。トルクメニスタンは準加盟状態。バルト諸国は最初から参加拒否。
　　3. 通貨関連項目は、Conway（1995），p.42, Goldberg, Ickes and Ryterman（1994），p.294を参照。「FSU解体時の通貨圏の変化」における年月は通貨改革時期を表す。
　　4. 面積：単位（km²），http://www.worldatlas.com/aatlas/populations/ctyareal.htm
　　　人口：単位（千名），*World Population Prospects : The 2008 Revision*, UN
　　　GDP：単位（10億ドル），購買力平価による計算，*IMF World Economic Outlook*, 2009 OCT
　　　1人当たりGDP：単位（ドル）購買力平価による計算，*IMF World Economic Outlook*, 2009 OCT
　　　HDI（Human Development Index, 人間開発指数）：*Human Development Report* 2010, UNDP
(出所) 筆者作成。

　地域統合活動は，旧ソ連の解体と CIS の初期展開過程と関連して理解する必要がある。1990年代前半の CIS 内の経済グルーピングは3つの国家群に大別される。

1) ソ連邦を解体させた，ロシア－ベラルーシ－ウクライナ軸，
2) ロシアと密接な関係を維持するが，サブリージョン内の経済統合を進めていたウズベキスタン－カザフスタン－キルギス軸，

3) 内外の紛争によって疲弊したコーカサス，タジキスタンのような国家群[29]。

以上の地経学的親疎の別に影響されながら，FSU 各国は周辺の既存組織へ加盟あるいは組織新設によって，政治・経済的安定化を図り，その結果，域内の経済的分解，政治・安保的分化が進む。この分散と変遷過程が，1990 年代と 2000 年代入ってからの数年間，急激に展開したが，まだ収斂・確定していないのが CIS 域内の現状である。その主要な流れを以下に概略する。

FSU 西側では，ソ連邦の解体後，1993 年 7 月，ベラルーシ，ロシア，ウクライナが，単一経済空間を創設することに原則的に合意した。1994 年には，CIS 自由貿易圏（CISFTA）が全 CIS 加盟国の参加によって成立する。

一方，中央アジアは FSU において独自の地政学的存在感をもつ地域であり，サブリージョン 5 カ国を部分集合とする様々な動きが繰り広げられた。

カザフスタン，キルギス，ウズベキスタンの中央アジア 3 カ国は相互経済交流拡大のために新しい組織の結成を目指す。

1994 年，中央アジア経済同盟（CAEU）が成立。CAEU は 1998 年中央アジア経済協力機構（CAEC），2002 年中央アジア協力機構（CACO）に変わる。2005 年 10 月，CACO と EURASEC の統合案[30]が台頭した。EURASEC は，1996 年 3 月，ロシア，ベラルーシ，カザフスタンの間の 3 カ国条約による CIS 関税同盟が，2000 年に発展的解消を遂げたものである。

1995 年 5 月には，ミンスクの CIS 首脳会議で，ベラルーシとロシアの間で関税同盟が調印される。

1996 年 3 月，ベラルーシ，カザフスタン，キルギス，ロシアは統合拡大のための 4 カ国条約に調印する。4 カ国は共同市場と関税同盟にもとづく新連合を展望していた。

1996 年 4 月には，ロシア・ベラルーシの間で共同体創設協定が結ばれる[31]。

---

29) Dadabaev, (2004), p. 84. 脚注 24) の地理的区分との異同に注意されたい。
30) Maher (2007), p. 207.
31) Banks and Muller (1999), p. 1147.

これに対して1996年に登場したGUAMはCISにもっとも懐疑的な4カ国の結集体であった。旧ソ連圏諸国は1国としてはロシアの強い圧力に対抗できない。GUAMはこの圧力に共同抵抗する機関として作用した[32]。

　GUAMが成功したのはコーカサスの2国，すなわちアゼルバイジャンとグルジアの協力体制が中心となったからである[33]。両国は，同地域のさまざまな問題を相互協力によって解決してきた。FSUの部分集合的組織化はロシアへの対応をより効果的に行うための合従連衡的側面が強い。

　1999年ウズベキスタンが加盟し5カ国体制になって，GUUAMに改称してロシアの影響から離れた外交・軍事政策を図ったが，ウズベキスタンはまもなく離脱しGUAMに戻る。

　2003年10月，ヤルタ・サミットで共通経済空間（Common Economic Space）が以下のような3つの段階によって展開することになった。

第1段階：自由で無制限の貿易の実行，

第2段階：関税同盟の創設，

第3段階：CES内の関税コントロールの廃止。

　CES加盟国は，ロシア，ベラルーシ，ウクライナ，カザフスタンの4カ国。

　やがてCESは，他のCISのイニシアティブ，ロシア－ベラルーシ同盟との整合性が疑問視されることになる[34]。

　ロシア－ベラルーシ同盟結成も長年進められてきているが，実を結んでいない。ベラルーシは連邦型の同盟関係を考慮していたが，ロシアはベラルーシをロシアの一地方と想定していた[35]。

　総じていうとCISは加盟国を統合できる単一の機能的組織とはいえない。1994年調印された。

---

32) *Ibid.*, p. 50.
33) Papava (2008) はこれをコーカサス協力体制 (Caucasian tandem) と呼んでいる (*Ibid.*, p. 47)。
34) Dadabaev, (2004), p. 88.
35) Papava (2008), p. 49.

CIS内には，自由貿易体制も関税同盟も存在しない。加盟国間のビジネスは依然として，多数の行政的制限などによって制約されている[36]。すべてのCIS加盟国に適用される貿易，経済，立法の規制も存在しない。割当とか反ダンピングのような差別的な手段が広く使われている[37]。

　CIS内の統合過程は，数，野心的な内容，短期に中断，失敗の連続であった。ロシアはこれらの推進役として，ほぼ毎年名称を変えながら，旧勢力圏に属する諸国を，空虚な構想に加担させようとしてきた。周辺諸国にとって最善の方策はバルト諸国のモデルを選び，サブリージョン統合を通じて旧ソ連圏を回復しようとする企図を防止することであった[38]。

　上記のさまざまな協定は経済的必要性を標榜しているが，実は政治的目的によって追求されたものであり，政治・経済両方とも成功したとはいえない。

3．コモンウェルス共同体の統合論的特性

3-1　2大コモンウェルス共同体の統合論的比較

　本章で取り上げてきた2大コモンウェルス共同体は，基本的に旧システムの再活用という共通の特性をもつ。一方イギリス・コモンウェルスとCISの間には，コモンウェルスの構成，形成過程，理念体系，移行過程，現在の政治経済的状況において，それぞれ固有の特徴をもつ（表5-6参照）。

　イギリス・コモンウェルスは英帝国の影響下で全世界的な分布を見せているが，CISはロシアを中心とするユーラシア大陸という比較的に制限された地理的範囲をもつ。

　コモンウェルスの原型およびその理念の形成は，イギリス・コモンウェルスにおいては帝国主義的拡大，CISにおいては社会主義的理念とソビエトの拡大主義によるものであった。

　大きなコントラストを見せているのは，旧構造からコモンウェルスへの移行

---

36)　Sushko (2004), p. 119.
37)　*Ibid.*, p. 122.
38)　*Ibid.*, p. 130.

過程である。イギリス・コモンウェルスもCISも，解体する旧体制の，消極的な温存を本質としているが，イギリス・コモンウェルスの場合は，英帝国自らが支配地域を自治領化し，さらに共和国への移行を容認，英王室への忠誠観念を加盟条件としない等，中心国からの緩和措置によって，コモンウェルスへの移行が行われた。一方CISは，バルト諸国をはじめとする，ソ連邦からの諸共和国の急激な離脱過程が特徴となる。

このような元統合体の解体の原因は帝国あるいは連邦の衰退であるが，イギリスが帝国の衰退を自ら認め緩慢な移行過程を進めたことに対して，CISは1980年代末の米ソ冷戦におけるソ連邦の相対的劣勢が客観化することによって，連邦構成要素の，中心からの急激な離脱と消極的再結合が特徴となる。イギリス・コモンウェルスの歴史は，持続的な解体過程であり，それを「開発」，「分散」，「伸縮性の増大」[39]という美名で糊塗してきたという解釈もある。

イギリス・コモンウェルスは，コモンウェルス成立以降，プログラム型の，機能的組織化が中心となり，たとえばスポーツ大会を定期的に開催し互いの親睦を図ってきた。CISも類似した活動をしているが，国家を主体とする組織化が中心となっている。FSUの統合性が瓦解し，機能的要素に部分分解する中で，政治，経済，軍事別の小共同体に国家別に加盟し，西欧に編入，吸収される急激な動きがCIS的再統合過程の特徴である。

法的根拠においてイギリス・コモンウェルスは「1953年王室称号法（Royal Titles Act）」に依拠しているが，CISは一連の国際条約にその法的基礎がある。また組織的な側面からイギリス・コモンウェルスの事務局は執行権限がないことに対して，CISは組織的により強化された統合体である[40]。

同じコモンウェルス共同体という概念ではあるが，イギリス・コモンウェルスとCISの国際法的特性は異なる。

CISの性格規定については3つの見解がある。

1) CISは，主権国家の連邦である，

---

39) Bull (1973), p. 210.
40) Voitovich (1993), p. 416.

2) CIS は，FSU から独立への移行を円滑化する組織である，
3) CIS は，政府間国際組織である[41]。

これに対して，イギリス・コモンウェルスは 3) の政府間国際組織という特性は認められるが，1) のような連邦的組織ではないことは明白である。

CIS においても，1) の連邦的性格については異論がある[42]。CIS は創設初期の混乱状態において，強力な意思決定主体というよりは，緩やかな諮問フォーラム的な役割に傾斜するようにも見えた。すなわち，大統領クラブ，非

表 5-6　イギリス・コモンウェルスと CIS の比較

	イギリス・コモンウェルス	CIS
地理的範囲	グローバルな分散的分布	ユーラシア地域の隣接国
分布地域	アフリカ、アメリカ、アジア、太平洋、ヨーロッパ	東欧、コーカサス、中央アジア
民族構成	多民族、多人種	スラブ族中心、中央アジア諸民族
使用言語	英語中心	ロシア語中心
宗教	キリスト教および土着宗教	ギリシャ正教会およびイスラーム教
旧体制存続期間	16 世紀 - 20 世紀後半	1910 年代 - 1980 年代
コモンウェルス開始時期	20 世紀前半	1990 年代前半
旧体制の結束方式	植民地的支配	社会主義連邦体制
旧体制理念	英国王室への忠誠	社会主義理念
解体理由	英帝国の衰退	ソ連邦の弱体化
解体期間	長期的な、緩慢な解体	短期的な、急速な解体
解体プロセス	中心国が徐々に手放す	周辺国が急激に離脱
旧体制からの転換方式　政治	支配の終了・独立	軍事的解体・条約
旧体制からの転換方式　経済	経済協力のソフト化（ブロック経済→経済交流・支援）	移行経済（社会主義→市場経済）
現在の統合理念	英国王室との関連と民主主義	政治・経済・安保における協力
域内経済格差	大きい	比較的小さい
他の共同体との関連	世界各地域の統合体に参加	中央アジア、欧州の各地域統合体に参加

(出所) 筆者作成。

---

41) Dadabaev, (2004), pp. 62-64.
42) CIS は創設の合意においては意識的に連邦（confederation）という表現が回避されているが実際には緩やかな連邦型の組織であるという，あいまいな性格規定になっている（Voitovich (1993), p. 416）。

超国家的調整組織[43]という位置づけが，創設期の組織意図であったと思われる。この点はイギリス・コモンウェルスにおいても確認できるコモンウェルス型共同体の特性である。元統合体のネガティブな性格を前提にそこから離脱しようとする遠心力がコモンウェルス共同体の特徴であり，相対的に強い求心力をもつ一般地域統合とは異なる方向性をもつ。

3-2　コモンウェルス共同体におけるネットワークの変容過程

　宗主国からの心理的独立を留保したまま既存の政治・経済・社会・文化空間ネットワークを利用するメリットがある限り，過去の被支配国にはネットワーク内部性の追求による既存の政治・経済的規模の利益を生かそうとするニーズが潜在する。また宗主国との過去の厳格な垂直的，縦の関係が緩和し，被支配国間の水平的，横の連帯関係を拡大することによって，自国の位相を高めることも可能になる。被支配国の立場から見れば，旧宗主国への両価的態度の中で，理念より機能性が重視されているといえる。

　したがって，コモンウェルス型統合体の発展は，ネットワークの成立と変容過程として把握できる。起源としての支配従属体制が崩壊した後，旧システムがもたらしたネットワークを活用しようとする暗黙的合意が具体化したのがコモンウェルス共同体である。垂直的な関係から水平的な関係へのネットワークの変容過程の中で統合構造が形成される。たとえば，1970年代までイギリス・コモンウェルスは，イギリスを頂点する象徴体系の側面があったと思われるが，80年代に入って，南アフリカのアパルトヘイトをめぐる，アフリカ諸国の団結はイギリスの位相の低下を印象付け，相互牽制をベースとしたネットワークの水平化が進んだとも解釈できよう。

　コモンウェルスのネットワーク的展開過程は以下のように要約できる。
　i　征服と支配＝ネットワーク形成
　コモンウェルス共同体の起源は，一国による他国・地域の支配あるいは植民

---

43)　*Ibid.*, p. 407.

地化にある。

　たとえば Pax Britannica において大英帝国による世界支配がアフリカ，アメリカ，アジア，オセアニアにまたがる巨大な植民地システムを構築し，イギリスとそれらの地域の間で垂直的ネットワーク，そしてイギリス以外の地域間で水平的ネットワークが形成される。このネットワークを通じてイギリスの世界戦略が通達され，この通路を利用して諸地域とイギリスの間で，ヒト，モノ，カネ，サービスの移動が円滑に行われる，固有の空間が形成される。

　支配が長期化するにつれ，ネットワークは固定化し，政治，経済，文化，社会，言語，宗教，イデオロギー，軍事など，さまざまな側面における一体化が進む。

　ⅱ　独立＝旧体制の解消

　独立によって，各地域の国々は宗主国との垂直的ヒエラルキーから離脱する。強制的に維持されてきた強固な政治・経済体制は解消されるが，それまでに形成されたネットワークの慣性は消えない。

　文化的，制度的，言語的，経済的共通性の存在，すなわちすでに形成されたさまざまな共通の遺産が，再統合の可能性を高める。

　ⅲ　関係の再構築＝ネットワーク再調整

　独立後，宗主国抜きの水平的ネットワークが地域[44]的に成立する場合，それは地域共同体となる。宗主国を含む観念的な垂直的秩序と現実的な水平的政治経済関係が共存的に成立する場合，コモンウェルス型共同体となる。たとえばアフリカ各地でサブリージョン別にイギリス抜きに多数の地域共同体が成立し，同時にイギリスを含む他の地域とコモンウェルスを形成する場合，一般地域共同体とコモンウェルス型共同体に同時に所属することになる。

　旧体制が残した言語的共通性によってコミュニケーションの円滑化，行政な

---

44)　地域は階層構造をもつ概念であり，3つに分類することができる：マクロ，メソ，ミクロ。マクロは大陸型地域，メソはサブリージョン型地域，ミクロは少数の国家群あるいは地方間のネットワークである。地域統合は主にサブリージョンを中心に行われる。

どの制度的共通性による業務処理の迅速化，共通の貨幣単位あるいは名称を共有することによる通貨圏結成の容易さなどは旧体制の遺産としてのネットワークの存在を裏付ける。このような共通基盤の上で，上記のヒト，モノ，カネ，サービスの移動が再活性化する。

iv 関係維持＝ネットワーク再活用

コモンウェルス統合は，コモンウェルスの内外に対するネットワークの維持発展を主要な内容とする。それは内部における規律強化と外部に対する共同対応として現れる。

コモンウェルス共同体は内部規律を維持することによってネットワークの形式性を高めようとする。たとえば民主的統治の勧奨である。

一方，コモンウェルスは，共通のアイデンティティの下で，グローバルな政治・経済・社会・環境・軍事的な与件に共同対応することで共通の利益を享受しようとする。グローバルな政治・経済的対応において共同のスタンスを取ることは，反射的にコモンウェルス・アイデンティティを強化することにもつながる。特に経済問題における協力はコモンウェルスの重要活動の1つである。たとえば，イギリス・コモンウェルスの各国財務相たちは，IMFや世銀の秋の定例会議前に会同し，国際通貨および経済問題を議論してきた。その活動をサポートするために，1983年，国際経済問題諮問グループが設立されたのは，コモンウェルスの共通アイデンティティに基づくシステム強化の一例だといえる。

おわりに：コモンウェルス統合の意義

コモンウェルス共同体は，植民地状態からの独立以後，宗主国[45]と被植民地諸国，すなわち独立諸国との包括的な関係調整において発生する。これは一般的な地域統合とは異なる統合上の特性である。歴史的観点から見れば，20世紀後半の世界の統合は2つの形態に分類される。すなわち独立諸国が地域単

---

45) ここで宗主国は，中心－周辺関係における中心国の意味を内包する。
46) この場合EUは例外といえる。

位で行う反植民地主義運動と軌を同じくした地域統合運動[46]，そして旧宗主国およびその支配下にいた世界各地の新生独立諸国のコモンウェルス的統合である。前者は地域空間，後者は中心国あるいは宗主国の支配範囲として地域あるいはそれを超えるグローバルな空間を背景にして行われる。

　コモンウェルス共同体が発生するのは，政治的独立と経済的自立の同時成立が難しい独立初期の状態において，旧体制における求心点を維持しつつ，脱支配的理念の志向よりは，過去植民地宗主国と被植民地国間の政治経済的連携の機能的メリットを享受しようとするからである。このとき，旧支配体制下の制度および言語などの文化的共通基盤が統合の根拠として作用する。被支配諸国は独立後の混乱を低下させることができる，宗主国としても過去の権威が維持可能であるという相互のメリットがある。たとえば，イギリスにとってコモンウェルスのメリットは，1) コモンウェルス・シンボルが国内外で依然として大国のイメージを与え，2) 帝国主義批判に対する道徳的反論として作用し，3) イギリス国民に対しては歴史的敗北感を回避させる[47]手段として機能している点にある。これらは CIS の場合ロシアにも適用できるコモンウェルス体制の共通点であろう。

　独立後の関係においては，独立前の旧体制の統一あるいは統合状態を原点とし，その状態に依拠しつつ独立性を高めていく，ある種の慣性の法則が作用する。したがって未来志向的な順方向ではなく，逆方向，後ろ向き的統合特性をもつ。

　また統合の意義の面においても，統合そのものが独立あるいは解体後の混乱を最小化するための方法論的特性が強く，順方向統合が意図する目的としての統合とは異なる面がある。したがって積極的，未来志向的，発展的というより，たとえその維持期間が長いとしても過渡期的あるいは現状維持的性格の国家集合体といえる。

　このようにコモンウェルス統合は一般地域統合とは違って，過去の統合シス

---

47) Bull (1973), pp. 213–215.

テムを活用し，既存のメカニズムを維持・発展させ，政治・経済的機能を発揮することに大きな特徴がある。波及効果を基本的な発展論理として，機能から組織強化へつなげる新機能主義的立場とは違って，既存組織が提供するネットワーク機能を利用するという面から見ても，復古的逆方向統合といえよう。

　各コモンウェルスがもつ文化的，政治的，理念的特徴によって，コモンウェルス独自の特徴が現れるが，植民地主義あるいは理念的連邦が胚胎した中心・周辺関係が歴史的に規定されていることが前提となるという点において歴史的性格が強い。経済主義的性格が強調される現代の統合とは本質的な違いがある。

　コモンウェルス統合を，一般的な地域統合と同じ土台の上で比較できるかという疑問はありうるが，コモンウェルスが多数の国家の集合体であり，超国家的メカニズムをもって機能しているという点は否定できないであろう。このようなメカニズムは，フランコフォーンあるいはイベロ共同体にも適用可能な，歴史的一般性をもつといえる。

　イギリス・コモンウェルスも CIS もそのネットワークはまだ発展途上にある。コモンウェルス的ネットワークがどのような形でどこまで発展するかは未知数である。他の共同体と共通性をもちながら，それと対比される独自の特性をもつという点において，コモンウェルス共同体の統合現象は比較通念論的にさらに深層分析を行う価値があると考えられる。

第5章 コモンウェルス統合の特性分析　181

表5-7　略語表

略語	フルネーム	訳語
ACS	Association of Caribbean States	カリブ諸国連合
APEC	Asia-Pacific Economic Cooperation	アジア太平洋経済協力会議
ASEAN	Association of South East Asian Nations	東南アジア諸国連合
AU	African Union	アフリカ連合
BSF	Black Sea Forum for Partnership and Dialogue	黒海フォーラム
CACO	Central Asian Cooperation Organization	中央アジア協力機構
CAEC	Central Asian Economic Cooperation	中央アジア経済協力機構
CAEU	Central Asian Economic Union	中央アジア経済同盟
CARICOM	Caribbean Community and Common Market	カリブ共同体
CBI (1)	Caribbean Basin Initiative	環カリブ海構想
CBI (2)	Cross Border Initiative	クロスボーダー・イニシアチブ
CBSS	Council of the Baltic Sea States	バルト海理事会
CDC	Community of Democratic Choice	民主選択共同体
CE (1)	Conseil de l'Entente	協商会議
CE (2)	Council of Europe	欧州理事会
CEFTA	Central European Free Trade Agreement	中欧自由貿易協定
CEI	Central European Initiative	中欧機構
CEMAC	Communaute economique et monetaire de l'Afrique Centrale	中部アフリカ経済通貨共同体
CEN-SAD	Community of Sahel-Saharan States	サヘルサハラ諸国共同体
CES	Common Economic Space	共通経済圏
CISFTA	CIS Free Trade Area	CIS自由貿易圏
COMESA	Common Market for Eastern and Southern Africa	東南部アフリカ共同市場
CP	Colombo Plan	コロンボ計画
CSTO	Collective Security Treaty Organization	集団安保条約機構
CU-BKR	Customs Union of Belarus, Kazakhstan and Russia	ベラルーシ・カザフスタン・ロシア関税同盟
EAC	East African Community	東アフリカ共同体
ECO	Economic Cooperation Organization	経済協力機構
ECOWAS	Economic Community of West African States	西アフリカ諸国経済共同体
EU	European Union	欧州連合
EURASEC	Eurasian Economic Community	ユーラシア経済共同体
FZ	Franc Zone	フラン圏
GUAM	Georgia, Ukraine, Azerbaijan, and Moldova	グルジア・ウクライナ・アゼルバイジャン・モルドバ
IGAD	Inter-Governmental Authority on Development	政府間開発機構
IOC	Indian Ocean Commission	インド洋委員会
IOR-ARC	Indian Ocean Rim Association for Regional Cooperation	環インド洋地域協力連合
LCBC	Lake Chad Basin Commission	チャド湖域委員会
MRU	Mano River Union	マノ川同盟
MSG	Melanesian Spearhead Group	メラネシア先鋒グループ
NAFTA	North American Free Trade Agreement	北米自由貿易協定
NATO	North Atlantic Treaty Organization	北大西洋条約機構
NBA	Niger Basin Authority	ニジェール川流域公社
OAS	Organization of American States	米州機構
OAU	Organization of African Unity	アフリカ統一機構
OCAC	Organizaiton of Central Asian Cooperation	中央アジア協力機構
OECS	Organizaiton of East Caribbean States	東カリブ諸国機構
OIC	Organization of the Islamic Conference	イスラム会議機構
OSCE	Organization for Security and Cooperation in Europe	欧州安保協力機構
PC	Pacific Community	太平洋共同体
PECC	Pacific Economic Co-operation Council	太平洋経済協力会議
PIF	Pacific Islands Forum	太平洋島嶼国会議
SAARC	South Asian Association for Regional Cooperation	南アジア地域協力連合
SACU	Southern African Customs Union	南部アフリカ関税同盟
SADC	Southern African Development Community	南部アフリカ開発共同体
SCO	Shanghai Cooperation Organization	上海協力機構
SECI	South East European Initiative	東南ヨーロッパ機構
SEECP	South East European Cooperation Process	東南ヨーロッパ協力プロセス
SELA	Latin American Economic System	ラテンアメリカ経済機構
SPC	Secretariat of the Pacific Community	太平洋共同体書記局
SPfSEE	Stability Pact for South Eastern Europe	東南ヨーロッパ安定条約
TPP	Trans-Pacific Partnership Agreement	環太平洋パートナーシップ協定
UDEAC	Union Douaniere et Economique de l'Afrique Centrale	中部アフリカ関税経済同盟
UNASUR	Union de Naciones Suramericanas	南米諸国連合
U-RB	Union of Russia and Belarus	ロシア・ベラルーシ連合

(出所) 筆者作成。

参 考 文 献

Banks, Arthur and Thomas Muller (eds.) (1999), *Political handbook of the world* : 1999, CSA Publications.

Bisley, Nick (2004), *The end of cold war and the causes of Soviet collapse*, Palgrave Macmillan.

Bull, Hedley (1973), "What is the Commonwealth?", in Falk, Richard and Saul Mendlovitz *Regional politics and world order*, W. H. Freeman and Company.

Commonwealth Secretariat (2010), *Small states digest*, Issue 3, 2010.

Conway, Patrick (1995), "Currency proliferation : the monetary legacy of the Soviet Union" *Essays in International Finance*, No. 197, Department of Economics, Princeton University.

CSA (2003), *The international year book and statesmen's who's who*, 50th edition, Cambridge Scientific Abstracts.

Dadabaev, Timur (2004), *Towards post–Soviet Central Asian regional integration*, Akashi Shoten.

Evans, Graham and Jeffrey Newnham (1998), *The Penguin dictionary of International relations*, Penguin Books.

Goldberg, Linda, Barry Ickes and Randi Ryterman (1994), "Departures from the Ruble zone : the implications of adopting independent currencies", *The World Economy*, Vol.17, Issue 3.

Kirby, Michael (2010), *Institutional renewal and reform : the challenge of the Commonwealth of Nations in the twenty–first century*, The Australia and New Zealand School of Government, The Johan Paterson Oration 2010, 11 August, Melbourne, Victoria.

Magill, Frank N. (ed.) (1996), *International encyclopedia of government and politics*, Fitzroy Dearborn Publishers.

Maher, Joanne (ed.) (2007), *The Europa world year book 2007*, Europa Publications.

Medvedev, Sergei (2000), "Post-Soviet regionalism : integration or break-up", in Hettne, B., András Inotai and Osvaldo Sunkel (eds.) *National perspectives on the new regionalism in the north*, UNU/WIDER, The New Regionalism Series, Vol. 2.

Papava, Vladimir (2008), "On the role of the "Caucasian tandem" in GUAM", *Central Asia and the Caucasus*, No. 3–4, 2008.

Rustomjee, Cyrus (2009), "The Commonwealth and the economic crisis", *Discussion Paper*, No. 6, September 2009, Commonwealth Secretariat.

Sushko, Oleksandr (2004), "The dark side of integration : ambitions of domination in Russia's backyard", *The Washington Quarterly*, Spring 2004.

Voitovich (1993), "The Commonwealth of Independent States : an emerging institutional model", *European Journal of International Law*, Vol. 4, No. 1.

第6章

経済のグローバル化と所得分配

はじめに

2000年以降，世界経済は大きな変貌を遂げた。いくつかの新興国が出現し，世界経済の中で重要な役割を果たすようになった。中国は高い経済成長を達成し，現在も成長を続けている。1990年代には世界の工場として，生産拠点の役割を果たしていたが，最近では重要なマーケットとして，世界中から注目を集めている。中国の経済成長は他のアジア諸国と同じように，外国資本による生産拠点を誘致し，生産した財を世界に輸出するというパターンである。中国の輸出の半分は外国資本によるものであり，典型的な輸出主導型経済である。

また，ブラジル，オーストラリア，南アフリカなどは，資源および農産物の輸出国として注目されている。新興国の経済成長によって，原油や鉄鉱石などの資源に対する需要が増加し，これらの価格が上昇している。さらに，新興国の経済成長は人々の食生活を変化させ，小麦などの穀物に対する需要を増加させ，世界の農産物価格に大きな影響を与えている。

一方，日本，アメリカやEU諸国はリーマンショック以降，財政問題などを抱え経済的困難に直面している。リーマンショックは国際金融市場の問題なので，経済のグローバル化と密接に関係している。リーマンショックはグローバリゼーションが引き起こした，マイナスの側面かもしれない。

世界経済に生じているすべての出来事が，グローバリゼーションと関係しているというつもりはない。しかし，良い面悪い面に関係なく，グローバリゼーションは世界経済に大きな影響を与えている。過去の日本がそうであったように，今日の新興国の経済成長は明らかに貿易の利益からもたらされたものである。もし，中国が経済の開放政策を採用しなければ，今日の中国は存在しないであろう。

世界はこれまで自由貿易を促進してきた。それは世界各国が貿易の利益を認識していたからである。しかし，最近ではWTOの貿易自由化交渉に見られるように，貿易自由化は進展していない。この理由として，貿易自由化のマイナス面，特に国内の所得分配への影響が考えられる。所得分配が不平等のため，貿易の利益を享受できない人たちも存在する。所得分配の不平等は貿易だけに原因があるわけではないが，貿易が原因の1つである可能性はある。自由貿易と保護貿易の論争は古くから存在するが，それは今でも何ら変わることはない。

1. 経済のグローバル化とその影響

近年，経済のグローバル化は急速に進展している。貿易は拡大し，リーマンショックによる一時的な落ち込みはあったものの，世界貿易は2001年から2007年の間に年平均6.3%の率で増加した[1]。図6-1は，世界貿易における輸出の対GDP（世界）比を示している。1990年以降穏やかに増加しているが，2003年以降は大きく増加している。1990年から2002年の間は12年間で約5.2%の増加であるが，2003年から2007年の間は4年間で約4.4%増加している。WTOだけでなく，各国がFTA（自由貿易協定）などの経済統合を積極的に推進したことが，世界貿易の拡大に寄与している。

資本も国境を越えて移動する。資本移動には直接投資や証券投資などいくつかの形態があるが，ここでは直接投資について考える。世界の直接投資は年に

---

1) リーマンショックの影響を避けるため，すべての統計におけるデータの期間を2007年までとしている。

第6章 経済のグローバル化と所得分配　185

図6-1　世界貿易における輸出の対GDP（世界）比

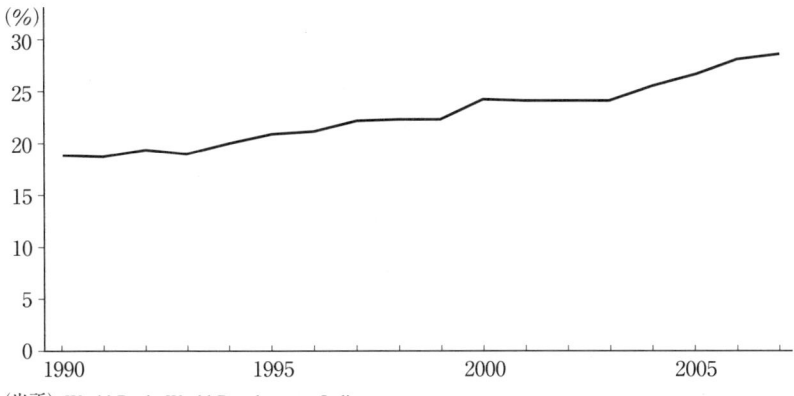

（出所）World Bank, World Development Indicators.

図6-2　世界における対内直接投資の対GDP（世界）比

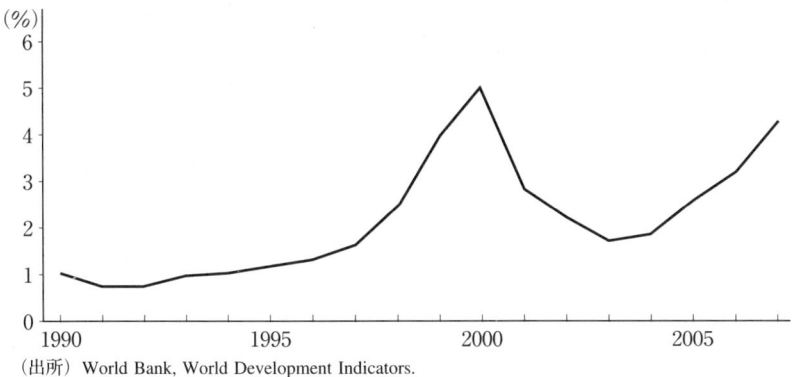

（出所）World Bank, World Development Indicators.

よって変動しているが，対内直接投資から見た世界の直接投資は1990年の2,125億ドルから2007年の2兆3,600億ドルへと約11倍になっている。図6-2は世界における対内直接投資の対GDP（世界）比を示しており，その変動の推移を見ることができる。1990年代後半に大きく増加しその後減少，そして2004年から再び増加している。

　このような貿易や直接投資の拡大をグローバリゼーションと定義するなら，グローバリゼーションは世界経済や各国の国内経済に大きな影響を与えた。第1は，国家間の所得格差への影響である。中国，インド，ブラジルなどの新興

国が出現し，これらの国は今後も成長が期待されている。経済の成長に伴い，所得水準は上昇し，人々の生活は豊かになりつつある。今後は先進国に代わって，世界経済のリード役を果たすことも期待されている。一方で，多くのアフリカの国々は低所得のままであり，成長する世界経済から取り残されているようにも見える。この差はどこから生まれてくるのだろうか。経済のグローバル化が原因なのだろうか。もしそうであれば，グローバリゼーションは国家間の所得格差を生み出す要因となるのだろうか。

　第2は，各国国内の所得格差への影響である。貿易自由化は市場主義，競争主義を意味するので，貿易自由化が所得分配の公正を保障するものではない。部分均衡分析で貿易の利益を分析した場合でも，必ずしも所得分配は公正ではない。実際，グローバリゼーションの進展とともに，各国国内の所得格差は拡大したともいわれる。グローバリゼーションは本当に所得分配の不平等を拡大させる要因なのだろうか。

　以下では，グローバリゼーションの所得分配への影響について考える。貿易および直接投資が国内の所得分配に与える影響について検討する。国家間の所得格差への影響ではなく，国内の所得分配への影響について考える。特に，日本の所得格差拡大の要因を分析し，グローバリゼーションの所得分配への影響について検討する。

2. 貿易と所得分配の関係

　経済のグローバル化と所得分配の関係を調べるために，GDPに対する貿易の割合とジニ係数の関係について考える。ジニ係数はグローバリゼーションだけの影響を受けるわけではないが，国内の経済制度に大きな変化がなければ，ある程度グローバリゼーションの影響を反映すると考えられる。図6-3はOECD（経済協力開発機構）諸国における，1995年から2005年の間のGDPに対する貿易（輸出＋輸入）の割合の変化とジニ係数の変化を調べたものである。縦軸にGDPに対する貿易の割合の変化，横軸にジニ係数の変化をとっている。OECD諸国の中で，データのとれる24カ国が記されている。GDPに対す

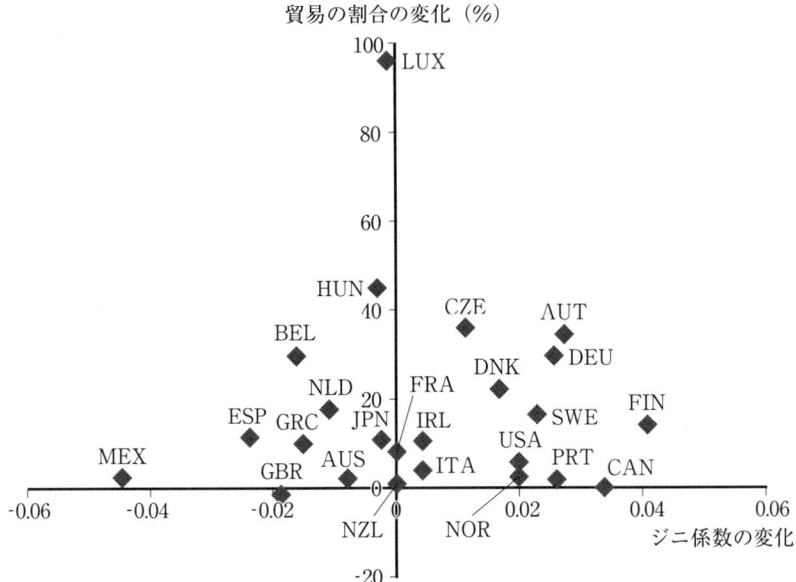

図 6-3 GDP に対する貿易の割合の変化とジニ係数の変化

(出所) OECD 東京センター (online),「主要統計」。

る貿易の割合の変化はイギリスを除くすべての国でプラスであるが，ジニ係数の変化は10カ国でマイナスである。もし，貿易の拡大が所得分配を不平等にするのであれば，両者には正の相関関係があると考えられる。しかし，必ずしもそのようになってはおらず，24カ国中9カ国には負の相関関係がみられる。よって，貿易の拡大と所得分配の間に明確な関係は読み取れない。

ただし，ここで使用されているジニ係数は，税や社会保障による再分配後の可処分所得から算出されたものである。貿易の拡大と所得分配の関係を考えるのであれば，ジニ係数は再分配前の所得から算出されなければならない。再分配により，再分配後の所得分配の不平等は小さくなっているかもしれない。このため，このジニ係数は再分配前の所得分配の不平等を明確に示しているわけではない。再分配政策は国によって異なるので，再分配のジニ係数への影響も国によって異なる。それでも，多くの国のジニ係数を同じ条件で利用できるので，この統計を利用する意味はある。

図6-3をもう少し詳細に分析すると，異なる解釈をすることもできる。OECDは比較的所得の高い国の集まりであるが，その中でもアメリカ，イギリス，ドイツ，イタリア，カナダや北欧諸国を取り出すと，これらの国々にはGDPに対する貿易の割合とジニ係数の間に正の相関関係が見られる[2]。つまり，貿易の拡大と所得分配の不平等の間に何らかの関係が読み取れる。IMF（2007）においても，グローバリゼーションの所得分配への影響は各国の所得水準によって異なるとの結果が出ており，これはある意味IMFの結果を裏付けるものである。

3. 貿易の所得分配への効果

3-1 ストルパー＝サミュエルソンの定理とその解釈

貿易が所得分配に与える効果を説明する理論として，ストルパー＝サミュエルソンの定理がある。これは財価格の上昇が，その財の生産に集約的に用いられている生産要素の価格を上昇させ，集約的には用いられていない生産要素の価格を低下させるというものである。ストルパー＝サミュエルソンの定理は財価格の変化が生産要素価格に与える効果を説明するものであるが，実際には限られた範囲で成り立つものである。

第1に，資本や労働などの生産要素は国際的に移動しないと想定されているが，現在では少なくとも資本は活発に国境を越えて移動する。このため，資本の価格である利子率（レンタル率）は世界で一定水準に収束する傾向にあり，資本の国際的移動がない場合より，財価格の変化の利子率（レンタル率）への効果は小さい[3]。また，労働についても，高い技術や知識を有する技術者は国境を越えて移動しており，労働の国際的移動もある程度可能である。

---

[2] OECDのデータによると，この期間にフランスのジニ係数は変化がなく，日本のジニ係数は2005年に少し低下している。日本のジニ係数については，総務省のデータではOECDのデータとは異なる傾向が見られる。また，イギリスについては，GDPに対する貿易の割合の変化とジニ係数の変化は両方ともマイナスである。図6-3において，第一象限および第三象限にある国は正の相関関係を示している。

[3] 世界の利子率がすべて等しくなるという意味ではない。

第2に，ストルパー＝サミュエルソンの定理は，今日の貿易の説明には必ずしも適していない。これは，ストルパー＝サミュエルソンの定理が，ヘクシャー＝オリーンモデルから導かれるためである。ヘクシャー＝オリーンモデルは産業間貿易の説明には適しているが，産業内貿易の説明には十分ではない。今日，世界貿易における産業内貿易の割合は高まりつつあり，特に先進国ではこの傾向が見られる。ストルパー＝サミュエルソンの定理は，産業間貿易の割合の高い国に対して，ある程度当てはまるかもしれない。

第3に，ストルパー＝サミュエルソンの定理は完全雇用を前提にしている。この理由も，ストルパー＝サミュエルソンの定理がヘクシャー＝オリーンモデルから導かれるためである。実際には，世界の大部分の国の経済は完全雇用となっていない。

3-2 日本における貿易と賃金の関係

このように限られた範囲ではあるが，ストルパー＝サミュエルソンの定理は貿易と所得分配に関する有用な枠組みである。図6-4は日本における輸出産業および輸入産業の賃金変化率の推移を示している。輸出産業と輸入産業は業種別に示されており，輸出産業を輸送用機械，電気機械，一般機械，輸入産業を鉱業，繊維，農林水産業とする。輸出産業は貿易（輸出＋輸入）に対する輸出，輸入産業は貿易（輸出＋輸入）に対する輸入の割合が高い産業である[4]。また，賃金は国民経済計算における雇用者報酬で表されている。輸送用機械，電気機械，一般機械は資本集約的産業であるが，今日では高度技術労働者を必要とするので技術集約的産業でもある。繊維や農林水産業は，どちらかというと単純労働が多いので労働集約的産業といえる。

輸出産業の生産増加によって，輸出産業に対する労働の需要が増加すれば，高度技術労働者に対する報酬は増加する。しかし，輸出産業において，集約的でない生産要素である単純労働者に対する報酬は減少するかもしれない。ま

---

[4] 2007年の貿易構造を基準にしている。また，エネルギーおよび原料以外の輸入に関しては，金額ベースでは電気機械，一般機械や化学等が多い。

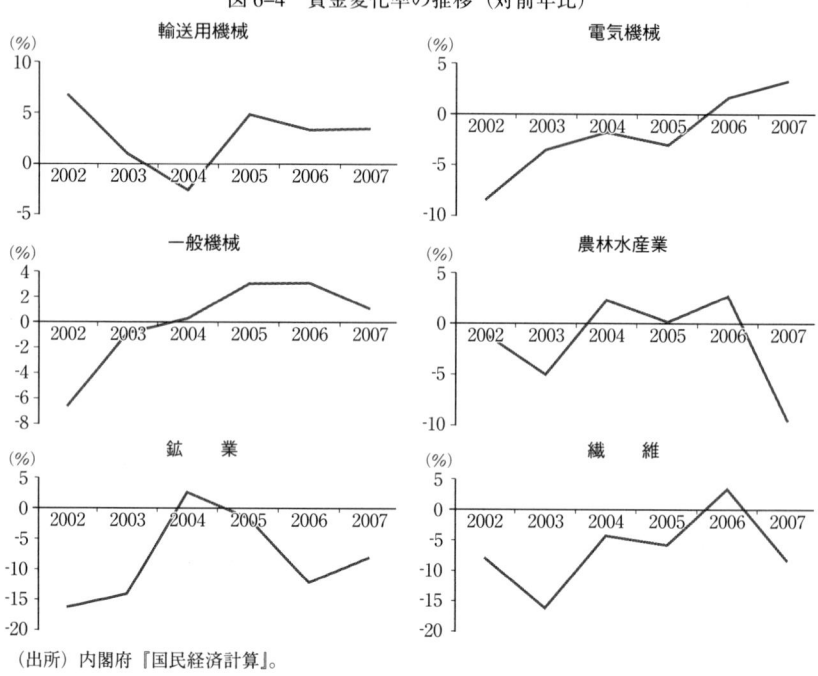

図 6-4　賃金変化率の推移（対前年比）

（出所）内閣府『国民経済計算』。

　た，輸入産業の国内での生産減少によって，輸入産業に対する労働の需要が減少すれば，集約的な生産要素である単純労働者に対する報酬は減少する。

　各産業とも賃金変化率の変動は大きいが，2002年から2007年の5年間で輸送用機械と一般機械はプラスの変化率の年が多く，鉱業と繊維はマイナスの変化率の年が多い。輸送用機械と一般機械の労働に対する報酬が大きく増加しているわけではないが，鉱業と繊維の労働に対する報酬はかなり減少している。電気機械と農林水産業の労働に対する報酬も減少しているが，鉱業と繊維ほどではない。

　もし，輸入産業における労働が単純労働であるなら，この結論はある意味ストルパー＝サミュエルソンの予想通りである。輸入産業に対する輸入の増加により，輸入産業の価格が低下する。そして，輸入産業の価格の低下は，労働集約的産業である輸入産業の労働に対する報酬を減少させる。日本でも産業内貿

易の割合は高まっているが，工業製品を輸出し，エネルギーや農産物を輸入するという貿易パターンは続いている。

3-3 労働生産性上昇の賃金への効果

田部井（2006）は労働生産性上昇の価格と賃金への効果を調べた。理論的には労働生産性の上昇は価格の低下か賃金の上昇に反映される。そこで，業種別に労働生産性と価格，労働生産性と賃金の相関関係について調べた。これが貿易の所得分配への効果と直接関係するわけではないが，貿易が労働生産性上昇の1つ要因であるなら，間接的に貿易と所得分配に関係している。しかし，この貿易と所得分配の関係はストルパー＝サミュエルソンの定理が意味するものではない。

図6-5は縦軸に労働生産性と価格，横軸に労働生産性と賃金の相関係数をプロットしたものである。データは1990年から2003年の期間であり，労働生産性は1人当たり産出量と定義されている。一般機械とサービスを除いて，労働生産性と価格は負，労働生産性と賃金は正の相関関係が示されており，理論的に期待されるものとなっている。輸送用機械と電気機械は繊維や農林水産業

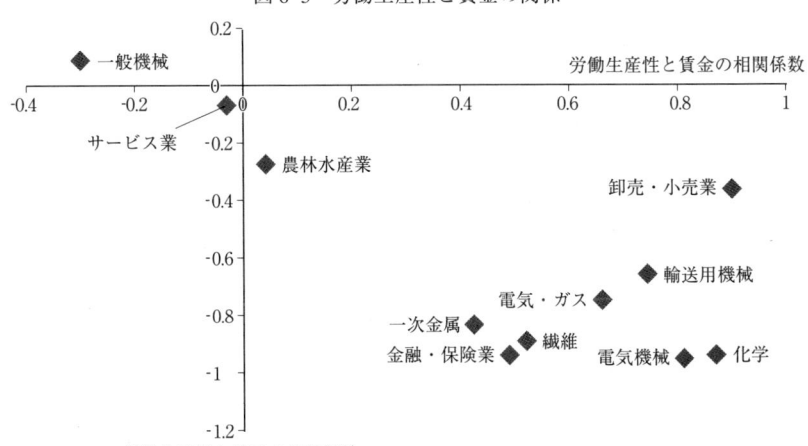

図6-5　労働生産性と賃金の関係

（出所）田部井（2006）。

より，労働生産性と賃金の相関係数が高くなっている。これは労働生産性と賃金の強い相関関係を示しており，貿易が労働生産性上昇の1つの要因であるなら，貿易と賃金の相関関係を示しているともいえる。輸送用機械と電気機械は輸出により労働生産性が上昇し，労働生産性の上昇が賃金を増加させたと解釈することができる。ただし，賃金は労働生産性からのみ影響を受けるわけではないので，この解釈は限定的に考えるべきである。

4. 直接投資の所得分配への効果

直接投資が所得分配に与える効果に関する一般的な理論は，現在のところ存在しない。しかし，直接投資も国内の所得分配に何らかの影響を与えると考えられる。そこで，直接投資と国内の所得分配の関係について考えてみる。

直接投資の所得分配への効果を考える場合，直接投資を対外直接投資と対内直接投資に分けて考える必要がある。そして，対外直接投資の労働に対する報酬について考える場合，対外直接投資がどのような要因で生じるかについて考えなければならない。対外直接投資の生じる要因が異なると，労働に対する報酬への効果も異なる。

4-1 対外直接投資

対外直接投資が生じる要因はいくつか考えられるが，大きく (A) 消費地への生産拠点移転，(B) コスト削減のための生産拠点移転，(C) 事業拡大の3つのケースに分けることができる。(A) のケースは国内で生産し輸出していたものを海外で生産するので，国内生産は減少し，労働に対する需要は減少する。労働に対する需要が減少するので，労働に対する報酬も減少する。もし，この産業が労働集約的産業であるなら，労働に対する需要は大きく減少し，労働に対する報酬も減少する。(B) のケースも (A) のケースと同じように，生産拠点が海外に移転し，労働に対する需要が減少するので，労働に対する報酬は減少する。(C) のケースは生産拠点の移転ではなく事業の拡大なので，国内の労働に対する影響はない。国内の労働に対する需要は変わらないので，労

働に対する報酬も減少しない。このように，対外直接投資が（A）のケースおよび（B）のケースの要因によって生じた場合，国内の労働に対する需要への影響を通じて，労働に対する報酬に影響を与える。たとえば，先進国が労働集約的産業の生産拠点を途上国に移転するなら，先進国の労働集約的産業における労働に対する報酬は減少する。

対外直接投資の資本に対する報酬への効果については，資本が海外に流出するので，資本の価格である国内の利子率（レンタル率）は上昇する要因になる。このため，対外直接投資がいかなる理由で生じようとも，対外直接投資によって，資本に対する報酬は増加する。

対外直接投資がどのような要因によって生じたのかを，統計から特定することは難しい。産業別の対外直接投資の動向から推測する以外方法はない。このため，対外直接投資の所得分配，特に労働に対する報酬への効果の分析は複雑である。

4-2 対内直接投資

対内直接投資の場合，対内直接投資がいかなる理由で生じようとも，国内の労働に対する需要が増加するなら，労働に対する報酬は増加する。対内直接投資が労働集約的産業に対して行われるなら，労働に対する需要は大きく増加し，労働に対する報酬も大きく増加する。たとえば，途上国の労働集約的産業に直接投資が行われるなら，途上国の労働集約的産業における労働に対する報酬は増加する。

対内直接投資の資本に対する報酬への効果については，資本が海外から流入するので，資本の価格である国内の利子率（レンタル率）は低下する要因になる。このため，対内直接投資によって，資本に対する報酬は減少する。

5．日本におけるグローバリゼーションと所得分配

グローバリゼーションは本当に国内の所得分配に影響を与えるのだろうか。これまで貿易と所得分配の関係について，いくつかのデータによる分析を試み

てきたが，確かなことは何もいえない。そこで本章では統計的分析によって，日本におけるグローバリゼーションの所得分配への効果について考えてみたい。IMF（2007）は51カ国について分析を行っているが，次のような理由によりここでは分析対象を日本に限定する。

　第1に，いくつかの先行研究により，グローバリゼーションの所得分配への効果は，各国の所得水準によって異なることが示されている。先進国と途上国では，グローバリゼーションの所得分配への効果は異なり，グローバリゼーションの所得分配への効果は一概には何ともいえない。

　第2に，最近の日本の所得格差拡大が，グローバリゼーションの影響を受けているか知りたいからである。これまで，日本の所得格差は世界的に見ても小さかった。しかし，最近日本の所得格差は拡大しているといわれる。この要因はどこにあるのか，経済のグローバル化が影響しているのか。この問いに対する答えを見つけることは，ここでの目的の1つである。

　グローバリゼーションの定義を貿易および直接投資の拡大としているので，輸出と輸入の対GDP比，対外直接投資と対内直接投資の対GDP比を推計式の説明変数とする。所得分配の不平等を示す指標にはジニ係数を使用し，従属変数として，税および社会保障負担が行われる前の再分配前所得から導出されるジニ係数を使用する。所得再分配が行われた後のジニ係数では，グローバリゼーションの所得分配への直接的な効果はわからない。日本のジニ係数の値は世界平均と比較するとそれほど高いものではないが，1990年以降傾向的には大きくなっている。これは，日本における所得分配の不平等が拡大していることを意味する。結局，推計式は従属変数がジニ係数，説明変数が輸出の対GDP比，輸入の対GDP比，対外直接投資の対GDP比，対内直接投資の対GDP比である。

　表6-1には，推計結果が示されている。モデル1は最小二乗法による推定であり，モデル2は誤差項に関する1次の自己回帰分析による推定である。また，モデル3は対数変換データを最小二乗法により推定したものであり，モデル4は対数変換データを誤差項に関する1次の自己回帰分析により推定したも

表 6-1　推計結果

	モデル 1	モデル 2	モデル 3	モデル 4
定数項	0.189*** (19.16)	0.189*** (22.17)	−1.746*** (−12.72)	−1.707*** (−19.78)
輸出の対 GDP 比	0.006* (2.08)	0.006** (2.33)	0.26* (2.11)	0.266*** (2.82)
輸入の対 GDP 比	−0.004 (−1.32)	−0.003 (−1.34)	−0.13 (−1.35)	−0.149* (−1.87)
対外直接投資の 対 GDP 比	0.024*** (3.41)	0.022*** (3.62)	0.068** (3.19)	0.103*** (3.61)
対内直接投資の 対 GDP 比	0.01 (0.73)	0.011 (0.97)	0.005 (0.69)	0.006 (0.92)
Adjusted R-squared	0.78	0.758	0.737	0.639
Durbin-Watson	1.647	1.78	1.537	1.725

（　）内は t 値

（注）＊は 10％，＊＊は 5％，＊＊＊は 1％ 水準で有意。
（出所）ジニ係数は内閣府『国民生活白書』より作成。勤労者世帯のジニ係数である。
　　　輸出，輸入と国内総生産は内閣府『国民経済計算』。
　　　対外直接投資と対内直接投資は財務省『対外・対内直接投資』。
　　　データ期間は 1991 年から 2005 年。

のである。

　全体的に推計結果は良いようであり，中でもモデル 2 およびモデル 4 は良好な結果となっている。モデル 2 およびモデル 4 の両方から，輸出と対外直接投資の変数が有意であることが読み取れる。特に対外直接投資については，ジニ係数との明確な関係が示されている。輸入および対内直接投資については，すべての推計方法から有意性は読み取れない。このことから，日本の所得分配に影響を与える要因として，輸出と対外直接投資が関係しているのではないかと推測される。

　なぜ，対外直接投資は日本の所得分配に影響を与えたのだろうか。消費地への生産拠点移転やコスト削減を目的にした生産拠点移転によって，国内における労働の需要が低下し，労働に対する報酬が減少することは考えられる。推計期間は 1991 年から 2005 年なので，コスト削減を目的にした，日本企業のアジ

ア進出はこの時期活発であった。

　一方,自動車などの輸出産業はアメリカや新興国に対する需要の増加により,輸出が増加した。輸出産業では,生産の増加により,国内における労働の需要が増加し,労働に対する報酬が増加したと考えられる。自動車などの輸出産業においては,輸出だけでなく対外直接投資も増加したが,この対外直接投資は事業拡大によるものであり,国内の労働に対する需要は必ずしも減少していない。結局,輸出産業では労働に対する報酬が増加し,対外直接投資を行った輸入産業では労働に対する報酬が減少する。推計結果において,輸出と対外直接投資がジニ係数に影響を与える要因になったのはこのためである。

　もちろん,所得分配に影響を与える要因は経済のグローバル化だけではない。しかし,日本においては,輸出と対外直接投資がある程度所得分配の不平等を拡大させる要因になっていたようである。

　また,所得分配の正当性についての議論は,ここでの課題ではない。なぜなら,所得分配の議論は経済成長との関係の中で議論されなければならないからである。輸出は経済成長にとって,重要な要因である。

おわりに

　2000年代に入り,世界経済の成長は明らかに加速した。1990年代の世界経済の成長率は年平均約3.0%であったが,2000年から2007年の間は年平均約4.2%であった。しかし,2008年以降はリーマンショックの影響により,世界経済の成長率は大きく低下している。

　この間,経済のグローバル化も進み,グローバリゼーションは世界経済,さらには各国国内経済に影響を与えるようになった。グローバリゼーションを貿易および直接投資の拡大と定義するなら,成長するアジア諸国や新興国はグローバリゼーションから利益を得ている。貿易や直接投資が,これらの国の成長要因となっているからである。

　しかし,グローバリゼーションは所得分配の公正まで保障してくれない。国家間の所得格差と国内の所得格差,どちらにおいても所得格差が拡大する可能

性がある。国家間の所得格差については，新興国が次々と出現している現状から，それほど大きな問題ではないかもしれない。だが，国内の所得格差については，各国のジニ係数が大きくなる傾向にあることから，グローバリゼーションとの関係が推察される。

貿易と所得分配の間に，明確な関係があるわけではない。貿易と所得分配の関係を説明する枠組みとして，ストルパー＝サミュエルソンの定理が存在するが，これは限られた範囲でのみ成り立つものである。OECDのデータからも，OECD諸国における貿易と所得分配の間に明確な関係は認められなかった。しかし，OECD諸国の中でも，比較的所得水準の高いアメリカ，イギリス，ドイツ，イタリア，カナダおよび北欧諸国においては，貿易と所得分配の間に正の相関関係が認められた。つまり，貿易の拡大と所得分配の不平等の間に何らかの関係が読み取れた。

直接投資も所得分配と何らかの関係があると思われる。しかし，直接投資と所得分配に関する一般的な枠組みは存在しない。基本的には，直接投資によって国内の生産要素にどのような影響があるかを考える必要がある。労働の需要が増加するのであれば，労働に対する報酬は増加する要因になり，労働の需要が減少するのであれば，労働に対する報酬は減少する要因になる。労働に対する需要の変化は直接投資の目的によって異なるが，直接投資の目的を区別するのは難しい。

日本においても，ジニ係数は大きくなる傾向にある。回帰分析によってジニ係数の説明要因を分析すると，輸出と対外直接投資が有意であった。輸出については，輸出産業の生産増加によって，輸出産業における労働に対する報酬が増加したと考えられる。また，対外直接投資については，生産拠点の移転によって，労働の需要が減少し，労働に対する報酬が減少したと考えられる。

グローバリゼーションの所得分配への影響は，一概には何ともいえない。いくつかの先行研究から，グローバリゼーションの所得分配への効果は，各国の所得水準の違いによって異なることが示されている。特に，先進国においては，グローバリゼーションは所得分配の不平等を拡大させるという研究もあ

る。この意味では，ここでの結論は先行研究の結論と一致する。

　今後の課題として，技術をどのように扱うかという問題がある。技術は経済成長をもたらす主要な要因であり，所得分配に影響を与える。技術もグローバリゼーションの流れとともに，国際的に移転するようになった。これは交通機関や通信の発達により，外国への移動や外国人との接触が容易になったためである。また，直接投資も技術移転の役割をもっており，直接投資の増加は技術移転の増加をも意味している。グローバリゼーションの定義に技術を加えるとき，グローバリゼーションの所得分配への効果がどのようになるかについて考える必要がある。

参 考 文 献

Feldstein, M. and Horioka, C. (1980), "Domestic Saving and International Capital Flows" *Economic Journal* 90, June, pp. 314–329.

Frankel, J. A. and Romer, D. (1999), "Does Trade Cause Growth?" *American Economic Review*, Vol. 89, No. 3, pp. 379–99.

International Monetary Fund (2007), "Globalization and Inequality" *World Economic Outlook*, October, pp. 31–65.

Obstfeld, M. and Rogoff, K. (1996), *Foundations of International Macroeconomics*, The MIT Press.

OECD (2008), *Growing Unequal?*, OECD Publications.

浦田秀次郎(2009)「グローバリゼーションと所得格差」『国際経済』(日本国際経済学会編)第60号，90-108ページ。

田部井信芳(2006),「労働生産性上昇の価格と賃金への効果」『宇都宮共和大学論叢』第7号，33-43ページ。

内閣府(2006)『国民生活白書』平成18年版。

第 7 章

グローバル下の協同組織金融機関

はじめに

　サブプライムローン問題の影響を受けて，日本経済が低迷している。これを打開するのが，アジア地域内の経済取引の拡大と日本国内の地域経済の活性化ではないのだろうか。本章では，グローバル化と地域経済の活性化を同時に実現する可能性を共助社会に求め，それを支える金融システムを考察することにする。これまで，経済効率を求める民間部門とそれを補完する公共部門の最適な分業によって，家計の福祉を求める考え方が主流であった。しかし，サブプライムローン問題の反省から，市場経済と共同体経済の最適な組み合わせが問われるようになったように，負債比率を高めバブルをもたらす投資の型に歯止めを掛け，生活者を重視する金融システムの構築が必須の課題となっている。

　共助社会は，投資・生産活動の場である市場経済と消費・生活経済の場である共同体経済から構成されるが，その担い手は，家計，また地方政府，地域金融機関，NPO・NGO，投資事業組合などである。今後，ネットワーク型の社会に転換する中で，共助社会の役割はいっそう高まるものと考えられるが，ここでは，営利活動と非営利活動双方の領域にかかわる信用金庫など協同組織金融機関を中心に共助社会と金融システムを考察することにする。すなわち，生活者の視点に立って，地域金融機関，地方政府，NPO，投資事業組合，市民の

協力を通じて，ベンチャービジネスを育成する一方，社会資本の増強を可能にする金融システムを求めることにする。

　共助社会の金融システムを象徴するのがマイクロファイナンスである。マイクロファイナンスを代表するのがバングラデッシュのグラミン銀行（Grameen Bank）であるが，グラミン銀行だけでなく，開発銀行や商業銀行も，マイクロファイナンスを行っている。本章が主対象としている協同組織金融機関にしても，米国のクレジットユニオン（信用組合：credit union），貯蓄銀行（savings bank）や貯蓄金融機関（Savings & Loan association：S&L）日本の信用金庫，信用組合，農業協同組合，漁業協同組合が存在している。これらの金融機関から資金調達した地域企業がグローバル展開する事例が存在していることからも，グローバル下での地域経済，地域金融の重要性が高いこと，また，日本の共助社会を考察するにあたって，欧米諸国だけではなく，アジア諸国から学ぶことも多くなりそうである。

　この問題意識の下で，1節は，日本においても，マイクロファイナンスが重要な役割を果たしていることを示すとともに，商業銀行や開発銀行が何故マイクロファイナンスを行っているのかその理由をマイクロファイナンス金融機関の発展と型から検討する。2節は，協同組織金融機関のなかでも共助社会と特に深くかかわっているコミュニティ銀行が地域経済でどのような役割を果たしているのかを展望する。3節において，収穫逓増現象を示す共同体経済と収穫逓減現象を示す市場経済，その双方に属する共助社会について考察し，バブル経済を生じさせることなく，持続的な成長を可能にする共助社会の意義について考察する。第4節では，営利を追求するマイクロビジネス，また基本的に非営利目的な行動をとるソーシャルビジネスを取り上げ，それを支持する共助社会の担い手について考察する。そして，最後に，若干のマトメと提案を行うことにする。

1. マイクロファイナンスと協同組織金融機関

　M. L. トーレ＝G. A. ベントによれば，NPO銀行や協同組織金融機関だけで

なく，開発銀行，商業銀行などの金融機関もマイクロファイナンスを担当している[1]。地域経済の活性化に対してこれらの金融機関が重要な役割を果たすことはいうまでもないが，まず，マイクロファイナンスの型と発展を取り上げ，商業銀行や開発銀行が何故マイクロファイナンスを行っているのか，その理由を考察することにする。

　マイクロファイナンスとは，低所得者，零細企業を主な対象とする小規模金融サービスのことである。もともとは，最貧層が貧困から脱出するための小口無担保融資を指していたが，今日では，それほど貧困ではないものの，銀行などフォーマルな金融機関から資金調達するのが難しい小規模企業家や個人向けの融資を示すようになっている。

　しかし，今日の日本において，マイクロファイナンスが評価されているとは思えない。マイクロファイナンスは経済発展途上国の貧困を緩和する有効な手段ではあるが，日本経済には不要なものとされている。菅によれば，その根拠は，日本経済には貧困が存在していないと考えられているからである。しかし，菅が主張するように，絶対的な貧困が少ないとしても相対的貧困[2]やワーキングプアが存在する以上，貧困を削減するマイクロファイナンスが不可欠といわざるを得ない。

　ただし，菅はマイクロファイナンスの意義を認めているものの，それを金融分野のソーシャル・ビジネスととらえ，利益は事業コストや投資資金を回収して事業を継続可能にする程度に留まるものとして，非利益活動に限っている[3]。しかし，本章では，マイクロファイナンスは，非営利事業だけではなく，営利ビジネスも行うものと考えることにする。実際，マイクロファイナンスの発展と多様化に応じて，その担い手として，政府，開発機関，NGO，非営利団体などのドナーだけでなく，商業銀行や一般投資家が加わるようになってい

---

1) Torre, M. L & Vento, G. A (2006), pp.1-18.
2) 相対的な貧困とは，全家計所得の平均の半分以下の所得しか得ていない状態であるが，2005年の日本の相対的貧困率は，OECD加盟国中，ワースト4であった。菅正広 (2006)，3–31ページ。
3) 同書，34–58ページ。

る。この意味で，マイクロファイナンスは，経済発展途上国だけでなく，先進国においてもその役割を高めるものと考えることができよう。すなわち，ここでは，利益活動と非利益活動の並存とその意義，また途上国と先進国双方での存在とその理由を，マイクロファイナンスの機能と型から検討することにする。

1970年代までの農村金融は，借手に関する情報の不完全性や担保の不足が貧者向け融資のリスクを伴う中で，政府が低金利政策をとっていたために，金融抑圧の状況に置かれていた。同時に，政府の補助金政策は，①インフォーマルな信用供給者を閉め出してしまったこと，②補助金が特定のグループに配分される危険性があること，③貯蓄意欲を減退させること，④効率的な金融機関構築の意欲を削ぐことから，1980年代に入って，政府の低金利政策と補助金政策の修正が急務となる一方，市場メカニズムを重視する農村政策の必要性が強調されるようになった[4]。

自助，自給的な成長の重要性がクローズアップされるようになった中で，マイクロファイナンスによる取引費用や情報の非対称性克服の可能性，小企業経営者の貯蓄能力および自助的な組織形成能力に着目して，NGOによるマイクロファイナンス事業が立ち上げられることになった。

1976年に融資を開始したグラミン銀行がその代表的な機関である。同年の貸出額は1,000米ドルにすぎなかったのが2009年には87億4,186万ドル，また預金は1979年の1万ドルから2009年の12億49万ドルに増加した。利益・損失比率（1年あたり）は1983年にはマイナス0.6%であったのが，2009年には5.38%にまで上昇した[5]。

グラミン銀行の貸出の原資は，当初は，国際機関などの援助金も活用していたが，現在では預金によって賄われている。預金の内訳も，1984年まではすべて会員の預金であったのが，2009年時点では54%に留まり，会員以外の預金のシェアが高まっている。貸出は，貸出額が小額であること，1週間後から

---

4) Aghion, B. A. de (2005), pp. 9–12.
5) グラミン銀行ホームページ。

返済が開始されること,さらに97%(2009年)が女性会員という特徴に加えて,債務履行可能性がある相互に選んだ5人を一組とするグループローンの形態をとっているため,借り手相互の徹底したモニタリング,また銀行と顧客の親密なコミュニケーションが,97.9%と高い返済率(2009年4月時点)を誇っている[6]。ただし,最近は,個人貸付も増加するとともに,ビジネスローンよりも,消費ローンに近い形になっている。

経済発展に伴って,マイクロファイナンスの業容は変化,拡大し,生産のための資金供給のみならず,子供の教育資金など生活資金を貸出すようになった。このため,低所得層に対するマイクロローンの供給を主体にしていた当時は,返済率の高い女性が重要な顧客であったのが,金融的にアクセスが難しい人々すべてがマイクロファイナンスの対象になっている。そこでは,中・長期の資金,安全・迅速・安価な支払手段,貯蓄,リスクヘッジなどさまざまな金融ニーズが存在するので,これらのニーズを満たす信用,貯蓄,支払い,保険などの金融商品が必要になることになる。また,新しい金融商品が生み出されるだけでなく,信用供与を代表するマイクロクレジットのように,もともと存在している商品もその性格を変えていくことになる[7]。

ここで,経済発展に伴う業容の変化を検討するため,表7-1のように,インフォーマル,セミフォーマル,フォーマルの3つの型に分類することによって,マイクロファイナンス金融機関(MFIs)を展望してみよう[8]。

1) インフォーマル機関は,友人・親族,金貸,自助グループ,それに複数の個人や法人が一定額の資金を払い込み,順番に資金を受け取る頼母子講,無尽講,摸合などの相互扶助的な金融組織のことである。任意にマイクロファイナンスサービスを行うものであり,いかなる統制や規制にしたがうものではない。

---

6) 菅,前掲書,44ページ。
7) Torre, M. L & Vento, G. A, *op. cit.*, pp. 23-36.
8) Torre, M. L & Vento, G. A, *Ibid.*, op. cit., pp. 5-8, Fisher, T., Bush, M. and Guene, C (2000), pp. 9-10 を参照。

表7-1 マイクロファイナンスの型

インフォーマル機関	セミフォーマル機関	フォーマル機関
友人・親族 預金集金人 金貸し業者 自助グループ	金融 NGO 金融協同組合	マイクロファイナンス銀行 　純粋なマイクロファイナンス銀行 　協同組織金融機関 　開発銀行 商業銀行 　マイクロファイナンス志向型銀行 　マイクロファイナンス感応型銀行

(出所) Mario La Torre and Gianfranco A.Vento (2006) を参考に作成。

2) セミフォーマル機関に含まれるのが金融 NGO, 金融 NPO, NPO バンクである。これらの機関は，技術援助や社会的な事業を行いながら，マイクロクレジットを供給する。一般法にしたがって登録されるマイクロファイナンス機関として定義されるが，銀行法にしたがう機関ではない。

日本の場合，北海道 NPO バンクや東京コミュニティバンクがこの範疇に入るが，地域開発を主目的とする米国の NPO が代表的な機関である[9]。米国においてNPO が小企業を支援するようになったのは，1980年代半ばであった。その後，1992年に米国企業庁 (Small Business Administration : SBA) マイクロローンが創設されたが，低所得，女性，マイノリティ企業家などに対する資金供給の促進を目的としていた。その仕組みは，NPO の仲介によって，非営利団体であることを条件として，SBA の低利の資金を小企業に融資するものであった。続いて，1994年に創設された地域開発金融機関基金 (Community Development Financial Institution : CDFI) は，小企業への融資を通じて，低所得地域の発展を目指した。また，1995年の地域再投資法の改訂 (Community Reinvestment Act : CRA) は，地域開発を主目的とする NPO に対する投融資を目的としていた。信用リスクが高い小企業向け貸出は，回収不良債権比率が2%にすぎないが，その理由はグラミン銀行と同様，借り手と貸し手の間の密接なコミュニケーションにもとづいたリレーションシップ・レンディングの手法を用いているためであ

---

9) 鈴木正明 (2006), 34-47 ページ。

る[10]。しかし，最近では，公的部門からの補助金に依存するのが難しい状況になったことから，民間からの投資や寄付金を獲得するなど，自主運営を目指すようになっている。

　3）フォーマル金融機関は，マイクロファイナンス銀行（micro finance banks：MFBs）と商業銀行に大別されるが，信用供与だけでなく預金を預かるので，銀行規制にしたがうことになる。マイクロファイナンス銀行は，純粋なマイクロファイナンス銀行（pure microfinance banks：PMFBs），協同組織金融機関，開発銀行に分類される。

　このうち，①PMFBsはマイクロファイナンス専業銀行である。これらはマイクロクレジットを専業としていたNGO，NPOを拡大したか，あるいは，地域コミュニティに対して金融支援を行うために銀行に変わったものであるが，マイクロビジネスに特化することによって利益獲得を目指して，マイクロ市場に新たに参入した機関である。

　②協同組織金融機関は，会員，組合員の相互扶助を基本理念とする非営利法人として定義され，利益は主たる目的とはされない[11]。米国の場合，クレジット・ユニオン（credit union）が代表的な存在であるが，このほか，貯蓄銀行（savings bank）や貯蓄金融機関（savings & loan association：S&L）が主な機関である。日本の協同組織金融機関は，信用金庫，信用組合，農業協同組合，漁業協同組合がこれにあたる。米国の協同組織金融機関は個人を対象としているのに対して，日本のそれは中小企業，農・魚業を対象としているところに違いがあるが，両者とも，今後，協同組織の理念を尊重するか収益性を上げるのかが課題になっている。

　③開発銀行は，通常，政府によって所有されるが，ここでは，小企業の発展など特定の目的を遂行するか，農村開発を目的として特定の地域を基盤とした機関を対象とする。開発銀行，農業銀行，郵貯銀行がこの範疇に含まれる。

　他方，商業銀行は，マイクロファイナンス志向型銀行（micro finance oriented

10）　同書，40ページ。
11）　青木武（2006），18-35ページおよび日本銀行信用機構局（2004），43-70ページ。

banks : MFOBs), マイクロファイナンス感応型銀行 (micro finance sensitive banks : MFSBs) の 2 つのタイプに分けられる。前者は, もっぱら, 中小企業とマイクロビジネスに融資する金融機関であって, 小規模かつ地方に根ざした銀行という特徴を有している。他方, 後者は, マイクロファイナンスを魅力的な事業とみなす銀行, 金融機関であって, 小さな事業領域にもかかわらず, マイクロファイナンス部門に参入を決めた銀行である。

かつて, 銀行部門は, 個人向けの信用がリスキーであるだけでなく, 小口の貸出コストが高くなるため, マイクロファイナンスを敬遠しがちであった。しかし, マイクロファイナンスプログラムのアレンジャーやプロモーターを担当することで収益獲得の可能性が高まるのにつれてマイクロファイナンスに参入するようになった。

2. リレーションシップバンクとしての協同組織金融機関

マイクロファイナンス金融機関の中でも, 本章は主に協同組織金融機関を対象としているが, その理由は共助社会の金融システムのありかたを考えているからである。すなわち, 市場経済と生活者の日常生活の場である共同体経済によって構成される共助社会こそが, 公助と自助だけでは解決できない領域をカバーする可能性を秘めている。その共助社会と深くかかわるのがマイクロファイナンスであり, 特に協同組織金融機関であると考えているからである。

米国の協同組織金融機関の中で, 総資産額が 10 億ドル未満で, また連邦準預金保険公社 (FDIC) に加盟する商業銀行・貯蓄金融機関は, コミュニテイ銀行と呼ばれる。米国のコミュニテイ銀行は, 日本の信用金庫, 信用組合に相当する。由里によれば[12], 日本のそれよりも支店数も少なく小規模なものであったのにもかかわらず, メガバンク再編の中でも消滅するどころか業容は好調であった。すなわち, 米銀再編の第 1 期であった 1980 年代から 1990 年代にかけて, コミュニティ銀行同士の合併が行われたものの, 上位行に比べて, コ

---

12) 由里宗之 (2001), 18–27 ページおよび (2008), 27–40 ページ。

ミュニティ銀行の業況は良好であった。再編第2期の1990年代に入っても，毎年200行が新設されたが，すべてがコミュニティ銀行であった。

　大手行の巨大化が進む中でコミュニティ銀行が存続可能であった理由は，リレーションシップを尊重する貸出業務を行ったからである。たとえば，米国の中で大手行による寡占化が最も進み，コミュニティ銀行の存在が小さかったアリゾナ州，フェニックスにおいてさえ，1990年代以降コミュニティ銀行の増加は著しかったが，上位行の大型化に伴って，小企業に関心が払われなくなった領域での営業が功を奏したことがその背景になっている。また，コストの効率性はコミュニティ銀行が大手行に比べて低いとしても，顧客がトランザクション志向型の銀行よりもリレーションシップ志向型銀行を選択する場合には，割高なコストをカバーするより高い手数料や金利を受け取る可能性も存在している。

　この特殊性を踏まえて，米国銀行監督当局は，経営存続性のための規模という定量的な要因だけでなく，業務効率，持続的成長性，地域貢献度など経営の質に関する定性的な要因を重視するようになっている。すなわち，小企業，零細企業への融資の成否を定めるのは情報の活用であり，それが大・中規模行との差別化になり得るとして，銀行経営者の才覚，意志，リーダーシップを重視するスタンスをとっている。

　日本の場合も，金融庁が2003年3月に，「リレーションバンキングの強化に関するアクションプログラム（2005～06年度）」を策定して，中小企業金融再生と健全性・収益性向上を核とするリレーションシップバンキング（地域密着型金融機関）の機能の強化を推進した。その後，2005年になって，このアクションプログラムが，「地域密着型金融の機能強化に関するアクションプログラム（2005～06）」すなわち新アクションプログラムに継承され，事業再生・中小企業金融の円滑化，②経営力の強化，③地域の利用者の利便性向上を軸とする改革が方向付けられることになった[13]。

---

13) 金融改革プログラムおよび地域密着型金融の機能強化については，金融庁ホームページを参照。

このうち，事業再生・中小企業金融の円滑化に関しては，担保・保証に過度に依存しない新しい型の融資すなわちシンジケートローンや中小企業の私募債引き受け，動産担保融資など市場型間接金融の拡充が図られることになった。同時に，非上場企業を投資対象とするプライベート・エクイティ・ファンド（PEファンド），中小企業基盤整備機構などが行っているようにハイリスクの危険性が存在するものの成長を見込める企業にエクエティ資金を供給するベンチャー・ファンド（VCファンド），財務状況が悪い企業の再生を通じて利益を得るファンドである再生ファンドなど，資本市場からの資金調達が重視されることになった[14]。

また，経営力の強化に関しては，収益力の向上を目指す一方，リスク，ガバナンス，コンプライアンス，検査・監督体制の強化，協同組織中央機関の機能強化が図られることになった。さらに，地域の利用者の利便性に関しては，地域貢献等に関する情報開示，中，小企業金融の実態に関するデータ整備，地域住民の満足度を重視した金融機関経営，地域再生促進政策との連携，アンケート調査による利用者の評価が取り入れられることになった。

同様に，金融庁も地域の利便性に関してアンケート調査を実施しているが，それによれば[15]，地域利用者が地域金融機関に期待する項目は，「担保・保証に過度に依存しない融資等」，「経営相談・支援機能の強化」，「創業・新事業支援機能の強化」，「事業再生への取組み」の他，「金融活動を通じた地域経済への貢献等」や「地域再生推進のための各種施策との連携」，「人材の育成」であることがわかる。

これに対して，地域金融サイドでも，自ら情報発信をしながら地域経済活性化に取り組んでいる。たとえば，1) 留萌信用金庫は，留萌支庁と連携して，①人材育成，②新事業創出，③観光振興，④地産商品のブランド化などのテーマに関するセミナー等を両者で企画運営することで，地域活性化を推進している。また，中小企業の人材育成を支援するため，2008年度から，中小企業大

---

14) 中小企業庁（2007）を参照。
15) 中小企業金融公庫総合研究所（2008）による。

学校の講座受講料や宿泊料を留萌信用金庫が助成する事業を開始している。2）東濃信用金庫は，職員が全国の焼き物産地の実踏調査を行い，地場産業である美濃焼の課題と，集客交流を切り口とした地域活性化策を，報告書にまとめた。また，その成果にもとづいて，地域の焼き物事業者への勉強会を開催する等，地場産業支援を通じた地域活性化を推進している。3）鹿児島相互信用金庫は，地域の中小企業が，中国やアジア，ロシア等で新市場開拓できるようにするため，「TOBO会」（翔ほう会）を開催した。また，地域の中小企業による，養殖ブリや，芋，黒糖焼酎，茶，建設材等の輸出が実現している。

しかし，地域には，①地域の人口減少による地域産業の活力低下，②地域の活力発揮の基盤となるべき企業間ネットワークの不足，③地域が一体となった環境保全活動の必要性，④経営革新等の障壁となる事業資金の不足という課題が存在しているので，以下の対策がとられている[16]。

1）人口減少対策として，地域経済の活性化が条件になることから，これまでの公共事業依存型経済から脱却して，新事業を創設する必要性が問われるようになった。それだけに，地域金融機関には，地域で新事業創出や経営革新等の活動に取組む中小企業への支援を通して，雇用創出の一翼を担うことが期待されている。たとえば，協同組織金融機関の役割が相対的に大きい北海道で，根室市に本店を置く大地みらい信用金庫は，新規事業の創出を主目的とする「根室産業クラスター創造研究会」と，既存企業の事業転換や再生を主目的とする「大地みらい信用金庫起業家支援センター」の運営に取組んでいる。

2）中小企業のネットワーク作りには，大学との連携も有効と思われる。しかし，企業規模が小さいほど，産学連携の方法が分かりづらいだけでなく，大学に関する情報そのものが不足しているため，地域金融機関の仲介に期待が掛かることになる。たとえば，東京都多摩地域を営業基盤とする多摩信用金庫は，中小企業，支援機関，大学が集積する地域で，創業支援，技術・経営アドバイス等の事業支援，支援機関との連携を促進している。特に，大学との連携

16）同書，3-60ページ。

に関しては，大学が集積している多摩地域の特徴を背景にして，産学官連携推進組織の「社団法人学術・文化・産業ネットワーク多摩」と連携した中小企業の支援にも取り組んでいる。

3）地域を構成する主体は，地方公共団体，NPO，企業，産業団体（企業，農協・漁協・森林組合），近隣（学校，家庭），個人であるが，これらの主体が一体になった経済活動と環境保全のバランスのとれた活動が重要になる。たとえば，滋賀県全域を営業基盤とするびわこ銀行は，銀行取引を通じて，個人や事業者，環境保全団体地域の担い手に向けて環境保全行動の促進を図っている。すなわち，環境保全を収益事業の1つとして位置づけて，環境保全の融資や預金商品，コンサルティングサービスを地域事業者住民向けに展開するとともに，擬似的な銀行の「環境銀行」を行内に設立して，環境関連事業の損益計算書を公表するなど，環境事業の取組み収支を明確化している。

4）自己資金に乏しい中小企業は，地域金融機関からの借入に依存することになるが，情報の非対称性が高い中小企業金融において，資金供給を可能にするために，地域金融機関自身はリスクに直面せざるを得ない。たとえば，山形県新庄市を含む最上地域を営業地域とする新庄信用金庫は，豊富なバイオマスを活用する新事業の創出に向けた支援を行っている。バイオマスの活用にとって生物資源の循環利用が重要なので，その活動を支える諸機関の支援，地域の農業者，中小企業，住民，大学等の仲介や行政機関への申請の支援，さらに的確な審査とスムーズな決済を可能にするなど地域金融機関の特性を活かした資金面での支援を行っている。

大地みらい信用金庫，多摩信用金庫，びわこ銀行，新庄信用金庫の例からも，企業，住民，大学・研究機関，行政機関の連携を地域金融機関が仲介する役割を果たしていることがわかる。また，この過程で，支店網を基盤に地域で収集した情報を地域のニーズに合わせて仲介する情報伝達のハブ機能を果たしているともいえる。

3. 市場経済，共同体経済，共助社会

　人口減少の中での地域経済活性化，企業間のネットワーク構築，環境保全への取り組み，事業資金チャンネルの構築などで協同組織金融機関が貢献していることは確かである。しかし，地域経済活性化と環境保全の目標のように，営利的な目標と非営利的な目標が並存していることに気付かざるを得ない。協同組織金融機関はこの双方目標に身近にかかわっているだけに，どのように収益を上げながら非営利活動を継続するのか，すなわち，対立的な目標をどのように同時に解決するのかが課題になる。ここでは，その可能性を共助社会の構築に求めることにする。

　共助社会は，生活の場である共同体経済と財・サービスの生産活動や投資の場である市場経済によって構成されていると考えることができる。これまで，民間部門の諸活動が不十分な場合には公的部門が補完することで高い成果が得られると考えられてきた。すなわち，個人，家計の「自助」を，公的機関の「公助」で支える構図が描かれてきたが，最近では，地域の課題を公的機関に頼ることなく住民やNPO・ボランテイアとの協業によって解決しようとの考え方が強くなっている。

　市場経済，共同体経済，共助社会の関係は，経済全体の成長曲線を示す図7-1で表される。横軸は生産要素の投入を示す時間軸，縦軸は生産物を示す空間軸とするイメージ図にすぎないが，A点を経済活動の出発点，C点を活動の終了点すなわちバブル経済崩壊点（エントロピー点）とする経済成長の過程で，A点からB点までが共同体経済すなわち家計の生活領域，B点からC点までが市場経済すなわち企業の生産・投資活動領域を表し，家計はその双方で活動するためB点に立つものと単純化して考えることにする[17]。

　同図において，共助社会はA'点からB'点までの領域を表すが，協同組織金

---

17) B点は共同体経済の終着点でもあるが，共同体経済と市場経済の関係については，岸真清（2008），237-255ページを参照。

18) Torre, M. L and Vento, G. A, *op. cit.*, pp. 5-8 および pp. 23-36.

融機関はこの領域にあって，共同体経済と市場経済双方で，活動していることになる。グラミン銀行のマイクロファイナンスもこの領域で活動しているが[18]，マイクロファイナンスは，通常，相互信頼関係を土台として地域コミュニティと直接的に結びつけるNGOのような非営利的な金融機関によって担われてきた。マイクロファイナンスの特徴は，①規模が小さいこと，②運転資金が主要目的であること，③6カ月～18カ月程度の短期貸付であること，④月々ないし週ごとと返済期間が短いことなどの特徴を持っている。しかし，貸出は，個人向け貸出とグループ向け貸出に分けられる。このうち，個人向け貸出は銀行と類似した貸出方法をとり実物資産を担保にするが，このタイプの貸出は，最貧層を除外することになる。しかし，グループ向け貸出は，取引コストと情報の不完全性を削減するモニタリングが機能するため，担保を持たない場合でも，貸出を可能にすることができる。グループの形成は近隣に住む人々であれば比較的容易なので，個人向け貸出と異なって，最貧層，農村地域，途上国の人々向けの貸出に適した方法ともいえる。

　同様に，マイクロベンチャーキャピタルも，マイクロビジネスの立ち上げに融資する。マイクロクレジットが主にAからA'の領域を，またマイクロファイナンスが主にA'点～B点の領域を対象とするのに対して，マイクロベンチャーキャピタルは主としてB点～B'点の領域を対象とする。しかし，ファイナンスプロジェクトが成功したときにはその報酬を新しいプロジェクトに投入するなど資金を循環可能にするが，貸し手のリスクを負担せざるを得ないことになる。そのため，ベンチャーキャピタルは，マイクロファイナンスのように，借り手に責任を持たせるとともに，マイクロクレジットに伴われがちな贈与という概念を捨て去ることになる。したがって，マイクロベンチャーキャピタルは，貧困層を対象とするものではなく，単に金融機関にアクセスが難しい営利を目的とする層を対象とすることになる。

　さらに，マイクロファイナンスの発展に伴って，利用者だけでなくマイクロファイナンス機関の新しいニーズが生じると，資本市場が活用されることになる。B点～B'点の領域およびB'点～C点の領域を対象とすることになるが，

図 7-1　共助社会の構図

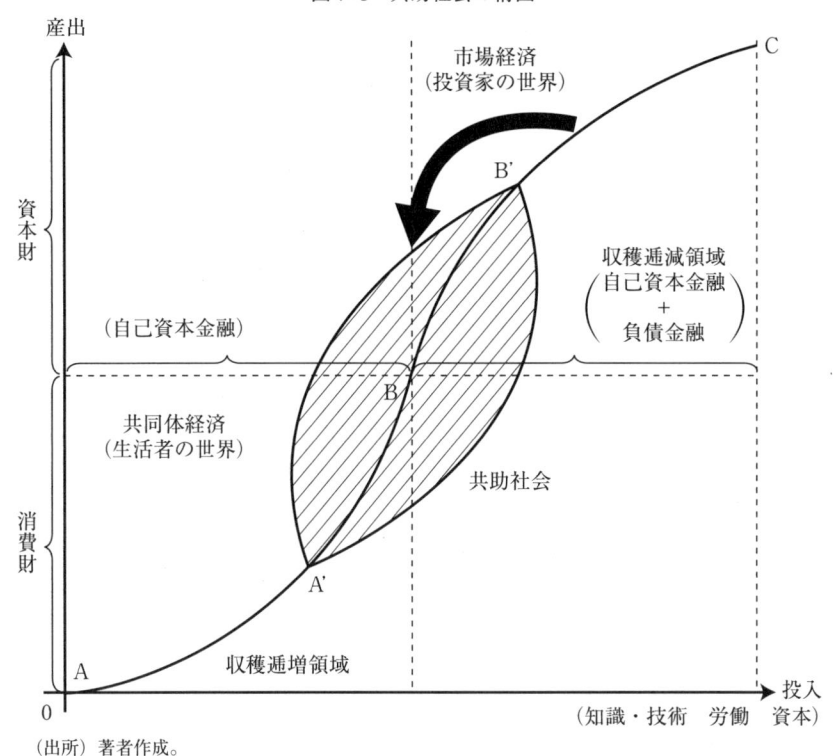

（出所）著者作成。

　最初は，B 点〜B'点の領域のように，マイクロファイナンス金融機関の支援によって，社会的責任投資（socially responsible investment）の形で，資本市場から資金調達されるケースが多い。しかし，それを超えた生産が行われる一方，リスク管理，特に流動性と信用リスクの管理技術の発展によって資本市場へのアクセスが容易になると，マイクロファイナンス機関が保有しているマイクロローン資産の売却と引き換えに資本市場で資金を獲得するようになる。ただし，証券化のプラニングとモニタリングはコストがかかるので，証券化は貸出量が多くかつ伝統的な金融仲介者の支援を得られるマイクロファイナンス金融機関（MFIs）に限られることになる。

　共同体経済，共助社会，市場経済において，資本，労働，知識などの投入物の増加につれて，産出物（GDP）は縦軸（空間軸）に沿って増加するが，共同

体経済では主に消費財に，市場経済では主に資本財に向けられるものと考えることにする。A点からB点までが，生産の基礎構造部分とでもいうべき領域であるが，生産様式の高度化につれて投入物がより多くの産出物を生み出していく収穫逓増領域を表している。B点を越えると，市場経済の中で，産出物は，市場経済の中で収穫逓減法則にしたがうことになる。

　他方，横軸（時間軸）は資本と労働，それに知識・技術など生産要素の投入を表すが，A点からB点の間の投入物は主に消費に，B点からC点までが主に貯蓄（投資）目的に振り向けられるものと考えられる。B点は，共同体経済が必要とする消費を満たす水準に到達することを表している。そして，共同体経済において技術革新が生じると，家計が必要とする消費水準を越えた生産を可能にするため，余剰となった産出物を市場経済に放出（供給）することになる。さらに投資と生産が拡大し続けると，生産物が経済主体の枠外に放出されるバブル崩壊点（エントロピー）を示すC点を超えることになる。

　上述のことから，共同体経済，共助社会，市場経済を辿っていく成長曲線において，バブル崩壊点への到達を遅らせるとともに，収穫逓増領域の拡大が望ましいことがわかる。そこで，まず，収穫逓増がなぜ生じるのかを考えてみよう[19]。P. ローマー（Romar, P.）の収穫逓増は市場経済内での概念であるが，知識の蓄積によってもたらされる。ローマーの内生的成長モデルにおいて，知識は限界生産物を逓増させる資本ストックとみなされ，私的企業による研究開発投資活動が経済全体での知識資本の蓄積を導き，持続的な経済成長を実現することになる。すなわち，ある企業が開発した知識資本は，スピルオーバー効果を通じて，社会全般に伝染し，社会全体の知識資本の水準を底上げする。その結果，別の企業は，自らが開発した知識資本だけでなく，社会全体の知識資本を活用することができる。この知識・技術が労働力と物的資本の効率的な活用を可能にするわけである。

　しかし，この概念はあくまでも市場経済を対象としたものである。本章は，

---

19) 大東一郎（1996），65-87ページ，また吉川洋（1992），39-41ページを参照。

市場経済において収穫逓増現象が生じることを否定するわけではないが，収穫逓増は共同体経済で生じやすいものと考えている。次に，共同体経済において，何故，収穫逓増現象が生じやすい理由を求めることにする。

　共同体経済において収穫逓増現象が生じやすいと考える理由は，個人，マイクロビジネスが主要なプレーヤーである共同体経済では固定費が低く抑えられることまたコスト構造が柔軟なため，イノベーションを生みやすいことによる。加えて，共同体経済では，自己資金を中心とした資金調達が行われると考えられるからである。共同体経済も市場経済も，貨幣が交換を目的とする通貨として，また生産および投資を目的とする資金として使用されていることに変わりはない。しかし，共同体経済の領域では，通貨としての使用が中心になっているのと逆に，市場経済では資金としての使用が多くなることで異なっている。特に市場経済の金融投資が増える場合には，実物資産に対する金融資産の増加率が高まり，金融資産／実物資産比率を高めることになる。ところが，金融資産が増加した状況下でさらに金融資産への投資が行われたとしても収益は逓減せざるを得ない。

　さらに，資金調達に関して，共同体経済では，主に自己資金にもとづいた生産活動を行うのに対して，市場経済では自己資金に加えて負債（レバレッジ）の使用が多くなることで異なっている。この負債依存度が収益率を定めることになるが，自己資金を中心とする領域で，知識の普及，技術の革新が生じると，収穫逓増分だけ収益率が高まり，生産拡大へのインセンテイブを高める可能性が高まる。しかし，レバレッジに依存した生産が行われるようになると，資金流出が生じるため，収穫逓減現象が始まる。さらに，レバレッジが増え続けると，B点を超えて，資金の流入を相殺していくことになり，やがて，ネットの資金流入をゼロにしてバブル崩壊をもたらすC点に到達することになる。

　実際，日本のバブル崩壊，アジア通貨危機，サブプライムローン問題の教訓から，バブル崩壊点への到達を妨げる共助社会の構築とそれを支える金融システム構築の必要性を痛感せざるを得ない。図7-1のように，かなり生産水準が高まったA'点から高いレバレッジに依存する投資（投機）活動が始まるB'

点までの成長曲線をカバーする領域が，市場経済と共同経済の中間領域に存在する共助社会であると考えることができる。B'点を超えた投資は収穫逓減現象が強まりやがてバブルを醸成してしまうので，その資金を共同体経済に投資あるいは贈与する方が，資金効率を高める有効な手段となると考えることができよう。

ところが，収穫逓増領域において，知識・技術を開発する企業が完全競争を行いながら継続的に成長を続けることは可能であるが，社会的最適成長経路と一致する保証はない。つまり，個々の企業投資が社会全体に貢献したほど報われない。そこで，知識を開発した企業に対して補助金を供与するなど政府の補助政策によって，私的限界生産性と社会的生産性の差額を埋め合わせる必要性が生じる。政府の補助金もその手段となるが，民間資金自身の移動が生じるならば，循環型経済の持続可能性を高めることになる。本章が共助社会を重視している理由は，民間資金の有効活用に期待しているからである。

4．共助社会の担い手

共助社会は，コミュニティを基盤として，主役である個人（市民，家計）が，NPO，地域金融機関，投資事業組合，地方政府，政府金融機関，さらにNGOなどと協業しながら，経済的自立と相互扶助の双方を実現していくことになる。コミュニティの生産活動を象徴するのが，コミュニティビジネスである。コミュニティビジネスとは地域に根ざしたビジネスのことであるが，ソーシャルビジネスのように営利を強調することなく組織の存続だけを求めるタイプと，中小企業，マイクロビジネス，ベンチャービジネスのように，営利を目的とするタイプが並存している。営利を目指すタイプの場合，従業員数が5名以下の企業と定義されるマイクロビジネスに示唆されるように，固定費が低いことなどコスト面の優位性が存在しているため新規事業を立ち上げやすい。また，イノベーションを起こしやすいという特徴を有している[20]。

---

20) 竹内栄二（2006），1-17ページおよび斉藤卓也（2006），19-30ページを参照。

表7-2　日本および東アジア諸国の国内総貯蓄，国内総投資，ISギャップ（GDP比）

(単位：%)

	総貯蓄				総投資				ISギャップ			
	1995	2000	2005	2008	1995	2000	2007	2008	1995	2000	2007	2008
アセアン4												
インドネシア	30.6	31.8	27.5	30.6	31.9	22.2	25.1	27.8	−1.3	9.6	2.4	2.8
マレーシア	39.7	46.1	42.8	42.2	43.6	26.9	20.0	19.1	−3.9	19.2	22.8	23.1
フィリピン	14.5	17.3	21.0	19.2	22.5	21.2	14.6	15.2	−8.0	−3.9	6.4	4.0
タイ	36.9	32.5	30.9	33.2	42.1	22.8	31.4	28.8	−5.2	9.7	−0.5	4.4
日本	29.0	26.4	24.6	23.9	28.4	25.4	23.6	24.1	0.6	1.0	1.0	−0.2
中国	39.6	38.0	46.6	50.4	41.9	35.1	44.0	44.4	−2.3	2.9	2.6	6.0
韓国	36.5	33.3	32.3	30.3	37.7	30.6	29.7	31.4	−1.2	2.7	2.6	−1.1

（注）日本は，2007年の数字。
（出所）ADBホームページより作成。

　しかし，日本に限ったことではないが，アジア諸国の中小企業，特にマイクロビジネスの資金調達は難しい。資金調達の難しさは，表7-2のISギャップが示唆するように，国内貯蓄が投資を上回っていることから，資金不足というよりも投資活動，特に地方経済の停滞とそれを支えるはずの地方経済への資金還流ルートが弱いことが根本原因になっていると考えることができる。

　本来，中小企業は大企業よりも労働集約的なため，より多くの雇用創出効果を有するとともに，厳しい競争に対処するため企業家精神を高めそれを経済全体に波及させることで貢献している。しかし，大企業と比べて見劣りする中小企業の銀行信頼度や高めの金利設定など市場の不完全性（credit market imperfections）の存在が，特に設備・長期資金の調達を制約してきた[21]。

　その理由は，1）情報の非対象性が存在しているため，審査，監視のためのコストが高くつくこと，2）担保をそれほど有していないことによる。それだけに，これらの障害を緩和して，蓄積が進んだ民間部門の金融資産を中小企業融資に振り向ける役割を，政府が担ってきた。すなわち，①信用供給者の権利の保持，②市場の不完全性を緩和する担保の設定，③クレジット・スコアリン

---

[21]　ADBホームページ（Key Indicators 2009）pp. 44–49による。

グモデルの適用など小企業経営にかかわる情報獲得の改善，④信用保証，⑤民間金融機関による銀行員訓練の補助など法的・規制インフラを強化することで，民間を補完するようになっている。

　しかし，政府による支援策は，コストが高い上に実行が困難なケースが多い。たとえば，民間銀行の中小企業向け貸出を増やすために，中小企業向け貸出比率を策定した場合，補助的な金利の設定や貸出金の焦げ付きのために民間銀行が損失を蒙ることになりかねない。また，政府金融機関からの貸出にしても，経営陣が中小企業融資に対して合理性と熱意を持たない限り，効果は望めない。これらの問題点は，民営化や外国銀行との協業だけでは解決できるとは思われない。

　そこで，地域経済に根ざした金融システム構築の必要性が浮かびあがることになる。共助社会はコミュニティを基盤とするが，そこで活動する金融機関として，マイクロファイナンスをイメージすることができよう。マイクロファイナンスとは，既存の金融機関にアクセスが難しいマイクロビジネスなどを対象にした小額融資のことである。しかし，貧困層向けの補助金的な無担保融資を行うマイクロクレジットと異なって，非営利事業も営利事業も共に行っている[22]。

　このうち，非営利事業は，地域の自然・医療・看護など社会性の高い目的を実現するため，NPOやNGOが資金供給者の資金や寄付金を用いて事業展開するものである。そのため，NPOやNGOそのものは，まったく収益を求めないか，求めたとしても組織の存続に必要な程度の収益の獲得に留まることになる。

　しかし，公的資金に依存することなく，非営利目的のマイクロファイナンスを遂行するために，地域の環境，福祉に関心を寄せる市民や企業また行政機関

---

[22] 営利事業と非営利事業の2つのタイプとNPOおよびNPOバンクの機能に関しては，次の文献を参照。Fisher, T., Bush, M. and Guene, C, *op. cit.*, pp. 5–11，鈴木正明（2006），41–44ページ，澤山弘（2005），57–72ページ，菅正弘，前掲書，34–56ページを参照．

などの資金をNPOに仲介するNPOバンクが創設された。1994年創設の未来バンク事業組合，2002年創設の北海道NPOバンク，2003年創設の東京コミュニティバンク，2008年創設のくまもとソーシャルバンクなどのNPOバンクは，低金利，無担保，小額融資を行っている。

　他方，マイクロファイナンスは，協同組織金融機関が主な担当者であると考えることができよう。1節で取り上げた様に，協同組織金融機関はコミュニティ銀行とも呼ばれるが，各国に存在している。たとえば，米国の協同組合金融機関には，クレジットユニオン（CU）や貯蓄銀行と貯蓄金融機関（S&L）を合わせたスリフトが含まれ，日本のそれには，信用金庫，信用組合，農業協同組合，漁業協同組合が含まれる。ただし，米国のそれが個人を取引相手にしているのに対して，日本のそれは中小企業や農林業の事業体を主な取引対象としている。しかし，これらの機関は収益性を尊重するとともに協同組織としての理念が求められていることで共通している。それだけに，経営の難しさが生じることになる。

　しかし，協同組織金融機関はむろん他のマイクロファイナンス機関も，営利目的と非営利目的を峻別した上で，他金融機関との協業を行うことによって，収益性と互助性を両立する可能性があるものと思われる。

　第1に，営利目的に関しては，商業銀行との競争も激化している中でどのように競争力を高めるかが課題になるが，地域の特性を活用したニッチ生産のためのニッチ融資を行うことで競争力を高めることができよう。事実，米国の場合，メガバンク再編の中で淘汰されるどころか，1990年中ば以降，特に再編が進んだフェニックスにおいて，コミュニティ銀行が増加している。その理由は，大銀行が，中小企業，マイクロビジネス向け融資を行わなくなった隙間を埋めたことによる。すなわち，顧客に関する豊富な情報を土台としたリレーションシップ貸出を行ったためである[23]。

　事実，日本においても，ベンチャービジネスや地域発のグローバル企業の展

---

23) 由里宗之（2001），18-27ページ，日本銀行信用機構局（2004），50-60ページ，青木武（2006），22-36ページ。

開の可能性が増している。アドバンテストやDRAMテスターがニッチマーケットで成功を収めたように，ベンチャービジネスや地域発の中小企業がグローバル展開する可能性も存在する。ニッチマーケットでの成功は，顧客のニーズに応えることができたからであるが，地元の金融機関から地元の企業へ融資という考え方が強まりつつある。中小企業，マイクロビジネス，ベンチャービジネスの収穫逓増の可能性があることから，より高い利益率を求めて，投資家として市民が資本市場に参加する可能性が強まりそうである。

営利ビジネスの資金調達の一例として，コミュニティクレジットをあげることができる[24]。コミュニティクレジットとは，地域社会において互いに信頼関係にある企業等が，相互協力を目的に資金を拠出し合い連携することで構成員個々の信用より高い信用を創造し，金融機関からの資金調達を円滑化するとともに，地域の資金を地域に還流させるものである。すなわち，地域社会の信用を担保にしたローンであることが特徴になっている。そのスキームは，まず，相互に信頼関係を有する地域企業が，信託銀行に金銭を信託する。次に，信託銀行は銀行からコミュニティクレジットに必要な資金を，借り入れ，連帯保証を受けられる企業に限定して貸出するというものである。

コミュニティクレジットの国内第1号となったのが，日本政策投資銀行が2001年に融資した「神戸市コミュニティクレジット」であった。償還期間2年の満期一括償還方式を条件に，1億円を融資したこの融資は，伝統的な庶民金融「頼母子講」をモデルにしたもので，金銭信託と協調融資を組み合わせたものであった。

第2に，非営利ビジネスの場合，高度医療や環境関連プロジェクトのように社会的な貢献が高い社会投資であれば，地方政府，地域金融機関，市民の協業によるコミュニティ・ファンドだけでなく，住民参加型のミニ地方公募債のように市民の直接的な参加にも，いっそう期待がかかることになる。ミニ地方公募債そのものは，有利な投資機会の提供をねらいとするものがあるが，基本的

---

[24] 国土交通省国土計画局ホームページ。

には，記念館整備，公園整備，コミュニティバス購入事業，看護師養成施設整備，医科大学付属病院の医療機器購入など資金使途を明確にして，住民の参加意欲を高めるのを主な目的としている。2002 年に群馬県で「愛県債」が発行されたのを皮切りにミニ地方公募債の発行が続き，2008 年度末時点の残高は 1 兆 1,048 億円に到達した[25]。中央政府の補助に頼ることなく，組織を存続させながら，地方分権化を進めるためにも，市民参加型の資金供給ルートの確立が重視されることになる。

　おわりに

　日本のバブル崩壊，アジア通貨危機，サブプライムローン問題の反省から，負債比率を高め，バブルをもたらしがちな投資活動に歯止めを掛け，生活者重視の社会を構築する必要性がクローズアップされている。サブプライムローンの後遺症が残る日本経済の浮揚にとって，アジア域内での経済取引と地域経済の活性化が不可欠であると考えられるが，グローバル化と地域経済の活性化を同時に実現するためには共助社会とそれにふさわしい金融システムの構築が問われることになる。

　しかし，投資・生産活動の場である市場経済と消費・生活経済の場である共同体経済の接点にある共助社会を，家計，また地方政府，地域金融機関，NPO・NGO，投資事業組合自身がどのように形成していくのかがポイントとなる。協同組織金融機関など地域金融機関，地方政府，NPO 金融，市民との協業があってこそ，地域経済の活性化と生活環境の整備をともに可能になるはずである。協同組織金融機関は，米国のクレジットユニオン，貯蓄銀行，貯蓄金融機関，日本の信用金庫，信用組合，農業協同組合，漁業協同組合のことであるが，これまで，会員，組合員の相互扶助を基本理念とする非営利法人として定義され，利益は主たる目的とはされてこなかった。

　しかし，収穫逓増を実現するマイクロビジネス，ベンチャービジネス向けの

---

25)　地方債協会ホームページによる。

貸出であれば，高い収益率を期待できることになる。すなわち，規模の経済が機能し難いニッチ産業などの分野において，技術革新とその伝播が起こり，しかも主に自己資本を用いる投資であれば，収穫逓増社会を形成する可能性を秘めている。この型の事業に貸出する金融機関はそれだけ利益を得ることができるものと思われる。実際，連帯責任を担保とする小額の貸出によって借り手の情報を収集，審査し，次第に融資額を引き上げるグラミン銀行の手法が参考になる。日本と米国の金融 NPO，米国のコミュニティ銀行や信用組合，日本の信用金庫などの協同組織金融機関も，コミュニティの信頼関係を活用することで，取引費用の削減と情報の非対称性の緩和を可能にできるものと考えることができる。

　他方，非営利分野に関しては，民間金融機関から融資を受けにくいが社会性の高い事業に融資する北海道 NPO バンクや東京コミュニティパワーバンクのケースが見られる。そこでは，市民，企業，地方政府など資金供給者と受け皿の NPO バンク・NPO が協業することによって，NPO が環境，医療などの非営利事業を遂行するしくみが構築されている。また，同様な主旨の事業を遂行するためミニ地方公募債が発行されるようになっているが，そこでは地方政府と市民の協業が行われている。これらの事業は，いずれも，組織の存続に必要な収益を得ながらコミュニティの福祉に貢献しているが，民間企業や個人の資金に依存している。今後，この型の活動を促進するためには，投資や寄付を優遇する税制措置を講じる必要性がクローズアップされようが，協同組織金融機関と NPO 金融や地方政府などの連携にも期待が掛かるものと思われる。協同組織金融機関は，この連携を通じて，顧客を獲得する機会を得る可能性が生じるはずである。すなわち，この分野への貸出を行う一方で，貸出先として収益性の高い事業を開拓すれば良いことになる。

　付記　本章は，2009 年度科学研究費補助金基盤研究（C）「東アジアの金融改革と金融協力—日・中・韓の債券市場と地域金融に関する総合分析—」の研究成果の一部である。

参 考 文 献

Aghion, B. A. de (2005), *The Economics of Microfinance*, The MIT Press.
Fisher, T., Bush, M. and Guene, C (2000), *Regulating micro-finance a global perspective*, New Economics and Woodstock Institute.
Torre, M. L and Vento, G (2006), *Microfinance*, Palgrave Macmillan.
青木武（2006）「協同組織金融機関の未来」信金中央金庫『信金中金月報』第4巻第8号（6月号）。
菅正広（2006）『マイクロファイナンス　貧困と闘う「驚異の金融」』中公新書。
岸真清（2008）「債券市場とマイクロファイナンスを結ぶ途―日本と東アジア―」中央大学経済学部『経済学論纂』。
斉藤卓也（2006）「マイクロビジネスに対する政策金融の必要性とその手段」国民金融公庫総合研究所『調査季報』第77号（5月）。
澤山弘（2005）「NPO・コミュニティビジネスに対する創業融資―行政や「市民金融」（「NPO」バンク）との協業も有益―」信金中央金庫『信金中金月報』4巻9号（9月）。
鈴木正明（2006）「小企業融資を手掛ける北米NPO―米国のNPOを中心に―」国民生活金融公庫総合研究所『調査季報』第77号（5月）。
大東一郎（1996）『内生的経済成長の基礎理論』三菱経済研究所。
竹内栄二（2006）「マイクロビジネスの今日的意義」国民生活金融公庫『調査季報』第77号（5月）。
中小企業庁（2007）『中小企業白書』。
中小企業金融公庫総合研究所（2008）「地域活性化に向けた地域金融機関の多様な取組み」（中小公庫レポートNo. 2008-5 9月）
日本銀行信用機構局（2004）「海外における協同組織金融機関の現状」日本銀行『調査季報』秋（10月）。
由里宗之（2001）「米国のコミュニティ銀行の業務運営方式とわが国への含意―「顧客の声が伝わる」中小金融機関の強み―」農林中央金庫『農林金融』。
由里宗之（2008）『地域社会と協業するコミュニティ・バンク』ミネルヴァ書房。
吉川洋（1992）『日本経済とマクロ経済学』東洋経済新報社。
ADBホームページ（http : //www.adb.org/Documents/Books/Key-Indicators/）．
Grameen Bankホームページ（http : //www.grameen.com/index.）．
金融庁ホームページ（http : //www.fsa.go.jp/news/newsj/16/f-20050329-3/02.pdf）．
国土交通省ホームページ（http : //www.kokudokeikaku.go.jp/share/doe_pdf/990.pdf）．

第 8 章

グローバリゼーションの進展と途上国中小企業の変化[*]
──インドネシア自動車部門のミクロレベル調査──

はじめに

　現在，ものすごい勢いでグローバリゼーションが進展し，世界経済は大きく変化してきている。ドーハラウンドの交渉は停滞しているものの，GATT/WTO（関税と貿易に関する一般協定／世界貿易機関）がこれまで築いてきた世界レベルの貿易自由化の流れを基礎にしつつ，FTA/EPA（自由貿易協定／経済連携協定）に見られる地域経済統合を通じてのグローバル化や自由化が，近年，急速に進んでいる。東アジアにおいても，AFTA（ASEAN 自由貿易地域）をはじめ，個別の FTA/EPA が動き始めている。果たして，世界レベルからであれ，地域レベルからであれ，このようなグローバリゼーションの進展は，途上国の中小企業にどのような影響を与えているのであろうか。本章では，AFTA のメンバー国であるインドネシアを対象に，同国自動車（含む自動二輪車）部門の裾野産業である金属加工・機械分野の中小規模サプライヤーの実態を調査することにする。

　まず，自動車部門の中小企業を観察するにあたって，発展途上国における工

---

　[*]本章は，中央大学共同研究プロジェクト 0981（2009–11 年度）を利用して実施した研究成果の一部である。

業化の進め方について振り返ってみると，一般的に，輸入代替政策を通じて最終財製造分野を確立することから始めるケースが少なくない。最終財製造部門の形成に続いて，資本財や中間財を供給する部門も育てば，外貨・貿易収支の制約を回避することができ，また生産コストや納入タイミング等の面で競争力を向上させることが可能になる。最終財だけではなく，その生産に必要な中間財・投入財を供給する部門，いわゆる裾野産業（サポーティング・インダストリー）を形成する動きが強まれば，より大きな付加価値や雇用を創出し，貧困削減や格差是正にもつながる潜在力を秘めた中小企業を強化・育成することが可能になる（Hirschman, 1958, pp. 120–132；Ohkawa and Kohama, 1989：pp. 3–89；渡辺利夫，1996：180–186 ページ）。

もちろん，近年のグローバリゼーションの潮流の中で，産業全体であれ個別産業であれ，自国内に多くの部門を有する必要性はかつてに比べて低下してきている。地域経済統合の形成，インフラ整備，技術進歩などの効果もあって関税，ロジスティクス，情報・通信等の面で国と国の間の垣根が低くなり，それらに伴い主に海外直接投資を通じての国際的な生産・流通ネットワークが発展し，品質が同じであれば最も安価に生産できる国から調達することが，効率的な経済取引になる場合が多くなってきている（木村，2004：27–35 ページ；経済産業省，2007：105–119 ページ；松原，2006：82–85 ページ）。しかし，もし競争力のある裾野産業を国内にもつことができるのであれば，上記で述べた外貨の節約・獲得，生産費用の低減，納期の短縮，雇用・付加価値の創出，貧困削減・格差是正等のメリットを享受することができ，経済発展の原動力と考えられる海外直接投資をさらに呼び込むための条件整備にもつながる。

本章では，インドネシア自動車（含む自動二輪車）産業に注目して，同産業のサポーティング・インダストリーである金属加工・機械分野の中小企業の実態を調査する[1]。インドネシアの自動車（四輪車）と自動二輪車の販売台数は，それぞれ2006年の32万台と440万台から，2007年の43万台と470万台，そ

---

1) インドネシアの中小企業については，Center for Japanese Studies, University of Indonesia（2005），Hayashi（2005），Tambunan（2006, 2009 a, 2009b）などの文献が詳しい。

して 2008 年の 61 万台と 620 万台へ増加している。本章は，2006～07 年にかけて実施したインタビュー・質問票調査の結果を利用しながら，同国の中小企業が，どのような販路をもっているのか，それら取引に伴いどのような負担や障害を抱えているのか，市場開拓のためにどのような努力をしてきたのか（どのような努力が求められるのか），どのようなチャネルからどのような支援を得ていたのか（どのような支援を得たいのか）などについて検討を行う。これらの分析を通じて，金属加工・機械業種の下請け中小企業の現状を把握し，そこから AFTA 等地域経済統合を通じての自由化，グローバル化の影響を読み取り，インドネシアの裾野産業を強化・育成するために必要な方法を探る。

　なお，本研究では，主にインドネシア国内の取引について議論する。その場合，自動車関連裾野産業部門の中小サプライヤーと外資系，特に日系アセンブラー（組立て企業，セットメーカー）の間の取引に焦点を当てて分析する。しかし，ICT（情報・通信技術）を含む電子機器，精密機器産業に比べると部品，商品の輸送に制約があるものの，自動車産業においても，AFTA，ASEAN 産業協力スキーム（AICO：ASEAN Industrial Cooperation）等による貿易自由化，グローバル化の進展に伴い，国際的な調達が行われるようになってきているため，海外市場との取引も視野に入れて論じることにする[2]。

　この導入部分に続く本章の第 1 節では，インドネシアの自動車関連裾野産業部門の中小サプライヤーに対して行ったミクロレベルの調査について，その方法やサンプルの特徴を説明する。第 2 節では，そのミクロレベルの調査にもとづいて，インドネシア裾野産業の実態を描く。続いて，第 3 節では AFTA 進展後の段階，第 4 節では AFTA 進展前の段階それぞれにおいて，自動車関連アセンブラーがその裾野産業部門の中小企業の能力をどのように評価しているのか等について議論する。最後に，本研究の要約ならびにインドネシアで自動車関連裾野産業を強化・育成するために必要な方策を検討する。全体を通し

---

[2] 　最近の東アジアにおける地域経済統合の動きについては，浦田・石川・水野（2007），石川・清水・助川（2009），椎野・水野（2010），Tambunan（2010）などが詳しい。

て，地域経済統合による自由化，グローバル化の進展がインドネシアの中小企業に対して与えた影響について注意を払うことにする。

1. インドネシア自動車関連裾野産業部門の中小企業：ミクロレベル調査

本節では，インタビュー・質問票調査を中心にして，金属加工・機械業種の中小規模サプライヤーの実態や課題についてミクロ的な分析を行う。インドネシアでは，BPS（インドネシア統計局）刊行の大中規模製造業統計調査（Large and Medium Manufacturing Statistics）があるものの，日本の中小企業白書や工業実態調査等でカバーされている中小企業の販売先，商品の仕入先などを含む詳細な調査が存在していない。したがって，インドネシアの中小企業を対象にする場合，BPS統計でカバーされていない項目を調べるのであれば，自らインタビュー・質問票調査を行わざるを得ず，サンプル数も小さくならざるを得ない。

以下の部分で，インタビュー・質問票調査の実施方法やそれら調査の対象になった金属加工・機械業種の中小規模サプライヤーの特徴について述べた後，次節で国内外の市場取引に伴うサンプル中小企業の負担，販路開拓努力，外部からの支援などについて観察する。

本研究は，オートバイを含む自動車産業のサポーティング・インダストリーの実態を把握するために，2006年から2007年にかけて，中小規模サプライヤーを対象にインタビュー・質問票調査を実施した。日系自動車アセンブラーや訪問したサプライヤーから，1）自動車（あるいは自動二輪車）産業のサプライヤー，2）金属加工・機械業種，3）中小規模（従業員数300人以下，あるいは払い込み資本金200億ルピア以下），4）ジャカルタおよびその周辺（JABOTABEK）に立地，という条件を概ね満たす企業を紹介してもらい，受入を許可してくれた33社を訪問して直接聞き取りを行った[3]。サンプル33社の基本的な特徴

---

3) 2007年8月末の円・ルピア為替レートは，1ルピアが約0.0123円。したがって，払込資本金200億ルピアとは，2億5,000万円程度。

表 8-1　調査対象サプライヤーの基本情報

	サンプルの割合 (%) (n = 33)
1. 企業規模：従業員数（人）	
1) 　　1 – 　19	3%
2) 　 20 – 　99	24%
3) 　100 – 299	49%
4) 　300 –	24%
2. 企業規模：払込資本（10億ルピア）	
1) 　　 – 　1	18%
2) 　 1 – 　10	46%
3) 　10 – 　20	15%
4) 　20 –	21%
3. 企業の資本の国籍	
1) 内国資本（地場系サプライヤー）[1]	91%
2) 外国資本（日系サプライヤー）[2]	9%
4. 取引分野：自動車・自動二輪車	
1) 自動車（四輪車）	85%
2) 自動二輪車	15%
5. 専門技術分野	
1) サブ・アセンブル[3]	6%
2) 鋳造／鍛造	9%
3) 金型／プレス加工／マシニング加工	64%
4) メッキ加工，熱処理	6%
5) その他	15%
6. 設立年	
1) 　　 – 1979	18%
2) 1980 – 1989	27%
3) 1990 – 1999	31%
4) 2000 –	24%

(注) 1. 100％インドネシア資本のサプライヤーを意味する。
　　 2. 資本割合の大小に関係なく外国企業の出資を受けている企業を意味し，ここでは日系サプライヤーをさす。
　　 3. 複数の部品を組立てて，機能を有する1つのまとまりにしたもの（ラジエター，マフラーなど）。
(出所) 2006–07年実施の質問票・インタビュー調査にもとづいて作成。

は，表 8-1 の通りである。

　サンプル企業の規模は，従業員数で見ると 100 人未満が全体の 4 分の 1，100 人から 300 人までが約 5 割，300 人超が残り 4 分の 1，資本金で見ると 200 億ルピア以下が 8 割，それを超える企業が 2 割という構成になっている。今回は自動車関連の裾野産業に焦点を当てているため，小規模零細企業は少なく，中堅企業が多く含まれている。部品・サービスの主要供給先部門を自動車とオートバイに分類した場合，前者が 85%，後者が 15% となり，多くのサンプル企業は四輪車市場向けのビジネスを展開している。本研究は，地場中小企業の強化・育成に関心があったため，サンプルの 9 割がローカル企業である。

　調査の対象になった中小サプライヤーの専門技術分野は，金型／プレス加工／マシニング加工が 3 分の 2 と圧倒的に多い。残りの企業は，鋳造／鍛造，サブアセンブル，メッキ処理／熱処理等を専門にしている。1990 年より前に設立されたサンプル企業は全体の半分弱，高成長の直後に経済危機に見舞われた 1990 年代に設立された企業は 3 割，そして 2000 年以降に新たに誕生した企業は 4 分の 1 である。

　このような特徴をもつサンプル企業から得られたデータや情報にもとづいて，次節ではインドネシア自動車関連裾野産業部門の中小企業の実態を描写していく。

2．インドネシア自動車関連裾野産業部門の中小企業：実態

　ここでは，前節で説明したようなサンプル企業を対象にして，それらの販路や市場別取引の負担・障害，それらの市場開発・取引促進の努力，それらに対する外部からの支援・協力について観察し，自動車関連裾野産業部門の中小企業の実態を明らかにしていくことにする。

2-1　販路・市場別取引の負担・障害

　表 8-2 は，調査対象になった中小規模サプライヤーの市場別販売額の割合を示している。サンプル中小企業の販売先は，70% 弱が在インドネシアの日

第 8 章　グローバリゼーションの進展と途上国中小企業の変化　231

表 8-2　調査対象サプライヤーの販路・市場

販　売　先	販売割合 (%)[1]
1. 日系顧客向け販売（インドネシア国内市場）[2]	69%
2. 日系以外の外資系顧客向け販売（インドネシア国内市場）[3]	2%
3. 地場系顧客向け販売（インドネシア国内市場）[4]	16%
4. アフターマーケット等その他市場向け販売（インドネシア国内市場）[5]	4%
5. 輸出販売（外国市場）	9%

（注）1. サンプル企業数は 33 社。サンプル各社が回答した市場別販売額の割合を単純平均して算出。
　　　2. 日系企業（資本割合の大小に関係なく日本企業の出資を受け，インドネシア国内で自動車（あるいは自動二輪車）関連の組立て，生産等を行う企業）への販売。
　　　3. 日系以外の外資系企業（資本割合の大小に関係なく日本企業以外の外国企業の出資を受け，インドネシア国内で自動車（あるいは自動二輪車）関連の組立て，生産等を行う企業）への販売。
　　　4. 地場企業（100％ インドネシア資本の自動車（あるいは自動二輪車）関連の組立て，生産等を行う企業）への販売。
　　　5. OEM（Original Equipment Manufacturing/Manufacturer）以外の部品を取引するアフターマーケット市場等への販売。
（出所）2006-07 年実施の質問票・インタビュー調査にもとづいて作成。

系企業，16％ がローカル企業に向けてであった。サンプルのとり方からして当然ではあるけれど，インドネシア国内の日系以外の外資系企業やアフターマーケットは，これらサプライヤーにとって市場として非常に小さい。外国市場への輸出は，サンプル中小企業の売り上げの約 1 割を占めている。ASEAN を中心に市場の統合やグローバル化が進んでいるとはいえ，この調査時点では，インドネシアの自動車関連裾野産業の国内市場は輸出市場に比して圧倒的に大きく，国内市場では日系アセンブラーの影響力が非常に大きいことを示している。

　調査を実施したインドネシアの金属加工・機械分野のサプライヤーは，表 8-2 に示した市場を有している。表 8-3 は，これらマーケットで取引を行う際，中小企業はどのような問題に直面しているのか，それがどの程度負担になっているのかを表現している。

　サンプル全体 33 社のうち 31 社は日系の顧客と取引を行い，それらサプライ

表 8-3　調査対象サプライヤーの国内・海外市場取引に伴う問題点の程度

デメリット／不利益等 問題の種類	問題の程度別該当企業数[1] 1	2	3	4	5	平均スコア[1]
(1) 日系顧客との取引（インドネシア国内市場）[2]						
1）価格の低さ	4	2	15	5	5	3.2
2）不十分／不安定な注文量	14	5	3	5	4	2.4
3）品質の厳しさ	9	5	4	4	9	3.0
4）技術水準の高さ	11	4	7	2	7	2.7
5）生産能力の大きさ	13	4	4	2	4	2.5
6）納期の厳しさ	10	1	6	5	9	3.1
7）コミュニケーションの難しさ	16	1	10	2	2	2.1
8）各種支援の不足	12	6	6	4	3	2.4
(2) 地場系顧客との取引（インドネシア国内市場）[3]						
1）価格の低さ	4	2	6	7	1	3.0
2）不十分／不安定な注文量	4	1	5	6	4	3.3
3）品質の厳しさ	7	3	7	2	1	2.4
4）技術水準の高さ	9	1	7	1	2	2.3
5）生産能力の大きさ	9	2	4	3	2	2.4
6）納期の厳しさ	10	1	5	2	2	2.3
7）コミュニケーションの難しさ	14	2	3	0	1	1.6
8）各種支援の不足	8	4	6	1	1	2.2
(3) 海外向け輸出取引（外国市場）[4]						
1）価格の低さ	5	0	5	1	3	2.8
2）不十分／不安定な注文量	5	2	1	4	2	2.7
3）品質の厳しさ	1	3	2	2	6	3.6
4）技術水準の高さ	3	2	4	0	5	3.1
5）生産能力の大きさ	7	1	2	0	4	2.5
6）納期の厳しさ	5	1	2	1	5	3.0
7）コミュニケーションの難しさ	3	3	7	1	0	2.4
8）各種支援の不足	8	2	0	1	3	2.2
9）マーケティングの難しさ	3	1	2	3	5	3.4
10）為替差額発生	3	2	2	5	2	3.1
11）輸出手続の煩雑さ	5	3	2	1	3	2.6

(注)　1．サンプル企業数は 33 社。それぞれの販売先と取引を有するサプライヤーに対して、表中のデメリット、不利益、負担等問題点の有無を尋ね、問題を無視し得る等問題の程度の最も小さい 1 から問題の程度の最も大きい 5 までの 5 段階で評価してもらい、その平均スコアを算出している。
　　　2．日系企業（資本割合の大小に関係なく日本企業の出資を受け、インドネシア国内で自動車（あるいは自動二輪車）関連の組立て、生産等を行う企業）と取引しているサプライヤー 31 社からの回答にもとづく数字。
　　　3．地場企業（100％インドネシア資本の自動車（あるいは自動二輪車）関連の組立て、生産等を行う企業）と取引しているサプライヤー 20 社からの回答にもとづく数字。
　　　4．外国市場に輸出している 14 社からの回答にもとづく数字。
(出所)　2006－07 年実施の質問票・インタビュー調査にもとづいて作成。

ヤーは「価格の低さ」に困難（5段階評価の平均スコア3.2）を感じている。日系の顧客から製造コストの削減，価格引下げを要求されていることが窺える。「納期の厳しさ」（平均3.1），「品質の厳しさ」（平均3.0）についても，多くの中小企業にとって大きな負担となっている。日系のアセンブラーあるいは顧客とビジネスを行う際，求められているQCD（品質，コスト，納期）を満足させることは，地場の中小企業を中心に容易でないことを示している。要求されるQCDを実現させるために必要な「技術水準の高さ」（平均2.7）や「生産能力の大きさ」（平均2.5）の負担も小さくない。

　これらQCDや技術，生産設備の問題に比べると，「不十分／不安定な注文量」（平均2.4），「各種支援の少なさ」（平均2.4）など他の問題点は相対的に小さい。インドネシアの自動車産業は，他の国々と比較すると，その市場サイズの変化が大きく不安定であるが，そのような環境の中で，日系アセンブラーは要求を満たすサプライヤーに対しては可能な範囲で継続的に注文を出しているという声が少なくなかった。また，優秀なサプライヤーを育成する活動が日系アセンブラー（あるいは日系1次サプライヤー）によって行われているという評価も回答者から寄せられた。

　次に，地場系の顧客との取引に伴う問題点を観察してみよう。最も目につく項目は，「不十分／不安定な注文量」（平均3.3）である。インドネシア自動車市場ではメインプレーヤーが日系メーカーであるために地場系の顧客が大きな需要をもちにくいこと，またローカルの顧客が短期的な利益を重視するために納入価格の低いサプライヤーが現れると注文先を頻繁に変更すること等により，注文量が小さく，継続的な取引ではないという問題につながっていると考えられる。「価格の低さ」（平均3.0）は，したがって，多くの中小サプライヤーにとって大きな負担となっている。

　地場系の顧客との取引では，「品質の厳しさ」（平均2.4），「納期の厳しさ」（平均2.3）といったQCDのQD部分，「技術水準の高さ」（平均2.3）や「生産能力の大きさ」（平均2.4）などの面では，それほど大きな問題を感じていない。価格以外の要因，品質，技術，納期，設備等については，比較的負担が少

ない。これは，日系の顧客との取引と大きく異なる点である。「各種支援の少なさ」(平均2.2) を大きなデメリットと感じていないのは，サプライヤーがもともと地場系の顧客から技術等の協力を供与してもらえるとは期待していないという要因もある。

輸出を行っているサプライヤー数は，日系の顧客や地場系の顧客と取引している企業数と比べると少ないが，14社とサンプル全体の4割を超えている。2000年前後に実施した類似の調査（Hayashi, 2005）では輸出に携わる金属加工・機械業種のサプライヤーが非常に少なかったことを考えると，地域経済統合による貿易の自由化，グローバル化の進む中，インドネシアの裾野産業も外向き志向が強まってきているといえよう。

海外の市場を狙う場合，「価格の低さ」(平均2.8) よりも，「品質の厳しさ」(平均3.6)，「技術水準の高さ」(平均3.1)，「納期の厳しさ」(平均3.0) など品質，技術，納期分野の問題に直面している。国内市場での取引と異なり，海外市場にいったん輸出したら，不良品が出た場合，当該製品を回収し，問題解決後再納入するという形で後始末することは，ロジスティクス，コスト等の面から考えて原則許されない。したがって，品質管理に十分気を配り，国際市場で受け入れられる品質を確保するためにも高水準の技術力をもち，距離の離れた顧客の欲するタイミングに合わせて納入するために厳しく納期管理することが必要になってくる。

国内市場での取引と特に異なる負担は，「マーケティングの難しさ」(平均3.4)，「為替差額発生」(平均3.1) である。これらは，海外の顧客を探し，外貨で取引をする輸出ビジネスに伴う困難，リスクである。

2-2 市場開発と取引促進努力

インドネシアの自動車（含む自動二輪車）関連裾野産業は，表8-2で見たような国内・海外の市場と取引を行ってきた。表8-4は，サンプルの中小企業がそれらマーケティング・チャネルを開拓するためにこれまでどの程度努力してきたかを示している。

表8-4 調査対象サプライヤーの国内・海外市場における取引促進努力の程度

国内・海外市場取引 促進努力	促進努力の程度別該当企業数[1] 1	2	3	4	5	平均 スコア[1]
(1) これまでの取引促進努力						
1) 日系顧客（インドネシア国内市場）[2]	3	1	6	7	16	4.0
2) 地場系顧客（インドネシア国内市場）[3]	15	0	3	3	12	2.9
3) 日系以外の外国系顧客（インドネシア国内市場）[4]	21	2	3	4	3	2.0
4) アフターマーケット（インドネシア国内市場）[5]	25	2	1	0	5	1.7
5) 輸出（外国市場）	19	3	2	6	3	2.1
(2) 今後の取引促進努力						
1) 日系顧客（インドネシア国内市場）[2]	2	0	4	10	17	4.2
2) 地場系顧客（インドネシア国内市場）[3]	15	0	0	6	12	3.0
3) 日系以外の外国系顧客（インドネシア国内市場）[4]	17	2	2	8	4	2.4
4) アフターマーケット（インドネシア国内市場）[5]	21	2	1	4	5	2.1
5) 輸出（外国市場）	8	3	10	7	5	2.9

(注) 1. サンプル企業数は33社。それら33社に対し，国内・海外市場において，これまでに行った取引促進努力と今後行う予定の取引促進努力の程度を尋ねた。努力を要しない等努力の程度の最も小さい1から努力の程度の最も大きい5までの5段階で評価してもらい，その平均スコアを算出している。
2. 日系企業（資本割合の大小に関係なく日本企業の出資を受け，インドネシア国内で自動車（あるいは自動二輪車）関連の組立て，生産等を行う企業）への販売。
3. 地場企業（100％インドネシア資本の自動車（あるいは自動二輪車）関連の組立て，生産等を行う企業）への販売。
4. 日系以外の外資系企業（資本割合の大小に関係なく日本企業以外の外国企業の出資を受け，インドネシア国内で自動車（あるいは自動二輪車）関連の組立て，生産等を行う企業）への販売。
5. OEM（Original Equipment Manufacturing/Manufacturer）以外の部品を取引するアフターマーケット市場等への販売。

(出所) 2006-07年実施の質問票・インタビュー調査にもとづいて作成。

調査対象企業は，2社を除き，インドネシア国内市場で日系の顧客とビジネス関係をもっている。調査対象のサプライヤーは，日系の自動車メーカーや1次サプライヤーとの取引促進に努めてきた。日系企業との取引に参入するためには，QCDをはじめ，技術，生産設備等求められている条件を満たす必要がある。表8-3でも見たように，それらQCDおよび関連分野で要求されている水準は高いため，日系企業とのビジネスを希望する中小企業は，大きな努力（5段階評価の平均スコア4.0）を払わなければならなかった。日系企業と仕事を始めるためには，前述のQCD等技術的な要求を満たすと同時に，家族，知人，関係者，同業者等仲介者の存在や本人の顧客企業での勤務経験等が重要であり，それらのきっかけやネットワークの端緒を探し利用しようとする努力が求

められる[4]。

　地場企業とのビジネス開始，取引促進等，市場開発努力の程度は平均 2.9 であった。この数字は，自動車関連分野では地場系顧客が日系に比べて仕事を多く抱えているわけではないこと（表 8-2 参照），また QCD およびそれに関連する要求水準が必ずしも高くないこと（表 8-3 参照）等も影響しているであろう。

　インドネシア国内において，日系以外の外資系との取引，アフターマーケットを含むその他の販路を開拓しようとしたサンプル企業は，それぞれ平均 2.0，1.7 程度の努力しかしなかった。前者のマーケットは規模が小さいこと，後者のマーケット参入は，OEM（original equipment manufacturing/manufacturer，相手先ブランド製造）生産をしている場合，アセンブラーから原則禁止されていることから，それら市場にアクセスするメリットは少なく，したがってそれらの販路開拓，取引促進に積極的ではないと考えられる。

　海外市場を目指した企業の努力の程度は平均 2.1 であった。もちろん，インドネシア国内の日系企業，地場企業との取引促進に比べれば，輸出志向のサプライヤーは少なく，市場開拓努力の程度も小さいが，すでに海外市場を意識し，努力を始めていることには注目するべきである。

　今回インタビューした金属加工・機械業種の中小企業は，今後，インドネシア国内の顧客と，また海外市場でどの程度の努力を払ってビジネスしようと考えているのであろうか。在インドネシアの日系企業との取引は，サンプル企業のほぼすべてが，これまで以上の努力（平均 4.2）をして発展させようとしている。地場企業向けの市場開発を考えている企業は，努力の程度（平均 3.0）において，過去と比べてほとんど変化がない。これは，地場系顧客との取引で，これまで大きな利益を得ることが難しかったことを反映しているのであろう。日系以外の外資系企業（平均 2.4），アフターマーケット（平均 2.1）の販路を将来開拓し，拡大させようというサプライヤーは，努力の程度の点ではともに増加したが，けして大きくはない。

4）　Hayashi（2005：pp.187–190）も同様の結果を示している。

これらインドネシア国内市場に対して，輸出を今後志向するサンプル企業は，取引促進努力を過去の平均2.1から2.9へと大きくした。インドネシアの中小企業が海外志向を強めていることを確認できる。

インドネシア自動車関連裾野産業部門の中小企業は，以上のように日系メーカーとの取引促進と輸出市場の開拓を求めている。表8-5は，それら国内外の市場での取引を拡大するために，どのような分野の能力を改善するべきかを示している。

中小サプライヤーの多くは，日系顧客とのビジネスを開拓・拡大するために

表8-5 調査対象サプライヤーの国内・海外市場における取引促進に伴う改善分野と改善の必要程度

国内・海外市場取引促進に必要な改善分野	改善努力の程度別該当企業数[1] 1	2	3	4	5	平均スコア[1]
(1) 日系親企業との取引促進（インドネシア国内市場）[2]						
1) 生産費用低減	4	1	9	3	15	3.8
2) 品質改善	0	1	4	10	17	4.3
3) 技術水準改善	2	0	7	13	10	3.9
4) 生産能力強化	4	2	12	4	10	3.4
5) 納期改善	5	2	4	9	12	3.7
6) マーケティング能力強化	1	1	6	13	11	4.0
7) 経営・管理能力強化	1	4	7	8	12	3.8
8) 資金能力強化	2	2	4	10	14	4.0
(2) 海外との取引促進（外国市場）[3]						
1) 生産費用低減	3	1	3	7	12	3.9
2) 品質改善	0	1	5	8	12	4.2
3) 技術水準改善	2	0	5	12	7	3.8
4) 生産能力強化	2	2	12	4	6	3.4
5) 納期改善	2	2	6	8	8	3.7
6) マーケティング能力強化	2	0	5	8	11	4.0
7) 経営・管理能力強化	2	3	7	5	9	3.6
8) 資金能力強化	2	3	3	10	8	3.7

(注) 1. サンプル企業数は33社。それら33社に対し，国内・海外市場での取引を促進する場合，どのような分野でどの程度努力するべきかを尋ねた。表中の項目について，努力を要しない等努力の程度の最も小さい1から努力の程度の最も大きい5までの5段階で評価してもらい，その平均スコアを算出している。
2. 今後，日系企業（資本割合の大小に関係なく日本企業の出資を受け，インドネシア国内で自動車（あるいは自動二輪車）関連の組立，生産等を行う企業）との取引をまったく望まない1社を除く32社からの回答にもとづく数字。
3. 今後，輸出取引をまったく望まない7社を除く26社からの回答にもとづく数字。

(出所) 2006-07年実施の質問票・インタビュー調査にもとづいて作成。

は,「品質改善」(5段階評価の平均スコア4.3),「コスト低減」(平均3.8),「納期改善」(平均3.7)のQCD改善と,それらに関連する「技術水準改善」(平均3.9),「生産能力強化」(平均3.4)を実現することが必要であると回答している。これらQCD関連分野を改善するためにも,「資金能力強化」(平均4.0),「マーケティング能力強化」(平均4.0),「経営・管理能力強化」(平均3.8)などを求める声も強い。この質問票調査によれば,日系顧客企業との取引促進には,QCDの改善,投資・運転資本確保のための資金能力強化,企業マネジメント能力強化,販路開拓(マーケティング)能力向上が成否をきめるポイントである。

一方,輸出市場開発のためには,「品質改善」(平均4.2),「生産費用低減」(平均3.9),「納期改善」(平均3.7),「技術改善」(平均3.8),および「生産設備強化」(平均3.4)のQCDを中心にした生産面の能力向上を実現する必要がある。企業のマネジメント能力改善,資金能力強化に加えて,国を超えた販路作りのため「マーケティング能力強化」(平均4.0)は欠かせない。

2-3 インドネシア自動車関連裾野産業部門の中小企業:外部からの支援

中小企業にとっては,日系企業との取引を拡大するためにも,海外市場への参入を積極化していくためにも,前述の各種能力を引き上げていくことが求められる。まずは,インドネシアの裾野産業が自らの努力でそれらの能力を改善していくことが基本であろう。しかし,中小企業の有する内部資源にも限りがあるため,外部からの支援,協力が必要な場面も少なくない(Hayashi, 2005: pp. 132-151)。表8-6は,調査対象の中小サプライヤーに対する1)インドネシア政府,2) JBIC(国際協力銀行:2008年10月,海外経済協力部門(ODA)はJICAに,国際金融部門(OOF)は日本政策金融公庫に統合),JICA(国際協力機構),JETRO(日本貿易振興機構)/JODC(海外貿易開発協会)/AOTS(海外技術者研修協会)等日本の支援機関,日本以外の2国間援助機関,世界銀行グループ,ADB(アジア開発銀行)等国際協力機関などを含む海外支援機関,3)自動車(含む自動二輪車)のアセンブラー,1次下請け等顧客の3つの外部チャネルを通じた支援

表8-6 調査対象サプライヤーに対する外部支援の有無と有効性／期待の程度

外部支援チャネル	当該チャネルから支援を受けた企業数	有効／期待の程度平均スコア	支援分野別該当企業数				
			品質/技術/生産管理	経営管理	資金/設備	販路開拓/下請制度	ビジネス環境
(1) これまでの支援チャネル							
1) インドネシア政府	10	1.1	1	0	0	0	9
2) 海外支援機関	13	1.2	11	3	0	2	1
3) 顧客（下請取引）	29	3.0	25	6	3	9	1
(2) 今後期待する支援チャネル							
1) インドネシア政府		4.3	6	2	9	3	24
2) 海外支援機関		4.2	23	7	16	17	2
3) 顧客（下請取引）		4.5	21	6	13	17	2

（注）サンプル企業数は33社。それら33社に対し，表中の3つの外部チャネルについて，過去の支援の有無，その有効性の程度，支援分野，今後の支援期待の程度，支援分野を尋ねた。有効性／期待の程度の最も小さい1から有効性／期待の程度の最も大きい5までの5段階で評価してもらった。過去については，支援がなかったと回答した企業も0として計算に加えて平均スコアを算出している。支援分野は，複数回答可としている。
（出所）2006-07年実施の質問票・インタビュー調査にもとづいて作成。

について尋ねた結果である。

　インドネシア政府と海外協力機関からインドネシア裾野産業に対して支援が提供されたケースは，サンプル全体の3〜4割にすぎず，それら協力の有効性は，5段階評価の平均スコアで1.1〜1.2と非常に低い。インドネシア政府からの支援として中小企業があげた項目は，投資制度整備，法制度整備，産業インフラ整備等のビジネス環境作りが中心であった。海外からの支援では，日本のJODCから派遣された専門家の技術指導を受けたケースが多い。過去の支援チャネルで最も目立ったのは，下請け取引を通じた顧客からの技術指導である。サンプルの33社中29社がこの下請取引のチャネルで支援を受け，その有用性は5段階評価の平均スコアで3.0と高い。

　今後は，サブコントラクティング取引を通じての顧客企業からの支援に加えて，外国支援機関からの資金協力，技術協力，インドネシア政府からの経済環境整備によるビジネスの後押しに，多くのサンプル中小企業が高い期待を寄せている。外部からの具体的な支援内容や効果的な提供方法などについて今後工夫が必要になってこよう。

3. AFTA進展後の自動車関連アセンブラーと裾野産業部門の中小企業

前節は，金属加工・機械業種の中小規模サプライヤーに対して行ったインタビュー・質問票調査の結果にもとづいて，インドネシアの自動車関連裾野産業の実態と課題を議論した。本節は，日系自動車メーカーに対する聞き取り調査から得た情報にもとづいて，アセンブラーの視点から，インドネシア裾野産業のパフォーマンス，それら中小サプライヤーに対する支援等について分析する。

ここでは，地域経済統合が相当進んだ段階である2006-07年の調査結果を議論する。次節では，統合が相対的に進展する前の1999-2000年に行った類似調査の結果を示し，統合が進展する前と後でアセンブラーの中小企業に対する姿勢が変化しているのかどうかを検討する。

3-1 AFTA進展後の自動車関連アセンブラーの投入財調達状況

表8-7は，聞き取り調査を実施した日系自動車アセンブラーの基本データと投入財調達に関する情報を一覧したものである。A社は，1967年から製品輸入，1970年からCKD生産（ノックダウン生産：他国で生産された主要投入財を輸入して，現地で組立・販売する方式）を始めて，インドネシアの自動車，自動二輪車部門と関係をもつようになった。1991年に資本構成・組織等をあらため，現在に至っている。2006年のデータによれば，3,700人の正規社員，3,000人の契約社員，合計6,700人の従業員で自動車，オートバイ生産に携わっている。2005年の実績では，自動車を87,000台，自動二輪車を920,000台生産した。

B社は，1970年にオペレーションを始めたインドネシアの自動車業界をリードする日系メーカーである。2003年末にそれまでインドネシアで生産していた高級乗用車の生産をタイに移管し，2004年から国際戦略車であるミニバン車種の新型乗用車を生産することに集中している。2006年時点で，従業員数は5,500人，自動車生産能力は110,000台の設備を有している。

第 8 章 グローバリゼーションの進展と途上国中小企業の変化　241

表 8-7　調査対象自動車アセンブラーのサプライヤーとの取引に関連する基本情報

	A 社	B 社	C 社
製品	・乗用車 ・オートバイ	・乗用車（ミニバン車種） ・ピックアップトラック	・乗用車
設立年	・1970 年（1991 年現在の形）	・1970 年	・1996 年（2001 年現在の形）
従業員数	・6,700 人 　（2006 年，契約社員含む）	・5,500 人 　（2006 年）	・350 人 　（2006 年）
生産実績・能力	自動車　　　　87,000 台 オートバイ　　920,000 台 （2005 年実績）	自動車　　　110,000 台 （2006 年生産能力）	自動車　　　12,205 台 （2004 年実績）
投入財調達内訳 （金額割合）	・原材料： 　輸入　　　　　　100% 　（日本　　　　100%） ・部品： 　輸入　　　　　　50% 　（日本　　　　 30%） 　（ASEAN　　　 20%） 　国内　　　　　　50% 　（日系　　　　 24%） 　（地場　　　　 　6%） 　（内製　　　　 20%） 　（A 社全体の数値）	・原材料・部品： 　輸入　　　　　　25% 　（日本　　　　 　4%） 　（ASEAN　　　 21%） 　国内　　　　　　75% 　（サプライヤー　51%） 　（内製　　　　 24%） （ミニバン新車種の数値）	・部品： 　輸入　　　　　　70% 　（日本　　　　 28%） 　（ASEAN　　　 21%） 　（中国　　　　 18%） 　（その他　　　 　3%） 　国内　　　　　　30% 　（日系　　　　 16%） 　（地場　　　　 　4%） 　（内製　　　　 10%） 　（C 社全体の数値）
輸入調達の傾向 とメリット／デ メリット	・インドネシア，タイ，マレーシア，ベトナムの間で，オートバイ部品の相互調達を行うグローバル購買を計画中。中国は，AFTA 非加盟国，納入ロットによって品質維持不可のケースあり等で，グローバル購買の対象国にならず。 ・域内で部品に価格差がある場合，品質同じであれば，購入メリットあり。ただし，納入時間，輸出入手続き，為替差額の費用，問題あり。国内で競争力ある部品の購買可能であれば，国内調達を優先。	・日本を除く東アジアから部品を現地調達するアプローチ，MSP が進行中。主要産地で主要部品を生産し，輸出。	・PCC を日本（既），中国（既），タイ（2007 年前半），インドネシア（2007 年中盤）に設置し，部品の東アジア域内調達を促進。 ・インドネシアで購入不可なもの，高価なものを調達可。物流時間のコスト大きく，部品によって使い分け。
国内サプライ ヤーの企業数	・合計　　　　　　146 社 　（日系　　　　 60 社） 　（地場　　　　 86 社） 　（四・二輪合計）	・合計　　　　　　93 社 　（日系　　　　 60 社） 　（地場　　　　 33 社）	・合計　　　　　　40 社 　（日系　　　　 18 社） 　（地場　　　　 22 社）
国内地場サプラ イヤーの問題点	・日系サプライヤーより製造費用安いメリットもあるが，QCD，技術，設備の不十分さ，コミュニケーション（言語）問題，支援費用等の問題あり。 ・タイの地場サプライヤーはエンジン製造技術を有しているが，インドネシアは未習得。	・-	・日本の 4 割，日系サプライヤーの 5～6 割と製造費用安いが，技術水準が不十分。特に，金型設計は困難。 ・タイでは金型設計可能な地場サプライヤー存在するが，インドネシアでは見当たらず。
国内サプライ ヤー向け支援	・過去，地場，日系サプライヤーに対し，QD 中心に積極的に技術支援。 ・工程監査を年 2 回，巡回指導を必要に応じて実施。 ・現在，域内調達の選択肢もあり，以前に比べて支援の積極性低下。	・地場サプライヤーに対して研修を行い，B 社の生産管理システムを指導。	・新車開発段階では，設備準備，品質保証項目，作業者習熟訓練，2 次・3 次サプライヤー準備の指導。 ・量産期以降，工程監査を通じて，技術支援。5M 変更管理の徹底指導。

（出所）2006-07 年実施のインタビュー調査等にもとづいて作成。

C社は，前2社に比べると，インドネシアでの歴史は短い。1996年から乗用車のCKD生産を始めていたものの，組立ては現地資本の企業に委託していた。2001年，資本のマジョリティーをとり，自らの工場を取得し，生産を実質的に始めた。従業員数は350人（2006年時点），自動車生産台数は約12,000台（2004年実績）と前2社より歴史が短い分，企業規模，生産規模も小さい。

これら日系メーカー3社の中間財調達構造（金額ベース）はどのようになっているのであろうか。自動車および自動二輪車を製造する日系メーカーA社の例を見てみよう。ここでの数字は，自動車とオートバイの区別なく，同社全体の値を示している。A社の場合，原材料については100％日本からの輸入に依存している。部品・コンポーネントの調達は，輸入50％，現地調達50％である。もう少し細かく見ると，海外からの輸入分は，日本からのものが30％，タイを中心とするASEANからのものが20％ある。インドネシア国内での生産分は，A社工場の内作が20％，インドネシア国内からの調達が30％ある。インドネシア国内から調達した30％のうち，24％が日系サプライヤーから，残り6％が地場サプライヤーから購買している。

続いて，自動車メーカーB社が2004年以降生産を開始したミニバン・タイプの国際戦略車の調達構造を調べてみよう。B社の数字は，原材料と部品・コンポーネントの両方を含んでいる。投入財全体の25％を輸入している。日本からの輸入が4％，タイを中心にしたASEAN域内からの輸入が21％となっている。インドネシア国内調達分は75％あり，内製が24％，内製を除く51％が日系，地場のサプライヤーから購入したものである。ただし，内製分を含む現地調達分の6割程度が，もとをたどれば輸入原材料等輸入物品を使用している。したがって，現地調達は，内作も含めると実質4割強，内作を除くと3割ほどの数字になってしまう。2003年まで生産されていた旧型ミニバン車種の調達割合は，日本からの輸入が45％，ASEAN域内からの輸入が8％，内製が16％，内製を除く現地調達が31％であった。国際戦略車の生産に移行して，日本からの輸入が減り，ASEAN域内からの輸入と現地調達部分が増加したことになる。

C社の部品は，同社全体の数値で示せば，7割を海外から輸入し，3割をインドネシア国内から調達している。日本からは全調達額の3割，ASEANからは2割，中国からも2割の部品を輸入している。一方，インドネシア国内分としては，日系サプライヤーから16%，地場サプライヤーから4%，内製分で10%調達している。C社は，インドネシア進出が比較的新しいため，国内での調達割合が相対的に低く，輸入依存度が高いといえよう。

　3社の数字は，異なった基準で算出したものであるが，現地調達率が実際にはそれほど高くなく，インドネシアの外からの輸入割合が目立っていることが共通する傾向として指摘できよう。特に，地場サプライヤーからの購入割合が低い一方，ASEAN域内からの調達割合が高くなってきている[5]。次に，同じく表8-7を参照にしながら，サンプル3社の海外調達の傾向とそのメリット，デメリットを概観する。

　A社の日本にある親会社は，2006年後半，インドネシア，タイ，マレーシア，ベトナムのASEAN 4カ国間で「自動二輪車グローバル購買」スキームを立ち上げようと準備を始めた。現在，日本の本社購買部が中心になり，それぞれの国に存在するサプライヤーのQCD等に関連する能力や競争力を調査し，どの品目でどの国のどのサプライヤーが利用可能かを検討している。この計画に中国は含まれていない。A社によれば，中国はAFTAの加盟国ではないこと，納入数量の増加による品質の低下が著しいことなどを理由に，「自動二輪車グローバル購買」のメンバー国に入れていないそうである。

　当該4ヵ国で部品に十分な価格差がある場合，品質が同水準である限りにおいて，ASEAN域内のグローバル調達はメリットをもつ。ただし，AFTA等で貿易自由化やグローバル化が進み，国境の壁が低くなってきたとはいえ，実際には，港湾・国内外輸送等インフラの問題，輸出入手続きの煩雑さ，それらによって生じる時間的費用も含めたサービス・リンク・コストや為替差額の問題なども依然ある。A社は，「自動二輪車グローバル購買」を通じて域内から品

5）　田中（2007：31-57ページ）は，ASEAN域内における日系自動車セットメーカーの補完貿易（協調分業）の展開と地域経済統合の影響を論じている。

質のよい安価な部品を購入する計画を推進する一方,インドネシア国内に競争力のあるサプライヤーが存在するならば国内調達を優先させたい希望をもっている。

日系B社の日本の親会社は,世界で最適な生産・供給体制を構築することを唱え,主要産地で主要部品を生産し,それらを輸出する戦略を採用している。日本を除く東アジア諸国から現地調達するアプローチ,MSP（Multi Source Parts）が現在動いている。AFTAによる関税引き下げの流れの中,インドネシアのガソリン・エンジン,タイのディーゼル・エンジン,フィリピンのマニュアル・トランスミッションなどを効率的に相互供給する体制が整備されつつある[6]。B社は,インドネシアで新型ミニバン・タイプ乗用車とガソリン・エンジンを集中的に生産し,同国の競争力向上を期待している。

C社の親会社も,生産拠点をもつ国の間において,グローバル調達を推進しようとしている。東アジアでは,部品の輸出拠点であるPCC（Parts Consolidation Center）を日本と中国（上海）に続き,2007年1月にタイ,同年8月にインドネシアに設立し,地域内の調達ネットワーク強化をはかっている。2007年からASEANカー計画が動き始めるが,同社グループはPCCを利用しながら,タイでエンジン,トランスミッション,内装品,インドネシアでドアのプレス部品などを分業生産し,それらを相互供給し,地域内現地調達率を引き上げる目標がある[7]。

インドネシアで生産不可能な部品,安価に製造できない部品などをASEAN地域内で調達することは,大きなメリットがある。しかし,C社は,国境を越える取引には依然物流の時間,コストが小さくなく,したがって,部品によっ

---

[6] 2007年9月,B社のフィリピン現地法人を訪問した際も,インドネシアはガソリン・エンジン,タイはディーゼル・エンジン,フィリピンはトランスミッションの生産を担当し,ASEAN内で相互補完していることを確認できた。AICO/AFTAの下,2007年時点で5％の関税率が2010年には完全に撤廃されるため,部品の相互補完がますます進展すると同社は語っていた。

[7] 2006年8月,C社の日系下請け企業を訪問した際,すでにASEANカー用のドア・プレス部品をタイ向けに生産していた。

て地域内調達とインドネシア国内調達を使い分ける必要性を指摘する。

3-2 AFTA進展後の自動車関連裾野産業部門中小企業に対する評価と支援

表8-7より、日系自動車メーカー3社の抱えるインドネシア国内の下請け企業数を見てみよう。A社は、日系サプライヤー60社、地場サプライヤー86社の合計146社を下請け企業として従えている。これらの中には、70社弱の自動二輪車部品を専門に製作するサプライヤーを含んでいるため、他の2社より下請け企業数が多いのであろう。オートバイ用部品は自動車用部品に比べて技術的難易度が低く、より小規模の企業にも参入の機会があるため、特に地場サプライヤー数の多さが目立つ。B社は、日系60社、地場33社、合計で93社をサプライヤーとして傘下に抱えている。最近、国内ならびに海外市場向けにミニバン・タイプの新型車とガソリン・エンジンの製造に集中的に携わっているため、B社は技術水準の高い日系サプライヤーを多く必要としたと考えられる。前2社と違い、C社は、操業からの期間が短いためか、日系18社、地場22社、合計40社の下請け企業を擁するにとどまっている。

下請け企業数、その構成は3社3様であるが、それぞれが内部資源の限定されている地場サプライヤーをどのように評価しているのであろうか。日系自動車・自動二輪車メーカーのA社は、地場中小企業について、日系下請け企業より生産費用が安価な場合もあるけれど、QCD、技術水準、製造設備の不十分さ、言語などのコミュニケーションの難しさ、支援費用の負担の大きさ等さまざまな問題があり、技術上受け入れることのできないサプライヤーや総合的なコストを考えると有利と言えないサプライヤーが存在するという。周辺国、例えばタイの地場サプライヤーは、エンジンの製造が可能であるけれど、インドネシアのカウンターパートは、残念ながらまだそれを生産することができないでいる[8]。

C社も、地場の裾野産業について、A社とほぼ同様の評価をしている。イン

---

[8] タイにおける自動二輪車産業のアセンブラーの部品調達と地場サプライヤーの生産能力については、東（2006：243-280ページ）が詳しい。

ドネシアの地場サプライヤーの製造費用は，日本国内のサプライヤーの約4割，インドネシアの日系サプライヤーの5～6割程度の水準にあり，コスト・メリットは大きい。しかし，技術レベルが高くなく，自動車産業を支えるには十分でない。具体的には，金型の設計や機能部品の生産を行い得るサプライヤーが不足している。ASEAN地域内の他国，タイでは，金型設計を行うことのできる地場企業が存在するのに対して，インドネシアでは見当たらない。自動車部門は，品質面，技術面で世界スタンダードにもとづいて生産しているため，ローカル・サプライヤーに任せることのできない部品も少なくない。

　日系組立てメーカー3社のインドネシア国内の裾野産業に対する支援について見てみよう。自動車・自動二輪車メーカーのA社は，地場ならびに日系下請け企業に対して，品質，生産管理，生産技術，納期等の分野で，積極的な技術支援を行ってきた。発注，試作時点では，図面を貸与し，細かい技術指導を，量産期に入れば，工程監査を年に2回定期的に，巡回指導を必要に応じて実施した。

　B社は，地場下請け企業に対して研修を通じて，同社独自の生産システムの技術移転を試みている。C社は，新車開発段階の新部品発注時前後に，1) 生産設備の準備・管理，2) 品質の保証項目，3) 作業者習熟訓練計画，4) 2次，3次下請けの準備等について，必ずサプライヤーを訪問して入念な技術指導を行っている。量産期に入って以降の時期は，工程監査を実施し，問題のある下請け企業に対しては，月1～2社，購買課と品質保証課のスタッフがペアを組んで訪問し，改善のためのアドバイスを与える。man（作業者），machine（生産設備），method（生産方法），materials（原材料），measurement（計測方法）の5Mが変更した場合，速やかに連絡するよう，5M変更管理を徹底的に指導している。

4. AFTA進展前の自動車関連裾野産業部門中小企業に対する評価と支援

　現在，実際には，既にAFTAによって市場の統合による貿易自由化やグロー

バル化が進み，域内における中間財の移動が容易になってきている。地域経済統合の進んだ現段階での自動車メーカーによるインドネシア中小サプライヤーへの評価は，前述の通りである。ここでは，域内の経済統合が進む前の段階，1999-2000年に行った類似する調査の結果（Hayashi, 2005 : pp. 218-247）を示す。これは，地域経済統合による貿易自由化やグローバリゼーションの進展が，インドネシア国内の中小企業に対する自動車関連アセンブラーの行動，姿勢に変化を与えたのかどうかの検討材料になろう。

　1999-2000年に行った調査は，インドネシアの自動車部門（含む自動二輪車）だけではなく，農業機械部門，自転車部門もカバーし，全体で15社のアセンブラーを対象にしている。自動車関連部門の8社はすべて外資系（日系）アセンブラーであったのに対し，農業機械，自転車部門の7社には5社の地場資本のアセンブラーが含まれている。このように調査の設定に若干の違いはあるものの，全体の枠組みや裾野産業育成という視点は共通しており，また今回取り上げたアセンブラーのA社とB社も対象に含まれている。

　表8-8によれば，アセンブラーは，地場中小サプライヤーに下請け発注する際，リストにあるほとんどすべての項目が実質的に問題になっていると指摘している。中でも納期の不安定さ，品質の低さ，生産技術の低さ，中小規模サプライヤーを監督することに伴う費用，技術およびその他指導に要する負担が目立っており，それらは，地場中小企業と取引をする際，大きな障害になっている。一方，日系を中心とする外資系中小企業は，地場中小企業に比べて，取引価格が高く，技術等の支援に伴う費用は低いという点で大きく異なっている。他の項目については，傾向は同じであるけれど，外資系サプライヤーは，地場企業よりも取引の障害になる程度が小さい。

　インドネシアの裾野産業は，上記のように下請け取引に伴う問題を抱えているものの，アセンブラーに対して利益も提供している。表8-9によれば，分業の実現，景気変動時の雇用の調整弁的役割，賃金水準の低さ，製品のよさ，自社従業員の管理の不必要性などが，中小サプライヤーとの下請け取引から得ることのできたセット・メーカーの利益である。特に目立った利益は，先ほど

表 8-8　アセンブラーの中小サプライヤーとの下請け取引に伴って生じる問題点

費用／負担／デメリット等問題点	中小サプライヤーとの下請け取引				比較
	地場中小企業		外資系中小企業		
	平均スコアおよび順位		平均スコアおよび順位		(I)と(II)[2]の間の差
	(I)[1] (s.d.)	順位	(II)[1] (s.d.)	順位	t 値
1. 優良中小企業の発掘	4.07 (0.59)	5	2.53 (0.52)	6	7.99**
2. 反応の遅さ	3.33 (0.49)	7	2.27 (0.46)	7	5.17**
3. 品質の低さ	4.20 (0.77)	2	3.27 (0.70)	3	6.09**
4. 技術の低さ	4.00 (1.00)	6	3.13 (0.83)	4	3.67**
5. 価格の高さ	3.33 (0.90)	7	4.53 (0.52)	1	4.58**
6. 納期の不安定性	4.87 (0.35)	1	3.53 (0.92)	2	5.74**
7. 中小企業の監督	4.13 (1.13)	3	2.60 (0.83)	5	5.28**
8. 生産能力の小ささ	2.73 (0.59)	9	1.87 (0.64)	9	9.54**
9. 技術・その他支援の費用	4.13 (1.06)	3	2.27 (0.70)	7	8.67**
サンプル企業数	15		15		

(注) 1. サンプル企業 15 社に対して，表中の費用，負担，デメリット等問題点の大きさを尋ね，問題を無視し得る等問題の程度の最も小さい 1 から問題の程度の最も大きい 5 までの 5 段階で評価してもらい，その平均スコアを算出し上段に示している。下段の ( ) の中は，標準偏差 (s.d.)。(I) は地場中小企業との取引，(II) は外資系中小企業との取引における問題点の平均スコアを表している。
2. (I) 地場中小企業との取引と (II) 外資系中小企業との取引の平均スコアの間で，統計的に違いがあるのか paired t-test の t 値を使用して差の検定をしている。** ＝ 1％ 水準で有意，* ＝ 5％ 水準で有意。

(出所) Hayashi, 2005, Table 9.5, p. 233. このデータは，1999－2000 年に実施したインタビュー調査にもとづいている。

の費用の場合と同じよう，地場中小サプライヤーとの取引と外資系中小サプライヤーとの取引で大きな違いがある。アセンブラーは，地場中小企業からは低

表8-9 アセンブラーの中小サプライヤーとの下請け取引に伴って得られる利益・メリット

利益／メリット	中小サプライヤーとの下請け取引				比較
	地場中小企業		外資系中小企業		(I)と(II)[2]の間の差
	平均スコアおよび順位		平均スコアおよび順位		
	(I)[1] (s.d.)	順位	(II)[1] (s.d.)	順位	t値
1. 分業の実現	4.13 (0.92)	2	4.33 (0.72)	3	1.38
2. 景気変動時の雇用調整弁（ショックアブソーバー）	3.87 (0.64)	4	3.67 (0.62)	5	0.76
3. 賃金の低さ	4.53 (0.64)	1	3.47 (0.74)	7	5.17**
4. 特殊技能	2.53 (0.74)	7	4.40 (0.51)	2	8.67**
5. 製品の良さ	4.00 (0.93)	3	4.60 (0.51)	1	2.81**
6. 自社従業員の管理・監督の不必要性	3.67 (0.49)	5	3.93 (0.70)	4	1.74
7. 競争入札に比べて安い契約費用	3.00 (0.53)	6	3.53 (0.52)	6	2.78*
サンプル企業数	15		15		

(注) 1. サンプル企業15社に対して，表中の利益，メリット等の大きさを尋ね，それらを無視し得る等利益の程度の最も小さい1から利益の程度の最も大きい5までの5段階で評価してもらい，その平均スコアを算出し上段に示している。下段の（ ）の中は，標準偏差（s.d.）。(I) は地場中小企業との取引，(II) は外資系中小企業との取引における利益の平均スコアを表している。
2. (I) 地場中小企業との取引と (II) 外資系中小企業との取引の平均スコアの間で，統計的に違いがあるのか paired t-test の t 値を使用して差の検定をしている。** = 1% 水準で有意，* = 5% 水準で有意。

(出所) Hayashi, 2005, Table 9.6, p. 236. このデータは，1999-2000年に実施したインタビュー調査にもとづいている。

賃金のメリットを，外資系中小企業からは製品のよさと特殊技能のメリットを大いに享受している。反対に，地場サプライヤーからは特殊技能の利益を十分に得られず，外資系サプライヤーからは賃金の安さの利益を十分に得られず対照的である。

アセンブラーの総合的な判断によれば，中小サプライヤーとの関係は，表8-8に示されたさまざまな費用を考慮しても，表8-9の便益が上回っており，したがって，地場中小企業とも外資系中小企業とも下請け取引を継続したいと強く希望している[9]。インドネシア地場の中小企業のもつ大きな価格メリットを活かす場合，技術等の支援が必要になってくる。

そこで，アセンブラーに対して，1999-2000年時点で，過去および将来において，どの程度中小サプライヤーを支援する努力をしてきたのか，努力をするつもりがあるのかについて確認を行った。その結果をまとめたのが表8-10

表8-10 アセンブラーの中小サプライヤーに対する支援の実績・努力の程度：過去および将来

	中小サプライヤーとの下請け取引		比較
	地場中小企業	外資系中小企業	(I)と(II)[2]の間の差
	平均スコア	平均スコア	
	(I)[1]	(II)[1]	
	(s.d.)	(s.d.)	t 値
1. サプライヤーに対する支援の実績・努力の程度：過去	4.27	3.13	4.80**
	(0.88)	(1.51)	
2. サプライヤーに対する支援の努力の程度：将来	4.40	2.87	7.99**
	(0.99)	(1.36)	
サンプル企業数	15	15	

(注) 1. サンプル企業15社に対して，過去および将来の中小サプライヤーへの支援の実績・努力の程度を尋ね，過去支援していなかった，あるいは将来支援することに否定的な1から過去最大限支援の努力をしてきた，あるいは将来非常に積極的に支援の努力を考えている5までの5段階で評価してもらい，その平均スコアを算出し上段に示している。下段の（　）の中は，標準偏差（s.d.）。(I)は地場中小企業，(II)は外資系中小企業に対する支援の実績・努力の程度の平均スコアを表している。
2. (I)地場中小企業と(II)外資系中小企業に対する支援の実績・努力の程度の平均スコアの間で，統計的に違いがあるのか paired t-test の t 値を使用して差の検定をしている。**＝1％水準で有意，*＝5％水準で有意。
(出所) Hayashi, 2005, Table 9.11, p. 243. このデータは，1999-2000年に実施したインタビュー調査にもとづいている。

---

9) アセンブラーのインドネシア中小企業とのビジネスにおける費用と便益の比較や中小サプライヤーとの下請け取引継続の意思については，Hayashi（2005）の表9.9および表9.10を参照願いたい。

である。アセンブラーは，すでに相当程度の努力を払って，さまざまな支援をインドネシアの中小サプライヤーに対して提供してきた。しかし，やはり能力に差があるため，外資系中小企業に比べて，地場中小企業により力を入れて支援してきたことが読みとれる。将来の支援について確認すると，地場サプライヤーに対しては，過去よりも多くの資源を投入して積極的にサポートする準備があり，また外資系サプライヤーに対してよりも強力に支援する意思のあることが示された。

　このようにAFTAが進展する前の1999-2000年の調査結果によれば，アセンブラーは，外資系中小企業を部品・コンポーネントの価格は高いものの技術・管理能力に優れた即戦力型として，地場中小企業を技術・その他能力に不安を抱えるものの価格水準の低さに大きな魅力をもつ将来性ある大器晩成型として認識していた。地域経済統合により貿易自由化やグローバリゼーションが大きく進む前の段階において，アセンブラーは，外資系中小企業および地場中小企業の両方を，それぞれの違いを踏まえた上で，自らの下請け取引に積極的に取り込んでいくことを狙っていた。組立てメーカーは，地場中小企業との取引のメリットを享受するために，彼らの不十分な技術・その他能力の引き上げに向けて積極的な支援を提供していく意思をもっていた。

　2006-07年の現地調査の中でも，3社の日系アセンブラーは中小サプライヤーに対して引き続き支援を供与しているが，しかしその姿勢は，上述の1999-2000年の調査当時に比べると，積極性が大幅に低下しているように見受けられる。これは，最近のAFTAによる貿易自由化，グローバル化の進展にともない，各社ともASEAN域内のグローバル調達が実現可能になってきたからであると考えられる。内部資源の限られているインドネシアの地場中小サプライヤー自身，そして同国政府は，これまで最も効果的であった支援チャネル，下請け関係を通じた技術協力に変化が生じている状況を十分に理解し，対応策をとる必要があろう。

おわりに：インドネシア自動車関連裾野産業部門における中小企業の強化・育成に向けて

これまで見てきたように，インドネシア自動車部門の金属加工・機械業種の中小サプライヤーは，日系アセンブラー企業との取引拡大ならびに輸出市場への進出を希望している。今後，これら国内外のマーケットを開拓・拡大していくためには，インドネシア裾野産業の不足する能力，QCD をはじめ，資金能力，マネジメント能力等を改善する必要があろう。

これら不足する能力を向上させるためには，援助機関からの協力も有益なケースがあろう。ただし，たとえば，JBIC（日本政策金融公庫）が裾野産業の中小企業を対象に，設備投資資金あるいは運転資金の不足を補う目的で資金供与する場合，おカネだけではなく，QCD やマネジメント能力の改善にもつながるように JODC スキームのような技術専門家派遣のコンポーネントも付加するべきである。

近年，インドネシアの日系完成車メーカーは，AICO，AFTA，さらには ASEAN（諸国）と日本の間の FTA/EPA 等の貿易自由化やグローバル化に促されたアジアの生産・流通ネットワーク形成の動きに沿って，ASEAN 域内調達，グローバル購買を推進している。本研究は，2006－07 に続き，2010 年にも現地調査を実施した。その間，ここで取り上げた日系自動車メーカーの3社は，域内を中心にしたグローバル調連を，より必要不可欠で日常のものとして，それぞれの生産プロセスに組み込むようになってきていた。この流れは，裾野産業が整備されていない場合，国内調達にこだわらず，近隣諸国から購入すればよいことを意味する。ローカル・コンテンツは，国内ではなく ASEAN あるいは東アジア域内で引き上げればよいことになる。

インドネシア裾野産業部門の中小企業は，たとえば，タイのカウンターパートに比べると，一般的に競争力が低く，生産可能な技術分野も限定される傾向にあることを議論した。タイでは，地場サプライヤーがエンジンを生産したり，金型を設計したりできるが，インドネシアではそれらはかなわない。この

ような状況では，インドネシアの日系自動車メーカーは，国内調達に固執せず，タイなどからの域内調達を視野に入れるであろう。これは，インドネシア裾野産業の国内市場が縮小することにつながる。また，以前に比べ，インドネシア国内の中小企業を下請けのチャネルを通じて発展させようという日系アセンブラー企業のインセンティブが弱くなり，育成機会減少の要因になるであろう。

それでは，インドネシア裾野産業にとって，発展の機会はほとんど失われてしまったのであろうか。ASEAN域内の市場が統合され，貿易自由化やグローバル化が進みつつあるとはいえ，物流に伴う時間を含む移動コストは小さくなく，そこに現地生産のメリットも依然存在している[10]。工業化，経済発展の基礎になる裾野産業部門の中小企業をいかに育成していくかを検討する必要がある。

これまでのインドネシア政府は，同国を生産立地にするための工夫をほとんどしてこなかった。税制・法制度の整備，インフラの整備，汚職撲滅等で投資環境を大幅に改善し，自動車組立て産業およびその裾野産業に国内生産拡大のインセンティブを与え，生産立地を促進するべきである[11]。一貫性のある裾野産業，中小企業の育成策をインドネシア政府は採用することが求められる。

現地調査の時点で，インドネシアでは，承認図方式で注文を受けている地場サプライヤーは存在しない。どの地場下請け企業も，基本的には貸与図方式で仕事を受けている[12]。日系自動車メーカーの日本本社とサプライヤーの日本

---

10) 実際，日系アセンブラーのB社は，インドネシアで生産しているミニバン車種の部品の現地調達率を，現在の75％から数年以内に少なくとも10ポイント引き上げる計画を発表した（『日本経済新聞』2011年9月15日付け朝刊）。このような現地生産推進の機会をうまく利用し，インドネシア政府，地場中小企業，外資系アセンブラー等のステークホルダーは，地場の中心サプライヤーの強化・育成に向けて，それぞれの立場で努力をしていく必要があろう。

11) インドネシア政府は，2011年8月に発表した2012年度の予算案の中で，インフラ整備を中心とした投資的支出を過去最高の168兆ルピアとし，前年度当初予算比で24％増やした（『日本経済新聞』2011年8月17日朝刊）。最近の好調な経済を反映したこのような措置は，同国の裾野産業，中小企業の強化・育成にも寄与するであろう。

本社が，日本で詳細設計について議論する必要があるため，承認図方式が採れず，それを通じて，地場サプライヤーを開発段階から関与させ，技術能力を改善させることは難しい。もし，インドネシアに日系アセンブラーの本格的なR&D（研究開発）センターが設置され，そこで基本設計の図面を起こし，詳細設計の話までできるようになれば，地場サプライヤーが承認図方式で巻き込まれることを可能にする[13]。このためには，インドネシアが市場立地だけではなく生産立地としての魅力をもつことが必要で，それには投資環境の根本的な改善が望まれる。

　周辺国と投資環境が異なり，また裾野産業自体の実力が異なる中，ASEANあるいはアジアの地域経済統合が進み，生産・流通ネットワークが形成され，域内調達，グローバル購買が活発化していく状況において，インドネシアの自動車関連裾野産業部門の中小企業は不利な影響を受けていることが明らかになった[14]。今後，地域経済統合による貿易自由化やグローバリゼーションの進展がASEAN域内の他国の中小企業に与える影響も調査していく必要があろう。

---

12)　貸与図の部品サプライヤーと承認図の部品サプライヤーそれぞれの特徴，求められる能力，完成車メーカーとの関係等については，浅沼（1998：22-29ページ）が詳しい。

13)　アセンブラーのA社は，2013年を目途にインドに100億〜150億ルピー（約180億〜270億円）を投資し，自動車の生産能力を年170万台へ増やす計画を発表した。この追加投資によって，テストコースを備える大規模なR&D拠点も新設する予定であり，インドでの開発機能を大幅に強化する。このR&D拠点が動き出すようになれば，A社は，インドの地場のサプライヤーを徐々に承認図方式に巻き込んでいくことも可能になろう。

14)　現在のインドネシア経済の高成長を受けて，アセンブラーのB社は，同国向けに300億円弱の大型投資を行ない，2013年前半の稼動をめざして新工場を建設する予定である（『日本経済新聞』2011年9月9日付け朝刊および9月14日付け朝刊）。この投資により，B社のインドネシアにおける生産能力は20万台規模に達する見込みである。新工場では，インドで2010年から販売している小型車をベースに開発中の低価格戦略車を生産し，アジア諸国への輸出も計画している。このような絶好の市場拡大機会に合わせて，投資環境を改善し，外資系サプライヤーを誘致するだけでなく，地場中小サプライヤーの能力向上をねらった政策や制度も整えていくべきであろう。

参 考 文 献

Center for Japanese Studies, University of Indonesia (2005), *Small and Medium Enterprises : Growth Strategy and Cluster in Indonesia*, Jakarta : University of Indonesia.

Hayashi, M. (2005), *SMEs, Subcontracting and Economic Development in Indonesia : with Reference to Japan's Experience*, Tokyo : Japan International Cooperation Publishing.

Hirschman, A. L. (1958), *The Strategy of Economic Development*, New Haven : Yale University Press（小島清監修・麻田四郎訳『経済発展の戦略』巌松堂出版　1961年）．

Ohkawa, K. and H. Kohama (1989), *Lectures on Developing Economies : Japan's Experience and Its Relevance*, Tokyo : University of Tokyo Press（大川一司，小浜裕久『経済発展論：日本の経験と発展途上国』東洋経済新報社　1993年）．

Tambunan, T. (2006), *Development of Small & Medium Enterprises in Indonesia from the Asia-Pacific Perspective*, Jakarta : University of Trisakti.

Tambunan, T. (2009a), *Development of Small and Medium Enterprises in ASEAN Countries*, New Delhi : Readworthy Publications.

Tambunan, T. (2009b), *SMEs in Asian Developing Countries*, Basingstoke : Palgrave Macmillan.

Tambunan, T., (2010), *Trade Liberalization and SMEs in ASEAN*, New York : Nova Science Publishers.

浅沼萬里（1998）「日本におけるメーカーとサプライヤーとの関係：「関係特殊的技能」の概念の抽出と定式化」，藤本隆宏，西口敏宏，伊藤秀史編『サプライヤー・システム：新しい企業間関係を創る』有斐閣。

石川幸一，清水一史，助川成也編（2009）『ASEAN経済共同体：東アジア統合の核となりうるか』ジェトロ。

浦田秀次郎，石川幸一，水野亮編（2007）『FTAガイドブック2007』ジェトロ。

木村福成（2004）「国際的生産・流通ネットワークとインドネシア」佐藤百合編『インドネシアの経済再編：構造・制度・アクター』アジア経済研究所。

経済産業省（2007）『通商白書2007』時事画報社。

椎野幸平，水野亮（2010年）『FTA新時代：アジアを核に広がるネットワーク』ジェトロ。

田中武憲（2007）「グローバリゼーションとASEAN地域経済統合：自動車産業における域内協調分業の確立プロセス」布留川正博編『グローバリゼーションとアジア：21世紀におけるアジアの胎動』ミネルヴァ書房。

東茂樹（2006）「タイの二輪車産業：日本ブランド寡占体制における地場企業の対応と対抗」佐藤百合，大原盛樹編『アジアの二輪車産業：地場企業の勃興と産業発展のダイナミズム』アジア経済研究所。

松原宏（2006）『経済地理学：立地・地域・都市の理論』東京大学出版会。

渡辺利夫（1996）『開発経済学：経済学と現代アジア第2版』日本評論社。

第9章

パックスアメリカーナの揺るぎと開発戦略の再構築
——地域に根差し世界に開かれた改革開放戦略——

はじめに

　パックスアメリカーナのもとで，東アジア諸国は，アメリカなど先進諸国の強い成長エンジンを自国経済の中に取り込むことに成功し，輸出指向型の高い持続的成長を維持することができた。それに対し，南アジア諸国，アジア内陸部の諸国やアフリカ諸国など，多くの最貧国は，世界経済の急速な発展から取り残されてしまい，貧困削減問題が地球社会の最も深刻な課題の1つになった。

　21世紀に入ってアジア新興諸国は早い成長を続けたが，特に中国が世界2位の経済大国にまで成長し，世界1位の巨額の外貨準備を蓄積している。これがアメリカなど先進諸国との間に大きな国際不均衡をもたらすことになり，戦後のパックスアメリカーナはいろいろな面で大きく揺らぎ始めてきた。中枢ゾーンの諸国が多角化して，世界経済の構造に新しい側面が出ている。

　世界経済構造のこの大きな変化に伴って，長く停滞してきた最貧国に新しい発展の機会が生まれている。中枢ゾーンでは，従来の先進諸国だけでなく中国などの新興諸国も非常に活発に活動しているが，周辺および辺縁ゾーンの貧しい諸国でも中枢ゾーンのもつ強い成長エンジンを新たに自国経済の中に取り込

み，それを通じて貧困の悪循環を突破する可能性が大きくなった。長期間にわたって世界経済から取り残されていた貧しい国は，内向きの内発的発展戦略をとるしかなかったが，国際市場のこうした環境変化に伴って，成長エンジンを取り入れるための外向けの発展戦略に転換することが可能になった。今まで世界経済から遮断され壁の中に閉じられていた諸国は，自国の伝統的な社会と文化を尊重しながら改革開放戦略を展開していくことになった。現在もまだ厳しい貧困に喘いでいる最貧国でも，こうした国際環境の変化の下で経済の改革開放戦略を通じて経済のブレークスルーを達成する可能性が高まっている。

新しい改革開放戦略では，その国独自の開発理念・開発方針を堅持しながら外部環境の変化に十分適応し，開発の理念・基本方針に沿って国内改革を進めていくことが求められる。そして，国内経済を漸増的に開放しながら国際市場に積極的に参入していくことが重要になる。

アジアの新興諸国は，すでに改革開放戦略に成功した実績がある。これから発展しようとする諸国は，改革開放戦略に関するアジアの貴重な経験を生かし，さまざまな独自の貧困要因に着目しながら，新しい戦略を工夫し策定していくことが不可欠である。「アジアモデル」と呼ばれる改革開放戦略に関しては，われわれはすでに多くの実証研究を蓄積しており[1]，本章ではこれらをベースにして最貧国の新しい改革開放戦略のあり方を考えていく。また，田中ゼミナール（経済学部および「FLP国際協力」）では，長年実地研究を積み重ね，開発戦略の策定にさまざまな新しい可能性を提示している[2]。こうした研究成果をもとにして，本章では改革開放戦略の策定において重要な諸点を取り上げていく。ただし，複雑に絡み合った多様な問題が数多く提示されているの

---

1) 特に田中（2000）と田中（2006）。
2) 田中ゼミナール（経済学部と「FLP国際協力」）では，長年各班に分かれてそれぞれ独自の研究課題で現地フィールドワークを実施したが，内外の教授・研究者，研究機関，NGO，日系企業など，多くの専門家から大きな支援を受けて無事に新しい研究成果をあげることができた。故青木健教授（元ジェトロ）には，初期の頃から長年にわたって田中ゼミ学生の海外活動に関する貴重な支援・指導の恩顧を受けてきたが，記して感謝の意を表したい。

に，紙面の厳しい制約のために詳細な議論ができないところも多く残されている。

こうした問題意識に立って本章では，1節では，パックスアメリカーナの揺るぎの中で次々に新興国が台頭してきて，13年周期循環で国際的な不均衡の累積と調整が進められる過程を分析する。2節では，その他の貧しい諸国が，その中で取り残されていった構造的な諸要因を考察する。続いて本章の中核である総合的な改革開放戦略を取り上げていくが，政策立案の一定の枠組み，すなわち，外部環境の変化，開発の理念，内部資源の動員，海外資源の動員，という政策枠組みにしたがって改革戦略を検討する。まず3節で，貧しい国を取り巻く外部環境の変化を考察し，改革開放に新しい可能性が生まれていることを明らかにし，4節で新しい開発理念・開発方針を検討する。その上にたって，5節で国内改革の戦略，6節で対外開放の戦略を順次取り上げていく。改革戦略に関する議論は，中枢ゾーンの多角化に伴って新たに成長エンジンを外からどのように取り入れ，どのように自国の経済活動活性化の触媒にするか，ということに焦点が当てられている。

1. パックスアメリカーナの揺るぎ

1-1 パックスアメリカーナの経済発展と空間構造の変化

（1）地球社会における3つの空間ゾーン

地球社会では，文化的社会的経済的に見て非常に特徴の異なる多数の国が存在し，相互に浸透しながら緊密な依存関係を築いている。これらの諸国の分類の試みはすでに行われているが[3]，本章では，特に地球社会における空間の外延的な発展という視点から，多数の諸国を経済発展度の根本的に異なる次の3つのゾーンに分類する。すなわち，豊かな中枢ゾーン，中程度の経済力の周辺ゾーン，貧しい辺縁ゾーンの3つである。

中枢ゾーン：国際経済市場の中枢に位置する豊かな先進諸国より構成されて

---

3) ジャック・アダ（2006）（42-53ページ）。

いる。資本主義市場の自由な競争メカニズムが十分働いており，高度な技術開発が活発に進められている。戦後のパックスアメリカーのもとでは，アメリカが中枢ゾーンのコアとして，その強い経済力とドルによって世界経済秩序を維持するのに大きな役割を果たしていた。中枢ゾーンでは，主にアメリカ的な合理主義的，功利主義的な大量消費文化が支配している。

周辺ゾーン：地球社会の空間では，中枢ゾーンの周りに位置し，所得水準が中程度の諸国がこのゾーンに含まれる。経済のテイクオフ，それに続く持続的な成長過程で市場経済化が進み，中枢ゾーンの国際市場へ積極的に参入している。一部の国では，徐々に中枢ゾーンにより近い位置を占めるようになり，さらにここを卒業して中枢ゾーンに入る国も現れてくる。

辺縁ゾーン：ここには貧困な開発途上国が多く含まれる。一次産業が中心で，より発展したゾーンに主として天然資源を供給している。国内には，非貨幣的，非市場的な経済部分が多く残されており，中枢ゾーンとの経済的文化的な結びつきがかなり弱い。

(2) 経済発展と空間構造の変化

戦後から最近までほぼ60数年にわたる，地球社会のダイナミックな経済発展の過程では，中枢ゾーン内部の諸国における経済発展だけでなく，周辺ゾーンの諸国が発展して中枢ゾーンに移行していくという形で，空間的な構造変化を伴って進んできた。新たな中枢ゾーン参入国は新興中枢国，先に中枢ゾーンに入っていた先進国は先進中枢国と呼ぶ。また，多くの豊かな中枢ゾーンの諸国の中には，国の規模によってその経済力に大きな違いが見られるが，特に世界の経済秩序の形成や構造変化に圧倒的かつ根本的な影響を与えるような重要な国はコアの中枢国と呼ぶ。戦後アメリカがコアの中枢国の地位を占めていたが，パックスアメリカーナの揺るぎの中で徐々にヨーロッパ，日本，さらに近年では世界2位の経済力を持つようになった中国などが，コアの中枢国に発展し，中枢ゾーンの多極化が進んでいる。それに伴ってコアの中枢ゾーンの諸国間における緊密な多国間協力連携の体制の構築強化が国際政治経済の重大な課

題になってくる。

　辺縁ゾーンの諸国の中では，徐々に世界的な経済活動に巻き込まれていく中でテイクオフから持続的な成長の過程を続けると，やがて貧しい辺縁ゾーンを抜け出して周辺ゾーンに移行する国も現れてくる。辺縁ゾーンの諸国には，長期的に見て時間とともに，持続的成長の辺縁国と，依然として停滞している停滞辺縁国（最貧国）とに分かれていく。

(3) 空間ゾーン間の相互依存・相互浸透関係の緊密化

　戦後のガット・IMF体制の下で，グローバルに貿易・資本の自由化をいっそう加速させて，貿易・投資に対する国境の壁を低くしていこうと，各国間での政策協調が進められた。その結果，諸国は経済的文化的に相互に浸透しあい，地球社会の相互依存関係がますます緊密になっていった。

　それぞれ3つのゾーンが空間的に分かれて存在するのではなく，中枢ゾーン内部，周辺ゾーン内部それぞれに近隣諸国と相互に緊密に結びつきながら，同時に，ゾーンの間の結びつき，特に中枢ゾーンの国と周辺ゾーンの国との経済的文化的な結びつきが，ますます深まっていった。それが，成長エンジンの国際的な伝達を促進して，周辺ゾーンの国の持続的な経済発展を支え，中枢ゾーンへの移行を誘引することになった。自由無差別主義のアメリカが主導する戦後のパックスアメリカーナのもとでは，国境を越えた成長エンジンの伝達が，地球社会をダイナミックに発展させる最も重要な起爆剤になっている。

(4) 文化融合空間の形成[4]

　中枢ゾーンでは，コアのアメリカの文化，すなわち，合理的主義的，功利主義的な考えをもとにした自由競争の市場原理が広くいきわたっている。市場経済では，消費者の旺盛な欲望から生まれる膨大な市場需要を満たすように，価格・品質面で企業間の激しい自由競争が行われる。その過程で厳しい淘汰が進

---

4) 田中編（1994）5章3「アジア社会の柔軟性—アジア経済社会の文化融合過程」，5章4「アジア社会の創造性—文化の受容から世界発信へ」（113-166ページ）。

み，勝者が生き残っていく。企業は，生き残りをかけて次々に新しい製品を市場に供給し，ライバルとの競争を繰り返していく。こうした公正で自由な市場競争にもとづく資本主義社会の文化融合空間が，貿易および資本の自由化が進む中でより広い地域にまで拡がっていった。

　ここで文化というのは，その国の社会的な規範や慣習に根差した日常の生活様式を意味しているが，経済的に見れば消費者の日常的なニーズの内容にそれがよく示されている。国が一定の所得水準に達すれば，その水準に対応した独特の消費ニーズが見られるようになる。国の接触が活発になり，国境を越えた情報の伝達が人々の日常生活まで届くようになると，国際的な消費のデモンストレーション効果が働くようになる。両国間で所得水準にかなりの格差が残っていても，消費ニーズの内容は，より豊かな諸国の消費ニーズに近づき，両国でかなり相互に類似したものになる。こうしてアメリカ流の消費文化融合空間が形成されることになる。

　周辺ゾーンの国が豊かになってくると，アメリカと大きな所得格差があっても，アメリカの消費者が日常的に購入しているような商品群に対するニーズが増大し，両国の消費者が，かなり同じようなタイプの商品群を購入する。こうして文化融合が進んでいくと，両国の市場では，需要重複の範囲が広がっていく。その結果，アメリカの開発した商品の市場が，周辺ゾーンにも急速に拡大し，アメリカからの輸出が増加する。また，周辺ゾーンでは，アメリカ市場で売れるような多様な商品の生産をより低賃金で行い，アメリカ市場に輸出する。こうして多様化・差別化された商品の水平貿易が両国間で拡大していく。

　結局，アメリカから文化融合空間が外延的に広く拡がっていくと，アメリカ流の生活様式が伝統的な社会にどんどん浸透して行き，拡大された融合空間の中で消費ニーズの重複の範囲が大きく広がり，両国間の水平貿易がますます活発になる。

・文化融合の流れから遮断される辺縁ゾーン[5]
　地球社会の中で辺縁ゾーンに位置する諸国では，非常に貧しい生活の中で，アメリカの豊かな生活様式に関する情報の発信に対しても，文化的に受け入れ

る能力が乏しい。また，国際的な情報通信機能も非常に未整備な状況にあった。そのために，アメリカからの外来文化の浸透に対して非常に閉鎖的で，文化融合空間が拡大することはなかった。近年になってようやく，携帯電話やフェイスブックなどの利用で国際的な情報交流の手段が，より低廉で便利に活用できるようになると，辺縁ゾーンの経済発展とともに徐々に国境を越えた文化融合空間の広がりが見られるようになった。

1-2 新興中枢国の台頭と国際不均衡の累積・調整
(1) 中枢ゾーンへの循環的移行と中枢ゾーンの多極化
・13年周期循環の不均衡累積過程と不均衡調整過程[6]

戦後地球社会では，アメリカをコアとする中枢ゾーンの力強い経済発展とその強い成長エンジンによって誘発された周辺ゾーンの急速な経済発展によって，ダイナミックに空間構造が転換していった。周辺ゾーンの有力な国が，次々に急激に台頭して中枢ゾーンに移行する，という形で地球社会は，ダイナミックに発展してきたが，それとともにアメリカの文化融合空間が，外延的により広い地域に広がっていった。

しかしながら，その空間構造の長期的な変化の過程で，先進中枢ゾーンの強い成長エンジンの伝達によって引っ張られながら台頭してきた新興中枢国が，今度は増大した強い経済力によって，コアのアメリカなど中枢ゾーンに強い影響をもたらすことになり，パックスアメリカーナが，大きく揺らぐことになった。

コアのアメリカ経済では，台頭してきた新興中枢国との間に，経常収支・貿易収支の大幅な赤字が生じ，それに伴って国際市場で経済的な摩擦や混乱・紛

---

5) 外来文化の国内浸透に対する抵抗に関しては，平野健一郎（2000）第5章「文化触変への「抵抗」」（77-99ページ），および，第7章「抵抗としての文化触変」（127-145ページ）。
6) 田中（1993）第1章5節「国際経済活動の循環－検証」（19-32ページ）で1986年期循環まで経済的不均衡の累積と調整の動きを統計的に検証している。詳細については同書参照。1999年期循環以降は，今回新たに取り上げた。

争が激化していった。ガット・IMF 体制をそのまま維持することが難しくなり，経常収支・貿易収支（さらに，外貨準備高）に関する国際的な不均衡を調整するために世界経済秩序の見直し作業が進められた。やがて大規模の国際的政策調整を導入して，ガット・IMF 体制が根本的に修正・補強され，新たな世界経済秩序が再構築されることになった。新しい経済秩序が形成されると，そのもとで今までの国際的な累積不均衡が徐々に調整されるようになり，より安定して地球社会が発展していった。

　こうした不均衡の累積とその調整という，世界経済の構造調整の繰り返しは，時系列に見るとほぼ 13 年周期の循環を持っており，1 循環の中で不均衡累積過程から不均衡調整過程へ進んでいる。以下では，その構造的な転換のターニングポイントになった重要な年度を基準にして，前後の数年を，それぞれ各年度循環の国際的な不均衡累積および不均衡調整の過程としてとらえている。表示された年度までは，先進中枢諸国と新興中枢国との間で国際的に不均衡が累積していき，そのためにさまざまな問題が諸国間で深刻化していくが，表示年で大胆な国際的な政策調整が行われると，その後には，この累積不均衡が徐々に解決されていき，安定的な国際経済の体制が続くことになる。そして，その体制の中でさらに新たに新興国が台頭し，同じように国際的不均衡の累積と調整という新しい 13 年周期の循環的構造変動が進んでいく。

　ここでの循環は，物理的な循環ではなく社会的な循環現象である。そのために 13 年という期間は，必ずしも厳密な時間の長さではなく，前後の膨らみも含めてターニングポイントの年度を表示している。

・パックスアメリカーナの揺るぎと開発戦略の再構築との関係

　では，戦後のパックスアメリカーナは具体的にどのように循環して揺らいでいったのであろうか，13 年周期循環変動について簡単に見てみることにする。本章では，辺縁ゾーンの開発戦略再構築に焦点が当てられており，新興中枢国の中国の台頭でパックスアメリカーナが大きく揺らぐ中で，辺縁ゾーンの発展の可能性が新たに開かれてきたことに着目している。13 年周期循環説で見ると 2012 年が「中国ショック」の年であり，それ以降になると，中国が引き起

こしているさまざまな国際的な不均衡，特に経常収支・貿易収支の大幅な黒字と世界一の外貨準備高が，元レートの大幅な切り上げやいっそうの市場開放政策による貿易・資本の自由化に伴って大きく調整されていくと予想される。その流れの中で新興中枢ゾーンのダイナミックな成長エンジンが辺縁ゾーンのより広い地域にまで伝播することが期待されている。

　このような期待のもとで，辺縁諸国の開発戦略を外向けの改革開放に転換し，外部の世界と統合させることが重要になる。本章では，そのための改革開放戦略をいろいろな側面から検討していく。

(2) 新興中枢国の台頭とパックスアメリカーナの揺るぎ
　戦後の長い時期にわたる13年周期循環は，以下の各年期に分けられる。
・1947年期循環
　戦後の地球社会は，第2次世界大戦終結後の大混乱とカオスの中で，1947年にアメリカを中心にガット・IMF体制が創設され，ようやく経済発展の軌道に乗ることになった。その後，周辺ゾーンの諸国も，次々に急速な成長を遂げてアメリカ経済を脅かすまでに発展してきた。
・1960年期循環
　戦災から復興してきたヨーロッパ諸国，特に西ドイツ経済とコアのアメリカとの間に様々な不均衡や経済問題が発生し，その調整策として統合された広域ヨーロッパ経済に向けてスタートが切られた。
・1973年期循環
　パックスアメリカーナの中核であるドル本位制度（固定相場制度）の根本的な揺るぎの中で石油ショックが発生し，慢性的な不況と激しいインフレの世界へ落ち込んでいく。その不均衡調整に向けて豊かな石油産出国の影響力が大きく増大する。
・1986年期循環
　西ドイツを追い抜いて世界2位の経済大国になった日本経済の台頭によって国際的な不均衡は大きく拡大したが，プラザ合意による大幅な円高調整によっ

て長期的に日本経済の力は相対的に後退していき，その後IT革命によってアメリカ経済の好況が長く続いていく。

・1999年期循環

ITブームの中でアメリカ経済がさまざまな国内金融問題が深刻化し，ITブームの崩壊に続いて中国などの新興国の発展が加速される。

(3) アメリカIT革命から新興中国の台頭へ

・アメリカのIT革命と国際不均衡

21世紀に入って地球社会における構造変化は，アメリカ経済の再興を支えていたIT革命の終焉で，アメリカ経済の衰退が始まり，それと並行して中国経済の興隆が進んでいった。ここでは，アメリカの再興と新興中国の中枢ゾーン入りまでの経過を詳しくフォローしておこう。

18世紀の産業革命に比べられるような，生活・産業の広範な範囲にわたる情報通信技術の革命は，1990年代にアメリカを中心に急激に進行した。優れた情報通信技術の開発・利用で産業の労働生産性は飛躍的に上昇し，アメリカ経済は再び強力な成長力を取り戻した。アメリカの輸出は急速に拡大し，1990年の3,874億ドルから2000年には7,720億ドルにまで大きく拡大した。1990年代，実質GNP成長率は，前半の2％から後半になると4％まで高まり，この勢いがさらに長期にわたって持続されると期待された。

しかし，1990年代後半になると輸入も再び急増し，1997年8,764億ドルから2000年1兆2,244億ドルにまで膨張し，経常収支は，1991年の29億ドルの黒字から，1997年の1,409億ドルの赤字を経て，2000年には再び4,160億ドルという大きな赤字に転じていった。アメリカでは，10年間にわたる好況持続の後に，ついに2001年ITバブルがはじけることになった[7]。

1990年代アメリカの急速な再興に伴って，国際市場では，好調なアメリカ

---

[7] 好況の10年間，初めはアメリカのIT輸出が拡大したが，徐々にアジアのIT輸出が激しく追い上げて，アメリカ市場に急速に流入していった。青木（2005）1章第3節「IT財の登場とその影響」（27–44ページ）。

経済をとりまく諸国の間で不均衡累積の混乱が見られた。IT革命の中で金融技術が飛躍的に向上し，アメリカの金融機関は，金融緩和に伴って生まれた莫大な投機的金融資本を活用して，世界市場を席巻するようになった。バブルの崩壊した日本の巨大な金融資本とともに，アジア市場にもアメリカの大量の投機的資金が流入し，ついに1997年のアジアの金融危機が発生した。好調なドルとリンクしたアジアの通貨は，いずれもその通貨価値を維持することが難しくなり，通貨危機に直面して大幅な為替の切り下げに追いこまれた。

アメリカのIT革命による経済力の復興は，その他の諸国にも大きな不均衡をもたらした。1985年期循環で中枢ゾーンに移行した日本は，その後のバブル崩壊後に，長期の不況に落ち込んだまま，経済の後退を余儀なくされた。また，興隆する強力なアメリカ経済に対して，ヨーロッパ経済も対抗策を具体化せざるをえなくなった。ターニングポイントの1999年には，EUで統一通貨ユーロが導入され，より強力な統合EU経済の発展に向けて巨歩をしるした。

辺縁ゾーンの貧しい諸国では，ソフト・ハードの未整備な経済基盤の中で先端的なIT技術の導入が極めて困難であり，世界経済のIT化を中心にした発展から大きく取り残されていった。その結果，貧困化する辺縁ゾーンの諸国に対する大規模な支援体制が国際的に構築されていった。2000年，国連でミレニアム宣言が出されて，2015年までに達成すべき「ミレニアム開発目標」が合意された。

・中国のWTO加盟とアメリカ経済の後退

金融危機に苦しむアジア諸国に対しては，IMFなどからの金融支援が続けられた。金融危機に襲われたアジア諸国は，その後，為替の大幅な切り下げでV字型の輸出の回復に成功した。長期的な構造変動の中で最も顕著な流れとして，社会主義市場経済の中国がようやく世界経済体制の中に正式に受け入れられたことである。

ターニングポイントの1999年，中国のWTO加盟に関してついに中米両国間の合意が実現した。これで中国は制度的にも地球社会の正規の一員として活動することになる。2002年には，中国のWTO加盟が発効し，それに伴って

中国は，WTO 協定にもとづいて貿易および資本の自由化措置の導入に取り組み，経済の改革開放戦略をさらに加速化させていった。同じく移行経済のベトナムは 2000 年に改革開放政策ドイモイを導入した。

アメリカ市場へ中国経済の本格的な登場で，2000 年以降には急速に中国の対米黒字が累積していき，再びアメリカの経常収支は大幅な赤字に転じた。2003 年に続いて 2004 年には，赤字幅が急激なスピードで膨らみ，実に 6,680 億ドルという巨額に陥った。IT を梃として興隆してきたアメリカ経済は，ターニングポイントの 1999 年頃を境にして，新たな局面に入っていった。この赤字のほぼ 4 分の 1[8]は対中赤字である。

さらに，アメリカの経常収支赤字は，2006 年には 7,716 億ドル，翌年には 7,186 億ドルと大きく拡大した。そのうち，対日が 1,102 億ドル，対中が 2,897 億ドル，対 EU が 421 億ドル，対 OPEC が 1,281 億ドルと，「世界の工場」になった中国との不均衡が際立って大きい。21 世紀に入って台頭してきた中国からの消費財輸出が急速に拡大し，アメリカの対外不均衡を累積させている。2008 年にはリーマンショックがあり，アメリカ経済の停滞に伴って高い失業率という国内の不均衡も依然大きなものになっている。日本でも中国からの安い製品の輸入によって国内のデフレ圧力が強くなり，長い不況からの脱出がなかなか進んでいかない。

2007 年には，アメリカでのサブプライム問題に発して世界的な金融危機が広がり，ヨーロッパでも，ギリシャ危機など巨額の財政赤字に伴うソブリン危機などが生まれている。それに続いて 2011 年ユーロ危機が拡大している。

・2012 年期中国をめぐる国際不均衡の累積と調整への期待

最近の中国経済は，増大する対米不均衡に伴う深刻な国際問題を少しでも回避しようとして，アメリカ市場への輸出指向型発展から，急成長の国内市場需要を視野に入れた国内向けの発展に徐々に転換しながら，さらに長期にわたる高度成長を持続させることに成功した。しかし，国際的な局面において膨張し

---

[8]　1986 年期，日本の対米赤字はアメリカの貿易収支赤字の半分を占めるまでに増大していた。

た中国経済が引き起こす国際的な不均衡は，さまざまな側面でますます顕在化してきており，現在の最も重要な国際問題になっている。

中国は，日本を抜いて世界2の経済大国になるとともに，外貨準備高も世界1位の巨額に達している[9]。これに続いてBRISも，急速な輸出の拡大で外貨準備を蓄積している。先進中枢ゾーンの多くの諸国では，長引く不況による深刻な失業問題に苦しんでいる。すでに金融緩和政策による非常に低い金利水準の中で，巨額の財政赤字問題を抱えて金融財政政策の出動に限界があり，景気回復へ有効な手を打つことが難しくなった。それに伴ってドルやユーロの国際通貨の価値が大きく揺らいできている。今やパックスアメリカーナのもとにおけるドル本位国際金融システムの根幹が傷ついている。G20における国際不均衡の調整に関する話し合いが活発に行われているが，高度成長を続ける中国は，国際的な不均衡是正の具体的な数値目標を決めることに後向けの態度に終始し，2012年を前に国際協力の政策協調がしばしば暗礁に乗り上げている。

また中国では，巨大な人口の生活水準向上やそれを支える工業生産の急成長で，将来さまざまな資源への需要が増大することが予想されており，中国政府は，世界的な規模で資源確保に向けた資源戦略を活発化させている。世界の資源市場で中国の活発な資源漁りの国際活動は，他の国にも非常に深刻な影響を与えると懸念されている。アフリカへの資源投資は，アフリカの経済発展に大きな刺激になり，成長エンジン伝達の1つの重要なルートになっているが，近隣アジアの海底資源をめぐる中国の覇権主義的な活動は，急ピッチの軍事力の強化とともにこの地域の平和に対して新たな脅威・紛争を呼び起こすリスク要

---

9) 中国の外貨準備高は2006年に日本を抜いて世界1位になったが，2008年には1兆6,500億ドルで，G8合計とほぼ同じ大きさに達している。ちなみに，BRICsの外貨準備高（2兆6,552億ドル）は，先進中枢国G8の合計（1兆5,540億ドル）を大きく凌駕している。中国のこのような巨大な外貨準備の蓄積は，世界市場で大きな不均衡を累積させていったが，その是正への取組みが，国際不均衡調整のために求められている。不均衡調整への国際的な取組みの過程で，時期的に見て2012年前後がターニングポイントになるのかどうか，興味のあるところである。中国経済の構造改革問題に関しては，日本経済研究センター・清華大学国情研究センター（2006）および，小林英夫（2008）。

因になっている。

　国際市場で食料品やエネルギーなど生活基礎資材への需要が，中国など所得水準の急速な上昇の続く新興国で増加している。地球的な気象条件の悪化も伴ってこのような新興国での需要増大が国際市場で価格高騰を誘発している。その結果，こうした生活基礎財を輸入に頼っている最貧国では，貧しい人々の生計費が高くなる。中枢ゾーンにおける長引く景気悪化の国際的な影響で，国内の生産と雇用が打撃を受けて，特に若者の失業が蔓延している国では，生計費の上昇に対してより大きな不満が社会の内部に蓄積されてくる。長年政治的参加の道が非常に制限されている独裁的強権的な国では，その鬱積した不満が携帯電話やフェイスブックの普及で社会の中で広がり噴出してくる。その結果，中近東などでは，国民の連帯意識の高まりによってデモなどの政治活動が活発化している。

　13 年周期循環のターニングポイントである 2012 年以降，新興中枢国の中国が地球社会の新しいリーダーの一員としての責任を果たして，国際的な不均衡の解消に向けて意欲的に取り組むことが期待される。2001 年に始まったドーハラウンドが推進されると，貿易の自由化の進展で中国の大きな国内市場が開放される。また，中国から海外向けの直接投資の増加も予想され，辺縁ゾーンの諸国への成長エンジンの伝達が期待できる。

1–3　周辺ゾーンへの成長エンジン伝達

(1) BRIS[10] に続く VITAMIN

　辺縁ゾーンの諸国の多くは，周辺ゾーンの諸国に隣接している。新興中枢ゾーンの動きだけでなく，急速に発展している周辺ゾーンの発展によっても強い影響を受ける可能性がある。外向けの改革開放の戦略に転じていこうとすれば，近隣の周辺ゾーンの市場にも強い関心を払うようになる。

　急速に発展する周辺ゾーンの国として地域の大国である「BRIS」があげら

---

10)　小林英夫（2008）のように，一般には「BRICs」と呼ばれているが，ここでは新興中枢国の中国を除き，アフリカ新興国の南アフリカを加え「BRIS」と呼んでいる。

れる。南米のブラジル（B），南アジアのインド（I），東ヨーロッパのロシア（R），そして，アフリカ大陸のブラックダイアモンドが引っ張る南アフリカ（S）。従来は「BRICs」と呼ばれていたが，中国の新興中枢ゾーンへの移行に伴って，急速に発展する国として南アフリカを加えた「BRIS」になる。インドはすでに年率8％前後の高成長を持続しており，ITソフト関連の分野ではすでに地球社会をリードするほどの強い力を持っている。インドのこうした高成長による成長エンジンの伝達を受けて，南アジアの辺縁ゾーンの改革開放が順調に進むことが期待される。

周辺ゾーンの中で地域の大国BRISは，中国に続く新興中枢国に向けてさらに発展していくと思われる。その発展経路を追うように，海外からの成長エンジンを受け入れながら発展への勢いを強めている諸国も見られる。たとえば，VITAMINと呼ばれるような諸国である。すなわち，アジアでは，ドイモイ改革開放政策のベトナム（V），資源大国のインドネシア（I），タイ（T），さらに，中南米のアルゼンチン（A）とメキシコ（M），そして，中近東・アフリカの大国イランとイラク（I），ナイジェリア（N）である[11]。この中には，持続的成長の辺縁国であったのが，海外からの成長エンジンがうまく伝達されることで近年急速に周辺ゾーンに移行し，大きな注目を浴びている国も見られる。

さらに，持続的成長の辺縁ゾーンに入る諸国として，貧困地域といわれていたアジア内陸部とアフリカ大陸に立地する諸国があげられる。アジアでラオスや資源に恵まれた中央アジア諸国（カザフスタン，ウズベキスタン），アフリカ[12]では，奇跡の成長を遂げたルワンダや東アフリカの国々（エチオピア，ケニヤ，タンザニア，ウガンダなど）などの急速な成長が期待されている。しかし，内陸部のアフリカでは，まだまだ非常に貧しく停滞している小国が多く見られる。

---

11) VITAMINについては，大前研一（2011）Ⅲ「新興国—二十一世紀の世界経済の寵児「BRICs」だけでなく |VITAMIN| の時代へ」（82-85ページ）。なお前掲書の小林英夫の定義では，VITAMINの中にここであげた諸国以外に南アフリカ（A），トルコ（T）が入っている。

これら停滞辺縁ゾーンの諸国では，発展への意識の低い人々に対する覚醒のための開発戦略から始めていかなければならない。

(2) 成長エンジン伝達のための地理的近接性　アジアの空間的な外延経路

辺縁ゾーンの諸国が改革開放戦略に転じようとするとき，海外からの成長エンジン伝達の障壁がみられる。さまざまな要因によって成長エンジンの伝達が難しくなっているが，ここでは特に成長する新興市場への地理的な近接性に着目してみよう。新興国が急速に発展するようになれば，その強い成長のエンジンは，国境を越えて隣接する諸国に伝達される可能性が強い。もともと隣接した諸国間では文化的な類似性・同質性が強く見られており，国境を越えた情報の伝達はよりスムーズに行われる。比較的容易に隣国の情報が入ってくると，隣国の急速な発展はよりスムーズに自国の人々に伝えられ，人々の開発へのモチベーションを強く刺激する。距離が近いとそれだけ輸送費用も低くなり，国境をこえた物財や人間の交流は活性化されていく。その結果，急速に発展する社会の成長エネルギーは近隣諸国に伝達されていく

成長する中枢国や周辺国から距離的に遠く離れている内陸部の諸国は，それだけ成長のエンジンが伝わりにくく，取り残される可能性が高い。内陸部の辺縁ゾーンでは一般に成長のエネルギーが弱くて，停滞した最貧国が多く見られる。国際的な道路輸送網のネットワークが整備されて，国際物流および国内物流のための良好な立地条件に恵まれた諸国は，内陸部でもそれだけ発展する余地が高い。国内の輸送網が未整備のために国内市場が十分統合されずに分裂している国では，それだけ成長エンジンの国内浸透，トリクルダウンが進まず，発展への離陸が遅れてしまうことになる。

実際に発展の目覚しいアジアでは，成長エンジンはどのように波及していた

---

12)　「NHKスペシャル」取材班（2011）では，魅力的な国として，①携帯電話を駆使するマサイ族（ケニア，ウガンダ）②「悲劇の国」が「奇跡の国」へ（ルワンダ）③中国企業アフリカ進出最前線（エチオピア，ザンビア）④地下資源はアフリカを幸福にするか（タンザニア，ボツワナ）⑤「格差」を経済成長のドライブにする国（南アフリカ）などを取り上げている。

のか検討してみよう。大まかにいえば、アジアの広い空間で成長のダイナミックな力は、隣接する壁を越えて進んで行ったが、大きく2つの経路が指摘される。

具体的に見ると、広い空間構造の中で、東から南へ、および、臨海沿岸地域から内陸部へ、という形で外延的発展が進んでいった。そして、近隣の諸国に成長ダイナミズムが伝達していくと、そこにより広い文化融合空間が生まれてくる[13]。

・アジアの東から南への外延的発展

アジアという非常に広大な空間では、まず1つの伝播の方向として、東から南へ成長エンジンの伝達が見られた。極東の日本経済は、アメリカから成長エンジンを受け入れて、いち早く戦災から復興し、高度経済成長に向かった。アメリカ市場の急速な成長と1ドル360円という割安な為替評価に支えられて、アメリカ市場で日本の安い労働集約的製品、特に繊維製品などの輸出が急速に拡大し、輸出指向型の日本経済の発展が誘導されていった。高度成長期になると、自動車や電子・電機製品など耐久消費財の対米輸出が急増し、1986年期循環の構造調整の中で国際的に大きな地位を占めるにいたった。こうした強力な成長エンジンが、やがて日本から東の近隣アジアに伝達されていく。

アジア地域では、先頭の日本経済の発展に引き続いて、東の貧しい韓国や台湾、さらに香港やシンガポールも、軽工業品の対米輸出の拡大を通じて急速な発展軌道に乗った。アジアの「四小龍」や「新興工業国（NICS）」と呼ばれるように経済が大きく発展した。アメリカ市場では、すでに日本の軽工業品の市場シェアーが大きくなっていたが、低賃金の新興工業国は、日本製品のシェアーを奪いながら、対日キャッチアップを進めていった。日本では、賃金がより高くなり、資本集約的な産業への構造転換が進んでいたが、労働集約的軽工業品では、アメリカ市場で国際競争力を維持するのが難しくなり、新興工業国に生産拠点を移転させる動きが強くなった。それがますます新興工業国の対日

---

13) 田中編（1994）5章「(5) 文化融合空間の地理的拡延」(142-144ページ)。

キャッチアップ型経済発展を加速させることになった。やがて，アジアの新興工業国は周辺ゾーンから中枢ゾーンに向けて移行し，発展途上国を卒業することになった。

アジアにおける外延的発展の次のステップでは，台湾や韓国などの新興工業国に引き続いて，より南の地域に位置するタイ，マレーシア，少し時期が遅れてインドネシアなど，アセアン諸国が経済発展の軌道に乗ってきた。先行した新興工業国では，急速な経済発展で賃金水準が高くなると，軽工業で国際競争力が相対的に低下し，労働集約財の比較優位は，低賃金のアセアン地域に移っていくことになる。アメリカ市場でアセアンの輸出が，先行した新興工業国の市場シェアーを奪い，キャッチアップ型の発展が見られた。新興工業国に進出していた日本企業も，今度はアセアン向けの投資を活発に行い，その結果，アセアンの経済活動がさらに活性化していった。こうしてアジアの広い空間で成長エンジンが，日本から東の新興工業国へ，さらにより東のアセアンへと外延的に伝達されていった。

アセアンの中では，より南の貧しいインドネシアが遅れて発展の軌道に乗ってきた。さらにアジアの成長エンジンは，2つの方向に分かれて伝達されている。1つは，より北の広大な中国大陸であり，1つは，より南のインド大陸である。南に向かった成長エンジンの波は，相当の時間をかけて現在ようやく南インドに達しており，IT産業を通じて今後の大きな発展が期待されている。将来的には，そこから南の西アジアにも成長エンジンの伝達が見られるであろう。

他方，アセアンの発展に伴って賃金が急速に上昇してくると，成長エンジンは北上して中国の華南経済の発展に向かうことになる。

・アジアの臨海沿岸地域から内陸部への外延的発展[14]

経済発展のダイナミズムの外延的発展は，東から南へ移っていくとともに，それに平行しながら，海に面した臨海沿岸地域から後背の内陸部へと進んで

14）　世界銀行（2008）では，「輸出産業は沿岸地帯に集中してグローバル市場への距離を最小化している」（104ページ）。

いった。アジアでは，経済の成長エンジンはまず海を伝って海外から伝達される。海の航路は，非常にオープンで，商品の運送費用が安い。アジアでは，華僑など海外に強い情報網をもっている人々が多く，それだけ海からの文化導入の障壁が低く，外来文化の受容性が大きい。その結果，海外との接触がそれだけ活発になり，海外の文化が臨海の拠点を通じて入ってくる。アメリカ文化の導入窓口になった沿岸地域の企業が，海外市場マーケティングに関する情報を積極的に取り入れ，安い賃金で国内生産した低価格品を中心にアメリカ市場に大量に販売して，輸出指向型の発展に成功した。

日本では，阪神工業地帯，および，京浜工業地帯はいずれも臨海工業地帯であり，そこを基点にして工業化が進められた。新興工業国では，香港，シンガポールは臨海工業都市であるが，台湾の高雄，韓国の仁川なども，アメリカ向け輸出にとって不可欠な良好な港湾を持っており，アジアの基幹的な輸出拠点として発展していった。ここを通じてアメリカからの成長エンジンが伝達されることになった。

次に，こうした臨海地域から，その後背の内陸部へ向けて，成長エンジンが伝えられる。海に面した新興工業国の発展に続いてアセアンの発展が見られたが，その後は，海に面したタイから内陸部のタイバーツ圏へ経済の発展が進んでいる。その中で，開放された移行経済ベトナムが，急速に発展軌道に乗っている。

新興中枢国に発展してきた中国でも，長い時間をかけて徐々に成長のダイナミズムが地理的に広がっている。海に面した香港の成長エンジンがその後背地の深圳に伝達されて「深圳の香港化」が進み，さらに，そこからより内陸部の広い広東地域へ経済成長の波が広がっている。また，長江の長い流れに沿って，入り口の臨海都市の上海から中流地域の重慶，さらに奥地の成都へと，成長ダイナミズムが内陸部へと伝達されている。東北部でも，臨海都市大連には多くの外資系企業が進出しているが，そこを拠点として，後背に位置する瀋陽など東北地域の内陸部へ成長ダイナミズムの伝達が見られる。

インドでは，バンガロールなど，海との交通の便が十分開かれている南部の

都市が，はじめに IT 産業の拠点として飛躍的に発展している。今後はインド大陸のより内陸部の都市に経済成長の波が広がっていくと思われる。

アジアの外延的発展においては，成長エンジンが輸出拠点の臨海工業地域から，徐々にその後背地の内陸部へと伝達されていく。しかし，アジアの内陸部の，沿岸地域から遠く離れている地域では，インフラがまったく未整備な状況にある地域が多く，沿岸地域の成長エンジンが伝達されるまでには，今後相当な時間を要すると思われる。アジアの貧困な停滞辺縁国は内陸部に広く分布しており，中国の内陸部の都市，インドの内陸部の都市，さらにパキスタン，ネパール，アフガニスタンなど，未だ地球社会の外延的発展から取り残されている。その結果，発展するアジアの臨海沿岸地域との貧富の格差がますます大きく広がっており，地球社会の深刻な問題になっている。

2. 辺縁ゾーンの停滞と内発的発展論

2-1 成長エンジン伝達の限界

地球社会においては，成長エンジンの伝達による外延的な発展が続けば，やがて多くの辺縁ゾーン諸国が厳しい貧困の罠から脱して持続的な成長の軌道に乗ってくることが十分期待される。しかしながら，現実には，こうした発展から取り残されたアジア内陸部やアフリカの諸国が非常に多く見られ，成長エンジンの伝達による外延的な発展の可能性が閉ざされている。パックスアメリカーナのもとで，貿易および資本の世界的な自由化が非常に活発に進められたにもかかわらず，世界経済の持つさまざまな構造的な要因で多くの辺縁ゾーン諸国が取り残された。戦後中枢ゾーンの成長エンジンが辺縁ゾーンになかなか伝達して行かない基本的な障壁について考察する。

（1）世界市場における需要の伸び

戦後ガットは，自由無差別主義の原則にたって，輸入制限の撤廃，関税の大幅な引き下げ，非関税貿易障壁の撤廃などの自由化措置の導入などに，度々の国際ランドにおける多国間交渉を通じて意欲的に取り組んできたが，その目覚

しい成果として世界貿易の飛躍的な発展が見られた。さらに，国際的な経済格差の拡大を是正するために，発展の遅れた途上国へ特別な優遇措置として特別関税制度を導入し，途上国の輸出拡大を後押しするようになった。

しかし，こうした長年の国際的な努力にもかかわらず，パックスアメリカーナのもとでは，辺縁ゾーンの諸国が取り残されるような構造的な要因が強く残っていた。急速に拡大する中枢ゾーンの大きな成長ダイナミズムを自国の発展につなげることが構造的に困難であった。

・一次産品の国際需要

辺縁ゾーンの諸国の多くは農業国であり，その輸出品は一次産品に限られている。戦後の国際市場において，一次産品需要は，工業品に比較して，石油を除くと必ずしも大きく増加するものではなかった。アメリカや EU，日本など中枢ゾーンでは，大規模に国内農業の保護政策を導入しており，辺縁諸国の輸出市場がそれだけ限定されている。そもそも工業品に比較して農産物は，所得弾力性がより小さく，経済成長の過程で需要の伸びは，工業品に比較してそれだけ低くなる。国際市場における需要の伸びが停滞したままにとどまると，一次産品交易条件は長期的に悪化の傾向を示すようになる。輸出品価格の相対的な低下で一次産品輸出国の所得収入が，それだけ工業品輸出国よりも不利な状況にあった[15]。また，中枢ゾーンの景気循環の影響をより強く受けて，一次産品の輸出収入は非常に不安定であった。

こうした状況で，辺縁ゾーンの一次産品の輸出拡大に向けて，UNCTAD（国連貿易開発委員会）などで，一次産品輸出促進のための話し合いが意欲的に進められ，貧しい一次産品輸出国を支援するための種々の国際的な枠組み，たとえば，一次産品協定や一次産品輸出所得補償制度など，国際的な政策措置が導入された。しかし，長期的に見ると，そうした国際協力による懸命な努力にも

---

15) 田中（2000）7 章「世界貿易の成長と途上国の輸出」では，成長率 5% を境にして，より高い成長率の新興国では，自国輸出に対する世界の所得弾力性が，いずれも 1 より高く，弾力的であるのに対して，それ以下の停滞している諸国では，世界需要の所得弾力性が 1 より小さく，世界経済の成長から取り残されている（215–218 ページ）。

かかわらず，国際市場における一次産品需要の伸びは停滞し，その結果，中枢ゾーンの成長エンジンが辺縁ゾーンに十分に伝達されることがなかった。

・軽工業品の輸出

　パックスアメリカーナでは，ガットによる貿易自由化政策の意欲的な導入で世界的に自由で開かれた国際市場が拡大していった。それにもかかわらず辺縁ゾーンの工業製品は世界貿易の急速な伸びから取り残されていった。

　新たに工業化に乗り出した辺縁ゾーンの諸国では，伝統的に先進中枢ゾーンの諸国でも生産されている製品の国産化から始めた。これら軽工業品は，しばしば先進中枢国で産業保護を受けており，国際市場でも，厳しい管理貿易体制のもとで各国の市場シェア（国別枠）が監視されていた。自由に販売できる商品でも，厳しい国際競争に直面しており，海外マーケティングの未整備な辺縁ゾーンの国が新たに市場を開拓するのは非常に難しかった。

　こうした厳しい輸出環境の中で国際的に輸出を促進させるための措置として，ガットでは，途上国に有利な特別関税制度を導入し，途上国輸出を積極的に支援しようとした。しかし，アジアの新興工業国の軽工業品輸出などでは，先進国市場向けの輸出が急速に拡大したが，多くの辺縁ゾーンからの輸出品については必ずしも十分な輸出促進効果が出なかった。木製品，皮革製品，繊維製品などでは，国内産業の保護のために特別関税の供与は非常に制限的なものであり，輸出拡大による成長エンジンの伝達にはいたらなかった。

(2) 輸入代替政策の限界

　辺縁ゾーンでは，輸出市場のさまざまな障壁による輸出拡大の難しさから，外貨節約のための輸入代替政策に重点を置くことになった。初期においては未熟練労働力を集約的に投入して生産される国産品は，それだけ競争力が強く，政府保護の支援も受けて輸入代替的に国内の販売市場を伸ばしていった。しかし，辺縁ゾーンの貧しい国の国内市場は規模が限られており，輸入代替生産も狭い市場規模によってすぐに限界に達する。そこでまた新しい産業でも輸入代替生産を進めていくが，やはり早い段階で限界にきてしまう。その時，幼稚産

業保護論でいわれるような，生産に伴う習熟の効果も規模の経済性も発揮されるまでには至っていない。

こうして次々に新しい産業で政府の産業保護政策による輸入代替的国産化を進めていくと，その国の要素賦存状況や技術レベルから見て非効率的な生産しかできない産業分野にまで，輸入代替生産が行われるようになる。その結果，競争力の劣った非効率な国内産業が政府の保護のもとに次々に温存されるようになり，一国経済自体が全体として非効率な資源配分になり，停滞した経済社会に落ち込んでいく。

内向きの産業貿易政策は，決してそれだけでは国内経済の発展を力強く誘発するものではない。貧しい停滞辺縁ゾーンの諸国は，国際市場の環境が必ずしも自国の持続的な成長にとって良好なものではないということで，閉鎖的な内向きの戦略に転換しようとしても，そこには厳しい限界がある。

(3) 海外直接投資の遅れ

パックスアメリカーナのもとでは，国境を越えた資本取引の自由化が急速に進められ，それに伴って先進国企業の海外直接投資が非常に活発に拡大していった。直接投資に伴って，さまざまな資源が海外に移転され，先進国からの成長エンジンの伝達に大きく貢献した。企業の進出で生産活動に不可欠の重要な資本や技術の移転が行われる。特に経営に関するさまざまなノウハウや製造技術，特に経営マネジメント能力，マーケティング能力などが，進出企業の現地化が進むとともに活発に移転されている。

しかしながら，企業の進出先としては，辺縁ゾーンの諸国の経済環境にはあまりにも問題が多く，魅力のある投資先ではなかった。政治的なカントリーリスクが高く，行政組織や道路・港湾・通信・水利など面で社会的基盤が十分整備されていない。また，国内市場の需要の伸びがあまり期待できないので予想収益率も低く，企業進出の誘引として非常に弱い。その結果，外国からの直接投資が非常に低調に推移し，成長エンジンを取り込む機会がそれだけ限られていた。

(4) ハード・ソフトのインフラ未整備

辺縁ゾーンの諸国では，厳しい貧困の悪循環の中でハード・ソフトのインフラは，極めて粗悪で未整備な状況にあった。国内の資本や技術の不足のために，道路・通信や港湾の設備，発電所や送電設備などの整備は非常に遅れており，経済発展にとって深刻なボトルネックなっていた。特にソフトインフラの教育や保健などの面で大きな遅れが目立っており，成長するアジア諸国と比較して決定的な違いが見られる。どんなに低賃金の労働力が豊富にあっても，工場労働に適した一定の能力を持つ人材プールがないと，そこで新たな企業活動を始めることが難しい。新興アジアのように，初頭中等教育の充実によって輸出指向型の成長を支える優秀な人材のプールを作り出すことが，成長エンジンの取り入れには不可欠な前程条件になっている。

さらに，道路，通信，教育などのインフラが整備されていないと，成長エンジンの国内トリクルダウンも進まなくなる。内陸部では，貧しくて市場の規模が小さい上に，通信情報網が未整備なために国内の商品販売に関する市場情報が限られている。さらに，未整備の道路事情のもとでは，物流のコストと時間が相当かさむことになる。そのために内陸部の経済取引は，沿岸地域に比較して低いレベルになる。物々交換の経済がなお支配していて，市場活動に対する人々の意識レベルが昔のままに低く，学校教育も遅れていると，国内のより発展した地域から新しい優れた技術や文化を取り入れようという誘因は非常に弱いものになる。その結果，成長エンジンの国内トリクルダウンが進まず，内陸部が停滞した貧困地帯として取り残される。

(5) 政府開発援助

民間の市場活動を通じた成長エンジンの伝達が期待できずに取り残された貧困国では，先進国からの政府開発援助の受け取りが，重要な開発戦略のターゲットになる。1960年第16回国連総会で南北問題への国際的な取組みが合意されたが，それ以来，世界銀行などの国際開発協力機関や各国政府のODAによる開発支援活動は，資金フローの面でも，技術移転の面でも非常に大きな規

模に達している。パックスアメリカーナのもとで持続的成長に成功した諸国では，その発展の触媒としてこうした国際的な支援の役割が重要であったと思われる。もしこうした大きな国際的な支援がなければ，辺縁ゾーンの社会はさらに深刻な事態に追いやられていたと思われる。

それにもかかわらず，21世紀に入っても多くの貧しい途上国が依然として深刻な貧困削減問題を抱えて苦しんでいる現状を見ると，貧困削減問題の深刻さと先進国のODA活動の厳しい限界が指摘される。ODA資金は，先進諸国の厳しい財政赤字のもとでは，どうしても供与金額や供与条件の面で，途上国が満足するようなものにはならない。また，ODAの実施に当ってより効率的に使うために参加型の開発が重要になるといわれているが，マネジメント能力の非常に劣っている現地の人々を巻き込んだ参加型開発プロジェクトは，現場で非常に難しい障害に直面しており，必ずしも現地の経済発展を誘引するものにはならなかった。

2000年国連で採択された「ミレニアム開発目標」[16]では意欲的な国際的支援の計画が明らかにされている。現状では資金面でまだ十分目標が達成されず，先進国からのODAに依存した開発戦略には限界が見られる。

2-2　内発的発展論
(1) 開発パラダイムの転換

辺縁ゾーンの諸国は，国際的な成長エンジンの伝達を受けることもなく，世界経済の急速成長の中で取り残されていった。もはや外部の成長エンジンに頼ることができなくなり，貧困削減問題の解決には新しい開発戦略が模索されるようになった。基本的にアメリカ流の物的な財の増加に視点を絞った経済成長優先の開発戦略ではなく，国内の地域コミュニティ開発を進めることで地域住民の全人的な幸せを増進しようとするものである。開発戦略のパラダイム転換が見られた。

---

16) 田中（2006）第2章2「ミレニアム開発目標」(55-57ページ)。

従来の経済成長優先戦略に代わって,「もう一つの発展」という考えを初めて強調したのは, ダグ・ハマーショルド財団の研究成果, M.Nerfin (ed.)『Another Development Approach and Strategies』(1977, Uppsala)[17]である。それをもとに, ユネスコでは, さらに「内発的発展」の内容について詳細な研究が進められた。その開発戦略の新しい特徴は次のようになる。

・全人的な幸せの重視

開発の目標は, 単に経済成長によって物的な財の増大を図るのではなく, 人間としての生きるための基本的な必要物(ベーシック・ヒューマン・ニーズ; BHN)を充足させることに向けられる。基本的な必要物には, 基本的な衣食住を支える必要物や生命の安全を守るための必要物だけでなく, 基本的な知識の習得や最低限の自己表現・共生協働・社会的な選択などの自由が含まれる。

・伝統社会の独特な内発的な発展による多系的発展経路の重視

一国の発展は, 国内のそれぞれの地域社会において外部からの力(成長エネルギー)によるのではなく, 内部にもっているそれ自身の力によって独自に進んでいくものと考えられる。したがって, その発展過程の特徴は, その社会独自の今までの歴史的な発展経路に依存しており, 社会それぞれに独自の歴史的な発展経路を辿り, 地域の伝統文化を再創造していく。その時, 物的な財の成長という単線的発展ではなく, 地域伝統社会の文化環境に応じた多様な発展経路をとる多系的複線的発展になる。

・自立したコミュニティの参加型発展の重視

社会の発展は, もっぱらその社会の構成員の持つ活力を利用し, その社会の資源を動員することで達成される。発展の源泉は, 地域経済の自立的な力, 自力更生の力にあり, 海外からの成長エネルギーの受入れによる外部依存的な発展は, 遅れた国の国際的な従属や, 外部支配力の強化をもたらす要因として, 初めから視野に入っていない。また, 開発の基本単位組織として地域の住民組織・コミュニティがあり, コミュニティの協働や共同管理など, すべての住民

---

17) 鶴見和子・川田侃編 (1989) 第1章三「現代における内発的発展の論理と構造」より引用 (13-15ページ)。

の構成員が参加した協同主義・自主的な管理マネジメントが重視される。
・自然環境保全型開発の重視

　物的な財の増大を重視する経済成長優先型の開発では，しばしば自然資源の大量使用や生態系の破壊など厳しい環境破壊問題を伴って進められる危険性がある。人間の幸せな生活には自然環境との調和が重要であり，開発過程で環境保全型の開発や，小規模技術など適正技術の使用が優先される。地元資源の管理や地元の自然環境の保全には地域住民が直接かかわっており，地域住民による自然環境の生態系の維持管理が重要な戦略になる。

(2) 内向け開発の限界

　人口増加圧力の強い貧困国で，貧困の悪循環から経済を離陸させるには，かなり大きな力を外から与えることが不可欠である。伝統的なローカル技術で地元の限られた資源だけを使って小規模に生産していくだけでは難しいと思われる。実際閉鎖的な戦略を導入している諸国では，経済社会が停滞する傾向が多く見られる。内発的発展論の考えの中にも，外部資源の導入もその発展過程の1つとして内発・外向結合型モデル化を取り上げている研究者もいる[18]。

　内発的発展論の限界の1つに情報の国際的な伝達に伴う問題がある。最近，パソコン，フェイスブックや携帯電話を通じて海外から流入するさまざまな最新情報を完全に排除遮断できなくなっている。この新しい社会環境のもとで，先進国の情報流入で意識の目覚めた若者が多くなり，彼らを伝統的な地域文化の枠の中に閉じ込めるのが困難になっている。外部からの情報がもたらすデモンストレーション効果で若者のニーズが多様化していき，地域産品の市場供給だけで十分対応できず，閉鎖的な規制に不満が蓄積される。進歩を受け入れようとする若者の脳は好奇心に満ちており，国境を越えて新しい情報や知識・技術を吸収しようとしている。手に入れた新しい知識や技術をもとにより効率的な高い生産活動やそれに伴う高い収入を目指す。新しい情報のもとで彼たちの

---

18)　費孝道（1994）（251-276ページ）。

生活は，もはや在来の乏しい内容では満足できずに，よりレベルの高い生活の質の充実を求めるようになる。その時，閉鎖的社会の壁を突破して，新しい外来文化を取りいれようとする動きが強くなる。

たとえば，ブータンのように閉鎖された国で，若者の中には，インドからの最新文化情報を受け取ると欲望が刺激されて，地元の伝統的な生活にそのまま留まるよりも，都市やインドなどの外部に流出してもっと快適な生活を願う者も多くなっている。

内発的発展論に伴うもう1つの現実的な問題点は，地域社会の伝統的な生活様式や社会規範を尊重するのは重要であるが，それが行き過ぎると古い習慣や生活慣習がそのまま維持されることである。実際古い組織や制度の革新には，既得権益層からの強い反発や抵抗が出てくる。その結果，形骸化した組織や制度がそのまま温存され，社会の中の非効率性，歪み，時には社会的不正がいつまでもそのままに残され，経済発展の深刻な阻害要因になる。そのような旧態依然とした組織に対しては，外部からの新しい近代化されたものを導入して大胆な改革ショックを与える療法も必要になる。その意味で，内発的発展の理念を踏襲しながらも，外部からの新しい要素を取り入れて発展の軌道に乗せることが重要な開発戦略になる。

外部の新しい要素は，従来辺縁ゾーンの自立した持続的成長を誘発するようなものでなかったが，パックスアメリカーナの揺るぎの中で，中枢ゾーンならびに周辺ゾーンの新興諸国が辺縁ゾーンの成長を誘導するような大きな力を持つようになっている。この絶好の機会を生かして，経済社会の改革開放戦略に転換し，発展の軌道に乗ろうとする考えが生まれてくる。新興中枢ゾーンの中国や持続的成長のベトナムなどは，改革解放戦略を導入することで自力更生路線からの転換をはかり，その後の目覚しい発展に成功した。多極化された新しい地球社会の到来で，辺縁ゾーンでもより飛躍的な発展の可能性が生まれており，新しい改革開放戦略が今後重要な貧困削減の経路になるであろう。

3. 多極化の進む地球社会：辺縁ゾーンをめぐる外部環境の変化

　21世紀に入って，世界経済の急速な発展から取り残されていた辺縁ゾーンの諸国に新しい発展の機会が開かれてきた。新興中枢国の急激な台頭やそれにつづく成長周辺諸国の登場でパックスアメリカーナが揺らいでいくとともに，その過程で新しい成長エンジンが辺縁ゾーンにも伝達される可能性が大きくなってきた。この発展のダイナミズムを取り込んで新たな開発戦略を再構築しようというのが本章の基本的な狙いである。

　新興中枢国の登場で世界経済の不均衡がますます増大し，国際的な不均衡調整の努力が進められているが，先進中枢諸国と新興諸国との間になお深い溝があり，政治的な混乱が続いている。しかし，パックスアメリカーナにおける長年の歴史的推移をみると，おそらく短い時間後（2012年以降）において世界的な不均衡是正への国際協力が大きく進み，より安定した国際関係が構築されると期待される。その時，中国の元の大幅な引き上げ，国内市場の拡大と一段の市場開放（投資と貿易の自由化の推進），資本移動の自由化による中国からの直接投資の急増などが予想される。辺縁ゾーンの発展にとって大きな起爆剤になるような成長エネルギーが中国から広く国際的に波及されることが期待される。

3-1　多様な文化の融合空間

　パックスアメリカーナのもとで地球社会の外延的な発展は，アメリカ文化の普及という形で進められてきた。すでに見たようにアメリカ文化は，人権，自由，平等，民主主義など人間の基本的な権利の尊重という人類の普遍的な価値観によって支えられているが，同時に，功利主義・合理主義・物質主義という側面を強く持っている。その上で，自由な競争原理が市場を支配し，高度な先端技術の研究開発を通じて大量生産・大量消費のシステムが，社会の中にビルトインされている。

　近年中枢ゾーンの多極化に伴って，アメリカの単一文化に対して，新たに多

様な文化が地球社会の中心に登場している。特に，中枢ゾーンへ中国の台頭は，地球社会で米欧の西洋文化に対する東洋文化の登場を促し，新たな異文化融合空間の形成を促進する。その結果，アジアの発展の遅れている諸国でアメリカ流の厳しい市場競争原理をそのまま導入するのではなく，多様な可能性が開かれてくる。

新たな東西の文化融合空間の中では，東洋的なもの，特に儒教的・仏教的な要素[19]が，企業経営，消費生活，生産方法などにおいて重要なものになってくる。大量消費のアメリカ文化は資源の大量消費を行っているが，そこに東洋的な要素が入ることで，自然環境の保全や限られた資源と保存・並立できるような持続的な消費生活の維持という新しい生活様式が生まれてくる。人間の無限の欲望を最大限に充足させようとするのではなく，「もったいない」の精神で資源の過剰消費や浪費に配慮してお互いに限られたものを分け合っていく。仏教の慈悲の精神，「いきとしいけるものに慈悲を」の考えは，命あるもの全てを平等に大切にしようという基本的な理念に立脚しているが，どんなに貧しい人々の間でも，人間の生命の尊厳が重要である。従来利己主義にもとづいて厳しい市場競争原理による優勝劣敗を当然の帰結と考えていたが，新しい文化融合空間では，行き過ぎた競争によって生まれた弱者に対して最大限の社会的配慮を行い，利他主義による相互扶助や協働・共感などの社会的活動も重視するようになる。

中枢ゾーンの多極化に伴って多様な文化が共存するようになると，辺縁ゾーンが文化融合空間の拡大の中に組み込まれて中枢ゾーンから強い影響を受けるようになっても，それは多様な文化を含む文化融合空間になってくる。合理的な競争原理の導入で伝統的なものを根幹から根こそぎ排除するのではなく，そこの国の伝統的な文化の尊重による多重文化の並存・競合・補完・融合という

---

19) 矢崎隆夫（2009）第5章第3節「東アジアの価値観が経済開発に与える影響」では，儒教，仏教，および，イスラム教の価値観と開発との関係について詳細に検討している（245-262ページ）。また，武者小路公秀（2003）第3章「東洋と西洋との対話」（213-240ページ）。

形でその国独自の発展の道がより広く開かれてくる。

たとえば、ブータンでは、アメリカ流文化で物的財の増加、すなわち、「工業化を通じた高い経済成長」を開発の目標にするのではなく、独自の「総幸福の最大化」という開発目標を掲げて、地域社会の伝統文化や自然環境の保全と調和した発展を志向している[20]。

これは小国の例であるが、大国でも、経済成長一本やりの開発戦略の見直しが進められており、住民のコミュニティ開発と地域文化を尊重した独自の開発戦略が模索されている。

3-2　新興中枢ゾーンおよび新興周辺ゾーンの構造変化

(1) 巨大な中間所得層市場の出現[21]

13億という巨大な人口を持つ中国が中枢ゾーンに台頭することによって、グローバルな市場規模は急速に拡大している。高成長に伴う賃金引上げによって国内の消費市場の増大が期待される。今後急速な発展が予想されるBRISや、インドネシアなども人口規模が大きく、経済発展に伴って地球社会の市場が大きく拡大してくる。ここで特に注目されるのは、パックスアメリカーナのもとでは、中枢ゾーンの市場で取引される製品は、高い所得水準に対応した高い品質のものが中心であったが、新たに開かれた市場では、取引される商品の質的レベルがそれほど高くない商品も多く含まれることである。新興中枢ゾーンや周辺ゾーンの諸国では、中間所得層の消費者や、生産技術が中級レベルの工場などが非常に多く見られる。したがって、新たに国際的に取引される商品

---

20) 田中（2006）「ブータンの開発理念」（57-58ページ），および，田中ゼミナール・開発班（2004）。

21) 大前研一（2011）「新興国における市場構造および企業の利益」（193ページ）によると、富裕層（年間所得 20,000 ドル以上）は 1.75 億人、中間所得層（年間所得 3,000 ドルから 20,000 ドル）14 億人、ピラミッドの下部の貧困層（3,000 ドル以下）は約 40 億人で、中間所得層は今後大きく伸びると予想されている。さらに、貧困層ビジネスで成功するには社会貢献活動と組み合わせた工夫が重要になる、と企業の実例をあげて説明されている。小林英夫（2008）第1章の「都市新中間層の増加」および「家電製品の伸び」（29-40ページ）。

も，それほど高級品ではなく，中級レベルの品質のものも多く占められている。その結果，新興の中枢ゾーンや周辺ゾーンでは，中級品の大きな市場が成長している。それに伴って，技術レベルの低い辺縁ゾーンの諸国でも国際市場に参入する余地が大きく広がってくる。

　持続的成長の辺縁ゾーンでは，先進中枢ゾーンの諸国と比較すると平均的な所得水準で極めて大きな格差があり，財の需要（消費）構造に大きな隔たり（異質性）が見られるが，新興中枢ゾーンや持続的成長の周辺ゾーンの諸国とでは，一部の高所得層を除くと，比較的同質的な需要構造を持っていると考えられる[22]。辺縁ゾーンから，急激な成長を続ける新興市場に工業製品の輸出が急速に拡大する可能性が非常に大きくなっている。このことは，パックスアメリカーナの揺るぎの中で辺縁ゾーンの諸国に対する成長エンジンの伝達の可能性が高まってきていることを示している。

　中国のWTO加盟に伴ってどこまで巨大な国内市場を開放するのかによって辺縁国の輸出は大きな影響をうける。自国経済への影響を考えて保護主義的な措置を続けるならば，輸出が抑えられて，新興中枢ゾーンからの成長エンジンの伝達はそれだけ小さくなる。2012年期の国際的な不均衡調整，およびそれに続く新興周辺国の対外自由化措置の内容が，辺縁ゾーンの長期的な発展にとっても非常に重要な関心事になる。2001年開始のドーハラウンドが未だに終結できず，発言力の非常に高まっている新興諸国の意欲的な前向けの取組みが期待されている

(2) 世界市場の供給サイドの構造変化

　新興中枢ゾーンの国は，労働集約財に強い比較優位を持っていたが，すでに賃金の上昇が速いテンポで進んでいる。その結果，世界市場の比較優位構造が大きく変化して，軽工業品の比較優位が新興中枢国からより発展の遅れた諸国

[22) 田中（1995）第8章「消費ニーズと国際分業モデル」（197–214ページ）では，同質的な国の間では市場需要の重複範囲が広がり，それだけ産業内分業が拡大することが検証されている。

に移ってくることが予想される。辺縁ゾーンの諸国は非常に賃金水準が低く，教育制度が整備されてくるとともに，労働集約財で強い競争力を獲得して世界市場に参入する機会が大きく広がってくる。ただ，中国では労働人口の55％が農村人口といわれており，農村の賃金水準が低いために農村工業として労働集約財の比較優位を維持する余地は残されている。

　前述のように，人口規模の巨大な中国は，世界の工場を維持するためにアフリカなど辺縁地域からの貴重な鉱物資源やエネルギー源（石油ガス），食料品などを買い付けており，この資源輸入の規模はこれからも非常に大きくなる。それに伴って，辺縁ゾーンの諸国には輸出による貴重な外貨獲得が可能になり，発展を加速化させる要因になる。他方，中国の大量輸入は国際市場の需給を逼迫させる要因であり，資源・石油エネルギーや食料品の価格高騰が懸念される。もしこの傾向が長く続けば，辺縁ゾーンの諸国にとって大きな経済的負担を強いられることになる。食料品の国際価格の高騰は，貧しい食糧輸入国の生計費を引き上げ，国民の経済的負担をますます重たくする。

3-3　先進中枢ゾーンの停滞

　パックスアメリカーナの揺らぎの中で，新興中枢ゾーンがより大きな勢力を獲得していくと同時に，前からの中枢ゾーンである先進諸国（先進中枢ゾーン）の力が大きく揺らいでいる。単にコアのアメリカの経済的な力が相対的に弱体化しているだけでなく，それを取り囲む日欧の経済社会が構造的にさまざまな深刻な問題を抱えて，長期的構造的な停滞の中に落ち込んでいる。もはやG7ではなく，G0といわれるほど，先進中枢ゾーンではどの国も地球社会の発展に対して強い牽引力を発揮できなくなっている。先進中枢ゾーンのさまざまな経済資源が，ボーダレス化の進行でいまや大量に新興地域に流れようとしており，辺縁ゾーンで新たな発展を誘引する起爆剤になる可能性が秘められている。

(1) 国内経済の成熟化とグローバル化，知識経済化，サービス化

　先進中枢ゾーンの諸国では，少子高齢化の進行に伴って経済の成熟化が加速化され，新たな市場需要の増加の勢いが急速に低下している。そして，知識経済化の進行で，高度な専門的知識を持っている人々とそれへのアクセスが限られている人々の間で大きな経済的格差が生まれてくる。中間所得層を中心に国内消費者を視野に入れた国内投資にとって，その収益機会は小さくなってくる。サービス化の進展でサービス分野の活動の比重が大きくなってきたが，対人サービス，特に高齢化に伴って増大する医療や介護などの分野では，必ずしも高い生産性の上昇が期待できない。

　こうした国内経済の構造的な変化に伴って先進国の企業は，ビジネスチャンスの限られる国内市場から海外へ経営資源の移転を活発化させ，低賃金を利用した現地経営に重点を移していく。それは先進諸国の経済活動の勢いを殺ぐものであるが，周辺ゾーンや辺縁ゾーンにとっては新たな発展の起動力を導入することになる。

　サービス化の1つに観光サービスがあげられる。サービス化の進展で観光に対するニーズが大きくなっており，グローバル化が進む中，国際観光のニーズが増加している。これは観光資源に富んだ多くの辺縁ゾーンの諸国にとっては環境保全に配慮した観光開発を行う重要なモチベーションになる。

(2) 財政負担の増大と国際公的資金協力

　経済活動の停滞に伴って長期的に税収が大幅に落ちこむ一方で，少子高齢化社会の進行で社会保障への支出が増大している。また，長期不況の中で知識社会が深化しており，失業する未熟練若年層が増加し，そのための公共的な支出も拡大する。こうした社会的コストの大きな増加に伴って，政府の財政負担は長期構造的にますます大きくなり，大幅な赤字財政の枷に苦しんでいる。また，経済の活性化を狙って公共投資を拡大しても，成熟化経済ではその乗数効果があまり働かず，経済の浮揚効果も限られる。景気刺激の低金利政策を導入してもその投資誘発効果はかなり限られており，国内の巨額の余剰資本は，新

しい収益機会を求めて成長する海外諸国に出て行くことになる。

　先進中枢ゾーンの諸国における財政赤字の増大は，辺縁ゾーンへの公的援助の支出にも影響が出てくる。「ミレニアム開発目標」においても，国際資金協力の目標達成が大幅に遅れており，公的資金の流れが大きく拡大する可能性は限られている。中枢ゾーンの多極化に伴って新たに台頭した新興中枢ゾーンからの国際公的資金協力が今後の重要な課題なる。

　こうした状況のもとで民間のNGOやNPO，さらに社会貢献企業などの役割がますます重要になる。特に辺縁ゾーンへの国際協力では，個々の現場において開発NGOが非常に活発に活動しており，その体制が整備されてくると，遅れた諸国の開発を促進させる非常に重要なエンジンになることが期待される。

3–4　ボーダレス化する資源

(1) 巨額なボーダレス・マネー

　パックスアメリカーナの揺るぎの中で，膨大な資金の国際的な移動が注目されている。高齢化社会で巨大になった年金ファンドは，その資金運用をより高い収益が期待される新興市場に振り向けている。その中には国際市場の投機的な資金が含まれているが，新興諸国の発展に伴って比較的長期志向の投資資金も大きく拡大している。

　こうした国際資金の流入に刺激されて新興国の国内経済がさらに発展してくると，国内の政治行政組織の整備や治安状況の改善に伴って，海外投資のカントリーリスクがそれだけ減少し，株式市場が整備されるにしたがってさらに多くのボーダレス・マネーが流入してくる。国境を越える民間の資本がますます増大して，成長エンジンの伝達が加速化される可能性が高い。ちなみに，大前氏によると，余剰資金は世界中で約8,000兆円，その半分の4,000兆円がボーダレス・マネーと想定されている[23]。

---

23)　大前研一（2011）（94ページ）。

(2) 人材の国際移動

　途上国からのブレイン・ドレインは，長年大きな教育費を投下して育ててきた自国の優秀な人的資源を豊かな先進諸国に流出させてしまうことになり，それが辺縁諸国の停滞を招いた１つの要因になっていた。辺縁ゾーン出身の多くの優秀な人材が，移動先の経済社会の発展に大きな貢献をして，パックスアメリカーナを支えてきた。

　しかし，パックスアメリカーナの揺るぎの中で，この優れた人材の国際的な流れが逆流するようになった。先進中枢ゾーンでは，国内の雇用機会が限られ，成長する諸国では，優れた人材の雇用機会が増大している。先進諸国で高い技術，特に組織運営のマネジメントを実地に習得した優れた人材は，新しい雇用機会を求めて大量に帰国を始めている。

　アフリカのルワンダは「アフリカの奇跡」と呼ばれるほど，短期間に急激に発展しているが，それをリードしたのは先進諸国から帰国したエリートである。人種暴動などで西欧社会に移動していた教育のある人々が，再び母国への帰国を始めている。長い西洋社会での生活で高いマネジメント能力を習得し，世界的な広い人脈・情報・金融のソースに接続したネットワークの能力が非常に高い。人材の帰国によって，そういった優れた能力が人材の体に体化されて辺縁ゾーンに移転される[24]。

　インドのIT技術の開発も相当数の帰国人材によって支えられている。もともと現地の賃金水準は非常に低く，帰国した優れたマネジメント能力を持つ人材を採用することで，企業の現地進出もさらに促進される。国境を越える優秀な人材を進出企業の中に新たに受け入れていくと，持続的成長の辺縁諸国の発展につなげていく可能性が開かれている。

---

[24] 世界銀行（2008）「時期尚早？　アフリカの移住者がアフリカに及ぼす影響」(183ページ)，および「NHKスペシャル」取材班（2011）2章，カガメ大統領の挨拶「世界各国で経験したことをルワンダに持ち帰り，この国に新たな力を与えるのが，あなたたちディアスポラの義務だ」(55ページ)．

(3) 情報のグローバル化

　近年グローバルな情報化の動きは非常に活発で，短い時間に大量の情報が国境を越えて地球社会に広がっている。辺縁ゾーンの持続的成長の諸国も，グローバルな情報化の波に巻き込まれており，人権や民主主義など地球市民の共通価値観を形成するような環境が徐々に生まれている。他方で，自国の伝統文化を守るために，外部からの情報流入を遮断するような動きも依然として強いが，情報機器やサイバーネットの普及で今後の情報のグローバル化はさらに活発に進むと考えられる。

　辺縁ゾーンの海外情報が短い時間に豊かに自国内に入ってくることで，先進中枢ゾーンでは，貧しい諸国の人々や文化に対する直接的な知識や情報が増大している。地球市民意識の新たな形成・深化が進み，貧しい諸国の基本的な生活改善や伝統文化の変容に向けて，積極的に関与していこうと動きが強くなる。さまざまなNGOなどの国際ボランティア活動が活発になり，地元の人々の価値観や基本的な考え・想いを尊重しながら国内社会の近代化に向けて努力する人々に対する国際的な市民連帯の絆が強くなる。それが，伝統社会で長く続いてきた旧弊や悪い社会慣習を打破する大きな力になってくる。

　辺縁ゾーンにおけるコミュニティの人々は，情報アクセスの能力が弱くて，ビジネス取引の交渉では常に弱い立場におかれていた。しかし，彼らが自由にパソコンなど情報機器を使うようになると，海外市場に関する情報を自由に大量に取り込む道が開かれて，取引の交渉力が非常に強化される。情報機器を操作して海外の新しい取引相手や市場を開拓し，有利な取引を行うことが可能になる。こうして情報のグローバル化の進展は，辺縁ゾーンの文化に強い影響を与えて，発展への触媒になることが期待される。

(4) 技術移転

　辺縁ゾーンの国内市場動向に関する情報が増加してくると，先進中枢ゾーンに蓄積された優れた技術を辺縁ゾーンで積極的に活用しようと，技術移転の動きが活発になる。持続的成長の辺縁ゾーンでは，新しい国内市場が急速に拡大

するにしたがって中間所得層の比重が高くなるが，その人々の消費ニーズの増大を受けて，先進国の既存技術を活用した製品開発が活発化している。日常生活に必要なさまざまな製品，家庭用の電機製品や衣料品，精密機器などで，新たに生まれた中間層のニーズを支えるような製品つくりの技術はすでに，先進国に豊富に蓄積されている。これらを辺縁ゾーンに移転して地元の文化・生活様式に適合するような工夫を加えることで，活用される余地が大きい。ジェネリック医薬品など特許の切れた製品つくりも貧しい人々の医療ニーズの増大に応じて急速に増加している。こうして辺縁諸国が先進技術の豊かなプールを有効に活用する余地が大きく広がっている。

3-5　地域経済統合の進展[25]

パックスアメリカーナの揺るぎの中で近隣地域の諸国が相互に自由な取引を目指す地域経済統合の動きが加速している。

辺縁ゾーンの諸国が，近隣のより発展した諸国との経済統合で市場アクセスがより容易になると，外の成長エンジンを取り入れて発展のきっかけをつかむことができる。さらに近隣諸国の成長は，跳ね返って地域の中核の国の発展を引きあげる要因になる。しかし，こうした地域間の乗数的な成長誘引の力は経済統合の状況によって大きく異なってくる。自国の近隣に成長する大きな国が立地していれば，国境の壁を低くしていけば，成長国へのアクセスがより活発になり，強い成長エンジンを自国に取り入れることができる。南米のブラジルは，メルコスール（南米南部共同市場）を通じて周辺の諸国との関係を強化している。

さらに，地域経済統合によって成長エンジンを周辺の辺縁諸国により活発に伝達させていくには，経済統合内で国境を越える基幹道路網や国際情報網など大規模な国際的インフラの整備が必要になる。そのために先進中枢国からの資金的技術的な開発協力が重要になる。

---

25)　世界銀行（2008）「一国の近隣諸国は重要：地域統合と成長波及効果」（113ページ）。

3-6 地球市民の意識と地球環境問題

　新たな文化融合空間では，地球レベルのボーダレスな情報通信の急速な発展に伴って，従来からの西欧の基本的価値観である，人権，自由，民主主義などが普遍的な共通価値として，遅れて発展してきた諸国にも急速に広がっている。人々が容易にそのような基本的な価値の重要性を学ぶことができるようになり，自国の伝統的な文化の中にこの普遍的な価値観を定着させるようになる。こうして多くの諸国の間で基本価値の共有化が進んでいくと，そこから同じ地球船に乗り合わせた地球市民という考え方が生まれている。どのような発展段階の国であろうと，こういう普遍的な価値は国民すべてに対して人間の基本的なものとして保障されなければならない。

　パックスアメリカーナでは，アメリカおよびその国民が，地球社会の番人としてさまざまな国際問題に対して圧倒的に強い関心と指導力を発揮していた。中枢ゾーンが多極化するにしたがって，情報グローバル化の進展にあわせて，より多くの国々とその国民が地球社会の深刻な諸問題に取り組むようになり，より広い範囲で地球規模の連帯感が生まれてきた。パックスアメリカーナの揺るぎでさらに多極化が進んでくると，地球上でより多くの人々が政府および市民の国際協力ネットワークを強化し，地球規模の問題に関してさまざまなアプローチを展開している。

　地球社会の最も深刻な問題は，辺縁ゾーンの貧困削減問題と自然環境の保全問題である。パックスアメリカーナの揺るぎで地球市民の意識がより広い地域に広がってくると，辺縁ゾーンのへ国際的な支援活動は，政府だけでなく民間レベルにおいてさらに活性化されると思われる。辺縁ゾーンの環境保全の支援を通じて地球社会の環境問題の解決に貢献しよう，という先進諸国の動きも活発になる。社会貢献企業は，辺縁ゾーンでの植林活動などに意欲的な取組みを始めているし，ボランティア団体の中でも，海外の植林活動を中心にした環境保全活動を盛んに行っている。

　ただ，中枢ゾーンの多極化が進んでも，新興の中枢および周辺の諸国で，どれだけ地球市民の視点に立って地球の問題を考える人々が増加してくるかが問

題である。新興中枢国の中国や新興のインドで豊かになってきた中間層の人々において，地球市民として広く地球規模でものを考えるような発想の転換が求められる。しかし，貧しい国内地域を広く抱えて，依然として国内問題に関心が向かっており，新興国の地球問題（地球環境保全問題など）への低い責任感が，G20などの国際的な話し合いの足かせになっている。

4．開発理念と開発戦略の基本方針

4-1 開発理念の形成[26]

　内発的発展論で示された開発に関する基本的な理念は，貧しい諸国をめぐる外部の国際情勢がどのように変化しようと，決して揺らぐものではない。新しい開発戦略の基本理念として，そこで重視された諸要因，伝統文化の尊重と多系的な発展，全人的な幸福志向とベーシック・ヒューマン・ニーズの充足，外部世界への依存からの自立と自力更生，コミュニティを中心にした地域住民の共生および参加と協働（オーナーシップとパートナーシップ）や地域環境の保全などの考えは，そのまま踏襲されるべきものである。

　しかしながら，内発的発展の基本的な理念の延長線上に立ちながらも，パックスアメリカーナの揺るぎの中で生じた新しい国際環境の変化に柔軟に対応して外部のダイナミックな成長エンジン受け入れのためにさまざまな可能性を考え，外部との有効かつ効率的な接触・動員・触媒・融合の方策を模索していくことが，今後の開発戦略の基本的な方向になってくる。もはや一国内部に閉じこもった閉鎖的な開発戦略ではなく，内発的発展の基本的な理念を守りながらも，外にも積極的に開かれた「地域に根差し世界に開かれた」改革開放の戦略

---

[26] 田中（2000）第2章1節「開発理念—人間救済」（37-42ページ）。そこでは「生命の哲学」「人間の苦しみからの救済」「意識の覚醒」など仏教の考えに沿った開発理念が展開されている。

[27] 鶴見和子（1996）第4章「内発的発展と模式論」では，外向型は必ずしも国外への従属を意味していないことを示す事例として，費孝通の中国における新しい発展モデルを次のように紹介している。「最初内発型として出発した企業が，外向型を取り入れて内発・外向結合型となる。そして，結合型から再び内発型に転換する」（100ページ）。

が求められる。外部の成長力を触媒として動員し，うまく融合させながら社会内部の発展力を高めていくという，内発的発展と外発的発展をより高いレベルで統合した改革開放の戦略になる[27]。その際に，次のような点が，開発理念として重要な柱になる。

(1) 全人的な幸福の増大

新たな改革開放路線への転換で，再び経済的な富・物財の増加に人々の強い関心が向けられるようになると，拝金主義の横行，資源浪費や過剰な消費行動，圧倒的な競争力を持つ外国経済への従属・外国支配，行政組織の腐敗汚職など，経済社会にネガティブな要因が入り込んで，社会生活の中で精神的な心の荒廃を招く危険性が強い。過去5年間で年平均11.2％の経済成長（収入の増加率は都市部で9.7％，農村部で8.9％）であった中国でも，わずか6％の人しか『いま幸福』と感じていない[28]。したがって，開発の理念としては，単に経済成長による個人の経済的収入の増加ではなく，伝統的な地域社会と調和の取れた発展と環境保全，さらに精神的な心の側面での充実など，全人的な幸福の増大を重視することが特に強調されなければならない。

外国文化との接触が頻繁になれば，人々の意識や欲望が強い影響を受けて変化してくる。単なる生命維持のための基本ニーズだけでなく，生活の質を高めるような高度なものへのニーズが生まれてくる。外部からの新しい知識・情報や技術などの吸収・習得にむけて人々の強い意欲が刺激されるが，それに伴って全人的な幸福を増大させるために，広い範囲にわたる品質の良い財やサービスを供給し，より高次の消費者選択による生活の質の向上をはかることが，改

---

28) 中国人の幸福感を調査した中国政府系サイト「中国網」の調査結果（回答者1,500人）によると，①あなたはいま幸せを感じていますか；「幸せ」6％，「普通」39％，「不幸せ」49％，「どちらとも」6％。②幸せになるために一番大事な要因は；「経済力」39％，「自己実現」22％，「家族や親しい人との関係」12％，「心理的圧力」27％。③5年前と比べて幸福感はどれぐらい増えましたか；「大幅に増えた」10％，「それほど増えていない」26％，「増えていない」64％。④この5年間で生活のどの部分がもっとも向上しましたか；「食事」32％，「衣服」14％，「持ち物」22％，「住居」17％，「交通手段」15％（資料；朝日新聞2011年3月6日）。

革開放戦略の基本目標になってくる。

　しかしながら，地球社会の利用可能な資源には長期的に限界があり，多くの人口を抱える辺縁ゾーンや周辺ゾーンの諸国が，改革開放戦略で経済発展が進み，人々の欲望が刺激されて大量の資源消費を行うようになると，今後地球社会の持続的発展に対して大きな負荷が生じてくる。改革開放に伴う成長のエンジン伝達によって，パックスアメリカーナのもとでのような大量資源消費の文化融合空間がさらに広がるのではなく，前述のような自然環境と調和の取れた文化融合空間の広がりの中で，全人的な幸福を追求することが，新しい開発理念として重要になる。

(2) 地域の伝統文化に根差した文化融合空間の形成

　経済社会の改革開放によって海外から新たな文化が国内に浸透してくる。その時，国内の伝統的な文化が外来文化に圧倒されて破壊されるような事態は避けるべきである。芋づる式に根こそぎその国の伝統文化が廃れていき，浸透してきた外来文化にとって代わられると，人々の思想的混乱・精神的荒廃を招きかねず，たとえ，所得水準が上昇しても，決して地域社会の人々の全人的な幸福増進につながるものではない。長年その社会で伝えられてきた伝統的文化，いわば「和魂」を大切に尊重し，その上で外来文化の良いもの「洋才」を選別的に導入していくという，慎重な改革開放の戦略が必要になる。

　国民の目覚めた意識のもとで，良い伝統文化と外来文化との自主的な文化融合空間の形成をはかるべきである。伝統的な文化の中でも，長年の悪い因習・悪弊・迷信や誤った習慣，不衛生・低栄養・低健康の伝統的な生活様式などは積極的に排除し，新たに良い社会規範やよい社会慣習を国民の中に根付かせていかなければならない。こうした経済社会の近代化が改革開放戦略に期待される。

　新たな制度や組織の構築においては，その国固有の歴史的な伝統をできるだ

---

29)　青木昌彦 (1995)。

け尊重して残し，その上にたって新しいものを取り入れ創造していくというやり方，いわゆる，「歴史的経路依存」[29]の方式がより実現可能性が高く，より効率的でもある。伝統的な制度や組織は，それなりに人々の慣れ親しんだ考え方ややり方に適合したものであり，それを完全に壊して外来の新しいものに取り替えても，その社会の生活慣習の中に十分うまくフィットして定着させていくのは，かなり難しく時間がかかるものである。

(3) 自立と共生

改革開放戦略によって外来文化や外国資源との接触，浸透がより濃密になると，外国からより敏感により大きな影響を受けるようになる。その結果，常に外国によって支配される危険性がある。ここでは海外からの浸透に対する壁を高くするのではなく，ある部分は排除しながらも，うまく共生する高度な自立共生の能力が不可欠である。浸透してくる外来文化や外国資源に対してうまく共生していくには，自国の自立した参加（オーナーシップ）や権利の確保（エンタイトルメント）の体制を常に堅持し，外来要素とのより有効な協力体制（パートナーシップ）を築くように，人材育成，組織マネジメント能力の育成強化（エンパワーメント）などを通じて，国民のさまざまな能力基盤の強化が開発戦略の基本方針になる。

・地域コミュニティ活動の重視

改革開放を進める時には，その基礎単位として地域のコミュニティが非常に重要な役割を果たすことになる。地域コミュニティの住民が参加することで，地域文化や地域の自然環境などに十分配慮した住民参加型の改革がより促進される。また，地域コミュニティの集団的な力を強化することで外来の強い支配力に対抗することが可能になる。地域コミュニティは，住民間の活発な交流および共感・相互扶助・協働の場である。人々の生活に精神的な潤いをもたらす地域コミュニティを豊かに育てていくことが，開発戦略の基本目標になる。

4–2　開発戦略の基本方針[30]

(1) 触媒主義と成長エンジンの国内伝播

　パックスアメリカーナの揺るぎの中で外部環境が根本的に変化しており，それに伴って辺縁ゾーンでは，新たな発展の機会が生まれている。この機会を有効に活用することで自国の経済社会の発展をはかろうとするのが，新しい改革開放戦略である。従来の閉じられた閉鎖的な社会から国を開国し，外部の成長エネルギーを取り入れると，それが触媒になって国内の発展が刺激され引っ張られていく。改革開放戦略は，初めから全面的に何でも外国のものを自由に取り入れるのではなく，自国の経済社会の発展に火をつけ強く刺激するような触媒として，外国のものを利用しようとするものである。無防備な外国文化の導入は，しばしば外国への経済的な従属性を強めるだけであり，植民地の姿に舞い戻ってしまう。発展の触媒として重要なものを海外から積極的に導入するという，触媒主義の基本方針が重視される。同時に地域的にも，自国の発展が周辺のより遅れた地域の発展にとって触媒になるように設計されていることが望ましい。そのためには，国内の空間的に広い面で社会基盤や社会体制の整備が不可欠である。

(2) 改革の漸増主義[31]

　改革開放戦略の展開に当っては，基本的にグラデュアリズム（漸増主義）の基本方式を重視する。ビッグプッシュで一気に開放し国内改革を進めるのではなく，国内改革の進行に合わせながら一歩一歩漸増的に，それと有機的に連携した対外開放戦略を展開する。国内改革に当っては，市場開放に伴う国内の利害対立が厳しく残っており，その利害の調整をはかりながら国内の混乱や紛争

---

30)　本章では，「中国モデル」を新しい改革開放戦略として参考にしているが，詳しくは呉敬璉（2007）。

31)　「グラデュアリズム」については，王凱氏の博士学位論文で使われた用語にそって「漸増主義」としている。王凱（2008）。世界銀行（2008）では，鄧小平の格言「足で石を探りながら川を渡る」という実験的なアプローチが途上国では望ましいとされている（5ページ）。

による社会的ロスを最小限に抑えるには，改革のテンポも一定限度の範囲にならざるをえない。そこの国の伝統的な文化にもよるが，伝統的な生活習慣や地元の文化に慣れている国民の中で，市場開放に合わせた性急な全面的改革手法に対して反対意見が噴出してしまい，改革が途中で挫折してしまう危険性が高い。したがって，対外開放戦略も国内の改革の行方に密接にリンクさせながら一歩一歩漸増的に進んでいくのが望まれる。

(3) 社会構造の二重性

改革開放戦略には，国内に社会構造の二重性を生む可能性が大きい。開放されて海外から新しい文化，資源や技術などが入ってきて，生産性の高い発展する分野・地域と，依然として旧来のままの社会構造を残す停滞した分野・地域の二つが国内に並存するようになる。近代化された分野・地域では，高い収入に伴って市場が拡大し持続的な発展を続けるが，そこから取り残された分野・地域との発展の格差がますます大きく開いていく。すべての国民の全人的な幸福を増進させることが開発の本来の目的と考えるならば，国内のこうした貧富の格差拡大は社会的にも深刻な問題になる。貧富の格差拡大は倫理的な意味でも決して社会正義に沿うものではなく，社会的な紛争や抗議をしばしば引き起こす可能性が高い。さらにこうした国内の歪な発展は，国内市場の限界という壁に早くぶち当たることになり，持続的な発展を阻害する要因になる。

しかし，経済発展においては，一度に全ての分野・地域が同じようなレベルで均一に発展することはありえない。国内の社会構造の二重性は不可避のものになる。したがって，より早く発展した部門・地域が，遅れた部門・地域に開発の成果である富を適切に再分配するような自動メカニズムを組み込んでいることが，改革開放戦略の非常に重要なやり方になる。所得の再分配メカニズムには，租税と補助金などを通じて再配分を行うような財政政策の適切な運用が期待されるが，同時に民間活動においても，より進んだ分野・地域からより遅れた分野・地域に向けて強い成長エネルギーを有効に伝達させるトリクルダウンが重要になる。こうして発展したところに引っ張られた成長する分野・地域

が地理的に広がっていけば，やがて広い面で経済社会の近代化が達成されることになる。

5. 辺縁ゾーンにおける経済社会の改革戦略[32]

辺縁ゾーンの中には，発展の非常に遅れた停滞最貧国からすでに離陸に成功して持続的成長の軌道に乗っている諸国まで，多様な発展段階の国が見られる。発展の状況によって国内の改革の目標や方法が異なってくる。

5-1 最貧国における住民の意識覚醒[33]
(1) 意識覚醒―変化への意識

開発の基本目標が，単に利用可能な物財の増加だけでなく，住民の全人的な幸せを高めるものになると，人間として尊厳と基本的な権利が保障されることが重要である。そのための第一歩として，住民の1人ひとりが，人間らしい生活を通じてより幸せに生きようと自覚すること，そのために旧来の生活慣習を少しでも改善していこうと，強い意識覚醒を行うことが不可欠である。目覚めた強い意識に支えられて初めて，伝統的な旧弊・因習や非人間的な生活習慣・生活様式を変えていこうという新たな動きが住民の中に生まれてくるからである。意識の覚醒されていない村では，動物の生活とあまり変らないような非人間的な生活をしている。電気も綺麗な水もなく，文字も読めず，さまざまな生命の危険に囲まれて非衛生で栄養不良の日常生活の様式をそのままいつまでも

---

32) 世界銀行 (2009) は，本論と同じような問題意識で開放経済のもとでの経済成長の要因を探っているが，持続的成長国に共通する要因として次の5つをあげている。①グローバル経済をフルに活用した（開放性，知識の輸入，世界需要の活用）。②マクロ経済の安定性を維持した（若干のインフレ，持続可能な公的財政）。③高比率の貯蓄・投資を達成した。④資源の配分を市場に委ねた。⑤コミットした信頼できる有能な政府があった（リーダーシップと統治，成長に関して信頼できるコミット，包容性に関して信頼できるコミット，有能な政府）（23-42ページ）。田中 (2000) 第2章「途上国の経済成長」では，経済発展のレベルと成長要因との計量的因果関係を検証しているが，成長促進要因として特に投資（建設投資），貯蓄，識字率の役割が統計的に見て重要である（50-52ページ）。
33) 田中 (2006) 序章1節「意識覚醒と良い習慣化」(6-7ページ)。

墨守している。このような昔からの生活慣習を惰性的にそのまま続けている状況では、人々の意識の中に人間らしいより良い生活慣習・生活規範に変えていこうという、社会開発へのモチベーションがまったく生まれない。ここでは、変化に対する住民の意識覚醒が社会発展のための第一の前提条件であり、新たな発展の出発点になる。

・幸福を招く「セレンディピティ」

　昔のままの繰り返しの生活慣習の中で眠っている意識をどのように覚醒させるかが、非常に重要な開発課題になる。覚醒させることは、本人が眠ったままの状況では自発的には期待できない。そこで「セレンディピティ」、すなわち、幸福になるための法則が重要になる。人は幸福を得るために、外の違う文化の世界に「旅」に出る、その途上でいろいろな新しい見聞を通じて「気づき」を得る、帰ってきて、気づいたことをもとに自分の生活様式の「変容」に取り組む、そこから幸せな生活が始まる、というものである。

　人々は、外部に向かう道路網が未整備のために、長年狭い村落社会の中に閉じ込められている。やはり馴染みの内部社会にいるだけでは、自発的な意識覚醒は期待できず、外部社会との接触があって初めて住民の中に気づきが生まれる。外部からの力が大きな触媒となって、住民の意識覚醒が進められていく。意識が目覚めてくれば、外部から入ってきた良い知識や情報をもとに自分たちも良い生活習慣や社会規範を習得しようという動きが出てくる。たとえば、村落レベルで水道や濾過装置を使って衛生的な水を供給しようという活動が始まり、それをもとに、常に体を綺麗に保つために石鹸やシャンプーを利用するような生活慣習に移っていく。

　住民にとって外部との接触は、他のコミュニティとの行き来が中心になるが、いずれも意識の低い村落共同体の交流になる場合が多い。覚醒への触媒としてより強い影響力を発揮するのは、発展の進んだ海外の文化との接触である。国の開放を通じて人的交流を活発にし、海外の生活様式に関する知識や情報が入ってくれば、それだけコミュニティへの人々の意識覚醒に働きかける影響力が強くなる。

・意識覚醒のための「ハリジャン開発モデル」——インド北部のケース[34]

インドのハリジャンはアウトカーストとして長年厳しい社会的差別を受けてきた。ガンジーが「神の子」と呼んでその生活の改善に取り組んできたが、長年生活環境は非常に劣悪なものに抑えられていた。われわれが山奥のハリジャンの村々を訪問したが、その生活状況を相互に比較してみると、次のような傾向が見られる。ある村の住民は、昔のままの劣悪な環境の中でぼろぼろの服をまとって生活しているのに対して、他の村では、村の生活環境もかなり改善されており、人々の着る衣服もはるかにきちんとしたもので、人々は意識覚醒を通じて新しい生活習慣の習得に積極的に取り組んでいるのが感じられる。その違いがどこから来るかを見ると、意識が高い村には、外部からNGOが入って一緒に活動しているのに対して、未開状況の村は、長年外部に対し閉鎖されている。長年伝統的な生活環境の中で眠ったままの村人を目覚めさせるには、やはり外部からの力が触媒として不可欠になっている。

外部から村に入ったNGOの人々は、すぐには住民によって信頼され受け入れられることはなく、触媒として力を出すことはできない。ここで大切なのは村のリーダーの役割である。村人はリーダーを信頼し、その指示を受けて活動する。NGOの人は、村に住み込んで打ち解けようとさまざまな試みを行うが、時間とともに徐々にリーダーとの信頼関係を構築し深めていく。その時初めて、旧来の悪い生活慣習を改善させるためのさまざまなアドバイスや指導を、リーダーを通じて効果的に村人に行うことができるようになる。意識覚醒のための「ハリジャン開発モデル」は、外部からの触媒を通じた開発モデルであるが、その受け手として村落リーダーの役割が決定的に重要である。強力なリーダーが育ってない村では、現地に住み込み、長期的に信頼関係を醸成しながらコミュニティリーダーや開発ファシリエーター・開発ワーカーの育成に取り組むことが、開発のための第一の課題になる。文化の大きく異なる現地社会でリーダーから確かな信頼を得るためには、参入する外部人材の側にも、共感力

---

[34] 田中（2006）「ハリジャン開発モデル」（141-143 ページ）、および、田中ゼミナール・農村開発班（2005）。

の豊かな心の知性が備わっていなければならない。

・女性の意識覚醒のための「住民組織化」――ネパール農村のケース[35]

　地域住民の自主的な組織活動を通じて，女性の意識覚醒が進められる場合もある。ネパールでは，ヒンズー教の伝統にそって女性の社会的地位は非常に低くなり，十分な学校教育も受けられないような状況にあり，ジェンダー問題が深刻化している。われわれはネパールの首都カトマンズ近郷で地域住民のさまざまな組織活動に関して詳細な現地アンケート調査を行った。

　村の組織活動に参加していない集団，参加しているが組織の活動内容が生活のための資金的な支援が中心の集団，さらに，オフスクールの教育プログラムも組み込んだ組織活動を展開している集団，この3つの異なるグループで家庭内の女性の地位について質問した。明らかに住民の組織活動に参加するほうが女性の意識が覚醒されて，夫に対する妻の地位がより高くなる。その中でも，教育プログラムを持つ組織活動では，女性の意識が最も高くなり，家庭内でも夫が感化されて妻の仕事を支援するようになっている。この調査結果から見て，都市近郷では，女性が組織活動へ参加することで意識覚醒が行われており，同時に女性教育も組織的に行うと，家庭における女性の地位の向上が大いに期待されることが明らかになる。こうした有効な「住民組織化」が重要な開発戦略になっている。

(2) 人間安全保障[36]

　さまざまな生命の危険性に瀕している停滞最貧国だけでなく，持続的成長の辺縁ゾーン諸国でも，国内改革の柱として人間安全保障のための政策展開は，最も重要なものである。住民の意識が目覚めてくれば文化受入れのための能力

---

35) 田中ゼミナール・ネパールコミュニティ班（2007）。
36) 国連「人間安全保障」委員会の報告によると，「人間安全保障の目標は，すべての人々の生命（生活）の死活に関わる中核にあるものを，人間の自由と達成とを促進するように守る」（武者小路公秀（2003）第2部第1章Ⅰ「グローバル化時代の人間安全保障（103ページ）。田中（2006）第8章　人間開発（2）保健医療　2節「理念と目標」（216-227ページ）。

が形成されて，文化浸透の壁が低くなる。外部からの情報や知識の流入がより活発になり，新たな文化融合空間が形成されてくる。内外の文化融合が十分進んでくると，伝統社会の社会規範は徐々に変質して，地球社会の普遍的な規範もそこに含まれるようになる。社会の中には，まだ伝統的な生活慣習や社会規範が根強く残っているために，中枢ゾーンでのそれらとまったく同じものにはならないが，特に人間の生命の安全保障に関しては共通の普遍的な価値観（社会的正義の考え）が徐々に形成されてくる。

　地域文化の内容や社会の発展度の違いがあっても，1人の人間の命の尊さにはまったく変わりはない。発展しているゾーンでは，生命の尊重は根本的な社会規範になっているが，辺縁ゾーンの遅れた国では，生命の危険性・不安が大きい社会環境の中で，それだけ生命の尊重という考えは軽視されている。社会通念として，人が死んでもまるでそれは自然現象の1つのように素直に受け入れてしまう。このような社会環境の改善には，海外から生命の尊重という普遍的な価値観を積極的に導入し，人々の生命に対する低い意識を変容させるような人間安全保障の政策が必要になる。

　すべての人が最低限人間らしいまともな生活を安全に送るためには，ベーシック・ヒューマン・ニーズ（BHN）の充足が不可欠であり，「ベーシック・ヒューマン・ニーズアプローチ」が開発戦略の中核になる。さらに，飢餓や栄養失調（特に早期幼児の栄養失調）を防ぐとともに，疾病治療と予防のための医療保健衛生の体制を整備し，その基本知識の普及をはかるべきである。識字率の向上なども含めて個人レベルで意識を覚醒させ，より積極的に非衛生・不健康な生活慣習を自ら変えるように指導していくことが最も基本的な政策課題になる。こうした人間安全保障のための体制構築と普及活動が開発政策の中で特に重視される。

・社会的な人間安全保障

　人間安全保障には，個人レベルの意識覚醒で生命を守るための生活習慣を導入するだけでなく，社会全体の集団的な人間安全保障の活動も不可欠になる。その社会に生きている者すべてが，安全で健康的な生活を送り，生命が尊重さ

れ，充実した一生を送れるように，改革戦略では社会的な側面からも人間安全保障に取り組まなければならない。

　そのためにはさまざまな改革の取組みが必要になる。生命をさまざまな危険から守る人道的な措置，すなわち，社会治安の維持（平和）や災害対策，基本的人権の保障，さらに，人間らしい快適な衣食住生活の最低限の保障，人間の尊厳を守るために基本的な教育，雇用，健康，情報などに関する権利の保障，女性や子供，社会的マイノリティの民族・宗派など，社会的な弱者の基本的権利の保障などの政策措置が，社会正義の実現のために改革戦略の中に取り入れられる。低賃金の中で働いているさまざまな形での労働者の保護政策も重要である。特に児童労働を禁止（少年兵士の排除）し，虐待や悲惨な労働環境での過重労働を労働者の基本権限の侵害として是正していく。特に日々の苦しい生計と直結する深刻な失業に関しては，なんらかのセーフティネットを整備していくべきである。

　これらの諸権利は，国際機関などで国際的に広く認知されているが，辺縁ゾーンの諸国では，必ずしも伝統文化とうまく融合するとは限らない。女性の性差別，子供の教育権の軽視，貧困家庭の家計補助として児童労働などが，伝統的な社会慣習の中に根強く残っており，自発的な社会改革の力は必ずしも強いものではない。海外文化と協力連携した改善努力が不可欠になる。外からの継続した強い働きかけの中で，初めて地方文化と外来文化との融合が進み，人間安全保障という普遍的な価値観の共有化が期待されるようになる。

5-2　経済発展を支える貯蓄と投資

（1）貯蓄[37]

　持続的な経済発展を支えるのは，投資に必要な資金のファイナンスである。必要な資金調達がなされなければ，投資が困難になり，それだけ経済の発展が遅れてしまうからである。パックスアメリカーナの揺るぎの中で，外国からの

---

37)　世界銀行（2009）「成長戦略の政策成分」の「貯蓄」および「金融部門の発展」（70-74ページ）。

資金供給の可能性が高くなっているが，基本的には国内の貯蓄によって必要資金を調達することが，改革開放戦略の中核的課題になっている。

　貯蓄は，収入から今の消費を抑えて将来の消費に振り向けようとする部分である。貧困国では，収入が低くて貯蓄能力が非常に限られているが，それでも将来により高い収入を得るために，今の消費をできるだけ切り詰めて貯蓄に回すという意識の切り替えが必要になる。こうした意識の変化は，やはり将来に向けた政府の開発計画の信頼性と，国民に対する広報活動の浸透の程度によって大きな影響を受ける。儒教文化圏では華美な消費を戒めるような文化が支配しており，それだけ貯蓄性向が高くなり，経済成長に有利になるといわれているが，人々に未来志向の意識覚醒が進めば，貯蓄への関心がそれだけ強くなる。

　人々が貯蓄をしようとしても，信頼性の高い金融機関（銀行）へのアクセスが難しいと，しばしば金や貴金属，箪笥預金などになって資金が退蔵され，生産的な活動に動員されない。家計の資金が循環していくには，信頼できる金融機関や資本市場（株式市場など）に常時家計の余剰資金がスムーズに流れるような有効かつ効率的な金融システムを構築すべきである。

　ただ，中央に本店のある都市銀行などが地方で資金を集める場合は，地域の貯蓄資金は，全国に張り巡らされた銀行網を通じて地方から中央へ移転されている。それは，地方からの貯蓄資金の流出になり，有効にその地域に再投下される可能性が低く，地域発展の力になるとは限らない。地域コミュニティには，「講」など小口金融の金融制度が残されている。昔から馴染みの地域金融組織を活用して貧しい人々の小口の資金を集めるならば，それだけ地域で家計の貯蓄が促進され，地元資金は地元のビジネスのために活用されることになる。

　また，インフレによる貨幣価値の目減りが危惧されていると，貯蓄への誘因

---

38)　田中（2000）第2章「途上国の経済成長」の因子分析では，経済の発展レベルと消費者物価水準の上昇率とはマイナスの相関関係にある。安定したマクロ経済政策が高い経済成長には非常に重要になる（57-62ページ）。

はそれだけ小さくなる[38]。政府の安定的なマクロ経済政策が国民の貯蓄増加のための前提条件になる。

　資源の豊かな貧困国では，経済的に弱い家計や企業の貯蓄に加えて，政府の貯蓄も重要な役割を担っている。重要資源の貿易取引からあがる収入に対して適切に課税することで，政府貯蓄を大きく増大させる可能性があり，政府の租税制度の適切な運用が重要になる。

（2）投資

　経済発展には，一定の投資形成が不可欠であり，一般に持続的な成長を続ける諸国では，10％を越えるような高い投資形成率が見られる。高い投資のためには，国内で調達した資金と海外から調達した資金が動員される。国内の貯蓄率が高くなれば，それだけ投資形成率が大きくなり，自力による経済の発展が期待される。ただ，未成熟な経済で国内の投資機会が限られていると，生産的な投資の収益率が低くなり，実現する投資は抑えられる。このような中で必ずしも社会的に見て意味のある生産的なものに資金が投下されているとはいえない場合もある。市場経済の未成熟な貧困国では，金融市場を通じた資金配分機能が社会の健全な発展にとって望ましい働きをしていない。一部の富裕層のための奢侈的な施設の建設に投下されることがしばしば見られる。国内資本を最大限に動員するとともに，それが社会の発展により有効かつ効率的に使われるように金融市場の整備が，これからの大きな課題になってくる。

　貧しい国では，道路，港湾，通信，上下水道，電力などインフラ分野への長期投資が極めて不足しており，それが産業活動における国内投資機会の狭さの要因にもなっている。都市の販売市場までの輸送道路が極めて悪く未整備なために，田舎の資源加工型工場の建設が大幅に遅れてしまう。良好な港湾が整備されていないために，海外輸出志向型投資が進まない。政府によるインフラ整備を進めながら，それに誘発される民間投資の活性化を図っていくべきである。

　特にグローバルな情報化が進む中で，地元の情報通信のためのインフラ整備

は，地元の活動を活性化するのに非常に有効である。たとえば，村にパソコンを1台備えるだけでも，村人の金融機関へのアクセスが大きく改善される。世界的なサプライチェーンへの接続を通じて地元商品に関する海外の取引情報などが迅速に安く簡単に入手できるようになる。その結果，地元のビジネス環境が大きく改善され，新たな民間投資が誘発される。

・「コミュニティ共感信用システム」──インド農村のケース

われわれは途上国のマイクロファイナンスついて，アジア・アフリカで現地調査を積み重ねてきたが[39]，特に成功していると思われるインド・ケーララ州における「コミュニティ共感信用システム」に触れておこう。

対人知性[40]は，他人との深い共感を通じて，協力，相互扶助，協働をする場合に非常に重要な役割を果たしている。コミュニティの人々がキーパーソンを中心にこうした対人知性に恵まれるようになると，「コミュニティ共感信用システム」が有効に働くようになる。このソーシャルキャピタルの豊かに蓄積された地域コミュニティでは，地元の人々は，相互に深い信頼の念で結ばれており，相互に監視・協働しながら，地元の発展のために協力している。家計の資金は，ほんの小口でも地元のマイクロファイナンスの組織に貯蓄され，集まった資金は，小規模の企業活動を展開している地元の人々に融資される。子供が生まれたときには，すぐに「教育資金積立」として地元のマイクロファイナンス組織に預金を始めるが，その資金が地元に人々に貸し出される。そして，学校に上がるようになると，それを引き出して教育資金にすることができる。

ここでは，地域の人々は，たとえ都市銀行の方がより高い金利でも，地元にある金利の安いマイクロファイナンスの組織に貯金して，地元経済の発展に自分の資金を使おうとしている。地元経済が十分発展すれば，それだけ住民全体

---

[39] マイクロファイナンスに関する現地調査は，インドのケーララ州とアフリカのジブチで実施された。田中ゼミナール・農村金融班（2005）および，MF班（2007）。また，田中（2006）第5章「(2) 農村マイクロファイナンスモデル」(143-144ページ) および第6章「(3) コミュニティのマイクロファイナンス」(158-161ページ)。

[40] 田中（2006）序章「(2) 対人知性」(8-15ページ)。

が豊かになると同時に，豊かな村で生活する快適さ（外部経済）を享受するようになる。また，たとえ仕事の都合で一時的に外部に出ても，そこで得た賃金の一部を貧しい地元に送金（外国送金を含めて）することで，故郷の発展に貢献し，やがて故郷で職を得ることができる。

これは，短期的に利己的な行動よりも利他的な行動を選ぶことで，長期的にかえって自分が得をするというケースである。利己主義的な資本主義経済と比較して，根本的に異なった文化がここでは支配している。その根底には住民相互の高い共感と信頼感があり，そうしたソーシャルキャピタルを蓄積していくことで，マイクロファイナンスは高い成果をあげることができる。

5-3 生活の質の向上

持続的な成長過程で経済的，時間的に余裕が生まれてくると，人々はより高い能力を習得することが可能になり，その結果，個々人の人生行路における選択の範囲が広がってくる。将来に関する選択の余地が広くなることは，住民の生活の質の向上を通じて，全人的な幸せを増進させる重要な要素である。生活の質を向上させるためにさまざまな商品の購入が必要になり，社会的にもそのような商品の供給体制が重要になる。

開国に伴って住民の意識が覚醒されてくると，徐々に海外の消費生活に関する情報に接する機会が多くなる。その時，持続的な成長による生活水準の向上とともに，国際的な消費デモンストレーション効果を通じて，住民のさまざまな物的欲望が刺激される。ガンジーのようにこのような欲望そのものを否定的にとらえて，内発的な発展を重視する考えもあるが，多くの人々は，改革開放政策の果実としてより多様な商品の選択による快適な生活を望むようになる。

経済成長に伴って賃金水準が引き上げられるようになると，社会の中に中間所得層が増大してくる。所得の増加で消費選択の範囲が広くなるが，彼らの購入商品は，質的によりレベルの高いものである。その結果，細分化され高品質商品への消費ニーズが高まり，多様な高品質多機能の商品や良いデザインの商品などの市場が大きく広がってくる。これら中間所得層向けの商品を新たに開

発して市場に出すために，海外から新しい商品の生産技術が導入される。結局，改革開放に伴って，国内の消費市場の急増と高級化多様化の進展，それを支える国内消費財生産の増加があり，海外からの企業進出や技術移転が加速化されることになる。

もし消費生活の充実を伴った生活の質の向上が期待できないと，発展から取り残された人々の間で，改革開放戦略に対する国民的不満がたまることになる。強い社会的な不満や混乱のもとでは，改革開放戦略そのものが順調に進まなくなる。こうした流れを視野に入れた改革戦略の推進が強く求められる。

5–4 法的整備と政府・行政ガバナンス
(1) 法制度の整備

改革開放戦略の中核は，まず法治国家として国内の基本的な法制度を整備していくことに向けられる。法的な制度が未整備な国では，外国企業の活動が十分保護・保障されることはなく，海外からはカントリーリスクの非常に高い国として見られ，それだけ投資先として敬遠されることになる。

法治国家として，国内活動の広い範囲で法体系が確立されてくると，国民の順法精神に支えられて国内外で透明度の高いさまざまな活動が順調に展開される。特に基本的人権に関する法的な保護は，国際社会において主権国家として認知されるための最も重要な条件である。開放政策で外部との接触が頻繁になり，外国のものが深く浸透してくると，従来から問題のある古い社会慣習・規範や社会通念・風習などの悪弊を根本的に改めて，国際的に通用するようなより透明でより普遍性の高い法体系の法治国家に生まれ変わることが求められる。

その際，あまりにも急激にかつ全面的に海外から普遍的な法体系を導入しようとすると，しばしば伝統的な生活慣習や社会規範に慣れ親しんできた人々の生活に社会的な混乱をもたらすことになる。その結果，現地社会の日常生活の中に新しい法体系がなかなか定着していかない。法体系の整備作業では，国の歴史的経路依存の中でどの伝統的要素をそのまま残して生かし，どの要素をよ

り普遍的なものに変えていくか，法的な側面での文化融合には，現地社会の事情に精通した慎重な検討が必要になる。社会の発展の程度によって漸増的に国際基準に適合させていくべきである。国内の法制度が広い側面で整備されてくると，国への信頼性が高まり，外国の優れた資源（経営資源，資本，技術など）がより活発に国内に浸透するようになる。

(2) 政府・行政組織のガバナンス[41]

　国家の基礎になる法的な基盤整備をもとにして，政府による効率的かつ透明な行政組織の運営を行うことが期待される。世界銀行のレポートでも，有能な政府と政策立案者が長期的に首尾一貫して開発計画にコミットし，国民との強い信頼性のもとに計画の実施内容を常時伝える努力を継続させることが，高い経済成長をあげるために不可欠な要素になることが指摘されている[42]。

　この面で辺縁ゾーンの多くの国は深刻な問題を抱えている。政府や行政組織を運営するガバナンス能力が非常に劣っている。国内で地域間や部族間の紛争を抱えている国では，政府による国内統一が基本的な課題になるが，建国の父になるようなカリスマ性のある指導者がなかなか現れてこない。優秀な人材は難を避けて海外に流出していく。クリーンで有能な政治家が少なく，国民の順法精神が十分育っていない。政府や行政組織において法律逃れの汚職や腐敗が蔓延している。その結果，行政のコストが非常に嵩張ってしまい，その透明度も低くなり，国民の自由な参加による民主主義も十分機能しなくなっている。

　民衆の支持を失った強権的独裁政治や，賄賂が横行する腐敗した政府・行政組織のもとでは，長期にわたる海外民間企業の進出を期待することができない。政治的なリスクが高くなれば，事実上改革開放政策は効果をあげることができない。政府や行政組織を効率的に正しく運営管理する行政ガバナンス能力

---

[41] 田中（2006）第4章　開発戦略「(3) 政治と行政」では，途上国の政治と行政組織に関するさまざまな問題点を検証している（79-100ページ）。田中ゼミナール・行政班。

[42] 世界銀行（2009）では，「5. リーダーシップと統治」において有能な政府や効率的な行政組織の重要性が強調されている（34-42ページ）。

を育成していくことが，改革開放戦略の最も重要な課題になる。
・グローバル情報化の進展と国民の政治参加のための行政改革

　グローバルな情報化がさらに急速に進展し，フェイスブックなどを使って海外の情報が瞬時に一般市民に届くようになってきた。問題のある政府に対する国民の監視の目が厳しくなり，デモなどを通じて反政府的な意見を公表する機会が急速に増加している。辺縁ゾーンでしばしば見られる独裁的な政府は，その強権的な姿勢から国民の支持を失う傾向が現れており，中東諸国では，ドミノ倒しのように長期間続いた独裁政権が次々に存続の危機に直面している。

　グローバル情報化の浸透の中で，国民の政治参加の要望はますます強くなっているが，民主主義的な政府を形成し，運営するためには豊かな行政ガバナンスの能力が期待される。独裁的な政権が崩壊しても，その後にすべての国民の政治参加を保障するような，有能な政府組織と良い行政システムを構築していかなければならないからである。

　先進国の優れた行政ガバナンス能力を導入するように，政治行政に関する技術指導が期待されている。公正な選挙を実施するために，選挙の国際的な監視活動でNGOなど多くの民間人がすでに現地に入って活躍している。先進国の優れた政治行政のノウハウを導入する時には，それが自国独特の伝統的政治行政の様式にうまく適合するように独自の工夫を加えることが不可欠であり，一歩一歩漸増的に行政制度の整備を進めていくべきである。

5-5　人間開発—エンパワメント

(1) 学校教育

　辺縁ゾーンにおいては，人間開発は，社会の発展にとって最も基本的でかつ重要な改革開放戦略になる。識字率の上昇した諸国は，それだけより高い経済成長を達成することができる[43]。アジアの新興諸国が開発に成功した最も重要な要因として，初頭中等教育の充実による豊かな人的資源の開発があげられ

---

43) 田中（2000）2章「途上国の経済成長」では，両者の単純相関係数は0.592である（51ページ）。

る。われわれは，『開発論』で人間開発にかかわるさまざまな問題点について
いろいろな側面から詳しく論じている[44]。

・初頭中等教育の充実

　初頭中等教育レベルでは，基礎的な文字を読み，生きるために必要な生活の基礎知識を習得し，基本的な算数の能力を習得し，地域の伝統文化に関して正しい知識を持ち，保健衛生知識などの習得を通じてよい生活習慣を身につけることが，人材育成の基本的な課題になる。これは，生命の安全保障を高め，人間としての尊厳を持って生きていくために必要な基本的なトレーニングとされている。人々のスキルを向上させることで，たとえ失業しても，再び仕事を見つける機会が多くなり，また，より高いスキルを生かしてより高い収入を得ることができる。さまざまな教育を通じたスキル習得は，貧しい人々が生きていく上で不可欠になっている。開発戦略では，教育環境の整備がもっとも重要な課題の１つになる。

　しかし，貧しい国では，教育を通じた貧困の悪循環が非常に深刻な問題である。国家の責任で進められる初頭中等教育では，授業料はしばしば無料になっている。しかし，就学に伴うさまざまな副教材費（制服の費用なども含めて）や交通費などの出費が貧困家庭に重い負担になり，そのために就学時期が来ても学校に通うことができなくなる。また，貧困家庭では，家庭内の労働力として子供の働きが期待されているために，学業の途中でドロップアウトする子供が多くなり，それだけ学校教育の成果が上がらなくなる。貧困家庭の子供が抱えこうした諸困難のために，成人しても能力レベルが非常に低くて，雇用機会が少なく，非常に低い賃金で働かざるをえなくなる。次の世代になっても貧困家庭では，同じような厳しい貧困が繰り返される。

　教育を通じて貧困の悪循環を断ち切るためには，貧困家庭の子供たちへの就学支援が重要な政策になる。教育費の低利の貸付，教材費の無償供与などに関

---

[44] 田中（2006）第８章「人間開発（3）教育開発の理念と家計の教育ニーズ」および，第９章「人間開発（4）教育開発の資源・制度・活動」では，途上国における教育をめぐる問題点についてさまざまな側面から検討している（241-287ページ）。

する公的な支援が必要になるが，さらに近隣の村に学校（分教場）の数を増やして，子供たちが安い交通費で通学できるように便宜を与え，子守など家庭の仕事を済ませた後でも子供が学校に来やすくするようにする。こうした面で海外からの活発な教育支援が不可欠である。先進国で地球市民の意識が強くなるにしたがって，国際ボランティアやNGOなどによる学校施設の建設・供与，学校運営の支援などがますます期待されている。

海外企業を誘致する場合には，現地人材の能力が一定レベル以上にあることが求められる。特に，中等・高等教育の中で，計算などの理科系の基礎知識の学習やIT機器の基礎的な操作技術が重視される。現場では，理科授業を担当する教師は非常に限られており，先進国からの理科教師の恒常的な派遣が期待される。うまく設定された理科の実験などでは，現地の子供たちの興味が非常に強く，その学習成果が高くなっている。また，いろいろな分野で有能な教育専門家の海外派遣も，貧困国へ優れた教育ノウハウの迅速な移転を促すために重要な課題になる。

・コミュニティの学校経営参加—エチオピアの小学校のケース[45]

初等中等教育のレベルでは，地域の学校の建設や運営について地元のコミュニティの参加が重要になっている。国の文教政策のもとで全国レベルの共通した教育内容を教えることで国内の統合化を促進し，効率的に教育成果をあげることができる。他方，非常に遅れた国では，地域によって教育環境が大きく異なっている。そのためにそれぞれの地域住民が自主的に地域の教育活動に参加し，教師の確保（さまざまな待遇の教師を含めて）や教育カリキュラム内容（地域独特の言語の教育も含めて）の決定，通学状況の改善や学校の建設など，多様な面で地域の特殊性を生かした教育活動をすることが期待されている。

コミュニティの住民レベルで学校教育のマネジメント能力が十分備わっていない場合が問題になる。われわれが調査したエチオピアのコミュニティでは，住民だけで建設し運営する学校は，さまざまな問題を抱えて必ずしも十分な教

---

45) 田中ゼミナール・エチオピアコミュニティ班（2007）。

育成果をあげていない。学校教育に対して住民が大きな責任を持ちながらも，児童のドロップアウトの率は非常に高い水準にある。他方，コミュニティの住民と，国際協力活動によって支援されている地域の行政機関が，初めから良好なパートナーシップを組んでそれぞれの得意な分野を担当している場合，学校教育の成果が大きく，問題の中退率も十分改善されている。学校建設においても，初めから行政サイドの豊かなノウハウが生かされており，優れた建設業者と有利な条件で契約して優れた学校施設を建設している。

日本のJICAが現地で実施している「住民参加型基礎教育改善プロジェクト」（ManaBuプロジェクト）では，中退率が大幅に改善されている。日本の公的な支援と，現地の行政およびコミュニティの学校運営のノウハウとが有効に結合されており，それが高い教育成果に結実している。

(2) ノンフォーマル教育
・ストリートチルドレンに対する教育活動―演劇参加を通じて

学校に通えない子供たちに対してさまざまな教育機会が提供されている。村の寺子屋では，たとえば「開発僧」といわれる人々が，子供たちに読み書きの訓練や，衛生的な生活習慣を教えながら，伝統的な旧式の生活様式の革新に取り組んでおり，非常に大きな成果があがっている[46]。極めて貧しい家庭の就学児や孤児（特に多いのは両親がエイズで亡くなった孤児）は，しばしばストリートに出て路上の施しに生計の糧を求めている。このストリートチルドレンは社会から見捨てられた存在で，教育権が奪われた状態にあり，厳しい貧困状態の継続として大きな社会問題になってくる。

フィリッピンのマニラにおけるストリートチルドレン問題を取り上げたわれわれの調査では[47]，この社会問題に対する1つの有効な対策を示している。

---

46) タイの開発僧やサルボダヤ運動については，西川潤編（2001）第1章「タイ仏教からみた開発と発展―ブッタタートとプラ・パユットの開発思想と実践―」および，第2章「サルボダヤ運動にみる"目覚め"と分かち合い―スリランカの仏教に根差した内発的発展」（29-91ページ）。

一緒の遊びの中で親しくなったところで、ストリートの子供たちに楽しみながら演劇活動へ参加させる。劇中で自分がストリートの子供になって、基礎知識を身につけて人間として成長していく様子を演じる。演劇の中で子供たちの意識が大きく変わり、教育の重要性に目覚めてストリートから学校に帰ってくる。よく書かれた劇のシナリオであれば、不衛生なストリートに暮らすことから生じる深刻な問題点を自覚するようになり、さらに、学校での知識習得の大切さに気づくことになる。また、その劇を地域社会の有力な人々に観劇させることでストリートチルドレンへの関心が強くなり、新たな問題解決に向けて地域での取り組みが始まる。

・貧困家庭の子供たちへの教育支援　　ドーミトリーの生活

われわれが現地調査をしたブッダガヤでは、ハリジャンの貧しい子供たちへ国際的な教育支援で行われていた。村にあるノンフォーマルな学校は、日本の宗教関係者からの資金支援で運営されており、差別を受けて村の公式の小学校に行けない子供たちに文字を教えていた。この学校の教師や指導者は、同じハリジャンの村で同じような境遇で育ち、高等教育を受けて帰郷した若者である。自分たちのコミュニティで自立した開発を目指した彼たちの熱意は非常に強く、十分な教育成果をあげている。

別のドーミトリーでは[48]、貧しい家庭の子供や孤児を寮に引き取り、生活の面倒を見ながら基礎的な教育活動を行っていた。寮に隣接した自分たち自身の農場で子供と一緒に働きながら自給自足の生活を送っているが、そこにボランティアとして海外の人々が一緒に住み込み、子供たちの教育活動に参加している。貧しさのために教育機会を与えられていない多くの子供たちを助けるために、現地のリーダーとともに、地球市民意識の高いボランティアの市民が国際的な教育支援を活発に行っている。

・家庭婦人の能力育成のための環境整備―「エンタイムメント・モデル」

辺縁ゾーンでは、家庭婦人の地位が非常に低く、教育を受ける機会がないた

---

47) 田中ゼミナール・ストリートチルドレン班（2006）。
48) インドのブッダガヤにおけるハリジャンの子供たちの支援施設。

めに，非常に乏しい知識と低い権利のもとでさまざまな深刻な問題を引き起こしている。家族計画に関する知識がないために多くの子供の出産，しかも，間隔の短い出産を繰り返し，瀕産に伴う母親の死亡率が非常に高くなっている。辺鄙な田舎では，ハードな家事労働の中心はしばしば水汲みの仕事であり，われわれが調査したインドの村では[49]，一日8時間も掛けて隣村まで毎日水汲みに通っていた。こうしたきびしい生活環境の中で，母親教育にあてる時間はごくごく限られており，夫の理解を得て教育を受けることは非常に難しい。

　伝統的な生活様式の中で，家庭婦人の教育にはまずそのための時間を作り出すことが不可欠である。一番長い時間をとる水汲みの作業を少しでも短縮できるような政策，すなわち，エンタイムメント（時間を作り出すこと）から始めるべきである。水汲み場までの道路や橋の整備，近隣の村での井戸掘りや水道施設の敷設が進めば，水汲みの時間が大幅に縮小されることになり，その浮いた時間で家庭婦人は新しいことに取り組めることになる。この開発戦略を「エンタイムメント・モデル」と呼ぶ。

　村の婦人に組織活動への参加を誘導し，字も読めない婦人に基礎的な能力を育成していくと，女性の日常生活に必要な基本的な知識が伝達される。特に，家庭内での衛生保健環境の改善や家族計画・出産・育児の改善などに関する基礎知識や情報を知る機会が得られることで，婦人の生命の安全保障が飛躍的に進むことになる。

　また，同じ調査では，エンタイムメントで浮いた時間の使い方として，新たなビジネスへの取組みがあげられている。女性らしい商品を扱う小規模なお店を出すようになり，また，地元農産物の加工工場で仕事を見つけることができる。こうして貧困家庭の婦人が，生産的な労働力として家庭の収入増加に重要な貢献をする可能性が高くなる。その意味で，女性の教育や仕事の時間を作り出すために，家庭婦人の過重な家計労働の時間を節約すること（エンタイムメント）が，最貧国の最も基本的な改革戦略になる。

49）　田中ゼミナール・農村開発班（2006）。

5-6 地域コミュニティ開発と都市化[50]

(1) 地域マネジメントと組織リーダー

　改革開放戦略の中で，都市と農村との経済格差が拡大するという二重性が深刻な問題になっている。この不均等拡大の深刻化を抑えながら改革開放戦略を進めていくには，何よりも村落単位のコミュニティ開発が期待されている。農村のコミュニティが豊かになることで，一国経済社会の調和的発展が促進され，農村から都市への急激な人口移動によって生じる深刻な都市化の問題も解決される。

　良い地域コミュニティでは，地元住民がすべて参加し，お互いに共感・相互扶助・協働の活動を行っている。住民の協力のもとで，地元社会の様々な資源（自然資源だけでなく人的資源も含めて）を適切に管理しながら，資源の保全と有効な動員・活用を進め，その成果を住民に還元していく。さらに，外部社会との広範なネットワークを構築し，外部のさまざまな重要資源をコミュニティに導入したり，また，外部社会に地域の生産物を販売したりする。その際，強い集団的な交渉力を背景にして，地元の利益が損なわれないように外部世界との取引を進めていくことが，コミュニティの重要な役割である。たとえば，アフリカ諸国で輸出向け一次産品の取引で，交渉力も情報力も圧倒的に強い外国商人に買い叩かれるケースがしばしば見られる。情報機器を備えて海外情報に詳しくなったコミュニティでは，集団的な取引で交渉力も強くなり，より公平な取引をする機会が広がってくる。

　地域コミュニティの多様な集団的活動を有効かつ効率的にうまく管理し，運営していくには，リーダーの優れた組織マネジメントの能力が求められる。コミュニティのリーダーには，開発キーパーソン，社会的リーダーや開発ファシリエーターなどがある。彼らはコミュニティの組織マネジメントを担当しており，キーパーソンのマネジメント能力のレベルによってコミュニティの活動の成果が大きく左右されてくる。コミュニティ開発においては，村のリーダーの

---

[50] 田中（2006）第5章　コミュニティ開発「(1) 開発理念と外部環境」および，第6章　コミュニティ開発「(2) 資源と組織化」（115-180ページ）。

組織マネジメント能力を豊かに育てていることが強く求められる。

　ここでも海外の経験豊かなNGOなどの協力の余地が大きい。特に現地で開発プロジェクトの企画運営などを担当する開発ファシリエーターを育てていくことが非常に重要である。彼らは，よく精通した地元環境の中で大切な開発ニーズを適切にくみ上げ，地元の人に役立つようなプロジェクトを開発運営する能力がある。こうした現地リーダーの存在は，地元参加型の援助活動にとって不可欠であり，その育成は長期的に海外から有効に開発資源を取り入れるために非常に重要になる。

(2) 都市化

　新興途上国の急速な発展過程では，農村から都市へ大量の人口移動が活発に行われた。さらに，こうした都市の急膨張に伴って近隣の農村共同体も，成長エンジンの伝達を取り入れて豊かになり，商工業の都市に変貌していく。巨大な都市の出現で，産業は集積の経済性を発揮して発展してきた。大きな都市市場の成長で大量生産が可能になり，生産における規模経済性を享受することができる。さらに，近隣に関連産業（下請け部品材料産業など）が集積することでより小さな運送費用（生の情報取得の費用も含めて）で原材料調達や製品販売の効率化をはかることができる。海外からの企業進出も，集積の経済性を活用するために都市地域に集中している。近隣立地の企業間（特に外資系企業と地場企業との間）で優秀な労働の移動が進めば，海外技術のスピルオーバーという外部経済性によって都市経済の発展が促進される。

　しかしながら，過剰な都市化にはマイナスの面がある。農村から大量の人口が流入してきても，都市の賃金はより早く上昇しており，豊かな都市と貧しい農村との経済格差が深刻化する。高度成長が続く中国では，2000年の初め都市と農村との所得格差が2.7倍であったのが，10年間で3.2倍に膨らんでいる。

　過密化の進む都市では，住環境が非常に悪化しており，健康被害などさまざまな問題が顕在化している。汚いスラムに住む人々が増加し，汚染された河川

で日々の生活を送っている人々，特に川で遊ぶ子供たちは，深刻な疾病の危険性に晒されている。そのために都市インフラの整備に巨大な投資が集中的に行われている。地域間の二重性の問題を解決していくためには，自然環境に恵まれた農村のコミュニティを積極的に開発し，自然環境を保全しながら地理的にもバランスのある国土を作り上げることが，改革開放戦略の基本課題になる。

6. 辺縁ゾーンの新たな対外開放戦略

経済社会の改革開放の戦略では，国内の改革を進めながら，外部の成長エンジンを活用できるような開放戦略を展開していくことが求められる[51]。以下，外部からの成長エンジンの伝達を通じて急速な発展に成功したアジアの外向けの改革開放戦略を参考にしながら，辺縁ゾーンの諸国のこれからの対外開放戦略について検討してみよう。

6-1 市場開放政策

対外開放戦略では，輸出産業の育成だけでなく，さまざまな側面における国内市場の開放に焦点が当てられる。国内の市場開放に当って，特にWTO加盟などで国際的な責務を負う場合には，漸増的に国際的な基準に適合するように自国のさまざまな制度や政策を改革していかなければならない。その際，特に考慮すべき点は，市場開放に伴って導入される海外資源や海外企業の国内経済へ及ぼす深刻な影響である。国際的な責務として国際基準に合わせることが強く求められるが，他方で，国内経済の発展状況に応じて，在来の国内産業や地場企業の保護も不可欠であり，新しい政策や制度の整備に当っては漸増的な進展が必要になる。

外国企業の進出に伴う国内経済への影響の強さを見ると，一般的には貿易活

---

51) 歴史的にみて途上国が内向きの開発から外向きの開発に移行するという発展パターンは，田中（2000）6章1節「輸入依存度の谷型変化法則」で実証されている（188–199ページ）。途上国の貿易依存度は，始めは低下していき，やがて上昇に転じていく。一国経済が，輸入代替型発展から輸出志向型発展へ転じる契機がそれぞれに異なると思われるが，ここでは外部環境の変化が重要なきっかけになると思われる。

動の自由化（貿易政策の国際化），直接投資活動の自由化（外資政策の国際化），金融市場の開放と金融制度の国際化，財政租税制度の国際化の順でより深刻になると思われる。したがって，改革開放戦略では，まず海外諸国と対外接触の緊密な貿易分野，続いて国際的な資本取引の分野で市場開放が進められ，国際基準に合うような対外制度へ生まれ変わっていく。国民の生活に深く密着している金融制度や金融市場の自由化，さらに政府の財政制度では，それぞれの社会に伝統的な固有のやり方や慣習が根強く残されているために，国際的な標準にあわせて短い時間内で急激に改革することは非常に難しい。辺縁ゾーンでは，当面貿易及び直接投資の自由化が，市場開放の中核的な政策になる。

　貿易通商政策の改革は，WTO の規則に従って自国の関税引き下げ，および非関税障壁の撤廃に向けられる。国内産業を保護しているさまざまな古い制度や政策を漸増的に排除して国境の壁を引き下げることが国際的に要請される。その際，その国独自の歴史的経路依存性を十分考慮して，伝統的な重要産業の分野やその関連する地域を急激に大規模に経済的な崩壊に導かないように，漸増的な自由化措置が重要である。外国製品との競争によって急激に衰退する産業では，深刻な雇用問題がしばしば発生している。やむなく退出する伝統的な産業では，新たに失業者が生まれており，彼らの生活保護のために，失業保険や保険ケアなどで支えるとともに，新たな参入産業への就職に向けて誘導するように，失業者の教育や再訓練を行う組織・制度の構築が非常に重要な課題になる。貿易の自由化に伴って生じるこうした社会的なコストに十分配慮して，自由化措置を漸増的に進めていくべきである。しかし，貿易自由化によって既得権利を侵される利害関係グループからの抵抗運動は非常に強い。この大きな抵抗を排除しながらも，社会的な混乱をできるだけ抑えるように国際的な要請のもとで自由化を進めることが強く求められる。

　貿易政策と一体化した産業政策も，発展の遅れた経済における輸出促進のための通商産業戦略として古くから多くの国で導入されてきた。産業政策の方法として，保護育成のターゲット産業に対する直接補助金の供与，低利の資金融資，減免税（輸入材料の減免税を含む）などの政策があるが，産業政策のターゲッ

トをどの産業に絞るか，さらに，支援産業では保護がやがて既得権益となってその撤廃に抵抗する傾向が強い中で，どの時点まで直接的な産業保護を続けるのか，難しい問題が残される。この面で政策実施に伴う政府行政の失敗の恐れもあり，市場における収益性にもとづいた市場競争メカニズムの方が，限られた資源の配分に対してより有効になるのではないかといわれている。また，国際的にも，政府によって直接支援された特定産業が国際市場における公正な競争条件を大きく歪めてしまうという強い批判も出ている。そのために辺縁ゾーンの産業育成に当っても，産業政策は，あくまである一定期間に適用される経過措置の政策にとどめるべきと考えられる[52]。

資本取引の自由化政策については，まず間接資本の流入に関しては，大量の投機的な外資流入によるバブルの発生とその後の自国通貨切り下げへの強烈な圧力が懸念される。そのために，力の弱い辺縁諸国では，フリーハンドの完全資本自由化政策は避けるべきである。大量の投機資本の動きに対して国際的な監視と規制が必要になる。ただ，ボーダレス化する間接資本は徐々にその性格が変質しており，長期的に安定した資金として自国の経済活動の中に十分組み込んでいける可能性が高くなった。このような長期的な性格を持つ外資流入は，積極的に国内に取り込むような外資政策の展開が期待されている。

直接投資は，国内経済にプラスとマイナス両面で非常に強い影響を与えている。基本的には直接投資は，成長エンジンの伝達メカニズムとして中核的な役割を果たしており，辺縁ゾーンの発展に大きく貢献するものである。したがって，外国企業の自国への進出を誘導するための企業誘致政策が重要になり，投資先としての魅力を高めるような国内経済社会の改革戦略が不可欠である。

国内のさまざまな側面で改革努力を積み重ねながら，進出外国企業への優遇措置，および，規制措置を慎重に検討し，企業進出に伴う国内経済や企業へのマイナスの影響を最小限に抑えて，魅力のある投資先としての地位を高めていくことが重要な改革開放戦略になる。最終的に国際的な基準である内外無差別

---

[52] 産業政策については，田中（1995）第7章1「幼稚産業保護論」（158-167ページ）。

の原則を堅持することが要請されるが，発展の遅れている自国経済の状況にうまく合うようにさまざまな外資優遇と外資規制の措置を漸増的に導入していく。産業および地域に関する進出分野の規制や優遇の措置，出資・経営権に関する現地側への優遇措置，および，雇用や原材料投入に関する外資規制，さらに本国送金や租税支払いに関する規制と優遇措置（外国企業の減免税制度など）などが重要な開放政策であるが，それらをその国の歴史的経路に応じて弾力的に適用・運用していくことが不可欠である。

6–2　輸出の拡大
（1）輸出商品の多角化[53]
・重要鉱物資源の輸出[54]

　新興中枢ゾーンの中国では，世界の工場として巨大な生産活動を行うようになると，それだけ生産に投入される重要鉱物資源のニーズが巨大なものになってきた。先進中枢ゾーンの先端産業でも，レアアースのような希少資源を含めさまざまな重要資源に対する需要がこれからも大きくなってくる。中枢ゾーンの中で新興諸国と競合した資源の奪い合いがますます激化してくると予想される。

　その結果，重要鉱物資源の世界市場で，潜在的に大きな埋蔵量を持っている辺縁ゾーン諸国の資源開発へ期待が大きくなる。アフリカは，重要資源の宝庫であり，輸出潜在力が非常に高く，中国もアフリカ向けの資源獲得の活動を活性化させている。また，中央アジアの諸国でも豊富な埋蔵資源の開発が期待されている。こうして遅れていた内陸部の辺縁ゾーンの諸国では，重要資源の輸出を梃にして海外からの成長エンジンを自国の発展の触媒として取り込む可能

---

53) 田中（2000）第3章1節「輸出商品発展経路のモデル化」において新しい輸出商品として成長していくためのさまざまな条件（輸出転換点達成のための諸条件）が理論的に検討されている（226–236 ページ）。アジアの輸出では，多様な新しい商品が市場に送られて輸出多角化がはかられたが，その中で急速に成長して輸出規模が大きくなった商品「新興主導商品」が現れ，一国の強力な輸出牽引力になった。

54) 田中（2006）第3章3節「自然資源」（71–75 ページ）。

性が高くなる。

　中枢ゾーンの資源開発企業は，資源開発のために世界規模で広く進出しているが，それに伴って巨額の資金が投入されており，また，より進んだ先進技術の移転が行われる。こうした直接投資の活性化は，資金と技術の大きな流入を通じて辺縁諸国の発展を誘導するようになる。もちろん，資源開発に伴う環境破壊問題も生じており，進出企業の強い支配力に対抗して，重要資源国も主体的に環境と調和の取れた資源開発戦略に取り組むことが不可欠である。

　重要鉱物資源の輸出活動を活性化させるに当って，辺縁ゾーンでは，資源取引における交渉力を強化させることが重要な開放戦略になる。海外からの資源取引のオファーに対して，資源に対する主権者として自立した立場を強く堅持しながら，開発された一定の資源からより高い収益をあげられるように，自らの資源輸出体制をしっかりと構築すべきである。一般に辺縁諸国の組織マネジメント能力はまだ十分育っていない。海外との取引交渉力が弱く，しばしば支配的な力を持つ海外企業から安く買い叩かれて，自国の富が海外に流出する危険性がある。

　また，開発された資源の既得権益者に富が独占的に集中する傾向があり，一国全体の発展を促すように，適切な課税などを通じて国内での富の再配分を促進させるべきである。重要資源に対する利権や富の配分をめぐって国内で地域間（あるいは，中央政府対自治政府）での紛争や対立が生じる危険性があり，かえって国内治安の悪化で発展を阻害する面もある。こうした問題に十分配慮をしながら，自国の重要資源輸出を加速化させる改革開放戦略は，資源国では今後の重要な戦略になる。

・資源加工産業の育成

　限られた一定の資源から毎年より高い収入をあげるには，開発された生の資源をそのまま海外に輸出するのではなく，国内工場で加工して付加価値を高めてから輸出するという，資源加工型産業の輸出にも同時に取り組むべきである。資源加工の工場では，新たな雇用と所得が生まれており，それだけ国内経済への波及効果が強くなる。また，鉱物資源などでは，資源加工の分野に海外

企業が流入してくると，関連する技術移転が進められ，現地の人々の技術能力が向上していく。自国に豊富な資源関連の新たな製造業が発展することで，産業間の前方および後方の連関効果を通じて他の分野への波及効果が生じる可能性が高く，経済発展の重要な触媒になると期待される[55]。

・地域コミュニティにおける地元資源の開発加工と環境保全

　コミュニティの住民が中心になって地元資源を開発動員し，地元の工場で加工して海外の市場に輸出することも重要な戦略になる。特にそのコミュニティの持つ地元資源が豊かに産出され，その製品の品質が海外の消費者にとっても魅力のあるものであれば，コミュニティから直接輸出する可能性が非常に高くなる。地元の原料を加工生産に使うために，地元資源の開発，地元工場での加工生産，およびその製品の輸出が有機的につながって動いており，海外での新しい商品市場の開拓・拡大は，直接的にコミュニティ住民の所得向上につながり，大きな貢献をしている。しかも，地元資源の開発では，自らの生活の場でもある地元社会の環境保全に対して，住民は十分な配慮を払っている。コミュニティの加工製品の輸出は，この意味で，国内のバランスある発展にとって非常に重要な位置を占めている。

　近年農産・水産資源の食料品は，新興市場の拡大に伴って世界的に価格が上昇する傾向がある。地方コミュニティにおける農業や水産業は，大きな価格上昇で刺激を受けており，将来的に食料品の豊富な供給などを通じて農村の貧困を解決する機会がそれだけ大きく開けてきた。さらに，地元加工工場の生産などを通じて自らの力で原料の付加価値をあげていけば，コミュニティの成長の触媒にすることができる。

　その際，コミュニティのリーダーなどの組織マネジメント能力が強化されていると，海外の取引業者との製品取引交渉力が強くなり，より効果的に広い市場を開拓し，有利な取引条件で高い収入をうることができる。重要鉱物資源の

---

55) 田中（2000）4章「工業化の初期段階」（106-126 ページ）。資源加工型輸出に関する輸出関数では，自国に埋蔵する重要資源の賦存状況がその国の輸出の大きさを決定している。

輸出では，その資源の賦存状況が国内で地理的に偏っており，そのために発展する地域は国内的に偏ってくるが，コミュニティによる加工製品の輸出では，国内の広い範囲でその地方独特の新しい多様な輸出品が開拓される可能性がある。ただ，もともと地域コミュニティは小規模なものであり，一般の商業ベースでは，海外の有力な専門商社の買い付け量には限界が見られる。一般の商業ベースの取引が期待できないと，新たな流通ルートを開拓しなければならないが，後述のフェアトレードなどの新しい流通の可能性が期待されている。

・未熟練労働集約財の輸出

新興中枢ゾーンや新興の周辺ゾーンの諸国（新興国）の発展に伴って，国内の賃金水準は徐々に上昇してくる。その結果，未熟練労働のコストが高いために労働集約財の国際競争力は後退していく。辺縁ゾーンは，依然として低い賃金水準にあり，未熟練労働集約財の生産拠点として魅力が高くなる。労働集約財の比較優位が新興国から辺縁国に移るにしたがって，辺縁ゾーンで輸出産業として成長していく可能性が大きくなる。

また，新興ゾーンで未熟練労働集約財を生産している海外企業も，両地域の賃金格差の広がりとともに，辺縁ゾーンに向けて生産拠点の移動を進めるようになる。低賃金を利用した未熟練労働集約財は，今や辺縁ゾーンに立地する企業がより強い競争力をもち，すでに大きな市場シェアを持っている新興国の製品輸出に対して急激なキャッチアップを進めていく[56]。こうして辺縁ゾーンでは，新たな未労働集約財の生産が活性化され，海外から成長エンジンを吸収する道が開かれてくる。それとともに，労働集約財の生産には，地元の安い労働力が大量に投入されるために，国内の雇用機会が大きく拡大し，貧しい人々の収入増加を通じて，貧困削減に対して非常に重要な貢献をするようになる。内陸部の発展の遅れたラオスには，賃金の上昇が続く中国から繊維関連企業が活発に進出しており，その製品の急速な輸出拡大を通じてラオス経済が近年成

---

[56] 田中 (2006) 第3章第4節「1. キャッチングアップ過程の計量分析」(244-248 ページ) では，遅れて出発したアジア新興国が，アメリカ市場で日本製品にキャッチアップしていった過程が分析されている。

長の軌道に乗ってきた。

　しかしながら，低賃金を梃にした未熟練労働集約財の輸出には，数々の難しいハードルも残されている。賃金水準が低くても，工場における生産技術の学習・吸収能力が低いと，実際に工場労働者として活用することは難しい。初等教育水準がある程度のレベルに充実させることが，こうした輸出戦略の前提条件になる。また，工場から製品を船に積み込むには，その間の道路や港湾などの産業用インフラがあり程度整備されていなければならない。インフラが未整備な内陸部の国では，その意味でどうしても成長のエンジンを受け入れるのに時間がかかる。

　また，国際的に見て未熟練労働集約財の輸出環境にも問題がある。未労働熟練産業は，発展している諸国で地場の斜陽産業として雇用保障のために手厚い保護を受ける傾向がある。最も典型的な繊維産業でも，長年管理貿易の中に組み込まれて国別輸出枠が決められており，レートカマーの途上国の新たな市場開拓が極めて困難であった。ただし，多国間繊維協定（MFA）はすでに2005年で失効しており，繊維貿易の国際的な自由化が進んでいる。

(2) 観光開発

　多極化した中枢ゾーンでは，所得水準の上昇に伴って海外旅行のニーズが大きく増加している。国境を越えて多くの人々が国際観光を楽しむ時代に入ってきた。辺縁ゾーンでは，物財の輸出だけでなくサービスの輸出，特に国際観光サービスの輸出が期待され，観光収入の拡大を通じて先進諸国の成長エンジンを国内に取り入れることができるようになる。しかし，国際的な観光広報のネットワークがまだ十分構築されていない。今後より多くの観光客の誘致に向けて，先進諸国の旅行会社などと国際的パートナーシップを組みながら，より進んだ国際広報ネットワークの構築と観光に関する経営ノウハウの吸収が必要になる。

　外国観光客の大量の入国は，外来文化の国内への浸透を進める可能性がある。外国人観光客との直接的な交流を通じて文化接触が進み，人々の意識覚醒

が期待されると，発展への強いモチベーションが生まれてくる。他方で，伝統文化との接触を通じて文化摩擦が発生する。地元の人々が日常生活の中で非常に大切にしてきた文化，風習や宗教を大量の観光客の進出から守ることが，単に観光収入を増加させて経済的に豊かになること以上に，地元にとって重要な課題になる。

　辺縁ゾーンにおける自然の優れた景観が大量の観光客を誘致するようになると，逆に自然環境の汚染問題が深刻になる。これは地域の環境破壊につながるだけでなく，美しい観光地としての魅力が低下していく。そこから環境保全に十分配慮したエコ観光の重要性が指摘されるようになった。単なる観光開発だけではなく，道路や下水道のインフラの整備など，社会的な基盤を整備強化しながら，観光客を誘致するという改革開放戦略が重要になる。カンボジャのプノンペンにおける観光開発では[57]，単に観光客の誘致政策だけでなく，観光関連部門での雇用増加によって地域の所得が大きく向上し，それをもとに周辺地域のインフラ整備に投資するという総合的な地域開発戦略が重要になっている。

・バリ島の観光開発のケース

　バリ島はインドネシアの有名なリゾート地で，日本などから毎年たくさんの観光客が押しかけている。その結果，ヒンズー教の祈りの聖地である海外一帯が徐々に汚染されていくという懸念が出ている。バリ島は内陸部でも優れた景観に恵まれており，内陸部の村落コミュニティの観光開発についてわれわれは調査を進めた[58]。そこでは村の人々が主体的に参加して観光資源を開発して観光収入を上げていたが，その際，村人の生活に直接関わる自然環境の保全や宗教行事などが，流入する観光客によって汚されることにないように慎重な配慮がなされていた。宗教上の聖なる雰囲気や一部の宗教的秘儀へのアクセスは，大切な観光客であっても，あくまで部外者であるために遮断され，伝統文化が自主的に守られている。

---

57) カンボジャ観光開発については，田中ゼミナール・観光班（2004）。
58) 田中ゼミナール・観光班（2007）。

こうした観光政策のもとで観光収入が大きく増えてくると，地元の自然景観や宗教的な遺跡・建物などを修復保存するための貴重な資金が得られ，観光開発が地域文化の発展に大きな力になる。さらに，村の優れた自然や伝統文化（伝統舞踊など）を海外の人々に正しく伝えるという海外文化普及の活動が活性化し，観光開発の国際協力も広がってくる。

(3) 海外マーケティング
・海外マーケティング能力と海外流通網の強化
　新しい海外市場で自国製品を大量に販売するには，海外流通網の整備が不可欠になる。辺縁ゾーンの諸国は，海外マーケティングに関するノウハウが非常に乏しく，海外の顧客に自国製品が届くまでの製品流通網，特に世界的なサプライチェーンへのリンクが未整備である。そのような状況では，たとえ，製品の競争力が強くても，海外市場の顧客は，その商品内ついて十分な知識を持つことがなく，実際に購入される可能性が小さくなる。辺縁ゾーンの諸国が，単に輸出産業を育成するだけでなく，海外流通網の整備，海外マーケティング能力の強化に取り組むことが重要になる。
　海外市場において自国製品の見本市開催など，海外マーケティング戦略による自主的な市場開拓の努力が重要であるが，中枢ゾーンの多極化でますます国際流通のボーダレス化が進んでおり，世界的なサプライチェーンへうまくリンクさせながら海外流通のルートを拡大させることができるようになった。第三国取引を拡大している総合商社などの取引販売網を活用していけば，新たな輸出市場を開拓する道が開かれることになる。

・フェアトレード
　辺縁ゾーンの諸国の海外輸出においては，通常のビジネス取引だけではなく，ファエアトレードの流通が拡大している。貧しい地域コミュニティの製品は小ロットで，大量の一括取引を行う一般商業ビジネスには必ずしも適しているとはいえない。商業ルートでは輸出市場への販売が難しくなり，フェアトレード独自の流通網を使って小規模ながら海外に取引される。ファエアトレー

ドで扱われている製品は，地元の女性労働を中心に，地元の自然環境に十分配慮しながら，地元の農産・水産・林産・鉱産の資源を使って小規模で生産したものであり，住民にとっては大切な生計手段になっている。

　先進国市場には，コーヒーなどの食料品，さまざまな現地材料を使った独特の工芸品や衣服などのフェアトレード製品が，独自のフェアトレードのルートで輸入販売されている。価格的に少し割高になるが，貧しい人々を支援したいという人々の強い社会貢献心に支えられて，ファエアトレードが国際的に運営されている。その際，先進国側の担当者と現地指導者との間で良いパートナーシップによる緊密な協力・協働が不可欠である。近年，地球市民の連帯の輪が広がり，国境を越えた広い範囲で多くの人々が貧しい人々への関心と貧困削減への協力の気持ちを強めており，それに支えられてフェアトレードがこれからも有望な海外販売ルートに成長していくと思われる。

6-3　材料部品の輸入

　海外に開放された経済においては，輸出サイドだけでなく，輸入サイドでも海外の強い成長エンジンが伝達される。閉鎖的な経済では，海外の優れた製品や技術を活用することができない。経済の開放に伴って，優れた材料・部品を輸入する道が開かれる。輸入された材料部品が，粗悪な国産品に比較してより安くて優れた品質になるので，これを材料に使った国内製品は，より安くて品質の高いものになる。新しい品質の製品が市場に登場するようになり，国内のエンドユーザーのより高いニーズを満たすことができる。

　さらに，それらの製品の品質が高いものになれば，中枢・周辺ゾーンのより発展した諸国で新たな市場を見つけることができる。海外の優れた材料部品を投入することで競争力のある新しい輸出商品を生み出すことができる。

　パックスアメリカーナのもとで新興アジア諸国では，日本から低廉で高品質の基幹的素材（鉄鋼および化学製品）や電子部品などを大量に輸入し，それらを部品材料として投入して優れた製品を生産していたが，こうして輸出指向型発展を飛躍的に進めることに成功した。主に耐久消費財など輸出製品の品質は，

日本製の輸入材料部品の高品質に支えられて非常に優れたものになり，アメリカなどの市場で強い国際競争力を発揮したが，その結果，新興国の輸出は急速に伸びることになった[59]。アジアの新興諸国は，日本の基幹的素材部品産業の持つ強力な成長エンジンを自国の経済発展に取り込むような改革開放戦略を展開したのである。

辺縁ゾーンでも，開放によって積極的に優れた輸入材料部品を使うことになれば，新しい競争力のある産業の成長が期待される。新興中枢ゾーンで基幹的素材や電子部品などの生産体制がさらに強化されてくると，必ずしも高級な材料部品でなくても，中級品の輸入が可能になる。日本からの輸入製品よりも相当安い価格で新興国から輸入することができるようになると，それらを加工した工業製品の競争力が非常に有利になる。

6-4　資金流入

改革開放戦略では，海外からさまざまな資源（金・物・人・情報・技術）を積極的に導入して国内の発展につなげようとしている。パックスアメリカーナの揺るぎの中でこれらの資源のボーダレス化が急速に進んでおり，辺縁ゾーンでこれらを成長エンジンとして導入し活用する機会が急速に拡大している。

（1）ボーダレス・マネーの流入

国境を越えるボーダレス・マネーの規模は，巨額なものに膨らんでいる。ヘッジファンドなどの投機資金の急激な流入が一国経済のバブル化を引き起こし，破滅的な打撃を与える危険性が懸念されている。タイ始発のアジア金融危機や，近年ではギリシャのソブリン危機などに見られるように，大量の投機的資金の急激な国際移動に伴って，財政力の弱い諸国はこれら投機家の攻撃に晒されることになった。同じように弱い辺縁ゾーンの諸国は，ボーダレス・マネーの流入には慎重な外資政策が必要になる。ただ，最近のボーダレス・マ

---

[59]　田中（2000）5章3節「基幹的素材産業の育成と前方連関効果」（166-181ページ）。

ネーは，前述のように先進諸国の投資機会の衰えから海外の長期的な投資機会を求める傾向が出ている。こうした健全な資金流入に対しては，積極的に受け入れて活用する体制を整備すべきである。それが重要な成長エンジン伝達の有力なルートになる。

金融市場の自由化が進んでくると，海外の規模の大きな金融機関が進出してきて，現地支店や現地法人の設立が期待される。海外の投資家には，現地金融子会社のルートを通じて現地市場のビジネス情報がより豊富になり，より容易により安定して現地の有望な投資先を探すことができる。その結果，健全な長期資本の流入が加速化される。

・社会貢献型投資

巨額の資金流入の中には，貧しい国の貧困削減に資金面で協力することを視野に入れた社会貢献型ボーダレス・マネーも含まれている。社会貢献型投資家は，辺縁ゾーンの金融市場で，長期に安全な資金回収と一定の収益が期待されるように信頼の高い現地金融機関や金融組織を慎重に選んで，そこに必要な資金貸付を行う。リスクの高い辺縁ゾーンでは，それだけ貸付の審査は厳しくなるが，同時に，重要な経営情報や経営マネジメント技術の供与など，緊密な支援協力のもとで現地サイドへの経営指導を行いながら，健全な経営を長期的に継続できるような体制を支援構築していく。経営の健全性が保障されてくると，ボーダレス・マネーにとって長期の優良な投資先になってくる。

社会貢献型人的投資も最近活発に行われるようになった。われわれが調査した中国における人材育成投資（長期奨学金の供与）は，現地の人々にも非常に高く評価されている[60]。ベトナム，中国などアジア各国で進められている植林活動の支援投資（植林に関連するさまざまな資金支出の支援）も，長い目で見れば現地社会の環境保全に貢献している。

辺縁国の貧困削減に貢献したいという地球市民意識が先進国で強くなってくれば，世界の人々は，辺縁ゾーンに流れる社会貢献投資に対してますます強い

---

60) 田中ゼミナール・CSR 班（2006）。

関心を持ち，社会貢献型投資を行う先進国の金融機関へより積極的に自分の資金をまわすようになる。その結果，長期の安定した資金が辺縁ゾーンの開発に動員されるようになる。

・マイクロファイナンスの国際的支援

　社会貢献型投資によるボーダレス・マネーの流入に対しては，受入国でも有効に活用されるような金融システムの整備が求められる。マイクロファイナンスでは，コミュニティの中で仕事を始めようとする人々に対して，専門的な経営指導と同時にグループ単位で資金の貸し出しを行っているが，こうした現地金融機関が健全に育ってくると，社会貢献型資本の1つの有力な受け皿になる。

　辺縁ゾーンの諸国では，地域コミュニティで経済活動を営む人々が，全国レベルの都市銀行からの借り入れをあまり過度に行うと，返済能力が弱くて債務が累積し，最終的に破綻する，というケースが頻繁に発生した。その中で，小規模な地元資金を中心にした集金と融資を行うマイクロファイナンスが，コミュニティの小規模ビジネスにとって重要な役割を占めるようになった。

　問題は，こうしたマイクロファイナンスの資金量が地元資金に頼るだけでは，地元の小規模企業への支援に限界が出てくることである。コミュニティの発展が進むとともに，金銭的成功に対する人々の意識が変り，徐々に自らも自立して仕事を始めようとする人が多くなっている。また，順調に仕事が進んで返済を行っている人々も，さらに事業規模を拡大しようと計画している。こうしてマイクロファイナンスの資金貸付けに対するニーズがより大きくなり，さらに大きな資金量が必要になる。

　外部からの低利の安定した資金流入は，マイクロファイナンスの銀行経営にとって大きな力なる。特に，長期の投資先を探している社会貢献型ボーダレス・マネーが増加しているために，その資本に対してアクセスできるような，資金循環のルートが重要になる。個々のマイクロファイナンスの銀行だけを相手にすると，国際的な資本は，その個別の経営内容や返済の信頼性に関する情報を十分得ることが難しい。そこで両者の仲介役が必要になり，多数のマイク

ロファイナンス組織を統括した大きな金融組織（組合）が創設される。海外からの投資は，こうした仲介の金融組織を相手に大きな資金を貸して回収する。仲介組織（組合）は，その資金を傘下のマイクロファイナンスの銀行に貸し出し，資金の回収を行う[61]。国際的なマネーを扱う金融機関は，こうした仲介組織の組合がどの程度健全なものであるか慎重に審査し選別して，貧困削減のための長期資金の貸付業務を間接的に行うようになる。この組織を経由した長期資金の安定した貸し付けは，コミュニティの発展を支援する非常に重要な成長エンジンになる。

(2) 直接投資[62]

直接投資による企業の海外進出は，成長エンジンの伝達において非常に重要な役割を果たしている。現地に進出して企業経営や生産活動をするために，企業経営に関するさまざまなノウハウやさまざまな経営資源（人材，設備，資本，技術などを含めて）が現地に移転されている。これらの経営資源やノウハウなどの蓄積が非常に遅れている諸国にとって，移転された経営資源は現地経済の発展に対して非常に重要な貢献をしている。確かに直接投資の導入は，まだ競争力の弱い国内企業の自立的な発展をかえって抑えることになり，場合によっては，地場企業が市場から排除されてしまうというネガティブな側面も持っている。こうした問題が残されているが，改革開放戦略では，基本的に経済発展の触媒としての進出企業の役割を重視し，積極的に海外から企業を誘致しようとしている。新興アジアでも，その急速な輸出指向型発展は，日本や欧米からの企業進出によって支えられていた。アジアから増大する輸出の中で，進出企業による海外販売が大きなシェアを占めている。それを通じて成長エンジンが

---

61) インドでは，すでにこうした組合による一括借り入れとマイクロファイナンスへの貸出しが行われており，田中ゼミの大学院院生齋藤氏が3カ月間インドの現地に滞在して詳しくその仕組みを調査した。
62) 田中（1991）第8章「現地経営の政策」（107–154ページ）では，現地子会社の中に日本的な経営手法や慣行を導入すると，人々の意識変化を通じて生産性が向上していることが統計的に検証されている。

新興アジア諸国に伝達されていった。

　ところが，辺縁ゾーンへの直接投資は，一般に資源関連投資を除くと非常に遅れている。直接投資に当っては，企業は進出先のカントリーリスクや現地子会社の収益性に関して進出前のFS（フィージビリティ調査）を進め，より有利な投資拠点を選んでいる。辺縁ゾーンの諸国では，一般に国内治安や政府の外資政策などの面でカントリーリスクが高く，未熟練労働の賃金水準は非常に安いが技術習得能力が非常に弱く，さらに，国内インフラ（水や電気の供給や道路通信網，港湾施設）の整備が遅れて，さまざまな深刻な構造的問題を抱えている。その結果，辺縁諸国の直接投資への誘引は弱く，進出企業にとって必ずしも有利な投資先ではなかった。今後，改革開放政策で国内の改革が急速に進み，さまざまな投資阻害要因が解消されてくると，辺縁国への直接投資の誘因は強化されてくることが期待される。国内経済の発展の触媒として直接投資は非常に重要な役割を果たしている。

・特別経済区[63]

　漸増的な改革開放戦略では，第一歩として海外輸送に非常に便利の良い臨海地域に「特別経済区」（経済特区）を選び，海外からの活発な企業進出の窓口になっている。この地域へ進出した企業は，いろんな面で自由で有利な活動を許されてり，外資政策で規制されている雇用義務や中間財輸入の関税支払いなどが免除されている。新興アジアの輸出指向型経済発展は，経済特区の創設から始まった。やがて経済特区の発展に伴って，周辺地域から通っている従業員の所得が増加し，財の地域間取引を通じた前方・後方連関効果の強い働きで周辺地域の経済活動が活性化した。こうしてアジアでは海外からの成長エンジンが，臨海地域の特別経済区を通じて徐々にその後背地域に広く伝達されていったのである。

　辺縁ゾーンの開放政策も，交通などに便利の良い地域を特別経済区として選

---

[63] 世界銀行（2008）第8章「特別経済区は自然と経済の地理にかかわる優位性を活用すれば成長をもたらす」（276ページ）。臨海地域に立地すれば成功する可能性が大きいと指摘している。

び，外資に魅力のあるような優遇措置を導入していく。そして，国内の広い地域のインフラ整備，特に特別経済区と繋がる道路網の整備を進めていくと，成長エンジンの国内浸透（トリクルダウン）がよりスムーズに進むことが期待できる。ただ，企業進出がより広い範囲に広がってくるとともに，地域間の競争条件の格差をなくすために，特別経済区は徐々に撤廃されていく。

・現地部品材料の調達――ベトナムの日系企業のケース

　進出企業にとって現地で良質な部品材料を確保できるかどうかが，国際市場で自社製品の高い品質を維持するために死活的な重要課題である。現地部品材料の調達に関する規制（ローカルコンテンツ規制）が厳しい国では，日本から輸入することも制限されており，進出前のFSにおいて現地の部品材料産業の発展の状況が重要なチェックポイントになる。現地の部品材料工場を選び出し，自社が望む水準に達した品質の部品材料を供給できる潜在的可能性があるのか，工場診断して判断し，現地での取引企業を決定している。一般には，技術的に未熟な中小企業が多く，外資企業が積極的に技術指導を行いながら必要な部品材料を購入している。

　われわれは，ベトナムにおいて日系企業による部品材料調達問題の調査を行った[64]。やはり現地企業の生産する部品材料には，品質の面でかなり深刻な問題があり，どうしても必要な製品は日本や他の新興国からの輸入に依存せざるをえない状況にあった。しかし，長期的には，現地政府による部品材料調達の現地化要請が強くなる中で現地調達比率を引き上げていくことが求められており，現地部品材料企業の経営・技術指導を活発に行うようになった。ベトナムでは，国民教育の普及で人材の潜在能力が高く，やり方では日本の優れた技術の移転の可能性が大きい。進出企業にとって大切なことは，ベトナムの現地に着実に定着していこうという強い意思のもとで，根気よく首尾一貫して現地企業と緊密に連携し，経営リーダーに対する指導助言を継続することである。お互いの信頼協力によってその成果が十分上がると信じられている。

---

64)　田中ゼミナール・経済開発班（2005）。

6-5 技術移転と社会貢献

　辺縁ゾーンの貧しい諸国では，伝統的なローカル技術が蓄積されており，それらを工夫して利用する方が，その地域の状況により適合した適性技術になると期待されている。しかし，改革開放戦略では，伝統的な技術だけでなく，新たな技術を海外から導入させ，うまく融合させることでより新しい可能性を模索する。確かに伝統的な文化のもとでは，昔からのローカル技術のやり方がその土地の適性技術と考えられるが，長年にわたって進歩のない静態的なものにとどまっている。技術革新によって社会の発展を引っ張るような強い成長のエネルギーを生み出そうとすれば，外部の優れた技術の移転との融合も重要な課題になる。

・人間に体化した技術の移転

　技術移転は一般に，特許使用権の譲渡によって行われる場合と直接投資によって企業の内部市場で移転される場合とに分かれる。進出した企業で本国から移転される技術があまりに高度なものであると，現地社会の一般の人々が十分吸収できずに，その社会にとって適性技術とはいえない。社会の発展に伴って国民の基本教育レベルが向上してくれば，工場従業員の質的能力が高まり，それによって導入できる技術は，より高いレベルの技術になる。それだけより品質の高い製品をより効率的に生産することが可能になる。

　現地工場では，採用した従業員に対しさまざまな内容の社内訓練を積極的に行っているが，この実地訓練を通じて優れた先進技術の現地への移転が促進される。経営リーダーのマネジメント能力についても，先進国企業とのパートナーシップを通じて，優れた経営ノウハウが移転される道が開かれる。先進国で優れた経営マネジメントを習得した地元人材の帰国が進めば，現地での企業活動に大きな弾みがつくと期待される。

　経営の現地化政策にそって，現地子会社の中で地元人材を採用・登用し，経営マネジメントの実質的な権限を委譲させていけば，中間管理職のマネジメント能力が増強される。国内に進出してきた外資系の企業は，現地の中間管理職が実地のラーニング・バイ・ヅーイング（learning by doing）を通じて，優れた

先進諸国の経営マネジメント技術を吸収する良い場になっている。経営マネジメント能力の高い人材が育ってくれば，さらにいっそうの企業進出の誘因になり，企業進出が促進される。こうしたマネジメント能力育成の良循環が生まれてくると，成長のエンジンが確実に伝達されて，社会の持続的な発展の力がパワーアップされてくる。

・社会貢献型の製品開発

貧しい人々の生活におけるベーシックな必要物は，生命の安全保障にとって非常に重要なものである。辺縁ゾーンでは，その地方のローカル技術を使って製品を生産し供給しているが，先進国のより進んだ製品技術を導入することで，人々はさらに安くて良い製品が手に入りやすくなる。

先進国のより進んだ農業技術をベースにした新しい農業生産技術の開発は，戦後アジアの途上国で，グリーンレボリューションを引き起こし，人々の食料供給を効率化し，国民の生命の安全と栄養水準の引き上げに大きく貢献した[65]。

家庭用の水の供給施設や，それに伴うさまざまな保健衛生用品などが，新たに先進国の技術で安価に生産され供給されると，人々の生活様式が大きく改善されて，人間安全保障に大きく貢献する。エンタイムメント・モデルで分析されたように，水道の利用が始まることで主婦の水汲みのための時間負担が大きく節約されて，その浮いた時間で様々な新しい仕事や学習が可能になる。きれいな水が供給されるとともに人々の保健衛生観念も根本的に革新されて，石鹸やトイレ器具など新しい衛生用機器や衛生用薬品などが家庭に普及するようになる。

マラリアの危険性のある諸国では，衛生的な蚊帳が安く提供されることで子供の生命を守ることができる。寒さ暑さから守る衣料品，教育関連用品（筆記用具），家庭用の電機製品（電球や洗濯機），靴や鞄の革製品，時計などの精密

---

[65] 田中（2000）3章「アジアの農業生産―緑の革命の計量分析―」では，アジアの農業生産関数の計測を行い，グリーンレボリューションに伴う技術移転の問題点を明らかにしている（71-105ページ）。

機器，住宅関連用品（トイレ用品），自転車などの日常的な交通手段，携帯電話，薬品，さらに，道路通信網整備のための建築用資材など，多くの基礎的生活関連用品の生産でも，先進国の技術支援によってより優れた製品が安く提供される可能性が出てくる。

　このように先進諸国の優れた技術を移転することで，人々の安全な生活を支えるための社会貢献が進んでいく。貧しい国で市場収益性を考えてこの分野への投資誘因が低くなる場合には，社会貢献型企業の進出が期待される。自社の優れた技術を使って，貧しい人々の生活に必要なものを安く現地で生産し供給する，という社会貢献を企業活動の一環として組み込んでいく。その際，製品購入への資金面の支援など，NGOなど国際的な非営利団体からの支援も重要である。

・中間所得層向け商品の開発

　辺縁ゾーンの諸国でも，発展とともに中間所得層の比重が増大してくる。この層の人々は，海外からの情報をより多く吸収しており，それにしたがって人々の欲望が刺激されて，徐々にベーシック・ヒューマン・ニーズの充足だけでなく，より快適な生活を求めるようになる。従来現地では消費されなかった商品が，新たに市場需要として現れてくる。モーターバイクから小型自動車，よりファッショナブルな衣料製品，より高級な食料品や飲料，保険や医療の新しいサービス（ジェネチック薬品など），情報通信関連機器（パソコン），文化的サービス（映画，学校），さらに省資源型・省エネ型の製品など，中間所得層および高所得層の増加に伴って現地市場で消費が伸びてくる。これに対応して先進諸国の企業は現地生産を始め，製品技術の現地への移転を進めることになる。

　われわれが調査したインドのムンバイ[66]では，中間所得層の中で購買力の拡大とともに将来のための保険サービスへのニーズが増加している。保健サービスの分野では，日本企業の中に優れた商品開発のノウハウが蓄積されてお

---

66)　田中ゼミナール・インド合弁戦略班（2006）。

り，現地事情に詳しい現地の企業と協力して合弁会社を設立し，中間所得層の増大する保険ニーズにうまく対応している。

おわりに

最貧国の貧困削減には，相互に複雑に絡み合った多様な要因について十分検討していかなければならない。単純にアジア諸国のやり方を導入して改革開放すればうまくいくものではない。多くの貧困国は非常に多様な特徴を持っており，どの国にも共通に適用できるような開発戦略はもともと無理なものである。沿岸地帯か内陸部か，小国か大国か，どのような特徴の伝統的文化（宗教）を持っているか，先進国とどのような歴史的な関係にあるのか，それぞれの特徴を組み込んだ独自の改革開放戦略が重要であり，有効である。

本章は，停滞している辺縁ゾーンの諸国が，新しい国際環境のもとで，今後改革開放の戦略をどのように展開していくべきか，多様な側面から具体的に検討してきた。世界経済構造は，近年新興中枢諸国の強い経済成長力に誘発されて大きく変化しており，その中で辺縁ゾーンの諸国が，より積極的に改革開放の開発戦略を導入し，海外のこうした強い成長エンジンをうまく国内に取り込んで開発の強い触媒にしていくことが，今後の重要な政策課題になる。

参考文献

青木健（2005）『変貌する太平洋成長のトライアングル』日本評論社。
青木昌彦（1995）『経済システムの進化と多元性』東京大学出版会。
ジャック・アダ（2006）（清水耕一・坂口明義訳）『経済のグローバル化とは何か』ナカニシヤ出版。
「NHKスペシャル」取材班（2011）『アフリカ　資本主義最後のフロンティア』新潮社。
王凱（2008）「体制移行期における中国の国際経済制度改革―新制度経済学の中国経済への適用―」（博士学位論文）。
大前研一（2011）『お金の流れが変った！』PHP研究所。
唐木圀和（2007）『中国経済近代化と体制改革』慶応義塾大学出版会。
小林英夫（2008）『BRICsの底力』筑摩書房。
呉敬璉（青木昌彦監訳，日野正子訳）（2007）『現代中国の経済改革』NTT出版。
斉藤文彦編（2002）『参加型開発』日本評論社。

世界銀行（2009）『経済成長レポート』一灯舎。
世界銀行（2008）『世界開発報告 2009 変りつつある世界経済地理』一灯舎。
田中拓男（1991）『日本企業のグローバル政策』中央経済社。
田中拓男（1993）『日米の経済発展』文眞堂。
田中拓男（1995）『国際貿易と直接投資』有斐閣。
田中拓男（2000）『アジア経済の発展経路』文眞堂。
田中拓男（2006）『開発論―心の知性』中央大学出版部。
田中拓男（2011）「地球社会の外延的発展―成長エンジンの伝達と 13 年周期循環の構造調整」（『経済学論纂』第 51 巻第 3・4 合併号『内田孟男教授古稀記念論文集』中央大学）。
田中拓男編（1992）『世界経済の発展と国際協力』JETRO 出版。
田中拓男編（1994）『アジア太平洋の地域協力』中央経済社。
鶴見和子（1996）『内発的発展の展開』筑摩書房。
鶴見和子・川田侃編（1989）『内発的発展論』東京大学出版会。
西川潤編（2001）『アジアの内発的発展』藤原書店。
日本経済研究センター・清華大学国情研究センター（2006）『中国の経済構造改革』日本経済新聞社。
費孝道（1994）「内発的発展と外向的発展―回顧と展望」宇野重昭・鶴見和子編『内発的発展と外向的発展―現代中国における交差』東京大学出版会。
平野健一郎（2000）『国際文化論』東京大学出版会。
武者小路公秀（2003）『人間安全保障論序説』国際書院。
矢崎隆夫（2009）『経済開発政策論』成文堂。
『米国経済白書 2006 年版』（エコノミスト　臨時増刊）。

「田中ゼミナール論文集、各年度」（「FLP　国際協力プログラム」刊行）（本論で直接引用した論文のみ掲載）。
開発班（2004）「ブータンから開発を問い直す」。
観光班（2004）「途上国の観光産業―カンボジヤのケース」。
行政班（2005）「マレーシアにおけるグッド・ガバナンス論再考」。
農村開発班（2005）「最貧困層のための開発―ハリジャンを事例とした発展の可能性―」。
農村金融班（2005）「インド・ケーララ州における信用農協の発展」。
経済開発班（2005）「ベトナムの持続的経済発展と直接投資―日系製造業の技術移転の実態調査より―」。
インド合弁戦略班（2006）「日本企業の対印投資出資形態―合弁企業の実態調査分析―」。
農村開発班（2006）「時間の欠如という貧困からの脱却―エンタイムメント論の提唱―」。
ストリートチルドレン班（2006）「ストリートチルドレン支援再考―演劇ワークショップの可能性―」。
CSR 班（2006）「中国における日系企業の信頼性向上にむけて―社会貢献のあり方

―」．

ネパールコミュニティ班（2007）「ネパールの女性組織とジェンダー　組織化がもたらす家庭内の変化」．

観光班（2007）「観光開発と文化のバランス―インドネシア共和国バリ州プンリプラン村のケース」．

MF班（2007）「アフリカにおけるマイクロファイナンス　―ジブチ共和国の事例を通じて」．

エチオピアコミュニティ班（2007）「初等教育におけるコミュニティと地方政府の協働　―エチオピアManaBU学校における親の教育への意識の変化」．

執筆者紹介（執筆順）

土屋六郎　客員研究員（中央大学名誉教授）
栗林　世　客員研究員（中央大学経済学部元教授）
小柴徹修　客員研究員（東北学院大学経済学部教授）
田中素香　研究員（中央大学経済学部教授）
金　俊昊　客員研究員（東京国際大学国際関係学部教授）
田部井信芳　客員研究員（宇都宮共和大学シティライフ学部准教授）
岸　真清　研究員（中央大学商学部教授）
林　光洋　研究員（中央大学経済学部教授）
田中拓男　客員研究員（中央大学名誉教授）

世界経済の新潮流
――グローバリゼーション、地域経済統合、経済格差に注目して――
中央大学経済研究所研究叢書　56

2012 年 2 月 24 日　発行

編著者　田　中　素　香
　　　　林　　　光　洋
発行者　中央大学出版部
代表者　吉　田　亮　二

東京都八王子市東中野 742-1
発行所　中央大学出版部
電話 042(674)2351　FAX 042(674)2354

© 2012　　　　　　　　　　　　　　電算印刷

ISBN 978-4-8057-2250-3

━━━━━━━━ 中央大学経済研究所研究叢書 ━━━━━━━━

6. 歴 史 研 究 と 国 際 的 契 機　　中央大学経済研究所編
　　　　　　　　　　　　　　　　　A 5 判　　定価1470円

7. 戦 後 の 日 本 経 済 ──高度成長とその評価──　中央大学経済研究所編
　　　　　　　　　　　　　　　　　A 5 判　　定価3150円

8. 中 小 企 業 の 階 層 構 造　　中央大学経済研究所編
　　──日立製作所下請企業構造の実態分析──　A 5 判　　定価3360円

9. 農 業 の 構 造 変 化 と 労 働 市 場　中央大学経済研究所編
　　　　　　　　　　　　　　　　　A 5 判　　定価3360円

10. 歴 史 研 究 と 階 級 的 契 機　　中央大学経済研究所編
　　　　　　　　　　　　　　　　　A 5 判　　定価2100円

11. 構 造 変 動 下 の 日 本 経 済　　中央大学経済研究所編
　　──産業構造の実態と政策──　　A 5 判　　定価2520円

12. 兼業農家の労働と生活・社会保障　中央大学経済研究所編
　　　　　　　　　　　　　　　　　A 5 判　　定価4725円
　　──伊那地域の農業と電子機器工業実態分析──　〈品　切〉

13. ア ジ ア の 経 済 成 長 と 構 造 変 動　中央大学経済研究所編
　　　　　　　　　　　　　　　　　A 5 判　　定価3150円

14. 日 本 経 済 と 福 祉 の 計 量 的 分 析　中央大学経済研究所編
　　　　　　　　　　　　　　　　　A 5 判　　定価2730円

15. 社 会 主 義 経 済 の 現 状 分 析　中央大学経済研究所編
　　　　　　　　　　　　　　　　　A 5 判　　定価3150円

16. 低 成 長 ・ 構 造 変 動 下 の 日 本 経 済　中央大学経済研究所編
　　　　　　　　　　　　　　　　　A 5 判　　定価3150円

17. ME技術革新下の下請工業と農村変貌　中央大学経済研究所編
　　　　　　　　　　　　　　　　　A 5 判　　定価3675円

18. 日 本 資 本 主 義 の 歴 史 と 現 状　中央大学経済研究所編
　　　　　　　　　　　　　　　　　A 5 判　　定価2940円

19. 歴 史 に お け る 文 化 と 社 会　中央大学経済研究所編
　　　　　　　　　　　　　　　　　A 5 判　　定価2100円

20. 地方中核都市の産業活性化──八戸　中央大学経済研究所編
　　　　　　　　　　　　　　　　　A 5 判　　定価3150円

中央大学経済研究所研究叢書

21. 自動車産業の国際化と生産システム　中央大学経済研究所編　A5判　定価2625円
22. ケインズ経済学の再検討　中央大学経済研究所編　A5判　定価2730円
23. AGING of THE JAPANESE ECONOMY　中央大学経済研究所編　菊判　定価2940円
24. 日本の国際経済政策　中央大学経済研究所編　A5判　定価2625円
25. 体制転換──市場経済への道──　中央大学経済研究所編　A5判　定価2625円
26. 「地域労働市場」の変容と農家生活保障　中央大学経済研究所編　A5判　定価3780円
　　──伊那農家10年の軌跡から──
27. 構造転換下のフランス自動車産業　中央大学経済研究所編　A5判　定価3045円
　　──管理方式の「ジャパナイゼーション」──
28. 環境の変化と会計情報　中央大学経済研究所編　A5判　定価2940円
　　──ミクロ会計とマクロ会計の連環──
29. アジアの台頭と日本の役割　中央大学経済研究所編　A5判　定価2835円
30. 社会保障と生活最低限　中央大学経済研究所編　A5判　定価3045円〈品切〉
　　──国際動向を踏まえて──
31. 市場経済移行政策と経済発展　中央大学経済研究所編　A5判　定価2940円
　　──現状と課題──
32. 戦後日本資本主義　中央大学経済研究所編　A5判　定価4725円
　　──展開過程と現況──
33. 現代財政危機と公信用　中央大学経済研究所編　A5判　定価3675円
34. 現代資本主義と労働価値論　中央大学経済研究所編　A5判　定価2730円
35. APEC地域主義と世界経済　今川・坂本・長谷川編著　A5判　定価3255円

中央大学経済研究所研究叢書

36. ミクロ環境会計とマクロ環境会計　A5判　小口好昭編著　定価3360円
37. 現代経営戦略の潮流と課題　A5判　林昇一・高橋宏幸編著　定価3675円
38. 環境激変に立ち向かう日本自動車産業　A5判　池田正孝・中川洋一郎編著　定価3360円
　　——グローバリゼーションさなかのカスタマー・サプライヤー関係——
39. フランス—経済・社会・文化の位相　A5判　佐藤　清編著　定価3675円
40. アジア経済のゆくえ　A5判　井村・深町・田村編　定価3570円
　　——成長・環境・公正——
41. 現代経済システムと公共政策　A5判　中野　守編　定価4725円
42. 現代日本資本主義　A5判　一井・鳥居編著　定価4200円
43. 功利主義と社会改革の諸思想　A5判　音無通宏編著　定価6825円
44. 分権化財政の新展開　A5判　片桐・御船・横山編著　定価4095円
45. 非典型型労働と社会保障　A5判　古郡鞆子編著　定価2730円
46. 制度改革と経済政策　A5判　飯島・谷口・中野編著　定価4725円
47. 会計領域の拡大と会計概念フレームワーク　A5判　河野・小口編著　定価3570円
48. グローバル化財政の新展開　A5判　片桐・御船・横山編著　定価4935円
49. グローバル資本主義の構造分析　A5判　一井　昭編　定価3780円
50. フランス—経済・社会・文化の諸相　A5判　佐藤　清編著　定価3990円
51. 功利主義と政策思想の展開　A5判　音無通宏編著　定価7245円
52. 東アジアの地域協力と経済・通貨統合　A5判　塩見英治・中條誠一・田中素香編著　定価3990円

―――――― 中央大学経済研究所研究叢書 ――――――

53. 現 代 経 営 戦 略 の 展 開　高橋宏幸・林　昇一編著
　　　　　　　　　　　　　　　　Ａ５判　　　定価3885円

54. Ａ　Ｐ　Ｅ　Ｃ　の　市　場　統　合　長谷川聰哲編著
　　　　　　　　　　　　　　　　Ａ５判　　　定価2730円

55. 人口減少下の制度改革と地域政策　塩見英治・山﨑　朗編著
　　　　　　　　　　　　　　　　Ａ５判　　　定価4410円

＊定価は消費税5％を含みます．